Das große Buch vom Fisch

DAS GROSSE BUCH VOM
Fisch
**Das Buch der guten Fischküche
Mit dem großen farbigen Bildlexikon**

Idee und Konzept: Christian Teubner

Fisch-Lexikon: Prof. Dr. Kurt Lillelund
Dr. Fritz Terofal

Fisch-Küchenpraxis: Ralph Bürgin
Hannelore Blohm

Teubner Edition

INHALT

1   8
NAHRUNGSMITTEL FISCH
Die besondere Bedeutung von Fisch in der Geschichte der menschlichen Ernährung und sein heutiger Stellenwert als Nahrungsmittel und Delikatesse.

2   26
LEXIKON DER MEERESFISCHE
Eine illustrierte Warenkunde für den Praktiker, mit den wichtigsten Fischarten aus allen Weltmeeren. Ein hilfreicher Ratgeber beim Einkauf von Fischen.

3   74
LEXIKON DER SÜSSWASSERFISCHE
Alles Wissenswerte über die Fische aus Flüssen und Seen. Zum Nachschlagen und Bestimmen der vielzähligen Arten von Süßwasserfischen.

4   98
FISCH-KÜCHENPRAXIS
Über die verschiedenen Methoden, Fisch fachgerecht vorzubereiten. Schuppen, Ausnehmen, Entgräten etc. – in farbigen Bildfolgen wird alles bis ins Detail erklärt.

5   114
FONDS UND SAUCEN
Die wichtigsten Basisrezepte für eine gute Fischküche. Erst die richtigen Saucen haben den modernen, leichten Fischzubereitungen zu ihrer Popularität verholfen!

6   126
POCHIEREN UND DÄMPFEN
Die sanften Garmethoden für die schonende Zubereitung von zartem Fisch. Wer den puren Geschmack schätzt, wird Fisch so zubereiten.

7   138
DÜNSTEN UND SCHMOREN
Beide Garmethoden bekommen Fischen gut – wenn man es richtig macht. Wie, das zeigen die Grundrezepte mit den illustrierten Arbeitsphasen ganz eindeutig.

8   148
FISCH AUS DEM BACKOFEN
Traditionelle Rezepte und neue Kreationen, vor allem für ganze Fische. Wenn sie in Teig gehüllt oder unter schützender Salzkruste aus dem Ofen kommen, sind sie eine delikate Überraschung.

INHALT

9

SUPPEN UND EINTÖPFE
162

Von der klaren Fisch-Consommé bis zum gehaltvollen Eintopf mit Fischen und Gemüsen. Ausgesuchte Rezepte mit Meeres- und Süßwasserfischen.

10

FISCH AUS DER PFANNE
174

Vom richtigen Braten und Fritieren. Die verschiedenen Methoden werden in farbigen Bildfolgen detailliert und anschaulich erklärt.

11

GRILLEN UND RÄUCHERN
186

Zwei Garmethoden, die frische Fische ganz besonders schmackhaft machen. Und Grillen über Holzkohle ist auch ein sommerlicher Freizeitspaß.

12

FISCH REGIONAL

Das ist vor allem delikate Hausmannskost mit Fischen und Rezepten aus der ganzen Welt. Die preiswerten Fische dominieren bei diesen Spezialitäten.

13

KALTE FISCHKÜCHE

Sie ist so köstlich wie umfangreich. Mit ihrer Vielfalt – vom marinierten Hering bis zu Delikatessen mit Lachs und Kaviar – genügt sie allen Ansprüchen.

14

FISCH-FACHLICHES

Wissenswertes rund um die Fischküche: Fachausdrücke, die wichtigsten Geräte in der Fischküche, das richtige Vorlegen von Fisch.

15

REZEPT- UND SACHREGISTER

Warenkunde und Rezepte auf einen Blick.

EINLEITUNG

Fisch ist heutzutage das kulinarische Thema Nummer eins, ganz unbestritten. In der feinen, neuen Küche erlebt er weltweit geradezu einen Boom, dessen Ende noch nicht abzusehen ist. Selten waren sich Feinschmecker, Ernährungswissenschaftler und ernährungsbewußte Köche so einig: Fisch ist eines der wertvollsten Nahrungsmittel überhaupt. Und eines der letzten, wirklich unverfälschten Naturprodukte — zumindest, was den „wilden" Fisch aus dem Meer, den Seen und den Flüssen betrifft. In seiner ungeheuren Vielfalt ist Fisch zudem ein ideales Produkt für den kreativen Koch. Er bietet schier unbegrenzte Möglichkeiten der Zubereitung, und das in allen Preisklassen. Denn es sind nicht nur die hochzahlten Edelfische wie Turbot oder Seezunge, für die sich engagiertes Kochen lohnt. Es sind vor allem auch die preiswerten Fische, die richtig zubereitet werden wollen, und zukünftig wohl auch die weitgehend unbekannten Arten, die heute bestenfalls zu Fischmehl verarbeitet werden.

Das leicht verderbliche Produkt „Fisch" hat sich, mit den immer besser werdenden Transportbedingungen und Kühlmöglichkeiten, zum Qualitätsprodukt „Frischfisch" entwickelt und sich dadurch einen festen Platz in der Küche erobert. Dank eines ausgeklügelten Liefersystems gelangt er heute von den europäischen Häfen — auf Eis gebettet — in längstens zwei Tagen zum Verbraucher. So schafft es beispielsweise ein Truck mit Frischfisch aus dem Golf von Mexiko in nur 20 Stunden bis zum New Yorker Fulton Market.

Frische bereitet also keine Schwierigkeiten mehr. Vorausgesetzt natürlich, sie wird gepflegt — von allen, die an der Kette vom Fischer zum Verbraucher beteiligt sind. Da ist permanente Aufklärung notwendig, zu der, so hoffen wir, auch dieses Buch beitragen wird. Einerseits mit seinem illustrierten Lexikon — als Orientierungshilfe beim Einkauf und beim Bestimmen unbekannter Fischarten. Zum anderen mit seinem ausführlichen, gründlichen küchenpraktischen Teil. So gibt das Kapitel „Küchenpraxis" mit vielen farbigen Bildfolgen genauestens Auskunft darüber, wie ganze Fische ausgenommen, zerteilt und filetiert werden. Die nachfolgenden Kapitel enthalten Grundrezepte aller wichtigen Gar- und Zubereitungsmethoden, die dem kreativen Koch erlauben, seine eigenen, ganz persönlichen Rezepte zu entwickeln. Wobei das Qualitätsprodukt „Frischfisch" immer im Vordergrund steht.

Wir sind heutzutage in der glücklichen Lage wählen zu können — zwischen dem „wilden" Fisch aus Meer und Süßwasser und dem Zuchtfisch, der zunehmend an Bedeutung erlangt. Sein Vorteil sind die garantierte Frische, seine fast beliebige Abrufbarkeit und die annähernd gleichbleibende Qualität. Anders als beim „wilden" Fisch, der mit allen Unwägbarkeiten eines typischen Naturproduktes behaftet ist. Weder ständig verfügbar noch von einheitlicher Qualität — dafür aber mit dem Reiz des Besonderen. Womit jedoch keineswegs gemeint ist, daß es beispielsweise ein teurer St. Pierre sein muß. Es ist die ganz natürliche Frische, die zum Beispiel eine einfache, aber zur rechten Zeit gefangene, frisch zubereitete Scholle so hinreißend gut schmecken läßt.

Die günstigen Gelegenheiten, das Marktangebot nutzen — das ist das ganze Geheimnis. Für den kochenden Feinschmecker kein Thema, für den Profi sicher manchmal eine wirtschaftliche Entscheidung, die aber ehrlich zugunsten von Frische und Qualität fallen sollte. Transparenz auf der Speisekarte ist nötig, will man dem Frischfisch Gutes tun. Im Zweifelsfall sollte man sich lieber des Tiefkühlfischs erinnern, dem nicht zuletzt die steigende Popularität von Fisch zu verdanken ist und durch den er seinen „anrüchigen" Ruf losgeworden ist.

Bleibt noch zu sagen, daß — sofern nicht anders angegeben — alle Rezepte in diesem Buch für 4 Portionen berechnet sind.

Christian Teubner

EINLEITUNG

NAHRUNGSMITTEL FISCH

NAHRUNGSMITTEL FISCH

Frischfisch – und mit diesem setzt sich das vorliegende Werk in erster Linie auseinander – ist seit Jahrtausenden menschliches Nahrungsmittel. Soweit er für den Menschen erreichbar war, wurde frischer Fisch seit Urzeiten vom Menschen verzehrt. Obwohl weder Felszeichnungen noch Werkzeuge aus der Altsteinzeit darauf hinweisen, dürfen wir annehmen, daß – mit der lebensnotwendigen Nähe zu Quellen, Bächen, Flüssen und Seen – Fische mit Sicherheit schon den Menschen der Frühzeit als Nahrung dienten. Die Bewohner der Küstengebiete hatten eine zusätzliche Quelle für frischen Fisch: das Meer. Bis in die Neuzeit jedoch blieb diese Nahrungsquelle ausschließlich denen vorbehalten, die in ihrer unmittelbaren Nähe lebten. Erst sehr viel später hat man gelernt, frischen Fisch länger haltbar zu machen, zum Beispiel durch Salzen oder Trocknen, um die „fischlosen" Zeiten zu überbrücken. Und es dauerte bis in die jüngste Zeit, daß man auch Entfernungen überbrücken konnte. Erst die Technik des Industriezeitalters hat es ermöglicht, daß frischer Fisch zu fast jeder Zeit an fast jedem Ort verfügbar ist.

Fische, wie auch Schalen- und Krustentiere, gehören zu den wenigen Nahrungsmitteln, die vom Menschen nicht manipuliert werden. Von Aquakulturen einmal abgesehen, wachsen Fische sozusagen „wild" heran. Sie sind also ein echtes Naturprodukt – mit allen Vor- und Nachteilen. Unbestritten beim Fisch ist, daß die Vorteile überwiegen, schon allein seines ernährungsphysiologischen Wertes wegen.

Darum ist es kein Wunder, daß die Fischerträge überall in der Welt von Jahr zu Jahr größer werden – ob aus Nord- oder Ostsee, aus dem Nordatlantik oder dem Nordpazifik, aus den großen Fischgründen an der südamerikanischen Westküste oder aus den fischreichen neuseeländischen Gewässern. Der Reichtum der Meere galt als unerschöpflich. Doch dieselbe hochentwickelte Technik, die es ermöglichte, frischen Fisch bis ins tiefste Binnenland zu bringen, hat auch die Fisch-Ressourcen in den Weltmeeren so stark ausgebeutet und damit so stark dezimiert, daß nur strenge Beschränkungen (wie zum Beispiel das Fangverbot für den Hering in europäischen Gewässern) das Gleichgewicht wieder herstellen können.

Bemühungen, das Naturprodukt Fisch zur Schonung der Bestände und zur optimalen Bewirtschaftung unter internationale Kontrolle zu stellen, gibt es zwar schon seit langer Zeit. Doch wenn es trotz der Arbeit vieler Kommissionen und trotz zahlreicher Schonmaßnahmen, festgelegt in internationalen Fischereikonventionen, nicht gelang, die fortschreitende Überfischung der Bestände zu verhindern, so lag das vor allem an der fehlenden Möglichkeit, die Einhaltung der abgesprochenen Vorschriften zu überwachen. Nachdem nun aber in einem neuen Seerecht den Küstenländern in einer 200 Seemeilen breiten Zone die Fischerei-Hoheit und die Verantwortung für die Bewirtschaf-

---

Wichtiger Hinweis

Nach dem Verzehr von frischem Fisch – um den es in diesem Buch vorwiegend geht – können gesundheitliche Störungen auftreten. In erster Linie durch giftige bakterielle Verunreinigungen (z. B. Salmonellen), in sehr seltenen Fällen auch durch (noch lebende) Parasiten (z. B. Nematoden). Es wird daher dringend empfohlen, beim Einkauf von Frischfisch äußerst kritisch zu sein und die auf den Seiten 100/101 dieses Buches näher erläuterten Frischemerkmale unbedingt zu beachten. Parasiten können durch gründliches Prüfen mit dem bloßen Auge ausgemacht werden. Frischfisch sollte zudem immer (sofern er das nicht bereits ist) sofort ausgenommen und schnell verbraucht werden.
Im übrigen verweisen wir auf die Ausführungen zum Thema „Fischvergiftungen" auf Seite 21.

---

tung der Fischbestände übertragen wurde, zeichnet sich in vielen Meeresgebieten eine Verbesserung ab. Von einer optimalen Ausnutzung der Bestände zur Deckung des menschlichen Bedarfs ist man aber noch weit entfernt. Dabei ist besonders auch an die Unmengen von hochwertigem Fisch zu denken, die zu Fischmehl verarbeitet werden. Eine fragwürdige „Veredelung", wenn man bedenkt, daß mit diesem Fisch unter anderem Batteriehähnchen gemästet werden, de-

NAHRUNGSMITTEL FISCH

ren Qualität einem Vergleich auch mit dem dürftigsten Fisch nicht standhalten kann.

Damit wird aber auch ein anderes weltweites Problem angesprochen, nämlich die Tatsache, daß es nur wenige Fischarten sind, die entscheidend zur menschlichen Ernährung beitragen. Viele Arten haben nur regionale Bedeutung. Die Märkte und die Konsumgewohnheiten sind auf diese Fische eingestellt. Es gibt aber noch eine ganze Reihe bisher nicht genutzter Fischbestände, die sich für die menschliche Ernährung eignen dürften. Da viele Menschen heute in puncto Gesundheit viel bewußter leben als früher, ist das Interesse gerade in den Industriestaaten zunehmend auf die vielfältigen natürlichen Nahrungsquellen gelenkt worden. Eine neue Generation von Köchen trägt dieser Entwicklung Rechnung und setzt sich geradezu leidenschaftlich und mit viel Experimentierfreudigkeit für das Naturprodukt Fisch ein. Und zwar nicht nur für die herkömmlichen Arten, sondern vor allem auch für neue Nutzfische und für Arten, die bisher keinen Platz in der menschlichen Ernährung fanden.

Der Zuchtfisch hat Zukunft. Die norwegischen Lachszüchter haben auf dem Gebiet der Aquakultur bereits Beispielhaftes geleistet. Und die weltweiten Versuche mit anderen Fischarten beweisen, daß dieser Fischereizweig an Bedeutung zunimmt.

Eine Steigerung der Erträge ist kaum mehr möglich. Das Nahrungsmittel Fisch wird intensiv genutzt. Zumindest, was die „wilden" Fische aus natürlichen Gewässern betrifft. Vor allem aus dem Meer. Eine technisch hochentwickelte Fischereiflotte sorgt dafür.

Schließlich wäre eine solche Entwicklung nichts Neues, denn der Geschmack hat sich im Laufe der Zeit immer wieder gewandelt. Wie sehr, ist zum Beispiel im „Fischbuch" von Conrad Gessner aus dem Jahre 1670 nachzulesen. Darin stellt er dem heutzutage sehr begehrten Seeteufel kein gutes Zeugnis aus, wenn er schreibt: „Das fleisch dieser Thiere sol nicht in die Speiß kommen, denn es ist von schlechtem Geschmack und eines heßlichen Geruchs. Doch sol der bauch von ihm das beste seyn." Auch der Schwertfisch schneidet bei ihm nicht viel besser ab: „Diese fische sollen ein böß schädlich fleisch haben, von harter Verdauung, eines heßlichen Geruchs und gantz fett wie ein Schwein." Nur mit „frischen Gewächsen" wie Zwiebeln, Knoblauch und Senf, so meint er, könne man ihn verbessern.

Nun, heute ist man da ganz anderer Meinung. Der Schwertfisch gehört inzwischen, mit seinem fast an Kalbfleisch erinnernden Fleisch, vor allem im Mittelmeerraum zu den begehrtesten Fischen. Sicher auch deshalb, weil er relativ selten geworden ist. Und damit ist wiederum das Problem angesprochen, das bereits viele Fischarten in den Weltmeeren, in Flüssen und Seen betrifft:

Die obere Grenze ist erreicht!

Die Fischerträge der Welt aus natürlichen Gewässern sind von Jahr zu Jahr unaufhaltsam größer geworden. Sie liegen jetzt bei 75 Millionen Tonnen. Doch zeichnet sich bereits die obere Grenze ab, die erreichbar ist, wenn man alle genutzten Arten, entsprechend den natürlichen Gegebenheiten, optimal befischt. Sie dürfte bei 100 Mio. t liegen. Noch weitgehend ungenutzt sind die Fangmöglichkeiten für die Kleinkrebse der Antarktis (Krill) und die Tintenfische der Ozeane. Erhebliche Steigerungen der Fischereierträge sind darüber hinaus durch die Aquakultur, d. h. durch die künstliche Zucht von Wasserorganismen (Fische, Krebse, Muscheln, Pflanzen), zu erwarten.

Von den Grundlagen der Nahrungsquelle Fisch

Fische sind Endglieder der Nahrungsketten. Fische gibt es daher nur dort, wo sich Nahrungsketten im Gewässer aufbauen können. Das erste Glied der Nahrungskette besteht aus einfachen, meist einzelligen Algen. Sie brauchen zu ihrer Entwicklung Nährstoffe. Gebiete mit großem Angebot an Nährstoffen sind daher auch fischreich, wie die Flußmündungen und die Flachwasserzonen vor den Küsten, das sogenannte Schelfmeer, mit Tiefen bis zu 200 m. Während hier der Eintrag an Nährstoffen von Land her erfolgt, gibt es auch Meeresgebiete, wo die Nährstoffzufuhr durch aufquellendes Tiefenwasser bewirkt wird. Das ist der Fall in den „Auftriebsgebieten" und „Divergenzzonen". Auftriebsgebiete finden sich besonders an den Westküsten der Kontinente, wo von Land kommender Wind zu einer Querzirkulation der Strömung vor der Küste führt. Divergenzzonen entstehen in den Ozeanen, wenn Meeresströmungen sich aufspalten.

Nährstoffreich sind auch die „hydrographischen Mischgebiete", mit sich verwirbelnden Meeresströmungen unterschiedlichen Salzgehaltes oder unterschiedlicher Temperatur. Unter solchen Bedingungen sterben viele Organismen ab, die an die chemischen und physikalischen Veränderungen nicht angepaßt sind. Auch durch solche Vorgänge werden Nährstoffe frei und bilden die Basis für marine Nahrungsketten.

Beispiele für besonders fischreiche Gebiete sind die Ost- und die Nordsee mit ihren zahlreichen Fischarten, das Barentsmeer und die hydrographischen Mischgebiete um Neufundland mit dem reichen Vorkommen vor allem an Kabeljau, sowie das große Auftriebsgebiet vor den Küsten von Peru mit seinen riesigen Sardellen- und Sardinenschwärmen. Die großen Ozeane sind, verglichen mit den Vegetationszonen auf dem Lande, die Wüsten der Meere. Nur wenige Arten, wie zum Beispiel die wandernden Thunfische, kommen dort in einigen Gebieten zeitweise in größerer Zahl vor. Am Kontinentalabhang

NAHRUNGSMITTEL FISCH

der Ozeane werden den Fang lohnende Mengen an Fischen meist nur in Tiefen bis 800 m angetroffen.

Die Fische ernähren sich von den Organismen aller Glieder der Nahrungsketten. Die im Oberflächenwasser des Meeres (Pelagial) schwebenden Algen und Kleinkrebse – das pflanzliche und tierische Plankton – werden vor allem von kleineren Fischen zahlreicher Arten gefressen. Sie treten im Oberflächenwasser oft in riesigen Schwärmen auf. Zu diesen sogenannten „Schwarmfischen des freien Wassers" gehören wichtige Nutzfischarten wie Hering, Sardine, Sardelle und Makrele.

Die größeren Fische des Meeres sind meist Raubfische, die sich von anderen Fischen ernähren. Für viele Fischarten bilden Muscheln, Krebse und Würmer am Meeresboden die Nahrung. Beispiele hierfür sind die Plattfische, wie Scholle, Flunder und Seezunge.

Der Seelachs gehört zu den kabeljauartigen Fischen, wie auch Schellfisch, Dorsch und vor allem Pollack. Alle zusammen sind eine wichtige Säule der Fischwirtschaft.

Die Fischerträge der Welt, und wie sie sich zusammensetzen

Der Weltfischereiertrag besteht zu etwa 90 Prozent aus Fischen. Im Jahre 1983 setzte er sich so zusammen:

57,8	Mio. t	Meeresfische
7,1	Mio. t	Süßwasserfische
2,1	Mio. t	Wanderfische zwischen dem Meer und dem Süßwasser, z. B. Lachse
5,8	Mio. t	Muscheln, Schnecken und Tintenfische
3,2	Mio. t	Krebse

Dazu kommen noch (in den Zahlen für den Weltfischereiertrag von 76,5 Mio. t nicht enthalten)

3,2	Mio. t	Wasserpflanzen, hauptsächlich aus China, Japan und Korea

Da Muscheln, Schnecken, Tintenfische, Krebse und Wasserpflanzen einen relativ hohen Verkaufserlös erzielen, machen die Fische wertmäßig jedoch weniger als 50 Prozent des Weltfischereiertrages aus. Dies hängt vor allem damit zusammen, daß ein ganz erheblicher Teil der im Meer gefangenen Fische, vor allem aus der Gruppe der „Schwarmfische des freien Wassers", zu Fischmehl verarbeitet wird. Für die Produktion von 1 t Fischmehl sind 4,5 t Fisch erforderlich. Von der Gesamtproduktion des Jahres 1983 an Fischmehl von 5,2 Mio. t stammen 4,7 Mio. t aus Fischen, der Rest aus anderen Meeresorganismen. Das bedeutet, daß rund 21,2 Mio. t des Weltgesamtfanges an Fischen in dem Jahr zu Fischmehl verarbeitet wurden.

Wenn man sich die biologische Zusammensetzung des Gesamtfanges an Meeresfischen ansieht, fällt auf, daß zwei Gruppen eine herausragende Bedeutung haben. Es sind die kabeljauartigen und die heringsartigen Fische, die etwa die Hälfte des Gesamtertrages an Meeresfischen in der Welt ausmachen. Zu den Heringsartigen gehören vor allem die genannten „Schwarmfische des freien Wassers", zu den Kabeljauartigen so wichtige Arten wie der atlantische Kabeljau, der Schellfisch und der Seelachs. Auch innerhalb dieser Gruppen sind es oft nur wenige Arten, die die Höhe des Gesamtertrages der Gruppe bestimmen. So tragen die Fänge an japanischen und chilenischen Sardinen mit jeweils etwa 4 Mio. t ganz wesentlich zur Höhe der Anlandungen an pelagischen Schwarmfischen bei.

Zu den Kabeljauartigen gehört der Alaska Pollack, der den nördlichen Teil des Pazifischen Ozeans bewohnt und derzeit mit 5 Mio. t den höchsten Ertrag aus einer Fischart liefert. Im Nordatlantik ist der Kabeljau mit etwa 2 Mio. t der wichtigste Fisch seiner Gruppe. So ist es nicht verwunderlich, daß allein die Fänge von diesen vier Fischarten etwa ein Viertel des Weltfischertrages ausmachen.

Hummer und Austern drücken die Preise. Tatsächlich erbringen die im Vergleich zum Fisch geringen Mengen an Schal- und Krustentieren einen höheren Verkaufserlös als alle Fischanlandungen zusammen. Und das trotz der weltweit relativ hohen Frischfisch-Preise. Schuld daran ist der niedrige Erlös der Riesenmengen an geringwertigem Fisch (z. B. Menhaden), der zu Fischmehl verarbeitet wird – als proteinhaltiges Futter für die Viehzucht. Zu den wichtigsten Fischen, die direkt der menschlichen Ernährung zugeführt werden, gehören die „Heringsartigen", wie die Sardinen, die hier (linkes Bild) im spanischen La Coruña entladen werden.

NAHRUNGSMITTEL FISCH

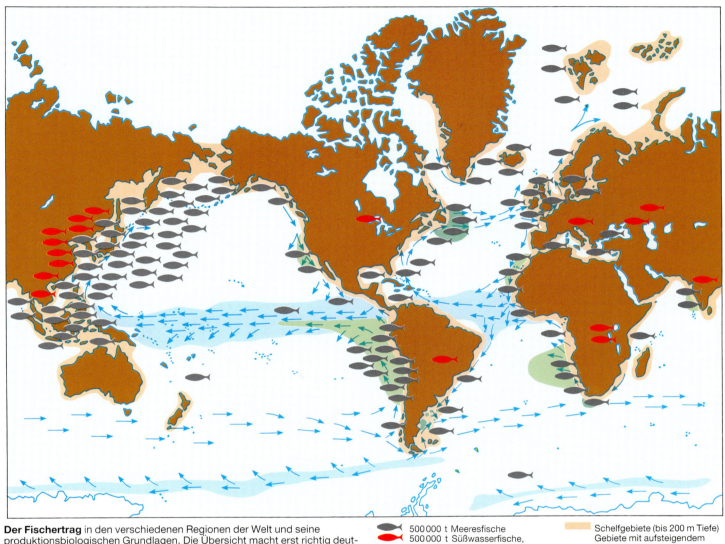

Der Fischertrag in den verschiedenen Regionen der Welt und seine produktionsbiologischen Grundlagen. Die Übersicht macht erst richtig deutlich, wie ungleich die Erträge aus dem Fischfang verteilt sind. Es sind vor allem die unterschiedlichen natürlichen Bedingungen, wie Länge und Fischreichtum der jeweiligen Küsten, aber auch der technische Stand der Fischerei der einzelnen Länder, die für ihre Höhe ausschlaggebend sind.

- 500 000 t Meeresfische
- 500 000 t Süßwasserfische, Fische aus dem Brackwasser und Wanderfische zwischen dem Süßwasser und dem Meer
- Schelfgebiete (bis 200 m Tiefe) Gebiete mit aufsteigendem Tiefenwasser:
- Auftriebsgebiete vor den Küsten
- Divergenzgebiete im Meer
- Hydrographische Mischgebiete Meeresströmungen

Die fünf Großen

Die Fischereierträge aus dem Meer sind auf die einzelnen Küstenländer sehr ungleich verteilt. Ausschlaggebend für die Höhe der Erträge sind vor allem die Länge der Küsten mit ihren unterschiedlichen natürlichen Bedingungen für das Vorkommen nutzbarer Fischbestände sowie der Stand der technischen und sonstigen Entwicklung der jeweiligen Fischerei. Hieraus erklärt sich die erstaunliche Tatsache, daß fast 45 Prozent des gesamten Fischertrages der Erde, der 1983 76,5 Mio. t betrug, von fünf großen Fischereinationen eingebracht worden sind:

Japan	11,3 Mio. t
UdSSR	9,8 Mio. t
China	5,2 Mio. t
USA	4,1 Mio. t
Chile	4,0 Mio. t

Bemerkenswert ist, daß allein die Fischerei Asiens etwa 50 Prozent des Weltfischereiertrages ausmacht. Neben Japan, China und der UdSSR tragen vor allem Indien, Korea, Indonesien, Thailand und die Philippinen mit Erträgen von jeweils 1–2 Mio. t wesentlich zum jährlichen Gesamtertrag Asiens bei.

In Europa stammt etwa die Hälfte des Gesamtertrages von 12,5 Mio. t des Jahres 1983 aus den Fischereien von Norwegen, Dänemark und Spanien. Die Fischereierträge der Bundesrepublik sind als Folge der internationalen Entwicklung des Seerechtes rückläufig und liegen derzeit bei etwa 300 000 t.

Die Höhe der Fischerträge Südamerikas wird durch die Anlandungen von Peru und Chile bestimmt. Diese können sehr starke Schwankungen aufweisen, wenn sich die Lebensbedingungen für die pelagischen Schwarmfische in den Auftriebsgebieten vor der Küste plötzlich ändern. So strömt bei bestimmten Großwetterlagen über dem äquatorialen Pazifik warmes Wasser zu den Küsten Perus und Chiles und überlagert dabei den normalerweise nach Norden ziehenden kalten Humboldtstrom. Dieses Phänomen, das unregelmäßig vor allem um die Weihnachtszeit auftreten kann, ist als „El Niño" bekannt. Die an das relativ kalte Wasser des Humboldtstromes angepaßten Sardellen weichen beim Auftreten eines derartigen El Niño aus dem nun war-

NAHRUNGSMITTEL FISCH

men Oberflächenwasser in das kältere, tiefe Wasser aus, finden dort aber keine Nahrung und verhungern. Im Extremfall kann es dabei zum Zusammenbruch des bisher genutzten Fischbestandes kommen. So ging der Fangertrag an Sardellen, der 1971 noch 10 Mio. t allein in Peru betragen hatte, Mitte der 70er Jahre als Folge eines El Niño so weit zurück, daß zur Schonung der überlebenden Fische der Sardellenfang vor den Küsten Perus zeitweilig ganz eingestellt werden mußte. Ein derartiger Rückgang der Fischereierträge ist für ein Entwicklungsland wie Peru eine wirtschaftliche Katastrophe.

In Afrika ist die Fischerei im Binnenland und an den Küsten relativ gering entwickelt. Die Gesamterträge mit etwa 4 Mio. t im Jahr 1983 entsprechen nur etwa 5 Prozent des Weltfischereiertrages. Die größten Fänge werden vor den Küsten Südafrikas und Angolas erzielt. Sie bestehen vor allem aus Sardinen und japanischen Sardellen.

Fischverbrauch: Japan und Island an der Spitze

Der Fischverbrauch der einzelnen Länder ist, wie man aus der nachfolgenden Übersicht erkennen kann, recht unterschiedlich und hängt vor allem von der Größe und Art der Fischbestände, der Entwicklung der Fischerei, dem Ausbau des Transportsystems und den Konsumgewohnheiten ab.

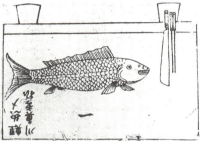

	kg
Durchschnittlicher Pro-Kopf-Fischverbrauch in der Welt:	12,3

Durchschnittlicher jährlicher Fischverbrauch pro Kopf in:

Nordamerika:	
Kanada	21,1
USA	16,6
Mittel- und Südamerika:	
Peru	30,0
Chile	29,6
Guyana	24,5
Kuba	18,7
Ecuador	14,1
Venezuela	13,0
Uruguay	7,3
Argentinien	4,6
Nicaragua	0,9
Europa:	
Island	80,4
Norwegen	49,1
Dänemark	46,0
Spanien	34,8
Schweden	32,3
Portugal	28,9
Frankreich	24,3
Italien	12,7
BR Deutschland	12,4
Schweiz	10,7
Niederlande	8,7
Afrika:	
Kongo	35,0
Senegal	26,9
Elfenbeinküste	19,3
Ghana	18,9
Nigeria	16,3
Südafrika	11,3
Kenia	3,5
Algerien	3,0
Asien:	
Japan	86,0
Hongkong	52,1
Malaysia	47,6
Nord-Korea	40,1
Philippinen	33,4
Thailand	20,2
Israel	15,3
Indonesien	11,8
Türkei	7,6
China	4,3
Indien	3,2
Iran	1,2
UdSSR	25,8
Australien	14,9

Der durchschnittliche Fischverbrauch steigt zwar weltweit ständig an, aber traditionelle Konsumgewohnheiten und die geographische Lage der einzelnen Länder sorgen immer noch für riesige Unterschiede. So sollte man meinen, daß Italien mit seinen langen, fischreichen Küsten und einem Angebot feinster Qualitäten (Bild rechts: Fischstand auf einem Markt in Palermo) auch einen entsprechend hohen Pro-Kopf-Verbrauch hat. Tatsächlich liegt er mit 12,7 kg pro Jahr im Vergleich mit dem Japans, nämlich 86 kg, weit zurück. Bild oben: Fischabteilung eines Supermarktes in Tokio.

NAHRUNGSMITTEL FISCH

Die Angel ist in den Ländern der Dritten Welt noch kein Sportgerät. Angeln, wie hier an der Ostküste von Sri Lanka, ist nur eine der wenig effektiven Fangmethoden, der sich die Fischer dieser Länder heute noch bedienen müssen. Denn Investitionsmittel für eine eigene Fischereiflotte fehlen. Entsprechend dürftig ist auch das Fischangebot.

Von der Handangel bis zum Fabrikschiff

Obwohl es weder Funde noch andere konkrete Hinweise darauf gibt, ist mit Sicherheit anzunehmen, daß schon der Mensch der Frühzeit mit Fisch seinen Speisezettel bereichert hat.

Zum Fang der Fische waren ja nicht unbedingt Geräte erforderlich. Im einfachsten Fall wurden die Fische gesammelt, wenn durch ein Naturereignis ein Gewässer trockenfiel. Vielleicht hat man auch in Überschwemmungs- und Tidengebieten durch künstliche Steinwälle den Fischen den Rückweg in das Gewässer abgeschnitten und sie aus dem flachen Wasser mit der Hand herausgefangen, wie es heute noch in manchen Gebieten Afrikas und Asiens geschieht.

Pfeil und Bogen wurden schon am Ende der Altsteinzeit, also vor mehr als 10 000 Jahren, zur Jagd benutzt. Sie waren zwar in erster Linie, genauso wie Speere und mit Widerhaken versehene Harpunen, zum Erlegen von Landtieren in Gebrauch gekommen, ließen sich aber auch zum Fang von Fischen in flachem Wasser verwenden. Aus jener Zeit stammen auch die ersten Funde von Angelhaken. Allerdings hatten diese noch keine Widerhaken.

Die ersten zum Fischfang verwendeten Reusen tauchen in der Mittelsteinzeit auf, also etwa im Zeitraum 9000 bis 4000 v. Chr. Eine Reuse ist im Prinzip eine Falle, in die der Fisch durch eine schmale Öffnung, eine Kehle, hineinschwimmt und dann nicht mehr herausfindet. Als Material wurden Weidenruten verwendet. Auf dem gleichen Prinzip beruhen auch die schon damals gebauten Großreusen mit gesonderten Fangkammern. Sie standen in Verbindung mit langen Fischzäunen aus Flechtwerk, an denen die Fische entlangschwammen und so in die Öffnung der Fangkammern geleitet wurden.

Der entscheidende Anstoß zu neuen Fangtechniken ging in der Mittelsteinzeit von zwei Entwicklungen aus. Die eine war der Bau von Flößen und Booten, wodurch es möglich wurde, Fische auch vom Ufer entfernt in tieferem Wasser zu fangen. Die andere war die Erfindung von Netzen. Diese Netze, am Anfang aus Bast, waren knotenlos und wurden zwischen Pfählen ausgespannt. Erst als man das zur Herstellung der Netze verwendete Material verknotete, wurde es möglich, auch frei bewegliche Netze zu entwickeln, die man zum Umschließen von Fischansammlungen oder als Zugnetze verwenden konnte.

Mit den Fischspeeren, den Angeln, den verschiedenen Reusentypen, Umschließungs- und Zugnetzen waren zu Beginn der Jungsteinzeit, also um 2000 v. Chr., bereits die meisten der noch heute üblichen Fangprinzipien „erfunden". Die späteren Entwicklungen stellten im Grunde nur graduelle Verbesserungen dar. Die Fortschritte betrafen besonders die zum Bau der Fanggeräte verwendeten Materialien, wozu heute vor allem die Kunststoffe gehören. Als völlig neues Fangprinzip kam in der Neuzeit in den Binnengewässern der Elektrofischfang hinzu.

Wenn sich auch die Fangprinzipien im Verlauf der letzten Jahrtausende nicht wesentlich verändert haben – die Fangtechnik hat sich, unter Nutzung spezieller, wissenschaftlicher Erkenntnisse und moderner Methoden, gewaltig entwickelt. Während bis zur „Ölkrise" Mitte der 70er Jahre die Entwicklung und Forschung in der Fangtechnik auf eine Steigerung der Effektivität der Fangmethoden und der Geräte ausgerichtet war, hat die Verknappung und Verteuerung der Energie zur Entwicklung energiesparender Fangtechniken geführt. Dazu gehört in erster Linie die Verbesserung passiv fangender, also nicht bewegter Geräte.

NAHRUNGSMITTEL FISCH

Welche Fangtechnik auch angewendet wird, sie hat nicht nur Auswirkungen auf die angelandeten Mengen, sondern auch auf die Qualität der gefangenen Fische. Daher ist es nicht gleichgültig, ob in einem Netz Tonnen von Fisch zusammengedrückt werden oder ob ein einzelner Fisch am Angelhaken zappelt. Solche unterschiedlich ertragreichen Fangmethoden lassen sich nicht zuletzt am Preis (man denke nur an die sogenannten Edelfische) erkennen.

So kann man das **Angeln,** bei dem der Fisch durch einen am Angelhaken aufgespießten Köder verlockt wird „anzubeißen", wohl als die schonendste Fangmethode bezeichnen. Die Haken können einzeln an Handangeln oder zu mehreren an Langleinen befestigt sein. Solche Mehrfachangeln mit oft Hunderten von Haken an einer Hauptschnur werden in der Binnenfischerei hauptsächlich zum Aalfang benutzt und daher als Aalschnur bezeichnet. In der Küstenfischerei werden solche Langleinen zum Fang von zum Beispiel Lachs und Meerwolf und in der Hochseefischerei zum Thunfischfang verwendet. Als Köder werden natürliche Beutetiere der betreffenden Fischart gewählt oder künstliche Köder, die dem Beuteschema entsprechen, wie die künstlichen Fliegen in der Forellenfischerei.

Reusen können aus Holz, Netzwerk, Metalldraht oder aus Kunststoffen hergestellt sein. Bei vielen Reusentypen sind vor dem Eingang Leitnetze ausgespannt, die den Weg der Fische in die Reuse lenken. Größere Fangbauten sind mehr oder weniger als Labyrinth angelegt. Solche Großreusen ragen oft mit ihren Leitwänden über die Wasseroberfläche hinaus. Man kann sie in Europa vor allem an den Küsten des Mittelmeers für den Thunfischfang sehen und als sogenannte Bundgarne an der deutschen und der dänischen Ostseeküste, wo sie hauptsächlich für den Fang von Heringen und von Aalen eingesetzt werden.

Schlepphamen an der französischen Küste im 18. Jahrhundert. Ein gutes Beispiel dafür, daß sich die Technik eigentlich kaum verändert hat. Nur die Ausführung wurde verbessert. Bei uns würde heutzutage sicher kein Fischer mehr das Netz mit eigener Muskelkraft bewegen. In den Entwicklungsländern allerdings ist das noch oft geübte Praxis.

Bei einem **Hamen** wird das sackartige Netz durch die Strömung ausgespannt. Er ist deshalb typisch für die Flußfischerei.

Im **Kiemennetz** wird der Fisch beim Hineinschwimmen durch die Masche, die sich hinter dem Kiemendeckel verhakt, gefangen. Die Maschenöffnung ist entscheidend für die Mindestgröße der Fische, die festgehalten werden. Man unterscheidet bei den Kiemennetzen Stellnetze, Treibnetze und Schwebnetze, je nachdem, ob sie am Boden festgesetzt sind, mit einer Endung frei im Wasser treiben oder beidseitig verankert über dem Boden schweben. Am häufigsten sieht man in den Flüssen und flachen Seen Stellnetze für den Fang von Weißfischen, Barschen, Hechten und Zandern. In tieferen Seen bevorzugt man Schwebnetze zum Fang von Felchen (Renken, Maränen), Seeforellen und Seesaiblingen. Treibnetze sind hauptsächlich in der Meeresfischerei, zum Beispiel für den Fang von Heringen und anderen pelagischen Fischarten, üblich.

Die Fischerei mit **Zugnetzen** ist in Binnengewässern und an den Küsten vieler Länder der dritten Welt eine der wichtigsten Fangmethoden. Das zur Zugnetzfischerei verwendete Netz besteht aus einer Netzwand, die die beträchtliche Länge von mehreren hundert Metern aufweisen kann. In der Mitte des Netzes befindet sich oft ein Netzsack. Zum Fang wird das Netz parallel zum Ufer ausgesetzt. Mit langen Leinen werden dann die freien „Flügel" vom Ufer aus an einem Punkt zusammengezogen und eingeholt. **Strandwaden** sind Zugnetze, die an den Küsten zum Fang von ufernahen Fischen benutzt werden. Ein in Dänemark speziell für die küstenferne Meeresfischerei entwickeltes Zugnetz ist die **Snurrewade**. An den Enden des Netzes befinden sich bis zu 4000 m lange Leinen, mit denen das Fanggebiet auf dem Boden umschlossen wird. Beim Einholen des Netzes treiben die Leinen die Bodenfische vor sich her zum Netz.

Mit Ringwade und Schleppnetz

Die Masse der pelagischen Schwarmfische in der Meeresfischerei wird mit der **Ringwade** und mit nach gleichem Prinzip konstruierten Umschließungsnetzen gefangen. Die Ringwade ist damit neben den **Schleppnetzen** das wichtigste Fanggerät der Meeresfischerei. Zum Fang wird eine bis zu 1800 m lange und bis zu 200 m tiefe Netzwand von einem speziell dafür konstruierten Schiff oder durch zwei Beiboote zu einem geschlossenen Kreis ausgesetzt. Die Unterkante dieser Netzwand wird dann mit Hilfe einer Leine, die durch Ringe läuft, schüsselförmig zusammengezogen. Das Netz gleicht so einer großen Tasche – daher der englische Name „purse seine" –, die den Fischschwarm von allen Seiten umschließt. Beim Einholen des Netzes durch das Mutterschiff wird nun die Tasche stetig kleiner, bis die Fische schließlich auf so engem Raum zusammengedrängt sind, daß sie mit Keschern, Körben oder Fischpumpen an Bord gebracht werden können.

Schleppnetze sind besonders effektive Fanggeräte. Sie werden von einem oder zwei Fischereifahrzeugen gezogen, entweder über den Boden als Grundschleppnetz zum Fang von am Boden lebenden Fischarten oder durch das freie Wasser als Schwimmschleppnetz zum Fang pelagischer Schwarmfische.

Mit dem Wurfnetz wird in Indonesien im Kollektiv gefangen. Eine Methode, die mit geringen Unterschieden in der ganzen Welt praktiziert wird. Beim **Kiemennetz** verhaken sich die Fische mit den Kiemendeckeln in den Maschen und müssen dann einzeln herausgezogen werden – wie es dieser Bodenseefischer (Bild rechts) mit einem Barsch demonstriert. Das ist übrigens auch der Grund, warum die empfindlichen Felchen und Renken selten ohne Verletzungen des Schuppenkleides auf den Markt kommen.

Die Geräte sind perfekter geworden, wenn sich auch die Fangmethoden prinzipiell nicht wesentlich verändert haben. Doch von den Fischspeeren bis zu den grellfarbigen Kunststoffnetzen war es schon ein weiter Weg.

Die Beute mit Licht anzulocken, ist eine alte Fangmethode. Dabei wird auch teilweise heute noch der Fischspeer eingesetzt. Wesentlich moderner ist die links im Bild gezeigte Technik mit Umschließungsnetzen. Die schonendste Methode jedoch ist immer noch die Angel, wie im Bild unten die beköderte Langleine eines bretonischen Fischers. Solche Mehrfachangeln werden in der Binnenfischerei als Aalschnur bezeichnet.

NAHRUNGSMITTEL FISCH

In Verbindung mit nahezu allen Fangmethoden wird die **Lichtfischerei** angewendet. So wird der nächtliche Sardinenfang mit Umschließungsnetzen meist mit Hilfe dieser Methode betrieben. Dabei macht man sich das Verhalten vieler Fischarten zunutze, bei Dunkelheit von einer Lichtquelle angelockt zu werden und sich ihr bis auf eine gewisse Entfernung zu nähern. Der Abstand, den die Fische zur Lichtquelle einhalten, ist abhängig von der Fischart, aber auch von der Lichtintensität. Auch die Farbe des Lichts spielt beim Anlocken eine Rolle. In dunklen Nächten ist die Lichtfischerei besonders effektiv.

Mit Gift und elektrischem Strom

Die Fischerei mit Giften hat, wie die meisten anderen Fangtechniken, eine lange Tradition. Bei den Giften handelt es sich um Nervengifte „fischgiftiger Pflanzen" aus tropischen Ländern. Es gibt aber auch in unseren Breiten fischgiftige Pflanzen, wie zum Beispiel Königskerze und Alpenveilchen. Eine weltweite Bedeutung in der Fischerei hat heute vor allem das Rotenon, das aus den Wurzeln von *Derris elliptica*, einem in Ostasien heimischen Schmetterlingsblütler, gewonnen wird. Rotenon wird in vielen Ländern außer zum Fang auch in Teichwirtschaften und natürlichen Gewässern benutzt, um vor dem Besatz Nahrungskonkurrenten der Zuchtfische zu vernichten. Nach dem Einsatz von Fischgiften treiben die meist nur betäubten Fische an der Wasseroberfläche und werden dann abgefischt.

Beim Elektrofischfang wird im Gewässer ein elektrisches Feld aufgebaut. Der negative Pol, die Kathode, befindet sich dabei am Boot. Der Rand des zum Fischfang benutzten Keschers bildet den positiven Pol, die Anode. Fische, die in das elektrische Feld zwischen Anode und Kathode geraten, stellen zunächst reflektorisch ihren Körper parallel zu den Kraftlinien ein, mit dem Kopf zur Anode gerichtet. Von einer bestimmten Stromstärke ab kommt es dann zur Ausbildung der „Galvanotaxis": der Fisch schwimmt zur Anode, also in Richtung des Fangkeschers. Bei Verwendung üblicher Geräte zur Erzeugung von Gleichstrom oder gepulstem Gleichstrom mit 0,5 bis 3,0 kW reicht die „anodische Wirkung" im Süßwasser etwa 6 bis 8 m weit. Entscheidend für die Wirkung ist die Spannungsdifferenz, die der Fisch im elektrischen Feld „abgreift". Das hat zur Folge, daß Kleinfische und Jungfische von der Elektrofischerei weniger effektiv erfaßt werden als größere Fische. Die gefangenen Fische schwimmen nach wenigen Minuten wieder in normaler Körperlage, wenn sie ins Wasser zurückgesetzt werden. Die zunächst beim Fang aufgetretenen physiologischen Störungen dauern 20 bis 70 Minuten. Dauerschäden treten bei sachgemäßer Durchführung des Elektrofangs nicht ein.

Fischerboot und Vollfroster: Die Fischereifahrzeuge

Während in der Binnenfischerei in der Regel nur offene Boote benutzt werden, reicht das Spektrum in der Küsten- und in der Meeresfischerei von einfachen, offenen Booten bis zu hochtechnisierten Fang- und Verarbeitungsschiffen. Die meisten Fische aus der **Küstenfischerei**

und der **Kleinen Hochseefischerei** werden von Fischkuttern angelandet. Das sind gedeckte Fischereifahrzeuge mit Längen bis zu etwa 35 m und Motoren bis 1000 PS. Die Fangplätze sind küstennah, in der Kleinen Hochseefischerei maximal zwei Tagesreisen entfernt. Das wichtigste Fanggerät der deutschen Kutter ist das Grundschleppnetz. Der Fang wird auf Eis gelagert.

Kleine Schiffe fangen feine Fische, könnte man mit Blick auf die hochbezahlten Edelfische behaupten. Tatsächlich landen die kleinen Fischkutter (Bild unten) diese Fischsorten an, die oft mit Langleinen im Küstenbereich gefangen werden. Die Hochseefischerei dagegen erbringt die großen Mengen von Rotbarsch, Seelachs, Kabeljau oder Schellfisch. Daß bei solchen Riesenmengen in einem Netz die Qualität, zumindest aber das Aussehen der Fische leiden kann, ist wohl selbstverständlich.

Die Anlandungen aus der **Großen Hochseefischerei** stammen aus den Fängen von großen Motorschiffen, die nach dem beim Fang eingesetzten Gerät auch als Trawler bezeichnet werden. Nach dem letzten Weltkrieg bis Ende der 70er Jahre war die Entwicklung in der Großen Hochseefischerei auf die weltweite Ausnutzung fischreicher Fanggründe und die Erschließung von neuen Fangplätzen ausgerichtet. Dabei entstand das Problem, daß durch die lange Reisedauer und die auf maximal 12 Tage begrenzte Lagerfähigkeit der Fische auf Frischeis die Aufenthaltsdauer auf den entfernt liegenden Fangplätzen stark eingeschränkt war. Dies gab den Anstoß zur Entwicklung von „Vollfrostern", Fahrzeugen, bei denen der Fang bereits an Bord eingefroren wird. Sie sind mit Maschinen ausgerüstet, mit denen die Fische bis zum enthäuteten und entgräteten, küchenfertigen Filet verarbeitet werden können. Die Filets werden bei minus 40 °C eingefroren, und zwar entweder portionsweise, verpackt in handelsüblicher Form für den Endverbraucher, oder als großer Block, der dann an Land ohne Auftauen zerschnitten wird.

Der Filetanteil beträgt beim Kabeljau, Seelachs, Schellfisch, Seehecht und Rotbarsch 35 bis 40 Prozent. Auch der Verarbeitungsabfall und der nicht für den Konsum verwendbare Fanganteil, der „Beifang", werden bereits an Bord verarbeitet, nämlich zu Fischmehl.

Mit den Veränderungen des internationalen Seerechts jedoch kam das Ende des weltweit „freien" Fischfangs. Die großen Fang- und Fabrikschiffe erwiesen sich oft als nicht mehr ökonomisch. Es galt, die Fahrzeuge der Großen Hochseefischerei den neuen ökonomischen Bedingungen anzupassen. Die neu entwickelten, wesentlich kleineren Fahrzeuge sind technisch auf das modernste ausgerüstet. Dazu gehören Geräte zur genauen und schnellen Standortbestimmung und elektroakustische Geräte zur Ortung von Fischansammlungen.

NAHRUNGSMITTEL FISCH

Mit neuester Technik auf Fang

Durch diese modernen, elektroakustischen Geräte an Bord der Fischereifahrzeuge erhält die Schiffsleitung Informationen darüber, wo sich Fischansammlungen in der Nähe des Schiffes befinden, wie groß sie sind, in welcher Wassertiefe das Netz und die zu fangenden Fische stehen, wie die Fische auf das Netz reagieren und in bestimmten Fällen sogar, um welche Fischarten es sich handeln könnte. Mit Hilfe dieser Informationen kann eine Fischansammlung gezielt angesteuert und das Netz auf die günstigste Fangtiefe eingestellt werden.

Die Geräte arbeiten nach dem Prinzip der Ultraschallortung. Dabei werden von einem Sender am Schiffsboden Ultraschallwellen in gebündelten kurzen Impulsen gesendet. Wenn die Schallwellen auf ein Objekt im Wasser treffen, werden sie reflektiert. Aus der Schallgeschwindigkeit – im Wasser 1500 m/s, also wesentlich schneller als in der Luft – und der Laufzeit des zum Schiff zurückkehrenden Schalles kann die Entfernung zum Objekt berechnet werden. Die Informationen werden auf einem schreibenden Gerät oder einem Bildschirm als Punkte angezeigt. Mit dem Vertikallot wird die Meerestiefe gemessen und die unter dem Schiff befindlichen Fische geortet. Die Geräte besitzen eine so hohe Leistungsfähigkeit, daß Fische noch bis zu einer Tiefe von 600 m als einzelne Objekte dargestellt werden können.

Die Bewirtschaftung von Fischbeständen

Ein „Bestand" besteht aus Fischen einer Art, die eine eigene Fortpflanzungsgemeinschaft bilden. Eine Fischart, wie zum Beispiel der Kabeljau, kann sich in mehrere Bestände mit unterschiedlichen Laichplätzen aufteilen. Die Fischerei nach den verschiedenen Fangplätzen muß daher in ihrer Wirkung auf den jeweils betroffenen Bestand beurteilt werden.

Im Mittelpunkt der Bewirtschaftung von Fischbeständen stehen die Fragen, wie groß die Fangmenge sein darf, die dem Bestand entnommen werden kann, ohne ihn biologisch zu gefährden, und unter welchen Bedingungen auf Dauer der höchstmögliche Ertrag erzielt werden kann.

Zur Beantwortung dieser Fragen muß man von der Überlegung ausgehen, daß man jährlich nur so viel ernten kann, wie in einem Jahr zuwächst, will man den Bestand nicht in seiner Größe verringern und in seinem Altersaufbau verjüngen. Die Frage kann demnach auch lauten: Unter welchen Bedingungen erzielt ein Bestand den höchstmöglichen jährlichen Zuwachs?

Das Problem wird weniger kompliziert, wenn man es auf die Altersgruppen oder Jahrgänge im Bestand bezieht und sich den Gewichtszuwachs ansieht, den ein einzelner Jahrgang im Laufe seines Lebens erzielt. Dabei wirken zwei Faktoren gegenläufig. Von den vielen geschlüpften Larven wachsen nur relativ wenige zu Jungfischen und

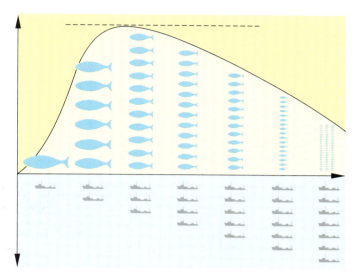

Der höchstmögliche Dauerertrag eines Fischbestandes wird bei einer konstanten, mittleren Stärke der Befischung erreicht. Wird zu intensiv befischt, bleibt der Ertrag durch kleine Fische gering. Bei schwacher Befischung ebenso: Der Ertrag besteht zwar aus großen Fischen, aber in geringer Zahl.

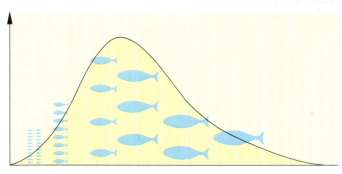

Entwicklung des Gesamtgewichts eines Jahrgangs. Trotz Verringerung der Individuenzahl in den ersten Lebensjahren wird der Gesamtgewichts-Zuwachs während dieser Zeit zunehmend größer. Wenn die Zahl der im Alter langsamer wachsenden Fische abnimmt, überwiegt der Gewichtsverlust, bis der Jahrgang schließlich ganz verschwunden ist.

noch weniger zu fangfähigen Fischen heran. Dieser Verlust an „Biomasse" wird aber in den ersten Lebensjahren überdeckt durch das individuelle Wachstum der einzelnen Fische. So wird trotz der Verringerung der Individuenzahl während dieser Zeit der Gewichtszuwachs des Jahrganges zunehmend größer. In höherem Alter, wenn die Fische immer langsamer wachsen, die Zahl der großen Fische aber stetig abnimmt, überwiegt der Gewichtsverlust, bis schließlich der Jahrgang gänzlich im Bestand verschwunden ist, wie die Grafik links unten erkennen läßt.

Der höchste Fangertrag wäre demnach zu erzielen, wenn man den Jahrgang am Ende des Jahres abfischt, an dem er sein höchstes Gewicht erreicht hat. Es kommt daher bei der Bewirtschaftung eines Fischbestandes darauf an, den Bestand so zu befischen, daß er einen optimalen Altersaufbau bekommt und auf Dauer behält. Bei anhaltend starker Befischung besteht der Bestand wie der Fang vorwiegend aus kleinen Fischen, der Fangertrag ist dementsprechend gering. Bei sehr schwacher Befischung enthält der Bestand und der Fang große Fische, jedoch in geringer Zahl. Auch in diesem Fall ist der Gesamtfang relativ klein.

Der Fangertrag hängt also ganz wesentlich von der Stärke der Befischung ab. Der „höchstmögliche Dauerertrag", wie er im fischereilichen Management bezeichnet wird, läßt sich daher nur bei einer bestimmten, mittleren Stärke der Befischung erzielen. Dies veranschaulicht die obenstehende Grafik. Bei zu starker Intensität der Fischerei kommt es zur Überfischung. Dabei tritt eine Verjüngung des Bestandes ein mit der Folge, daß die Fische im Fang immer kleiner werden und man immer stärker fischen muß, wenn man den bisherigen Ertrag aus dem Bestand beibehalten will. Die Vernichtung des Bestandes wird dann dadurch verhindert, daß die Fischerei in einem stark gelichteten Bestand schließlich teilweise eingestellt wird, weil sie sich nicht mehr lohnt.

Fangquoten und Schonmaße

Zur optimalen Bewirtschaftung eines Bestandes berechnet man, wie groß der „erlaubte Gesamtfang" aus einem Bestand sein darf. Alle marinen Fischbestände werden in dieser Weise bewirtschaftet. Die Berechnungen werden von speziellen Arbeitsgruppen internationaler Kommissionen durchgeführt. Aufgrund der Ergebnisse teilt dann die Kommission den einzelnen am Fang beteiligten Nationen eine bestimmte Fangquote zu.

NAHRUNGSMITTEL FISCH

Für die wichtigsten Fischarten sind „Schonmaße" festgelegt, das heißt, es dürfen keine Fische gefangen oder vermarktet werden, die die Länge für das Schonmaß unterschreiten. Die Einhaltung des Schonmaßes wird durch die Festsetzung von Mindestmaschenweiten erreicht. Das bedeutet, daß keine Masche im Fanggerät kleiner sein darf als die Mindestmaschenweite.

Innerhalb einer Art sind die Jahrgangsstärken unterschiedlich. Sie werden sehr stark durch die speziellen Lebensbedingungen für die geschlüpften Larven und Jungfische beeinflußt. Die Brütlinge leben nach dem Schlüpfen zunächst von ihrem Dottersack. Während dieser Zeit, die meist nur wenige Tage dauert, müssen sie sich auf ihre natürliche Nahrung umstellen und das Fressen „lernen". Der Erfolg hängt davon ab, ob sie während dieser Lebensphase genügend geeignetes Futter vorfinden. Futtermenge und -qualität sind wiederum abhängig von zahlreichen Umweltbedingungen, vor allem Temperaturverlauf und Nährstoffangebot. Im Meer können diese durch Wind- und Strömungsverhältnisse entscheidend beeinflußt werden.

Die Berechnung des erlaubten Gesamtfanges für die einzelnen Fischarten stützt sich auf wissenschaftliche Feststellungen zur Stärke der Jahrgänge, der Sterblichkeitsrate durch Fischerei und natürliche Umwelt und des Anteils der einzelnen Altersgruppen im Bestand. Grundlage dieser Untersuchungen sind Bestimmungen des Alters der Fische in Proben aus dem Fang oder von den Fischmärkten. Das Alter läßt sich bei vielen Fischarten anhand von Strukturen auf Schuppen, Kiemendeckeln, Wirbelkörpern und Gehörsteinen (Otolithen), ähnlich wie bei den Jahresringen im Holz der Bäume, bestimmen.

Trotz fundierter fischereiwissenschaftlicher Untersuchungen und sachgerechter Empfehlungen durch die Kommissionen sind viele Fischbestände, wie zum Beispiel die des Herings und des Kabeljaus, überfischt. Das führte beim Nordseehering zur Konsequenz, daß die Heringsfischerei in der Nordsee für einige Jahre verboten wurde. Die Heringsbestände haben sich jetzt so weit erholt, daß Fangquoten zugeteilt werden konnten. Die Ursache für die Überfischung vieler Bestände des Nordatlantiks und seiner Nebenmeere lag vor allem in der ungenügenden Möglichkeit, die Einhaltung der zugeteilten Quoten und anderer Regulierungsmaßnahmen international zu überwachen. Nachdem nun die Fischbestände innerhalb der 200-Seemeilen-Zone unter der Hoheit des jeweiligen Küstenlandes stehen und von diesem bewirtschaftet werden, ist die Befischung geringer und die Stärke der Bestände langsam wieder größer geworden.

Welche Informationsfülle in einer Fischschuppe steckt, zeigt diese Schuppe einer dreijährigen Äsche. Wie bei den Jahresringen eines Baumes läßt sich das Wachstum ablesen. Im Zentrum die starken, dunklen Ringe des ersten Sommers, dann die immer enger werdenden Winterringe, die dann wiederum in die breiten Sommerringe des zweiten Jahres übergehen. So läßt sich Jahr für Jahr verfolgen.

Auf den Seefischmärkten wird die Qualität der angebotenen Fische amtstierärztlich überwacht. Dazu wird unmittelbar nach dem Entladen der Fische Kiste für Kiste von einem Amtstierarzt begutachtet.

Die Qualität der Fische hängt zum einen von der Fangtechnik, in hohem Maße und vor allem aber von ihrer Lagerung und Behandlung an Bord ab. Beim Fang mit Schleppnetzen ist die Qualität um so besser, je kürzer die Schleppdauer und Fangmenge im Netz ist. Bei Kutterware spielt die Dauer der Lagerung auf Eis eine wesentliche Rolle. Bei Fängen mit dem Kiemennetz ist entscheidend, wie lange der Fisch in den Maschen gehangen hat, bevor das Netz aufgenommen wurde. „Lebend-frisch" können mit Strandwaden, mit Angeln und mit Reusen gefangene Fische sein.

Die auf Seite 100 aufgeführten Frischekriterien lassen sich „sensorisch", das heißt, mit Hilfe der Sinnesorgane erkennen. Von der Beurteilung der Veterinäre auf den Seefischmärkten hängt es ab, ob eine Partie beschlagnahmt und damit nicht zum Verkauf zugelassen oder zur Auktion freigegeben wird. Die sensorische Beurteilung durch die Amtstierärzte ist durch deren lange berufliche Erfahrung auf den Seefischmärkten außerordentlich zuverlässig.

Die Frische der Fische ist entscheidend dafür, ob der Fischverbrauch auch in Zukunft zunehmen wird. Die schnellen, modernen Verkehrsverbindungen und hervorragende Isolierverpackungen machen es möglich, frischen Fisch bis ins tiefste Binnenland zu transportieren. Trotzdem bleibt er ein höchst empfindliches Produkt, das niemals ständig verfügbar sein wird.

Eine regelmäßige, amtstierärztliche Kontrolle ist nur auf den Seefischmärkten üblich. In allen anderen Vertriebssystemen beschränkt sie sich auf gelegentliche Stichproben der Veterinärämter. Das ist auch bei Importen der Fall, die unter Umständen, vor allem, wenn sie aus dem Südatlantik stammen, beim Seehecht und dem Blauen Wittling einen relativ hohen Parasitenbefall aufweisen können. Die meisten Firmen veranlassen daher in eigener Initiative eine Untersuchung ihrer Importe, bei der die auf den Seefischmärkten üblichen Kriterien für Frischegrad und Parasitenbefall zugrunde gelegt werden.

Fischerei in Europa und in den USA

Erhebliche Auswirkungen auf die Fischereipolitik aller Küstenstaaten haben die Beschlüsse der 3. Seerechtskonferenz gehabt. Danach haben die Küstenstaaten in einem 12 Seemeilen breiten „Küstenmeer" die volle Souveränität über die Nutzung der dort lebenden Fischbestände. In einer 200 sm breiten „Wirtschaftszone" hat der Küstenstaat „Hoheitsrechte zur Erforschung, Ausbeutung, Erhaltung und Bewirtschaftung der lebenden und nicht lebenden Naturschätze".

Für die Fischerei in den Wirtschaftszonen der EG – im „EG-Meer" – wurden den Mitgliedsstaaten von der EG-Kommission Fangquoten zugeteilt. Von einem jährlichen Gesamtfang um 1,5 Mio. t erhielt

NAHRUNGSMITTEL FISCH

dabei Großbritannien mit 36,6 Prozent die größte Quote, gefolgt von Dänemark mit 22,7 Prozent und der Bundesrepublik mit 13,9 Prozent. Dies entsprach etwa dem Anteil der Länder am Gesamtfang 1973 aus dem Bereich des jetzigen EG-Meeres.

Die Fischdampfer der EG-Staaten sind auf die Befischung des Schelfmeeres, das sind die Küstenmeere mit Tiefen bis zu 200 m und die Kontinentalabhänge mit einer Tiefe bis zu 900 m, ausgerichtet.

Die Fanggebiete der Kutterfischerei sind küstennah, selten mehr als zwei Tagesreisen vom Heimathafen entfernt. In der Nordsee ist der Kabeljau von herausragender Bedeutung, ebenso in der Ostsee, wo er Dorsch genannt wird. Die deutschen Dorschfänge kommen vor allem aus der mittleren und westlichen Ostsee. Der oft angebotene „Angeldorsch" wird allerdings nicht mit der Angel, sondern ebenfalls mit den in der Kutterfischerei üblichen Fanggeräten gefangen. Andere wichtige Fischarten für die Kutterfischerei in der Nordsee sind Seelachs, Seezunge, Scholle und Hering. Der Hering ist auch für die Ostseefischerei trotz des geringen Preises eine wichtige Fischart. Die angelandeten Sprotten stammen ausschließlich aus der Ostsee.

Die Menge der in den Küstengewässern gefangenen Aale ist in manchen Ländern größer als die aus den Binnengewässern. So werden die größten Aalfänge von der deutschen Fischerei im Gebiet zwischen Helgoland und der Elbemündung erzielt.

Als Folge der veränderten Fangbedingungen für die deutsche Hochseefischerei ist ihr Fangertrag und ihr Anteil am Gesamtfang, der Mitte der 80er Jahre 250 000 bis 300 000 t betrug, stetig zurückgegangen.

Um die Einbußen auf den Fangplätzen der Fernfischerei auszugleichen, sind Bestände noch wenig genutzter Fischarten für den Markt erschlossen worden. Zu diesen „neuen Nutzfischen" gehören: Der Blaue Wittling (Micromesistius poutassou), von dem 1983 von der europäischen Fischerei bereits 0,5 Mio. t gefangen wurden; der Grenadierfisch (Coryphaenoides rupestris), der in den Gewässern von Island, Labrador und Neufundland in Tiefen von 600 bis 1600 m gefangen wird; der weit verbreitete Degenfisch (Lepidopus caudatus) und der Kaiserbarsch oder Red Bream (Beryx decadactylus), der in Gestalt und Farbe dem Rotbarsch ähnelt. Er ist relativ fettreich und als Koch-, Brat- und Räucherfisch gut verwendbar.

Die Fänge aus der Hochsee werden an Bord der Fang- und Fabrikschiffe sofort bearbeitet und als Tiefkühlware angelandet, und zwar entweder als „Frostfisch", das heißt ausgenommen und meist ohne Kopf, oder aber, vorwiegend, als „Frostfilet". Die Abfälle der Fabrikation − sie machen mehr als die Hälfte des Fanggewichtes aus − werden bereits an Bord zu Fischmehl verarbeitet.

Der Anteil der Fische, die an Bord von Fischereifahrzeugen bis zur Vermarktung als „Frischfisch" auf Eis gelagert werden, ist in den einzelnen Ländern der EG sehr unterschiedlich. In der deutschen Fischerei werden dabei größere Fische, mit Ausnahme des Rotbarsches, vorher ausgeschlachtet und zum Entfernen von Blut und Eingeweideresten mit viel Seewasser gewaschen.

Die an den Märkten angelandeten Fische werden verauktioniert. Um ihn möglichst wenig der Tageswärme auszusetzen, wird der Frischfisch nachts gelöscht. In der Auktionshalle werden die Fänge in Kunststoffkisten, die jeweils einen Zentner aufnehmen, nach Arten sortiert und zur Auktion ausgebreitet. Um die Kühlkette nicht zu unterbrechen, liegt der Fisch in den Kisten auf Eis. Die Auktionen finden am frühen Morgen statt. Bei einer solchen Auktion zuzusehen und zuzuhören, ist ein besonderes Erlebnis.

Der Gesamtverbrauch von Seefischen und Seefischprodukten in der Bundesrepublik entspricht einem Fanggewicht von 600 000 bis 650 000 t. Dieser große Bedarf wird aber nur zu etwa 40 Prozent aus den Anladungen der deutschen Fischerei gedeckt, der größte Teil muß eingeführt werden. Der Hauptlieferant ist Dänemark mit etwa 30 Prozent der Gesamtimporte an Fischen und Fischerzeugnissen. Aus Norwegen, Island und Kanada werden Heringe und daneben in erster Linie Kabeljau und Rotbarsch importiert.

Für den „gehobenen" Konsumbedarf werden Edelfische von besonders darauf spezialisierten Firmen in ganz Europa vermarktet. Über die Drehscheibe „Rungis", den Pariser Großmarkt, gelangen vor allem die hochpreisigen Fische wie der Petersfisch (Zeus faber), der Loup de mer oder Bar (Dicentrarchus labrax), der Seeteufel oder Baudroie

(Lophius piscatorius) und die Rascasse (Scorpaena scrofa) sowie die edleren Brassen zum Verbraucher. Aber auch Meeräschen, Thunfische und Schwertfische, wie auch Sardinen und Sardellen. Zu den Exporteuren aus dem Mittelmeer und dem Atlantik gehören Italien, Frankreich, Spanien und Portugal. Viele der genannten Arten werden dort speziell mit Langleinen erbeutet, finden sich aber auch in den Schleppnetzfängen der Fischkutter. Meeräschen werden größtenteils in den Flußmündungen mit Stellnetzen gefangen.

Trotz regional oft nicht unbeträchtlicher Umweltprobleme hat die Binnenfischerei noch in vielen Ländern Europas eine erhebliche Bedeutung. Das gilt besonders für die Fischerei in den großen Binnenseen der um die Ostsee gelegenen Tiefebenen sowie den Vorgebirgs- und Gebirgsseen Österreichs, der Schweiz und Deutschlands.

Die Fischerei der USA: Mit einem Anteil von etwa 40 Prozent ist die Golfregion für die Fischerei der USA das ertragreichste Fanggebiet. Der Verbrauch an Fischen und Fischprodukten in den USA liegt bei 17 kg pro Kopf und ist damit erheblich höher als der in der Bundesrepublik mit 12 kg. Der hohe Fischereiertrag der USA deckt jedoch den Bedarf des Landes an fischereilicher Konsumware nur zu 35 bis 40 Prozent. Die USA sind daher auf Importe von Fischen und Fischprodukten angewiesen. Sie werden aus vielen Ländern, vor allem aus Kanada, Japan, Thailand, Taiwan und Island bezogen. In der EWG sind Dänemark, Frankreich und die Niederlande die wichtigsten Exporteure.

Die erstaunliche Tatsache, daß trotz der hohen eigenen Anlandungen der Bedarf an Fischen und Fischerzeugnissen für den menschlichen Konsum in den USA nicht gedeckt wird, ist darauf zurückzuführen, daß ein erheblicher Teil des Gesamtfanges zu Fischmehl und Fischölen verarbeitet wird. Die wichtigsten Fischarten hierfür sind der Atlantische und der Golfmenhaden. Die Anlandungen dieser beiden Fischarten machen fast die Hälfte des Gesamtfanges an Fischen aus.

Die Meeresfischerei der USA ist im Prinzip eine Küsten- und Kutterhochseefischerei. Die Fangmethoden entsprechen mit Kiemennetzen, Strandwaden, Reusen der verschiedenen Typen, Handangeln und Langleinen der europäischen Kutter- und Küstenfischerei. Die größeren Fahrzeuge schleppen mit dem Grundschleppnetz. Thunfische werden von den kleineren Fischereifahrzeugen meist mit der Handangel oder Langleinen gefangen.

Trotz der Größe des Landes sind die Fangerträge aus den Binnengewässern an Konsumfischen mit insgesamt etwa 65 000 t relativ gering. Etwa 90 Prozent des Gesamtertrages an Süßwasserfischen stammen aus dem Flußsystem des Mississippi und den Great Lakes.

Der Nährwert von Fischen

Die einzelnen Fischarten unterscheiden sich erheblich in ihrem Wasser-, Fett-, Eiweiß- und Mineraliengehalt. Bei den „Magerfischen", wie Kabeljau (Dorsch), Schellfisch, Seelachs, Seehecht, Scholle, Schleie und Hecht, liegt der Fettgehalt unter 1 Prozent. Auch die Forelle ist relativ mager. Einen mittleren Fettgehalt haben der Rotbarsch, der Heilbutt und der Karpfen. Fische mit einem Fettgehalt über 10 Prozent bezeichnet man als „Fettfische". Zu diesen zählen die meisten pelagischen Schwarmfische, wie Hering, Sardelle, Sardine, Sprotte und Makrele, aber auch Lachs und Thun. Zu den fettreichsten Fischen gehört der Aal mit einem Fettanteil von 25 Prozent.

Der Fettgehalt der Fische ist jahreszeitlichen Schwankungen unterworfen. Am höchsten ist er bei jugendlichen und bei fortpflanzungsfähigen Fischen zwischen den Laichzeiten. Zur Entwicklung der Fortpflanzungsprodukte in den Gonaden wird dann, nach der Weidephase, das Fett aus dem Fleisch und den Körperdepots allmählich wieder abgebaut.

Der Eiweißgehalt liegt bei den meisten Fischarten so zwischen 17 und 20 Prozent, der Gehalt an Mineralien bei 1 bis 1,5 Prozent. Der Kaloriengehalt ist sehr stark vom Fettgehalt abhängig. Bei Magerfischen kann man mit 70 bis 80 kcal (290 bis 335 Joule) pro 100 g rechnen, bei Fettfischen mit 200 bis 250 kcal (850 bis 1050 Joule) pro 100 g. Magerfische haben damit nur halb soviele Kalorien wie mageres Rind- und Schweinefleisch.

NAHRUNGSMITTEL FISCH

Protein-, Fett- und Energiegehalt von Speisefischen

Bei den Angaben handelt es sich um Durchschnittswerte. Der Fettgehalt der Fische ist jahreszeitlichen Schwankungen unterworfen. Am höchsten ist er bei jugendlichen Fischen und bei fortpflanzungsfähigen Fischen zwischen den Laichzeiten.

	Protein %	Fett %	kJ/100 g	kcal/100 g
Heringshai (Lamna nasus)	17,5	1,5	397	95
Katzenhai (Scyliorhinus canicula)	14,4	0,7	351	84
Dornhai (Squalus blainvillei)	17,6	9,5	651	156
Nagelrochen (Raja clavata)	20,7	0,2	355	85
Aal (Anguilla anguilla)	15,0	24,5	1250	220
Meeraal (Conger conger)	17,9	5,3	497	119
Atlantischer Hering (Clupea harengus)	18,2	14,9	927	222
Ostsee-Hering (Clupea harengus)	18,1	9,2	697	167
Sardine (Sardina pilchardus)	19,4	5,2	563	135
Sprotte, Sprot (Sprattus sprattus)	16,7	16,6	967	231
Sardelle (Engraulis encrasicolus)	20,1	2,3	461	110
Seeteufel (Lophius piscatorius)	14,9	0,7	301	72
Kabeljau, Dorsch (Gadus morhua)	17,7	0,4	342	82
Alaska-Pollack (Theragra chalcogramma)	16,7	0,8	309	74
Schellfisch (Melanogrammus aeglefinus)	17,9	0,2	334	80
Köhler, Seelachs (Pollachius virens)	18,3	0,8	368	88
Wittling (Merlangius merlangus)	17,4	0,3	301	72
Blauleng (Molva dipterygia dipterygia)	19,0	0,1	321	77
Seehecht (Merluccius merluccius)	17,2	0,9	350	84
Grenadierfisch (Coryphaenoides rupestris)	19,0	0,3	330	79
Hornhecht (Belone belone)	20,9	2,5	443	106
Petersfisch (Zeus faber)	17,8	1,4	367	88
Gr. Roter Drachenkopf (Scorpaena scrofa)	20,1	1,9	409	98
Großer Rotbarsch (Sebastes marinus)	18,2	3,6	479	114
Lengdorsch, Lingcod (Ophiodon elongatus)	18,0	0,9	342	82
Kohlenfisch, Sablefish (Anoplopoma fimbria)	12,9	15,2	785	188
Wolfsbarsch (Dicentrarchus labrax)	18,2	1,4	374	89
Black Grouper (Mycteroperca bonaci)	20,4	0,7	367	88
Stöcker (Trachurus trachurus)	19,1	1,8	393	94
Pompano (Trachynotus spp)	22	1,5	426	102
Blauer Jack, Blue Runner (Caranx crysos)	21,5	2,2	401	96
Atlantische Brachsenmakrele (Brama brama)	19,7	0,8	359	86
Red Snapper (Lutjanus campechanus)	20,2	2,6	434	104
Goldbrassen (Sparus auratus)	19,7	1,9	401	96
Gelbstriemen (Boops boops)	21,5	0,4	376	90
Marmorbrassen (Lithognathus mormyrus)	19,4	1,3	478	112
Achselfleckbrassen (Pagellus acarne)	18,0	2,2	405	97
Adlerfisch (Argyrosomus regius)	15,9	3,6	401	96
Roter Umberfisch, Red Drum (Sciaenops ocellatus)	19,0	1,0	355	85
Rote Meerbarbe (Mullus barbatus)	20,1	2,0	450	107
Großköpfige Meeräsche (Mugil cephalus)	20,4	4,3	546	131
Großes Petermännchen (Trachinus draco)	19,4	0,7	393	94
Atlantischer Seewolf (Anarhichas lupus)	15,8	2,8	402	96
Atlantische Makrele (Scomber scombrus)	18,7	11,9	817	195
Roter Thunfisch (Thunnus thynnus)	23,5	8,0	714	171
Atlantischer Bonito (Sarda sarda)	23,0	6,0	610	146
Weißer Thun, Germon (Thunnus alalunga)	25,2	6,3	626	158
Echter Bonito (Euthynnus pelamis)	24,9	4,5	589	141
Schwertfisch (Xiphias gladius)	19,4	4,4	532	127
Atlantischer Heilbutt (Hippoglossus hippoglossus)	20,1	2,3	461	110
Schwarzer Heilbutt (Reinhardtius hippogl.)	14,5	9,5	601	144
Echte Rotzunge (Microstomus kitt)	16,7	1,2	326	78
Steinbutt (Psetta maxima)	16,7	1,8	376	90
Scholle (Pleuronectes platessa)	17,1	0,8	348	83
Flunder (Platichthys flesus)	16,5	0,7	332	79
Seezunge (Solea vulgaris)	17,5	1,4	377	90
Atlantischer Lachs (Salmo salar)	19,9	13,6	907	217
Sockeye Salmon (Oncorhynchus nerka)	20,3	6,9	597	143
Silberlachs, Coho (Oncorhynchus kisutch)	21,1	5,7	568	136
Chinook, King Salmon (O. tschawytscha)	17,9	11,6	760	182
Ketalachs, Chum Salmon (Oncorhynchus keta)	20,4	4,6	514	123
Regenbogenforelle (Salmo gairdneri)	19,5	2,7	172	67
Renken, Maränen (Coregonus spp)	17,8	3,2	435	109
Hecht (Esox lucius)	18,4	0,9	373	89
Schleie (Tinca tinca)	17,7	0,8	355	85
Karpfen (Cyprinus carpio)	18,0	4,8	522	125
Wels (Silurus glanis)	15,3	11,3	731	175
Flußbarsch (Perca fluviatilis)	18,4	0,8	371	89
Zander (Lucioperca lucioperca)	19,2	0,7	382	91

Nach Dr. J. Oehlenschläger, Bundesforschungsanstalt für Fischerei in Hamburg.

NAHRUNGSMITTEL FISCH

Der Fisch und die Gesundheit

Fisch in der Diät: Leicht verdauliche, kalorienarme Nahrungsmittel haben für gesundheitsbewußte Menschen eine immer größere Bedeutung erlangt. Die leichte Verdaulichkeit von Fischen beruht sowohl auf ihrem relativ niedrigen Fettgehalt als auch auf dem besonders geringen Anteil an Bindegewebe im Fischfleisch.

Natürliche Fette sind Verbindungen gesättigter und ungesättigter Fettsäuren mit dem dreiwertigen Alkohol Glycerin. Dabei entstehen Triglyceride, die in den Fetten in unterschiedlicher Art und Menge enthalten sind. Es gibt in der medizinischen Literatur zahlreiche Hinweise, daß Fischöle mit ihrem hohen Gehalt an mehrfach ungesättigten Fettsäuren (besonders der Eikosapentaensäure) cardiovasculäre Erkrankungen, wie Arteriosklerose, Schlaganfall und Herzinfarkt, sowie den Serumcholesterolgehalt günstig beeinflussen. So wird auch die relativ geringe Häufigkeit solcher Erkrankungen bei Japanern und Eskimos auf ihre fischreiche Ernährung zurückgeführt. Das Fleisch der meisten Fische gilt darüber hinaus als „natriumarm", und es ist mit wertvollen Vitaminen reichlich versehen; z. B. mit hohen Anteilen der fettlöslichen Vitamine A, D und E sowie B_6 und B_{12}. Meeresfische enthalten darüber hinaus bis zu 0,4 mg Jod pro 100 g.

Fischvergiftungen: Nach dem Verzehr von Fisch kann es gelegentlich zu gesundheitlichen Störungen kommen. Diese Gefahr ist besonders groß, wenn die Fische, wie in Japan und einigen Ländern Ostasiens, roh verzehrt werden und aus stark verschmutzten Küstengewässern stammen. Es handelt sich dann meistens um Salmonelleninfektionen. Eine Erkrankung durch giftige, bakterielle Stoffwechselabbauprodukte liegt auch beim „Botulismus" und der „Staphylokokken-Enterotoxinvergiftung" vor. Diese Vergiftungen sind aber keine eigentlichen „Fischvergiftungen", da sie auch nach dem Verzehr anderer Lebensmittel auftreten können. In bakteriell verschmutztem Fischfleisch können durch mikrobiellen Abbau giftige Konzentrationen biogener Amine, vor allem von Histamin und Tryptamin, entstehen. Dies kann zur „Makrelenvergiftung" (Scombroid Poisoning), einer Fischvergiftung im engeren Sinne, führen.

Es gibt aber auch Fische, die selbst schon giftig sind. Am bekanntesten ist der japanische Fugu, der als besondere Delikatesse gilt und roh verzehrt wird. Die Arten dieser Gattung bilden während der Laichzeit das hoch wirksame Nervengift Tetrodotoxin. Bei der Zubereitung kommt es darauf an, die das Gift enthaltenden Teile des Fisches zu entfernen. Dies erfordert besondere Kenntnis und Kunstfertigkeit. Aus diesem Grunde darf in Japan Fugu nur in lizensierten Restaurants von Köchen zubereitet werden, die eine spezielle Diplomprüfung abgelegt haben und über eine lange Erfahrung verfügen.

Einige Riffische in subtropischen und tropischen Meeresgebieten können Giftstoffe im Kopf anreichern. In unseren Breiten kann der Verzehr des Rogens der Barbe, möglicherweise auch des Hechtes und einiger Weißfischarten zu Vergiftungen mit Kopfschmerz, Fieber und Schwindelgefühl führen. Die Art des Giftes ist noch unbekannt. Während es sich hierbei und auch beim Fugu-Gift um Stoffe handelt, die im Fisch selbst entstehen, können Fische auch über die Nahrungskette Gifte aus Algen anreichern. Man nimmt an, daß dies die Ursache für die „Ciquatera-Vergiftung" ist, die in tropischen und subtropischen Ländern regional nach dem Verzehr von Seefischen aus küstennahen Riffgebieten auftreten kann. Das die Vergiftung hervorrufende Nervengift „Ciguatoxin" kommt dabei vor allem in großen Zackenbarschen und Stachelmakrelen, in Barracudas, Schnappern, Meerbrassen, Muränen, Lipp- und Papageifischen sowie Aalen vor.

Vorsicht beim Verzehr von rohem Fisch: Fische können naturgemäß ebenso wie Wild oder schlachtbare Haustiere von Parasiten befallen sein.

Parasiten auf Fischen sind mit wenigen Ausnahmen so an ihren Wirt angepaßt, daß sie nicht auf den Menschen übertragen werden können. Zu diesen Ausnahmen gehören Parasitenarten wie der „Breite Fischbandwurm", die zu ihrer Entwicklung einen Wirtswechsel benötigen und für die Säugetiere End- oder Zwischenwirt sind. Seefische aus den deutschen Anlandungen sind nur selten von Parasiten in größerer Zahl befallen. Meistens handelt es sich dann um „Nemato-

Fugu – eine gefährliche Delikatesse

Sie gehören zur Familie der Keulenfische (Lagocephalidae), die in Japan so hochgeschätzten Fugus. Ihr äußerst delikates Fleisch wird zu Sashimi verarbeitet, also in hauchdünne Scheiben geschnitten und roh verzehrt. Das ist weitgehend ungefährlich – sofern der Koch die hochgiftigen Teile der Innereien, nämlich die Eierstöcke und die Leber, entfernt, ohne sie zu verletzen. Darum darf diese Prozedur nur von speziell dafür ausgebildeten, lizenzierten Köchen ausgeführt werden. In Restaurants, die wiederum eine Lizenz für die Zubereitung von Fugu haben. Zuerst wird der Kopf des Fugus abgetrennt und die ledrige Haut abgezogen. Dann wird der Fisch ausgenommen – ohne daß das Messer die das Tetrodotoxin enthaltenden Innereien auch nur berührt.

den", das sind Fadenwürmer, oder um niedere Krebse aus der Gruppe der „parasitischen Copepoden". Die Parasiten befinden sich in der Körperhöhle und in den Eingeweiden der Fische, seltener in der Muskulatur. Wurmlarven werden daher meist durch das Ausnehmen der Fische beseitigt. Die Übertragung der Parasiten erfolgt nur auf den lebenden Fisch über dessen Nahrung. Nematodenlarven werden durch Tiefgefrieren oder durch vollständiges Garen abgetötet und daher unschädlich. Trotzdem sollten mit Nematoden befallene Fische strikt vom Verbrauch ausgeschlossen werden.

Fischzucht – ein Wirtschaftszweig mit Zukunft

Obwohl die Aquakultur weltweit der Fischereizweig ist, der ständig an Bedeutung zunimmt, gibt es, mit wenigen Ausnahmen, über ihre Erträge in den einzelnen Ländern keine zuverlässige Statistik. Für 1975 wurde aus der gesamten Aquakultur der Welt ein Ertrag von 6,2 Mio. t berechnet, darunter 4 Mio. t Fische. Am stärksten ist die Aquakultur in China ausgebaut, wo allein 2,2 Mio. t Fische in Teichanlagen produziert wurden. Andere Länder in Asien mit hohen Erträgen aus Aquakulturen sind Indien, Japan, Taiwan, die Philippinen, Indonesien und Israel. In Afrika ist die Fischzucht vor allem in Nigeria entwickelt. In Europa stammt ein erheblicher Teil der Karpfen-Produktion aus Teichwirtschaften Polens, Jugoslawiens und Ungarns. Forellen kommen hauptsächlich aus Dänemark und Lachse aus norwegischen Fischzuchten. In Nordamerika ist in den USA, neben der Forellenzucht, in den letzten 10 Jahren vor allem die Zucht von Welsen sehr stark in den Vordergrund getreten. In Südamerika dagegen ist die Fischzucht unbedeutend.

NAHRUNGSMITTEL FISCH

Die Aquakultur von Fischen hat vor allem zwei Ziele: einerseits die künstliche Vermehrung von Fischen zum Besatz natürlicher Gewässer mit Fischeiern, Fischbrut und Jungfischen, zum anderen die Aufzucht zu Speisefischen.

Der Besatz natürlicher Gewässer: In Gewässern, in denen die Fischbestände keine ausreichenden Möglichkeiten zur natürlichen Fortpflanzung haben, kann die Fischerei durch Besatzmaßnahmen gefördert werden. Dazu werden Brütlinge oder Jungfische aus Zuchten in die Gewässer eingesetzt. In Fließgewässern kommt ein Fischbesatz vor allem für die fischereilich besonders wertvollen Forellen- und Äschenregionen in Betracht. Die wichtigsten Fischarten hierfür sind Bach- und Regenbogenforellen, Saiblinge und Äschen. In Seen ist Fischbesatz zur Vergrößerung der Bestände an Hechten, Zandern, Schleien, Felchen, Seeforellen und Seesaiblingen die Regel.

Auf Besatz sind auch Bestände von Lachs und Meerforelle angewiesen, wenn sie in ihrer Fortpflanzung durch Umwelteinflüsse erheblich eingeschränkt sind und zudem stark befischt werden. Eine Vergrößerung mariner Fischbestände durch Besatzmaßnahmen verspricht jedoch keinen Erfolg, da künstlicher Besatz nur einen winzigen Bruchteil der natürlichen Nachwuchsstärke ausmachen würde.

Die künstliche Erbrütung von Fischeiern: Zum künstlichen Erbrüten von Forellen, Saiblingen, Meerforellen, Lachsen, Äschen, Coregonen und Hechten werden laichreife Fische dem Fang entnommen. Durch leichten Druck auf den Bauch der Weibchen streift man die Eier ab und sammelt sie in einer trockenen Schüssel. Dann wird in entsprechender Weise von den Männchen das Sperma, die sogenannte Milch, abgepreßt, vorsichtig mit den Fischeiern vermischt und Wasser hinzugegeben. Erst im Wasser erhalten die Spermien ihre Fähigkeit, sich zu bewegen und ein Ei zu befruchten. Dazu sind sie jedoch nur selten länger als eine Minute befähigt. In dieser Zeit müssen sie die „Mikropyle", die Eintrittsöffnung im Ei, gefunden haben.

Die befruchteten Eier werden dann in einem Bruthaus in strömendem Wasser erbrütet. Die Technik dazu ist bei den einzelnen Fischarten sehr unterschiedlich. Für die Eier der lachsartigen Fische benutzt man meist „Kalifornische Bruttröge" oder auch „Brutschränke". Bei den Bruttrögen liegen die Eier auf einer Siebplatte. Durch eine treppenförmige Anordnung der einzelnen Erbrütungskästen wird das Wasser von einem Kasten in den nächsten, tiefer gelegenen Bruttrog geleitet und strömt dann, von unten kommend, durch die mit Eiern belegte Siebplatte. In einem Brutschrank fließt das vorn eingeleitete Wasser durch senkrecht übereinander angebrachte, trichterförmige Siebe, die mit Eiern belegt sind. Bei dieser Technik wird der von den Eiern verbrauchte Sauerstoff vom Wasser schneller wieder aus der Luft aufgenommen als in den Kalifornischen Brutkästen. Für die Erbrütung der Eier in Brutschränken kommt man daher mit relativ wenig Wasser aus. Übrigens sind die Eier der lachsartigen Fische empfindlich gegenüber der kurzwelligen Strahlung des Lichtes. Sie müssen deshalb auch im Bruthaus vor derartigem Licht geschützt werden.

Die Eier von Felchen und Hechten werden in sogenannten „Zuggläsern" erbrütet. Diese gleichen auf dem Kopf stehenden, großen Flaschen ohne Boden. Das Wasser strömt von unten in das Glas und läuft oben über den Rand wieder ab. Die Eier werden dabei von der Strömung getragen und verwirbelt.

Abgestorbene Eier verpilzen. Sie müssen in den Bruttrögen und Schränken täglich ausgelesen werden. In den Zuggläsern befördert die Strömung die weißen, mit einem Pelz aus Pilzfäden überzogenen Eier durch ihren größeren Strömungswiderstand über den oberen Rand des Glases. Zuggläser bezeichnet man daher auch als „Selbstausleser".

Bei manchen Fischarten, bei denen die Eier nur während eines sehr kurzen Zeitraumes vollständig reif und befruchtungsfähig sind, wie beim Karpfen, bei Buntbarschen, Zandern, Welsen und pazifischen Lachsen, bevorzugen die Züchter ein Ablaichen der Fische unter künstlich geschaffenen, aber angenähert natürlichen Bedingungen.

Beim Karpfen legt man dazu Laichteiche an. Das sind flache Teiche, die erst wenige Tage vor dem Besatz mit Laichfischen mit Wasser angestaut werden.

Für den Zander setzt der Teichwirt Reisigbüschel in die Teiche, an denen die Zanderweibchen dann ihre klebrigen Eier ablegen können. Bei den pazifischen Lachsen haben sich für das Ablaichen und die Aufzucht bis zum Jungfisch „Laichkanäle" hervorragend bewährt. Das sind künstliche Fließwasserstrecken, die seitlich an einem natürlichen Flußlauf angelegt werden. Wasserströmung und die Bedeckung des Bodens mit Kies und feinem Schotter sind optimal an die Laichansprüche der Lachse angepaßt. Der größte Laichkanal dieser Art ist der „Babine Channel" in British Columbia in Kanada. In einer Laichperiode können bis zu 240 000 Laichfische, besonders vom Sockeye Salmon, in den Laichkanal eingesetzt werden. Man erwartet, daß durch diese Verbesserung der natürlichen Laichmöglichkeiten eine wesentlich größere Zahl an Junglachsen (Smolts) als bisher ins Meer abwandern und dadurch der Fang der später zum Laichplatz zurückkehrenden Fische um rund eine Million vergrößert wird. Diese Art der Aquakultur, bei der Fische unter natürlichen Bedingungen im Meer zu Speisefischen heranwachsen, bezeichnet man als „Sea Ranching".

Die Aufzucht zum Setzling: Als Setzlinge bezeichnet man Jungfische, die zum Besatz in Aquakulturen oder natürlichen Gewässern verwendet werden. Setzlinge sind im allgemeinen 3 bis 6 Monate alt. Da die Brütlinge und die heranwachsenden Jungfische besondere Anforderungen an ihren Lebensraum und vor allem an ihre Nahrung stellen, sind in den Aquakulturen zur Aufzucht von Setzlingen besondere Einrichtungen nötig. Das können flache, nahrungsreiche Teiche sein, künstliche Fließstrecken, wie die oben erwähnten Laichkanäle, oder aber spezielle Aufzuchtbecken.

Eine industrielle Form der Fischzucht ist die Produktion von Forellensetzlingen in Fischsilos. Bei dieser Technik werden die Fische in hohen Besatzdichten in Stahl- oder Kunststoffbehältern aufgezogen, die in ihrer Form etwa einem Silo in der Landwirtschaft ähneln. Die Belüftung der Silos erfolgt mit reinem Sauerstoff. Dadurch kommt man bei dieser „Silotechnik" mit erheblich weniger Wasser aus als in natürlichen Teichanlagen oder den üblichen Rundbecken. Allerdings muß der zugeführte Sauerstoff sehr genau dosiert werden, damit keine für die Gesundheit der Fische gefährlichen Konzentrationen entstehen.

Die Aufzucht zu Speisefischen: Die wichtigsten Süßwasserfische zur Aufzucht sind in Europa und in der UdSSR Karpfen und Forellen, in Asien und Afrika Karpfen und Buntbarsche, in Nordamerika Welse und Forellen. Die Aufzucht von Speisefischen in Meerwasser ist in Asien ein bedeutender Zweig der Aquakultur. Von herausragender Bedeutung sind dabei der Milchfisch und der Yellowtail. Meeräschen und Meerbrassen, ebenfalls wichtige Fische der marinen Aquakultur Asiens, werden auch in Europa, in Meerwasserteichwirtschaften und abgeschlossenen Lagunen im Mittelmeer zu Speisefischen herangezogen. Die Lachszucht ist besonders in Norwegen und in Schottland von großer wirtschaftlicher Bedeutung. An den Nord- und Ostseeküsten gibt es erfolgversprechende Ansätze zu einer Steinbuttzucht.

Ohne menschliche Hilfe geht es nicht mehr. Zumindest für Süßwasser- und Wanderfische wäre die natürliche Vermehrung für eine kommerzielle Fischerei nicht mehr ausreichend. Begehrte Zuchtfische sind heute vor allem die edlen Salmoniden wie Lachs und Forelle. Den laichreifen Weibchen werden die Eier abgestreift und mit dem Sperma der männlichen Tiere vermischt. In strömendem Wasser, wie hier in „Kalifornischen Bruttrögen", werden die Eier dann erbrütet.

NAHRUNGSMITTEL FISCH

Forschung lohnt sich nur bei teuren Fischen. Beim Steinbutt zum Beispiel hat man in einigen europäischen Ländern große Anstrengungen unternommen, diesen Meeresfisch in Aquakulturen zu züchten. Mit unterschiedlichem Erfolg. Marktfähige Fische mit 2 kg und mehr wurden in nennenswerter Menge erstmals in Schottland angeboten, allerdings mit erheblichen Schönheitsfehlern: Auf der dunklen Oberseite haben die Fische deutliche weiße Flecken.

Fishfarming mit Steinbutt in Norwegen. Da könnte, wie beim Lachs, ein neuer „Markenartikel" geboren werden – mit gleichmäßiger Fleischverteilung, durch entsprechende Fütterung von absolut geleichbleibendem Geschmack und mit Verfügbarkeit das ganze Jahr über. Möglich machen das Industriegiganten, wie Stahlschmelzen oder Atomkraftwerke, mit ihrem Kühlwasser, das mit einer Temperatur von 20 bis 25 °C für die Industrie nicht mehr nutzbar ist, für Fishfarming aber die richtige Temperatur hat.

Fischzucht in Teichen

Die Fischzucht in Teichen hat eine lange Tradition. So stammen erste Berichte über die Zucht von Karpfen in China bereits aus dem 5. Jahrhundert v. Chr. Als Teiche bezeichnet man in der Fischzucht ablaßbare Gewässer. Der Wasserstand wird über ein Wehr mit Staubrettern, den sogenannten „Mönch", geregelt.

Bei Süßwasserfischen ist auch heute noch die Zucht in Teichanlagen die Regel. Generell kann man bei Friedfischen, also den nicht räuberischen Fischen, zwischen der extensiven und der intensiven Form der Zucht unterscheiden. Bei der extensiven Form ernähren sich die Fische vom natürlichen Nahrungsangebot in den Teichen. Dabei können Erträge bis zu 500 kg pro Hektar erzielt werden. Bei der intensiven Form wird künstlich zugefüttert. Das geschieht heute meist mit Futterautomaten, die mit pelletiertem, also grob gekörntem Futter beschickt werden. Es ist in seiner Zusammensetzung an die speziellen Bedürfnisse der jeweiligen Fischart angepaßt.

Die Karpfenzucht: Karpfen sind wärmeliebende Fische. Karpfenteiche sind daher in der Regel flache Gewässer mit Tiefen bis zu 1,5 m. Meistens handelt es sich um Teiche ohne nennenswerten Durchstrom an frischem Wasser. Unter mitteleuropäischen Klimabedingungen erreichen Karpfen bis zum Ende des 1. Lebensjahres ein Gewicht von 30 bis 50 g, am Ende des 2. Lebensjahres von 250 bis 400 g und am Ende des 3. Jahres als Speisefisch ein Gewicht von 1200 bis 1500 g.

Im Gegensatz zur europäischen Fischzucht bevorzugen die Japaner Teiche mit starkem Frischwasserdurchstrom. Diese Fließwasserteiche sind meist nur 50 bis 150 qm groß mit einer Wassertiefe von 1,5 bis 2 m. Ein Wasserzufluß von 300 bis 500 l/sec. ist dabei keineswegs unüblich. Durch die ständige Wassererneuerung ist ein extrem hoher Besatz der Teiche möglich. Zum Besatz nimmt man in Japan und den meisten Ländern Asiens den Schuppenkarpfen.

Die Forellenzucht: Angepaßt an die natürlichen Lebensbedingungen der Fische, sind Teiche für Forellen schmal und langgestreckt und werden von Wasser durchströmt. Das Futter ist besonders eiweißreich. In der Forellenzucht bevorzugen die Teichwirte häufig die Fütterung durch Ausstreuen des Futters mit einer Schaufel. Sie können dadurch, besser als mit einer Fütterung durch Automaten, die Futtermenge dem Bedarf anpassen und dabei regelmäßig den Gesundheitszustand der Fische kontrollieren. Die für die Zucht meistens verwendeten Regenbogenforellen haben bereits nach 15 Monaten und mit einem Standardgewicht von 330 g Speisefisch-Größe. Auf einem Hektar Wasserfläche können in der Forellenzucht pro Jahr 30 000 bis 50 000 kg Speisefische produziert werden.

Die Aalzucht: Der Aal steht in der hochentwickelten Aquakultur Japans an erster Stelle der Fischarten, die im Süßwasser gezogen werden. Knapp 40 Prozent der fast 100 000 t Süßwasserfische aus Fischzuchten in Japan entfielen 1982 auf den Aal. Praktisch stammen alle Aale, die in Japan verzehrt werden, aus Aquakulturen. Für die Zucht ist man auf Brut angewiesen, die beim Aufstieg in den Flüssen gefangen wird. Der Bedarf an Aalbrut ist in Japan so groß, daß die eigenen Fänge nicht ausreichen und zusätzlich Aalbrut aus Europa importiert werden muß. Man bekommt daher in Japan sowohl den japanischen als auch den europäischen Aal als Speisefisch.

Für die Aufzucht werden Teiche mit stehendem Wasser und künstliche Fließwassersysteme mit Becken aus Beton oder Kunststoff benutzt. Die Produktion der Aale in Teichen basiert auf intensiver Düngung und Fütterung. Die Fische für den Besatz sind etwa 20 g schwer und werden vielfach aus Betrieben bezogen, die auf die Aufzucht von Aalbrut zu Setzlingen spezialisiert sind. Die meisten Aale werden nach einem halben Jahr mit einem Gewicht von etwa 150 g abgefischt. Große Aale werden in Japan nicht geschätzt. Sie sind fast ausschließlich für den Export nach Europa bestimmt.

In Europa sind Aalzucht Anlagen mit unterschiedlichem ökonomischem Erfolg entstanden. Da für das Heranwachsen der Aale zu Speisefischen die Wassertemperatur mindestens 22–25 °C betragen sollte, ist vielfach versucht worden, mit Systemen zu arbeiten, bei denen das Wasser im Kreis geführt und aufgeheizt wird. Bei derartigen Kreislaufanlagen bestehen, bedingt durch den geringen Wasseraustausch, bei längerem Betrieb aber immer noch Probleme durch die Anreicherung des Wassers mit giftigen Stoffwechselprodukten.

Die Zucht von Buntbarschen: Buntbarsche werden in zahlreichen Arten aus den Gattungen *Tilapia* und *Sarotherodon* vor allem in Asien und Afrika in Fischteichen gezüchtet. Die in der Fischzucht am häufigsten anzutreffende Art ist der Moçambique-Buntbarsch. Die Zucht der Buntbarsche entspricht weitgehend der der Karpfen.

Bei den Buntbarschen wachsen die Männchen schneller als die Weibchen, da diese während der Fortpflanzungszeit als Maulbrüter in der Nahrungsaufnahme behindert sind. Weil das Geschlecht der Jungfische beim Besatz schlecht zu unterscheiden ist, nehmen die Farmer bevorzugt Hybriden zur Zucht. Bei bestimmten Kreuzungen entste-

NAHRUNGSMITTEL FISCH

Fischzucht in Polykultur – eine Methode, die in China perfektioniert wurde. Sorgfältig aufeinander abgestimmt, werden im selben Teich gleichzeitig mehrere Fischarten aufgezogen – vom pflanzenfressenden Chinesischen Graskarpfen über unsere Schuppen- und Spiegelkarpfen, die sich von Kleintieren und Pflanzen ernähren, bis hin zu solchen „Nebenfischen" wie Zandern und Schleien. Sie alle ergänzen sich in ihrem Nahrungsbedarf so optimal, daß das gesamte Nahrungsangebot im Teich genutzt wird.

hen nämlich mit geringen Ausnahmen nur Männchen. Das Wachstum der Fische ist außerordentlich abhängig von der Besatzdichte. Das Marktgewicht von 100 bis 150 g wird meist erst nach einem Jahr erreicht.

Fischzucht in Polykultur

Bei der „Polykultur" werden mehrere Fischarten gleichzeitig im selben Teich aufgezogen. Auch in Europa ist das in der Karpfenzucht üblich. Außer Karpfen, als den Hauptwirtschaftsfischen, werden Schleien, Hechte und Zander als „Nebenfische" in die Teiche eingesetzt. Zwar sind Schleien Nahrungskonkurrenten der Karpfen, auf sehr weichem Boden und in tieferem Wasser nutzen sie aber das Nahrungsangebot besser aus als diese. Auch Hechte können als zusätzlicher Besatz in einem Karpfenteich vorteilhaft sein, um aus den Zu- und Abflüssen eingedrungene Jungfische anderer Arten zu fressen.
Die ideale Form der Polykultur besteht in der gemeinsamen Aufzucht von Fischarten, die sich in ihren Nahrungsansprüchen so ergänzen, daß die gesamte Palette des Nahrungsangebotes im Teich ausgenutzt wird. Vor allem in China wurde diese Form der Fischzucht durch Besatz der Teiche mit verschiedenen Arten der „Chinesischen Karpfen" realisiert. So frißt
der Graskarpfen höhere Wasserpflanzen, wie z. B. die Laichkräuter, aber auch die in Karpfenteichen störenden Watten aus fadenförmigen Algen;
der Silberkarpfen das pflanzliche Plankton, also die im Wasser treibenden Algen;
der Großkopf das tierische Plankton, vor allem Kleinkrebse und Wasserflöhe;
der Schwarz- oder Schneckenkarpfen Wasserschnecken und Insektenlarven, und
der Schlammkarpfen Bodentiere und den „Detritus", das sind abgestorbene, organische Reste, die auf dem Boden abgelagert sind, insbesondere die Faeces anderer Fische.
Auch der europäische Karpfen wird wegen seines breiten Nahrungsspektrums oft zusätzlich in eine solche Polykultur hineingenommen.
Die Chinesischen Karpfen kommen natürlicherweise in den Flüssen Chinas vor. In diesen werden auch die meisten Brütlinge und Jungfische für den Besatz der Teiche gefangen. In zunehmendem Maße werden aber auch laichreife Fische abgestreift und die Eier in Brutanstalten erbrütet. Brut und Jungfische der Chinesischen Karpfen haben eine große Bedeutung für Chinas Export in andere Länder Südostasiens. Die Zucht bis zum Speisefisch mit einem Gewicht von 2 bis 4 kg dauert meist drei Jahre. Basis für die Produktion ist die intensive Düngung der Teiche mit landwirtschaftlichen Abfällen. Eine Polykultur ist in China aber nicht nur in Teichen, sondern auch in geeigneten, abgeschlossenen natürlichen Seen üblich. Auf diese Weise lassen sich Erträge bis zu 1800 kg/ha jährlich erzielen.
Die Polykultur ist in Asien in den letzten Jahrzehnten zunehmend die bevorzugte Form der Fischzucht geworden. Bei optimaler, artenmäßiger Zusammensetzung des Besatzes und guter Düngung werden bei einer Polykultur in Teichen Erträge bis zu 8000 kg/ha im Jahr erreicht.

Fischzucht auf Reisfeldern

Erhebliche Fischerträge könnten durch die Zucht von Karpfen und Buntbarschen auf Reisfeldern erzielt werden. Durch die gerade in den Tropen und Subtropen oft bedenkenlose Verwendung von Pestiziden zur Insektenbekämpfung und Unkrautvernichtung ist aber diese ideale Form einer kombinierten landwirtschaftlichen und fischereilichen Nutzung nur in geringem Umfang realisierbar.

NAHRUNGSMITTEL FISCH

Fischzucht in Netzgehegen

Die Fischzucht in Netzgehegen wurde erst Mitte der sechziger Jahre entwickelt. Bei diesem Verfahren werden Fische in einem nach den Seiten und zum Boden durch Netze abgeschlossenen Areal gehalten. Durch die Verwendung von Netzgehegen ist es möglich, auch in größeren Seen, in Baggergruben, in Flüssen und an den Küsten eine Fischzucht im freien Wasser anzulegen.

Die Netze werden entweder von Pfählen oder von Schwimmkörpern getragen. Ausmaß und Form der Netzgehege, das Netzmaterial, die Maschenweite der Netze und die Wassertiefe in den Gehegen sind abhängig von der Art, Größe und Anzahl der Besatzfische. Am häufigsten sind schwimmende Netzgehege. Sie sind meist viereckig und umschließen eine Fläche von etwa 20 qm, mit einer Tiefe von 2 bis 3 m. Die viereckige Form hat den Vorteil, daß mehrere einzelne Gehege zu größeren Zuchtanlagen verbunden werden können. Durch den Einbau von Laufstegen ist dann ein leichtes Erreichen der einzelnen Gehegeabteilungen möglich. Bei größeren Netzgehegen mit Flächen von 100 qm und mehr bevorzugt man die runde Form, die dann auch erheblich tiefer sein kann.

Als Netzmaterial werden im allgemeinen Kunststoffe verwendet. Bei starker Strömung haben sich Gitter aus Metalldrähten oder Stäbe aus Holz oder Metall als zweckmäßig erwiesen. Zum Schutz vor Treibgut in fließendem Wasser oder vor räuberischen Tieren werden Kunststoffnetze häufig mit einem Gitterwerk aus Draht umgeben. Gegen fischfressende Vögel überspannt man die Anlagen mit Netzen.

Gehegehaltungen haben sich für die Zucht von Forellen und Karpfen in Binnengewässern zunehmend durchgesetzt. Der Yellowtail in Japan und Thailand, der Lachs, die Meerforelle und andere in Küstengewässern gezogene Fischarten werden überwiegend in Netzgehegen gehalten. Bei der Aufzucht von Fischen haben Netzgehege gegenüber Teichen erhebliche Vorteile. Die Futteraufnahme und der Gesundheitszustand der Fische sind wesentlich leichter kontrollierbar als bei einer Haltung in Teichen. Auch die Abfischung eines Netzgeheges ist vergleichsweise einfach, da die Fische leicht aus dem Wasser gekeschert werden können, wenn man das Netz partiell anhebt.

Fischzucht in Netzgehegen – das heißt, Fische in ihrer natürlichen Umgebung zu züchten: in großen Teichen, in Seen und auch in Meeresbuchten. Allerdings auf engstem Raum. Vor allem die Lachszüchter in Schottland und Norwegen schätzen diese Methode. Eine solche Intensivhaltung von Fischen erinnert schon sehr an die viel kritisierten Hähnchen-Zuchtanlagen und Schweinemästereien.

Lachsproduktion in Netzgehegen: Die Zucht von Lachsen und Meerforellen ist in Norwegen am höchsten entwickelt. Es gibt dort bereits Systeme, die weitgehend automatisiert sind. Dabei wird die Futtermenge, der Zeitpunkt und die Häufigkeit der Fütterung unter Berücksichtigung der Sonnenscheindauer, der Wassertemperatur, der Anzahl und der Größe der Fische mit Hilfe von Computern optimal gesteuert. Auch der Transport des Futters und die Fütterung der Fische erfolgt vollautomatisch. Der größte Teil der norwegischen Lachserträge stammt aus Zuchten und wird exportiert.

In ähnlicher Weise wie Lachse werden auch Meerforellen in Norwegen gezüchtet. Neuerdings kommen auch Kreuzungen zwischen Lachs und Meerforelle als sogenannte „Lachsforellen" auf den Markt.

Yellowtail-Produktion in Netzgehegen: Der Yellowtail ist ein hochgeschätzter Speisefisch in Südostasien. Der große Bedarf in Japan und Taiwan wird praktisch nur aus marinen Aquakulturen gedeckt, die in geschützten Meeresbuchten liegen. Die künstliche Vermehrung des Yellowtail ist bisher über das experimentelle Stadium nicht hinausgekommen. Die Aquakultur dieser Fischart wird daher durch die Zahl der gefangenen Brütlinge aus dem Meer begrenzt. Für 1967 wurde diese auf 17 Milliarden geschätzt.

Der Yellowtail ist ein Raubfisch. Bereits die Jungfische müssen für den Besatz der Gehege nach Größen sortiert werden, da sonst die größeren Setzlinge die kleineren auffressen.

Die Netzgehege für die Aufzucht der Setzlinge zu Speisefischen sind 40 bis 100 qm groß, mit einer Wassertiefe von 3 bis 6 m. Gefüttert wird sowohl mit Pellets, die aus gemahlenen Shrimps und Fischen bestehen, als auch mit speziell für die Yellowtail-Zucht entwickeltem Kunstfutter mit einem hohen Anteil an Fischmehl. Der Yellowtail wächst besonders schnell. Schon nach 6 Monaten erreichen die Fische in den Gehegen die für Speisefische übliche Länge von 40 bis 60 cm, mit einem Gewicht von 1 bis 1,5 kg. Bei der in der Yellowtail-Zucht üblichen hohen Besatzdichte wird in dieser kurzen Zeit in einem Netzgehege von 100 qm Größe eine Gesamtproduktion von 2300 bis 2800 kg erzielt.

Meeresfarmen zur Fischzucht

Bei dieser Art der Fischzucht werden entweder ganze Meeresbuchten, Fjorde oder Lagunen zur freien See hin abgesperrt, oder es werden in geschützten Küstengebieten größere Areale mit Netzwänden umgeben. Dabei entstehen sogenannte „Pens". Man spricht bei dieser Art der Fischzucht daher auch von einer „Penkultur". Am gebräuchlichsten sind Penkulturen in den Küstengewässern der Philippinen für die Zucht des Milchfisches. In Norwegen gibt es in geeigneten Fjorden Meerwasserfarmen für die Zucht von Lachsen und Meerforellen. Im Küstengebiet der Adria werden Lagunen zur Aufzucht von Meeräschen, besonders der Goldmeeräsche, von Seebarschen und Goldbrassen genutzt.

Milchfischzucht: Der Milchfisch ist, obwohl besonders grätenreich, einer der am meisten geschätzten Speisefische in Südostasien. In der Gastronomie werden die Gräten meist vor dem Braten oder Grillen von Spezialisten entfernt. Auch für die Zucht des Milchfisches muß die Brut, wie für die Zucht des Yellowtails, im Meer gefangen werden. Die Fangsaison liegt in den Monaten März bis August. Während dieser Zeit kann man an den Stränden der Philippinen und Indonesiens vielerorts Fischer beim Fang der Milchfischbrut beobachten. Zum Fang der 15 bis 25 mm langen Fischlarven, die dicht unter der Wasseroberfläche schwimmen, wird ein Netz mit feinen Maschen benutzt, das, an einem schwimmenden Gestell befestigt, durch das Wasser geschoben wird.

Die Brütlinge werden in Küstenteichen, den sogenannten „Tambaks", zu Setzlingen aufgezogen. Die Areale für die frisch gefangene Brut sind nur wenige Zentimeter tief. Gefüttert wird mit pulverisiertem, gekochtem Eigelb, Reis- oder Weizenmehl. Nach etwa 30 Tagen haben die Fische die notwendige Länge von 5 bis 7 cm erreicht, um in Tambaks und Meeresfarmen zu Speisefischen aufgezogen zu werden. Die bevorzugte Nahrung der heranwachsenden Milchfische sind „blaugrüne Algen" und die den Boden bedeckenden einzelligen „Kieselalgen".

Aquakulturen für die Milchfischzucht liegen häufig in früheren Mangrovengebieten, die in breiten Streifen zu Tambaks umgestaltet worden sind, ein ökologisch nicht unbedenklicher Eingriff. Besonders erfolgreich ist die Milchfischzucht in den Tambaks, wenn diese vor dem Besatz trockengelegt sind und der Boden gedüngt worden ist. Vielfach hält man in den Tambaks die Milchfische zusammen mit großen Garnelen, die einen besonders hohen Preis erzielen.

MEERESFISCHE

Lexikon der Meeresfische

Von den vielen tausend Fischarten, die es weltweit gibt, lebt der größte Teil im Meer. Die Meeresfische stellen auch den größten Anteil der Fische, die für die menschliche Ernährung von Bedeutung sind. Von ihnen wiederum leben die meisten in den flachen, nährstoffreichen Küsten- oder Schelfmeeren mit Tiefen bis zu 200 m. 90 Prozent des gesamten Fischertrages kommen aus diesen Meeresregionen. In der Hochseeregion trifft man bis etwa 800 m Tiefe Fische in Mengen an, die den Fang lohnen. Die großen Ozeane dagegen sind äußerst fischarm – obwohl es bis hinunter zu 5000 m Tiefe Fische gibt.
Unlogisch mag erscheinen, daß die Aale, die ja die längste Zeit ihres Lebens im Süßwasser verbringen, hier zu den Meeresfischen gezählt werden. Andere Wanderfische wiederum, wie die Lachse und die Maifische, sind den Süßwasserfischen zugeordnet, obwohl sie nur zum Laichen das Meer verlassen und in die Flüsse aufsteigen. Doch damit ist bereits das Kriterium für diese Zuordnung genannt: der Laichplatz. Zoologisch werden die Fische in zwei große Gruppen unterteilt: die Knorpelfische (Haie, Rochen und Seedrachen) und die Knochenfische, zu denen die meisten, nämlich etwa 20 000 Arten, gehören. Zu deren größten Vertretern zählen die Thunfische, die bis 3 m lang und 300 kg schwer werden können. Zwei der größten Knorpelfische sind friedliche Planktonfresser: der Riesenhai (bis 12 m) und der Walhai (bis zu 15 m lang).

KNORPELFISCHE

(Chondrichthyes)
In dieser Gruppe mit etwa 500 Arten (Haie, Rochen, Seedrachen) sind diejenigen Fische zusammengefaßt, die ein knorpeliges Innenskelett besitzen.

Haie

(Selachiformes)
Charakteristisch ist der torpedoförmig langgestreckte Körper (mit Ausnahme der stark ans Bodenleben angepaßten Arten) und die 5–7 seitlich am Kopf gelegenen Kiemenspalten. Die Brustflossen sind nicht mit dem Kopf verwachsen. Von den etwa 250 Arten sind nur einige begehrte Speisefische, so der Heringshai und vor allem der Dornhai; in einigen asiatischen Ländern ist der Handel mit getrockneten Haifischflossen zur Suppenherstellung ein wichtiger Wirtschaftsfaktor.
Die Familie der Grauhaie *(Hexanchidae)* umfaßt mittelgroße bis sehr große, primitive Haie mit jederseits 6–7 Kiemenspalten und nur einer weit zurückgesetzten Rücken- und einer Afterflosse. Diese Haie sind alle lebendgebärend, das heißt, die Jungen sind zum Zeitpunkt ihrer Geburt bereits vollständig entwickelt. Dazu gehört der **Grauhai** oder **Sechskiemer** *(Hexanchus griseus)*, der in allen gemäßigt-warmen Meeren vorkommt. Er wird bis zu 5 m lang, vor allem in Italien gilt er wegen seines weißen, delikaten Fleisches als der beste Speisefisch unter den Haien. Weniger begehrt ist sein Verwandter, der **Perlonhai** oder **Spitzkopf-Sie-**

MEERESFISCHE

benkiemer *(Heptranchias perlo)*, der im Mittelmeer und im Mittelatlantik (von Portugal bis Kuba) vorkommt und bis 3 m lang wird. Zur Familie der Sandhaie *(Carchariidae)* gehören mittelgroße bis sehr große Haie, die als Speisefische wenig gefragt sind.
Die Familie der Heringshaie *(Lamnidae)* umfaßt mittelgroße bis große Hochseehaie, die als Speisefische am bekanntesten sind.

Heringshai

Lamna nasus
engl. porbeagle; franz. requin-taupe commun, nez, toille; ital. smeriglio; span. cailón

Hoher, kräftiger Körper mit leicht abgerundeter Schnauze und großen Augen. Rücken dunkelgrau bis blaugrau, Bauch weißlich. Länge 3 m, selten bis 4 m. Kommt im Südpazifik, Nord- und Südatlantik vor; er dringt häufig auch in kältere Gebiete als andere Haiarten vor. Als kräftiger, schneller Schwimmer verfolgt er, meist in kleinen Trupps, Schwarmfische (insbesondere Makrelen) und Tintenfische bis in Küstennähe. Als Speisefisch wegen seines festen Fleisches (mit kalbfleischähnlichem Geschmack) in vielen Ländern sehr geschätzt, und weil er ihm in Farbe und Struktur ähnlich ist, fälschlicherweise auch als „Thunfisch" verkauft. Er kommt auch als Kalbfisch oder Seestör in den Handel.
Ein Verwandter, der im Nordpazifik beheimatete **Makrelenhai** *(Lamna ditropis,* engl. salmon shark, mackerel shark), wird bis 3 m lang. Er besitzt einen schwarzen Fleck am Ansatz der Brustflossen. Besonders häufig ist er im Golf von Alaska und vor Britisch-Columbia.

Weitverbreitet ist der gefürchtete **Weiß-** oder **Menschenhai** *(Carcharodon carcharias)* mit hohem Körper und dreieckigen, an den Rändern gesägten Zähnen. Einen schlanken, spindelförmigen Körper besitzen dagegen der **Kurzflossen-** *(Isurus oxyrinchus)* und der **Langflossen-Mako** *(I. paucus)*, die überwiegend in gemäßigt-warmen Breiten aller Ozeane, lokal auch in tropischen Ge-

wässern vorkommen. Als Speisefisch sind sie ohne große Bedeutung.
Der **Riesenhai** *(Cetorhinus maximus)*, vermutlich der einzige Vertreter seiner Familie *(Cetorhinidae)*, ähnelt im Körperbau den Heringshaien. Mit einer Höchstlänge bis 15 m gehört er zu den größten aller Wirbeltiere. Aus der riesigen Leber wird Öl gewonnen, als Speisefisch kommt er nicht auf den Markt.

Die Familie der Drescherhaie *(Alopiidae)* ist mit einer Gattung und 4–5 Arten in tropischen und gemäßigten Breiten aller Meere vertreten. Kennzeichen dieser Haie ist ein stark verlängerter oberer Schwanzflossenlappen. Der **Fuchshai** oder **Drescher** *(Alopias vulpinus)* kommt im Nordostatlantik (von Island und Norwegen bis Nordwestafrika) und im westlichen Mittelmeer vor; er wird bis 6 m lang und um die 500 kg schwer. Sein Fleisch erzielt nur geringe Marktpreise, da es zwar gut, aber etwas zäh ist; an der Pazifikküste Nordamerikas dagegen gelten Drescherhaie als exzellente Speisefische.

Die Familie der Katzenhaie *(Scyliorhinidae)* umfaßt kleine bis mit-

Im Mittelmeerraum beliebte Speisefische sind diese beiden Katzenhai-Arten (oben: Großgefleckter, rechts: Kleingefleckter Katzenhai). Sie liefern ein schmackhaftes, festes Fleisch, dem des Dornhais ähnlich. Enthäutet, ohne Kopf und Schwanz, kommen sie in England als „rock salmon" oder „rock eel" auf den Markt, in Frankreich verkauft man sie als „saumonette".

telgroße Bodenhaie der Küstenregion und der Tiefenbereiche.

Kleingefleckter Katzenhai

Scyliorhinus canicula
engl. lesser spotted dog-fish; franz. petite roussette; ital. gattucio minore; span. pintarroja.
Sehr schlanker, langgestreckter Körper mit kurzer, runder Schnauze, 5 kleine Kiemenöffnungen; Rücken braun, rötlichbraun, grau oder gelblich-grau,

mit vielen kleinen, braunen Flecken; Bauchseite hellgrau oder gelblich. Höchstlänge etwa 80 cm. Diese Haiart kommt im Ostatlantik (von Norwegen bis Senegal) und im Mittelmeer recht häufig vor. Als Speisefische kommen sie in den Mittelmeerländern oft auf den Markt. Enthäutet, ohne Kopf und Schwanz, werden sie in England als „rock salmon" oder „rock eel", in Frankreich als „saumonette" angeboten.
Etwas höher eingeschätzt wird sein Verwandter, der **Großgefleckte Katzenhai** *(Scyliorhinus stellaris)*, der, wenn auch nicht so häufig, ebenfalls im Ostatlantik und im Mittelmeer vorkommt. Er wird bis 1 m lang; sein Rücken und die Flanken sind mit rundlichen, braunen Flecken verziert, um deren helle Mitte zahlreiche schwarze Tupfen stern- oder kreisförmig angeordnet sind. Zur selben Familie gehört auch der **Fleckhai** *(Galeus melastomus)*, der in größeren Tiefen (meist 150–400 m, max. 900 m) lebt. Verbreitet ist er im Ostatlantik (von Westafrika und Madeira bis Mittelnorwegen) und im westlichen Mittelmeer. Da die Oberkante der langen Schwanzflosse mit einer Reihe von flachen, sägezahnähnlichen Dornen besetzt ist, wird er auch „Sägeschwanz" genannt.

Typische Küstenbewohner sind die Vertreter der Familie Glatt- oder Marderhaie *(Triakidae)*, mit langem, schlankem Körper und spitzer Schnauze. Da die sogenannten Hautzähne sehr klein sind, fühlt sich ihr Körper glatt an.

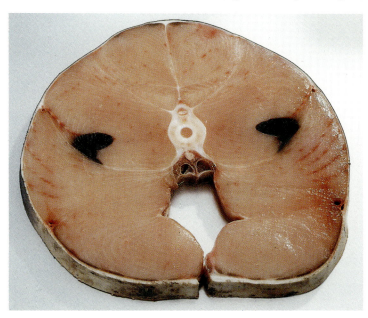

Eine Scheibe vom Heringshai. Die dunkelroten Flecken sind Blutnetze, sogenannte „Wundernetze", die durch die seitlichen Muskelstränge verlaufen. Beim Abbau des darin befindlichen Blutes entsteht in relativ großer Menge Histamin, das zu Allergien führen kann. Vor dem Verzehr werden daher diese Strukturen immer entfernt. Sie finden sich übrigens mehr oder weniger stark auch bei Thunfischen und vor allem bei Walen, bei denen sie vermutlich der Wärmeregulation dienen. Ganz generell tragen sie zu einer intensiveren Versorgung der Muskeln mit Sauerstoff bei.

MEERESFISCHE

Grauer oder Südlicher Glatthai

Mustelus mustelus
engl. smooth hound; franz. émissole lisse; ital. palombo liscio; span. musola.

Dieser Grundhai von höchstens 2 m Länge kommt im Ostatlantik (von Südafrika nordwärts bis England) und im Mittelmeer vor. Wie viele am Bodenleben angepaßte Haie ist er hauptsächlich nachts aktiv; seine Nahrung bilden überwiegend Krebse, Weichtiere und kleine Bodenfische. Ein Speisefisch guter Qualität. Der nahverwandte **Nördliche** oder **Weißgefleckte Glatthai** (*Mustelus asterias*) kommt im Nordostatlantik (von den Shetlandinseln bis Mauretanien, südliche und westliche Nordsee, Ärmelkanal) und im Mittelmeer vor; sein bis 1,5 m langer Körper ist mit kleinen weißen Flecken auf Rücken und Flanken verziert. Beim gleichgroßen **Schwarzpunkt-Glatthai** (*Mustelus punctulatus*), der im Mittelmeer und entlang der nordwestafrikanischen Küste vorkommt, weist der Rücken einzelne braun-schwarze Flecken auf.

Glatthaie gelten als gute Speisefische, vor allem während der Wintermonate. So werden in Italien viele andere Haiarten, enthäutet und ohne Kopf und Schwanz, als „palombi" (= Glatthaie) auf den Markt gebracht.

Zur Familie der Blauhaie (*Carcharhinidae*) gehören mittelgroße bis große Haie mit langgestrecktem, spindelförmigem Körper und spitzer, langer Schnauze.

Blauhai

Prionace glauca
engl. blue shark; franz. peaubleue; ital. verdesca; span. tintorea.

Auffallendste Kennzeichen dieser Art sind der leuchtend blaue Rücken und die sehr langen, sichelförmigen Brustflossen. Die Haut ist fast glatt, mit kleinen Hautzähnen. Höchstlänge bis knapp über 4 m. Der Blauhai ist in allen tropischen bis gemäßigt-warmen

Als Speisefische hochgeschätzt (zum Beispiel in Japan) und wirtschaftlich von entsprechender Bedeutung sind der Glatthai (oben) und der Blauhai (rechts). In unseren Breiten sind die Vorbehalte gegen den Hai als Speisefisch immer noch groß.

Meeren weltweit verbreitet. Als Sommergast kann man ihn auch in der Nordsee, im Skagerrak und in mittelnorwegischen Gewässern antreffen. Auch im Mittelmeer kommt er vor. Er ist eine sehr angriffslustige, überwiegend nachts aktive Haiart, die sich von Schwarmfischen (vor allem Makrelen und Heringen), daneben auch von Dorschfischen, Dornhaien und Tintenfischen ernährt. Als Speisefisch ist der Blauhai in Europa nur wenig geschätzt, in Japan dagegen bringt man ihn in

Blacktip Sharks gehören auch an der amerikanischen Atlantikküste und im Golf von Mexiko zu den bevorzugten, wirtschaftlich interessanten Haiarten. Das qualitativ gute Fleisch dieser Fische wird zunehmend auch vom Endverbraucher akzeptiert.

großen Mengen auf den Markt. Auch das Fleisch des nahverwandten **Hundshai** (*Galeorhinus galeus*) gilt in Europa als minderwertig: Es verliert erst während der Zubereitung seinen strengen Hundegeruch. Der Hundshai hat übrigens große Ähnlichkeit mit dem Glatthai und wird auch entsprechend oft verwechselt.

Aus den wärmeren Teilen des Atlantiks kommt gelegentlich auch der **Schwarzspitzenhai** (*Carcharhinus limbatus*) auf den Markt; bei den Jungfischen besitzen alle Flossen, bei den Erwachsenen (Höchstlänge etwa 1,80 m) nur noch die Brustflossen schwarze Spitzen (engl. „blacktip shark").

In der Körperform sind die Vertreter der Hammerhaie (*Sphyrnidae*) den Blauhaien sehr ähnlich, besitzen aber einen hammer- oder nierenförmig verbreiterten Schädel; die Augen und Nasenöffnungen befinden sich auf den Seiten des „Hammers". Sie sind gewandte, kräftige Schwimmer, die sich hauptsächlich von Fischen, aber auch von Krebstieren und Tintenfischen ernähren.

Der **Glatte Hammerhai** (*Sphyrna zygaena*), bis 4 m lang, kommt in allen tropischen bis gemäßigtwarmen Meeren vor. Im Gegensatz zum **Großen Hammerhai** (*Sphyrna tudes*), bis 5,5 m lang, bei dem der Vorderrand der Schnauze eingebuchtet ist, besitzt er einen abgerundeten Schnauzenrand. In Japan hochgeschätzt, sind Hammerhaie auf südeuropäischen Märkten nur lokal anzutreffen; geköpft und enthäutet werden sie fälschlicherweise auch als „Schwertfisch" oder „Thunfisch" angeboten.

Vertreter der Familie der Dornhaie (*Squalidae*) sind dadurch gekennzeichnet, daß sie am Vorderrand der beiden Rückenflossen einen kräftigen Stachelstrahl haben, auf dessen Rückseite eine kleine Giftdrüse vorhanden sein kann. Dornhaie sind kleinbleibende Haie, die überwiegend in tieferen Wasserschichten leben.

Gemeiner oder Gefleckter Dornhai

Squalus acanthias
engl. spiny dogfish, picked dogfish; franz. aiguillat commun; ital. spinarolo; span. mielga, galludos.

Langgestreckter, schlanker Körper mit kurzer spitzer Schnauze. Große, ovale Augen, 5 Kiemenspalten; Rücken hell- bis dunkelgrau oder bräunlich, Flanken und Bauchseite heller. Rücken und Flanken mit unregelmäßig verteilten, weißen Flecken, die mit zunehmendem Alter verschwinden. Höchstlänge 1,2 m. Diese kleinen Grundhaie sind in kühlen bis gemäßigt-warmen Gewässern der Nord- und Südhalbkugel weit verbreitet. Man trifft sie oft in Schwärmen bis zu 1000 Individuen an; auf ihren Wanderungen kommen sie auch in Küstennähe. Als Nahrung dienen ihnen Fische (Heringe, Hornhechte, Dorsche), daneben Krebstiere und andere Wirbellose.

Dornhaie sind als Speisefische von erheblicher wirtschaftlicher Bedeutung: Ihr Fleisch kommt frisch auf Eis (in Dänemark „Königsaal" genannt), in Gelee mariniert („Seeaal") oder in Form der geräucherten Bauchlappen („Schillerlocken") in den Handel. Der nahverwandte **Blainville-Dornhai**, auch **Brauner** oder **Ungefleckter Dornhai** genannt (*Squalus blainvillei*), besitzt keine weißen Flecken auf der Rückenseite; bei ihm ist der Stachel der zweiten Rückenflosse so lang (oder länger) wie die Flosse selbst.

MEERESFISCHE

An dem unterschiedlich langen Dorn vor der Rückenflosse erkennt man die verschiedenen Mitglieder der Dornhai-Familie. Sie liefern ein besonders schmackhaftes Fleisch, das ausgesprochen gut zum Räuchern taugt. Übrigens: Wer in England „Fish 'n' Chips" kauft, der verspeist meist ein knusprig fritiertes Stück vom Dornhai oder Heringshai. Bei uns wird der Dornhai meist unter der Bezeichnung „Seeaal" verkauft, denn einem Hai nimmt man es offenbar immer noch nicht ab, daß er gut schmeckt.

Schillerlocken – ein besonders beliebtes Räucherfischprodukt. Kaum ein Verbraucher weiß allerdings, daß sie aus den Bauchlappen des Dornhais (im Bild darüber rechts) hergestellt werden. Der große Rest des Fisches wird im ganzen oder als Filet geräuchert.

Fast wie ein Rochen sieht der Meerengel oder Engelhai aus. Sein Fleisch ist weiß und fest und daher sehr geschätzt. Er kommt ganz, oft auch enthäutet, als Frischfisch auf den Markt.

Zur Familie Engelhaie (Squatinidae) gehören rochenähnliche, träge Grundhaie mit großen Brustflossen. Die beiden Rückenflossen stehen auf dem Schwanzstiel, eine Afterflosse fehlt.

Gemeiner Meerengel oder Engelhai

Squatina squatina

engl. angel shark; franz. ange de mer commun; ital. pesce angelo; span. angel.

Den Gemeinen Meerengel, die weitaus häufigste Art der Engelhaie, erkennt man an den abgerundeten Brustflossenkanten, den kleinen, nur gering verzweigten Nasenbarteln und an der Färbung: Der Rücken ist grau, bräunlich oder grünlich, meist mit dunklen Marmorierungen, gelegentlich auch mit helleren Fleckenreihen; die Bauchseite ist weißlich. Er wird bis 2 m lang. Man findet ihn über küstennahen Sand- und Schlammbänken, im Nordostatlantik (von den Kanarischen Inseln bis Südnorwegen) und im Mittelmeer. Kleine Bodentiere wie Krebse, Weichtiere und Fische bilden seine Nahrung. Beim **Gefleckten Meerengel** (Squatina oculata), bis 1,5 m lang, sind die Brust- und Bauchflossen deutlich voneinander getrennt; auf den Brustflossen und dem Schwanzstiel befinden sich schwarze Flecken. Er kommt im Mittelmeer und den angrenzenden Teilen des Ostatlantiks vor. Im gleichen Gebiet lebt auch der bis 1,5 m lange **Dornen-Meerengel** (Squatina aculeata).
Das feste, weiße Fleisch der Engelhaie ist recht begehrt; sie kommen, ganz oder enthäutet, als Frischfische auf den Markt.

Rochen

Rajiformes

Rochen sind Knorpelfische, deren vergrößerte Brustflossen („Flügel") mit dem Kopf und den Rumpfseiten verwachsen sind. Der Mund und die 5 Kiemenöffnungen befinden sich auf der Bauchseite des scheibenförmig abgeplatteten Körpers; die Augen und die dicht dahinter liegenden großen Spritzlöcher auf der Rückenseite. Eine Afterflosse fehlt.
Die Vertreter der Familie der Geigenrochen (Rhinobatidae) schauen wie ein „Mittelding" zwischen Hai und Rochen aus. Am bekanntesten ist der bis 1 m lange **Gemeine Geigenrochen** (Rhinobatos rhinobatos), der im Ostatlantik (von der westafrikanischen Küste bis zur Biskaya) und im Mittelmeer vorkommt. Sein Rücken ist grau, bräunlich oder gelblich, die Rücken- und die Schwanzflosse sind häufig hell gesäumt, die Bauchseite ist weißlich. In einigen Mittelmeerländern gelten Geigenrochen als gute Speisefische.
Die Familie der Zitterrochen (Torpedinidae) umfaßt Rochen mit fast kreisförmiger Körperscheibe und kurzem, kräftigem Schwanzstiel, der die beiden Rückenflossen trägt. Als Kennzeichen besitzen die Zitterrochen auf jeder Seite der Körperscheibe ein großes elektrisches Organ, mit dem sie bei Berührung kräftige Schläge austeilen können. Ihre Nahrung (überwiegend kleine Bodenfische) erbeuten sie, indem sie sich über die Beutetiere beugen und ihnen einen Elektroschock versetzen, wodurch die Opfer gelähmt werden.
Der **Augenfleck-Zitterrochen** (Torpedo torpedo), bis 60 cm lang, kommt im Ostatlantik und im Mittelmeer vor. Er erzielt, wie seine Verwandten, der **Marmor-Zitterrochen** und der **Schwarze Zitterrochen,** auf den Fischmärkten nur geringe Preise. Sein Fleisch ist wässerig-weich und von fadem Geschmack.
Von wirtschaftlicher Bedeutung dagegen sind einige Vertreter der Familie der Echten Rochen (Rajidae), die überwiegend Bewohner kühlerer Meere sind. Sie besitzen einen breiten, rautenförmigen oder abgerundeten Körper und einen schlanken, mäßig langen Schwanzstiel, der an seinem Ende die beiden Rückenflossen trägt. Die Haut dieser Rochen

MEERESFISCHE

fühlt sich rauh an, besonders die Rücken- und Schwanzoberseite sind mit zahlreichen Stacheln und großen Dornen versehen. Sie sind von hohem kulinarischem Wert und werden besonders in Frankreich und Italien als Speisefisch geschätzt. Die muskulösen Flügel (das ist der größte eßbare Teil des Rochens) haben ein wohlschmeckendes, weißes Fleisch mit der typischen Stäbchen-Struktur. Angeboten werden die Flügel, kleinere Exemplare auch im ganzen. Regional wird auch die Rochenleber hochgeschätzt.

Von dieser großen Familie können hier nur die fischereilich wichtigeren Arten erwähnt werden: Im Mittelmeer sehr häufig ist der **Braun-** oder **Vieraugenrochen** (Raja miraletus); man erkennt ihn an den auffälligen, hellbraunen Augenflecken (mit schwarzblauem und gelb- bis orangefarbenem Saum) in der Mitte der Rückenseite. Er wird bis 60 cm lang. Im Ostatlantik kommt er von der südlichen Biskaya bis Südafrika vor. Der **Mittelmeer-Sternrochen** (Raja asterias) dagegen kommt nur im Mittelmeer, dort aber sehr zahlreich (zum Beispiel vor Istrien) vor. Seine Rückenseite ist je nach Wohngebiet hell- bis rotbraun, olivgrün bis gelb, mit zahlreichen kleinen, schwarzbraunen Punkten und einer Anzahl großer, runder gelber Flecken, die von schwarz-braunen Punkten gesäumt sind. Höchstlänge 70 cm.

Zu den häufigsten und am weitesten verbreiteten Rochenarten europäischer Meere gehört der

Nagel- oder Keulenrochen

Raja clavata
engl. thornback ray; franz. raie bouclée; ital. razza chio-data; span. raya de clavos.

Er kommt im Nordostatlantik (von Nordskandinavien und Island bis Marokko), in der Nord- und westlichen Ostsee sowie im Ärmelkanal vor; auch im Mittelmeer und in Teilen des Schwarzen Meeres trifft man ihn an. Große Nagelrochen sind mit Vorsicht zu behandeln, da sie kräftige elektrische Schläge austeilen können. Höchstlänge Männchen 70 cm, Weibchen 125 cm. Der Nagelrochen ist hauptsächlich in Frankreich ein wirtschaftlich wichtiger Konsumfisch.

Als Konsumfisch recht begehrt ist auch der **Fleckenrochen** (Raja montagui), der im Nordostatlantik, in der südlichen Nordsee und im Ärmelkanal sowie im Mittelmeer häufig vorkommt; er wird max. 1 m lang. Seine Rückenseite ist gelblich oder bräunlich, mit kleinen schwarzen Flecken, die sich nicht bis zum Flügelrand erstrecken; auf jedem Flügel ist häufig ein gelber, von einem Kranz schwarzer Punkte umsäumter Fleck.

Ohne große wirtschaftliche Bedeutung ist der bis max. 1 m lange **Sternrochen** (Raja radiata). Diese Rochenart kommt im Nordatlantik (im Osten vom Weißmeer und Spitzbergen bis Irland und zum Ärmelkanal), in der Nordsee und in der westlichen Ostsee vor. Für die Berufsfischerei, vor allem in der Region um Island, ist eine der wichtigsten Rochenarten der

Glattrochen

Raja batis
engl. blue skate; franz. pocheteau gris; ital. razza bavosa; span. noriega.

Spitze Flügel; lange, spitze Schnauze. Rückenseite bei den Männchen stachelig, bei den Weibchen nur der Vorderkörper. Rückenseite grau, braun bis grünlich-braun, mit kleinen, weißen und dunklen Punkten. Bauchseite dunkelgrau, mit schwarzen Punkten oder Streifen. Länge: Männchen etwa um 2 m, Weibchen um 2,4 m (größte europäische Rochenart). Der Glattrochen (auch Grau- oder Blaurochen genannt) kommt im Nordostatlantik (von Island und Nordnorwegen bis Madeira), in der Nordsee und der westlichen Ostsee, im Ärmelkanal und im westlichen Mittelmeer vor. Das Fleisch des Glattrochens (die Flügel und zuweilen auch ein Teil des Schwanzrückens) wird frisch oder geräuchert (wie beim Nagelrochen) angeboten. In Island wird der Glattrochen hauptsächlich als Salzfisch verarbeitet.

Der **Spitzrochen** (Raja oxyrinchus) kommt im Nordostatlantik (von Norwegen bis Marokko) und im Mittelmeer (vor allem um Sizilien und bei Venedig) vor; er wird bis 1,6 m lang und kommt als Frischfisch auf den Markt. Von einiger wirtschaftlicher Bedeutung ist der

Schecken- oder Marmorrochen

Raja undulata
engl. painted ray; franz. raie brunette; ital. razza ondulata; span. raya mosaica.

Breite, rautenförmige Körperscheibe mit abgerundeten Flügeln; Schnauze etwas verlängert,

Ein begehrter Konsumfisch ist der Nagel- oder Keulenrochen. Mit einem Fettgehalt von 0,2 % gehört er zu den echten Magerfischen. Sein Fleisch (die „Flügel" und Teile des Schwanzstücks) kommt frisch oder mariniert in den Handel. – Von den meisten Rochen werden nur die Flügel angeboten (so wie auf dem Bild beim Marmorrochen zu sehen), nur kleine Rochen-Exemplare kommen ganz in den Handel.

Leicht verwechselt wird der Kuckucksrochen (Raja naevus). Und zwar mit dem Braun- oder Vieraugenrochen, vor allem aber mit dem sehr ähnlichen Sandrochen. Er gehört mit zu den häufig im Handel angebotenen Rochenarten.

MEERESFISCHE

stumpfwinkelig. Rückenseite stachelig. Typisches Kennzeichen ist die Färbung der Rückenseite: graubraun, braun bis gelbbraun, mit wellenförmigen, dunkelbraunen Bändern, die von weißen Punkten umsäumt sind. Höchstlänge 1,2 m. Er ist recht häufig im Nordostatlantik und, selten, im Mittelmeer anzutreffen. Zwei seiner Verwandten kommen dagegen nur im Mittelmeer vor: der **Gefleckte Rochen** (Raja polystigma), bis 60 cm lang, mit grauer Rückenseite, die mit schwarzen Punkten und einigen helleren Flecken sowie zwei deutlichen Augenflecken verziert ist, und der **Rauhe Rochen** oder **Dornrochen** (Raja radula), bis 72 cm lang; er besitzt einen gelbgrauen bis hellbraunen Rücken, mit welligen, braunschwarzen Querstreifen und vielen hellen Flecken, sowie zwei Augenflecken.

Die Vertreter der Familie der Stachelrochen (Dasyatidae) haben eine stark abgeflachte Körperscheibe, die meist kreisförmiger als bei den Echten Rochen und mit abgerundeten Brustflossen versehen ist. Sie haben außerdem keine Rückenflossen. Auf dem Schwanzstiel befinden sich eine, seltener zwei Stachelstrahlen, die an ihrer Ansatzstelle eine Giftdrüse und entlang der Rückseite eine Rinne besitzen, durch die das Gift geleitet werden kann. Der **Gewöhnliche Stechrochen** (Dasyatis pastinaca), bis 2,5 m lang, kommt im Ostatlantik (von Norwegen bis Südafrika) sowie im Mittelmeer und im Schwarzen Meer vor. Verwandte Arten sind der **Violette Stechrochen** (Dasyatis violacea), bis 1 m lang, mit grau- oder blauviolettem Rücken und peitschenförmigem Schwanzstiel, und der **Brucko** (Dasyatis centroura), bis 3 m lang. Stachelrochen sind wegen ihres etwas zähen, dunkelroten Fleisches als Speisefische wenig begehrt. Dies gilt auch für die Angehörigen der Familie der Adlerrochen (Myliobatidae). Ihr weiches, schwammiges Fleisch ist von geringer Qualität.

Seedrachen
Chimaeriformes

Seedrachen sind Knorpelfische, die jeweils nur eine Kiemenspalte auf den Kopfseiten besitzen; ähnlich wie bei den Knochenfischen sind die Kiemenöffnungen durch einen Kiemendeckel geschützt. An der Rückenflosse befindet sich ein langer Stachel, der am Grunde Giftdrüsen besitzt; der Schwanz ist lang und dünn wie ein Rattenschwanz, die Brustflossen sind als kräftige, große Ruderblätter entwickelt.
Von der Familie der Seekatzen (Chimaeridae) kommt die **Seekatze** oder **Chimäre**, auch **Spöke** genannt (Chimaera chimaera, engl. rabbit fish), recht häufig in

europäischen Gewässern vor, ist aber als Speisefisch ungeeignet und erscheint nicht am Markt. Wichtig sind die Vertreter der Familie der Pflugnasen- oder Elefantenchimären (Callorhynchidae), die in den Meeren der südlichen Erdhalbkugel vorkommen. Es sind vier Arten bekannt, die man an der kurzen, rüsselförmigen Verlängerung der Schnauze von anderen Chimären unterscheiden kann. Wegen ihres sehr schmackhaften Fleisches kommt in Peru, Chile und Argentinien die **Südamerikanische Pflugnasenchimäre** („Pejegallo", Callorhynchus callorhynchus) häufig in den Handel; große Teile der

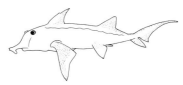

Anlandungen werden als Räucher- und Trockenfisch vermarktet. Diese Chimäre wird bis etwa 1 m lang (Mittellänge 60–80 cm). Als Nahrung dienen ihr überwiegend Krebstiere, die sie mit ihrer „Nase" aufstöbert und dem kräftigen Gebiß zerquetscht.
In Südafrika findet man den **Elefantenfisch** (Callorhynchus capensis), den die Einheimischen auch „Doodskop" oder „Monkeyfish" nennen, nicht selten auf dem Markt. Er wird bis knapp 1,2 m lang, ist an seinem „Elefantenrüssel" leicht zu erkennen, und ist ein guter Speisefisch.

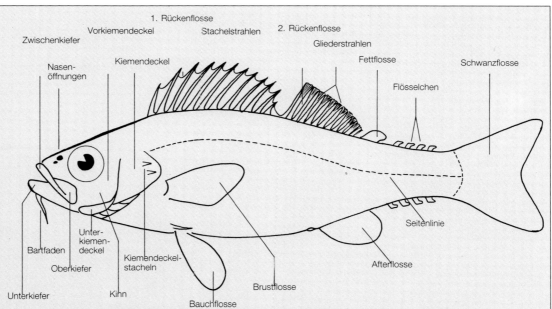

KNOCHENFISCHE
Osteichthyes

Zu dieser Fischgruppe mit zumindest teilweise verknöchertem Skelett gehören die Flössler (Polypteri), die Knorpelganoiden (Chondrostei), die Knochenganoiden (Holostei), die Quastenflosser (Crossopterygii), die Lungenfische (Dipnoi) und die Echten Knochenfische (Teleostei). Bei den primitiven Vertretern innerhalb der Klasse sind noch keine Wirbelkörper vorhanden, die Verknöcherung bleibt auf den Schädel beschränkt. Erst bei den Echten Knochenfischen sind alle Skeletteile verknöchert: Sie besitzen eine Wirbelsäule mit Wirbelkörpern, der Hirnschädel ist bei ihnen zu einer festen Kapsel und die Kiefer sind zu mehrteiligen Knochengebilden geworden. Mit ungefähr 20 000 Arten sind sie die beherrschende Fischgruppe in nahezu allen Gewässern der Erde.

So sehr sie sich auch äußerlich unterscheiden, alle Knochenfische entsprechen einem gemeinsamen Grundschema. Von den Knorpelfischen unterscheiden sie sich vor allem dadurch, daß ihr Skelett größtenteils aus echtem Knochengewebe besteht, daß sie Kiemendeckel, Schuppen oder Knochenschilder und durch Flossenstrahlen gestützte Flossen haben. Diese Flossenstrahlen können hart wie Stacheln (Stachelstrahlen) oder weich und gegliedert (Gliederstrahlen) sein. Je nach Bedarf können die Flossen ausgebreitet oder zusammengelegt werden. Die Schwanzflosse dient hauptsächlich der Fortbewegung, die (unpaarigen) Rücken- und Afterflossen sowie die (paarigen) Bauchflossen sind eher Steuerungs- und Stabilisierungsorgane. Die deutliche Linie, die an den Seiten von Kopf bis Schwanz verläuft, ist der Sitz des Strömungssinns. Sie ermöglicht es dem Fisch auch, feste Hindernisse, Beutetiere und Feinde wahrzunehmen. Sie besteht aus lauter kleinen Sinnesknospen. Bei der Bestimmung der Fischarten spielt sie eine wichtige Rolle.

MEERESFISCHE

Tarpunähnliche Fische

Elopiformes

Zu dieser Ordnung noch recht urtümlicher Fische zählen drei Familien: Die Frauenfische *(Elopidae)* sind in tropischen und subtropischen Meeren (von wo sie gelegentlich in die Flüsse aufsteigen) beheimatet. Entlang der Westküste des Atlantiks, in See- und Brackwasser, lebt der **Frauenfisch oder Zehnpfünder** *(Elops*

saurus, engl. ladyfish, tenpounder), der bis etwa 1 m lang wird. Sein Körper ist schlank und hat eine silberne Grundfärbung mit bläulicher Rücken- und leicht gelblicher Bauchseite. Als Sportfisch sehr begehrt, haben Frauenfische als Speisefisch nur geringen Wert, zumindest in Nordamerika.

Zur Familie Tarpune *(Megalopidae)* gehört nur eine Gattung mit zwei Arten. Der **Tarpun** *(Megalops atlanticus)* ist, vor allem wegen seiner weiten, hohen Sprünge aus dem Wasser, einer der bekanntesten Riesenfische im tropischen Bereich des Atlantischen Ozeans. Er wird bis 2,5 m lang und 157 kg schwer. Große Augen und ein weiter, oberständiger Mund zeichnen ihn aus; die Grundfärbung ist leuchtend silbrig, der Rücken metallisch blau. Das Fleisch großer Tarpune gilt als zäh und grätenreich; kleinere Exemplare dagegen sind, vor allem in Mittel- und Südamerika sowie in Afrika, recht begehrte Speisefische, die frisch, geräuchert oder gesalzen auf den Markt kommen.

Fische der Familie der Grätenfische *(Albulidae)* erkennt man an ihrer kegelförmigen Schnauze, die den Unterkiefer überragt.

Grätenfisch

Albula vulpes
engl. bonefish; franz. banatie de mer; span. alburno.

Ein begehrter Sportfisch in allen tropischen und gemäßigt-warmen Meeren (mit Ausnahme des Mittelmeeres), bekannt oft nur unter den regionalen Bezeichnungen wie „Macabi" (Mittelamerika), „Kondo" (Ost-Afrika) oder „Oío" auf Hawaii. Der schnelle Schwimmer wird bis zu 90 cm lang und max. 10 kg schwer. 2–3 kg ist die übliche Fanggröße dieses hochgeschätzten Speisefisches mit zwar vielen Gräten, aber feinem, weißem Fleisch. Resultat seiner Nahrung wie Muscheln, Kleinkrebse und Seeigel. Die Gräten lassen sich übrigens beim Filetieren leicht entfernen.

Die verwandten Großflossen-Grätenfische (Gattung *Pterothrissus,* mit je einer Art vor Japan und Westafrika) besitzen eine sehr lange Rückenflosse; der **Gisu oder Dabogisu** *(Pterothrissus gissu),* Höchstlänge 40 cm, kommt in Japan als Speisefisch auf den Markt.

Aalartige Fische

Anguilliformes

Zu dieser Ordnung gehören Fische mit langgestrecktem, schlangenförmigem Körper und stark schleimiger Haut, die meist schuppenlos oder mit tief eingebetteten Rundschuppen bedeckt ist. Die Kiemenöffnungen sind sehr eng. Falls eine Schwimmblase vorhanden ist, ist sie durch einen „Luftgang" mit dem Vorderdarm verbunden. Da die Bauchflossen fehlen, werden diese Fische auch als „Fußlose" *(Apodes)* bezeichnet. Es sind meist Meeresbewohner, mit Ausnahme der Familie der Flußaale *(Anguillidae),* deren Fortpflanzung jedoch auch im Meer erfolgt, so daß sie hier besprochen werden soll. Die Familie der Flußaale enthält nur eine einzige Gattung *(Anguilla),* die mit 16 Arten an allen Meeresküsten (außer der Westküste Amerikas sowie dem Südatlantik) vertreten ist.

Europäischer Flußaal

Anguilla anguilla
engl. common eel; franz. anguille; ital. anguilla; span. anguila.
Der schlangenförmige Körper hat eine dicke schleimige Haut, in die sehr tief winzige, länglich-ovale Schuppen eingebettet sind. Die weit hinter der Spitze der Brustflossen ansetzende Rückenflosse bildet zusammen mit Schwanz- und Afterflosse einen durchgehenden Flossensaum. Während der Wachstumszeit im Süßwasser („Gelbaal") ist der Rücken oliv- oder graubraun, die Bauchseite gelblich. Bei Eintritt der Geschlechtsreife wird der Rücken dunkel graugrün, Flanken und Bauchseite stark silberglänzend („Blankaal"). Männchen werden bis 51 cm, Weibchen bis 150 cm lang. Heimat des Europäischen Flußaals ist der Einzugsbereich des Nordostatlantiks, von Island und dem Weißmeer bis zu den Azoren, Kanaren und der westafrikanischen Küste; er kommt in der Nord- und Ostsee sowie im Mittelmeer (bis Griechenland) vor. Heute ist er durch Besatzmaßnahmen weit verbreitet. Entlang der nordamerikanischen Atlantikküste kommt eine nahverwandte Art, der **Amerikanische Flußaal** *(Anguilla rostrata),* vor.

Nach 4–10 Jahren Aufenthalt in Flüssen und Seen beginnt der Flußaal im August/September mit der Abwanderung: er muß zum Laichen aus dem Süßwasser ins Meer ziehen. Die Laichplätze liegen in der Sargassosee über großen Tiefen. Mit dem Golfstrom treiben dann die fast durchsichtigen, weidenblattförmigen Larven nach Osten und erreichen in ihrem 3. Lebensjahr die europäischen Küsten („Glasaale"). Hier nehmen sie die gelbbraune Farbe der „Steigaale" an und beginnen, bei einer Länge von 5–10 cm, in die Flußmündungen einzudringen; ein Teil von ihnen, überwiegend zukünftige Männchen, verbleibt im Brackwasser. Als Nahrung dienen Würmer, Kleinkrebse, Insektenlarven, kleine Weichtiere, Kleinfische und Frösche.

Wegen seines schmackhaften Fleisches ist der Flußaal ein sehr begehrter Speisefisch, zumindest in Europa. In den USA ist sein

Aale aus Neuseeland schließen die Bedarfslücke in Europa. Ihr festes weißes Fleisch ist weniger fettreich als das des Europäischen Flußaals. Die exportierten Neuseeländer sind vor allem der Langflossenaal *(Anguilla dieffenbachii)* und der Kurzflossenaal *(Anguilla australis),* der auch im Südosten Australiens vorkommt.

MEERESFISCHE

Als Speisefisch wird der Meeraal regional sehr unterschiedlich beurteilt. Das Fleisch großer Exemplare ist zwar fest, aber von feinstem Geschmack. Vor allem im Schwanzbereich ist es jedoch ziemlich grätenreich. In der internationalen Küche wird der Meeraal bevorzugt für Schmorgerichte und Eintöpfe verwendet. Obwohl er mit gut 5 % nicht mal ein Viertel des Fettgehalts vom Flußaal erreicht, lassen sich vor allem kleinere Exemplare vorzüglich räuchern.

Zur Familie der Muränen *(Muraenidae)* gehören Aalfische ohne Brustflossen, mit kleinen, runden Kiemenöffnungen und kräftigen, spitzen Zähnen.

rungen. Höchstlänge 1,5 m. Diese Muräne kommt auch an Felsküsten des Nordostatlantiks vor. Erwachsene Muränen ernähren sich von Krebsen, Tintenfischen und Fischen. Sie besitzen zwar keine Giftdrüsen, können jedoch sehr gefährliche Bißwunden verursachen, die zu Infektionen führen. Ihr Fleisch ist sehr schmackhaft (in der römischen Antike wurden Muränen wie Haustiere gehalten), kann jedoch, wie bei der Ciguatera-Krankheit tropischer Fische, lokal und zu bestimmten

Jahreszeiten giftig sein und heftige Magenkrämpfe und nervöse Störungen verursachen.

Die Familie der Meeraale *(Congridae)* umfaßt schuppenlose Aalfische mit Brustflossen und schlitzförmigen Kiemenöffnungen. Sie sind in allen Weltmeeren vertreten.

Meeraal oder Conger

Conger conger
engl. conger eel; franz. congre, fiélas; ital. grongo, span. congrio. Rücken graubraun oder schwärzlich, mit bläulichem Schimmer; Bauchseite weißlich. Höchstlänge 3 m (65 kg Gewicht). Der Meeraal kommt in allen europäischen Gewässern vor. Wie die Muräne ist er ein Einzelgänger, der sich tagsüber meist in einer Wohnhöhle aufhält, wobei nur sein Vorderkörper hervorschaut. Seine Hauptnahrung bilden Fische, Krebse und Tintenfische, denen er vor allem nachts nachjagt.

Ein begehrter Wirtschaftsfisch ist der Aal in Japan. Dort wird er erfolgreich und in großen Mengen in Hallen dieser Art gezüchtet.

Mittelmeer-Muräne

Muraena helena
engl. moray eel; franz. muréne; ital. murena; span. morena.

Schlangenförmiger, kräftiger Körper, kleine, rundliche Augen. Lange Kiefer, bis hinter die Augen reichend. Die Grundfärbung ist meist dunkelbraun, mit gelblichen oder weißlichen Marmorie-

Marktanteil verschwindend gering. Er kommt frisch, geräuchert oder eingesalzen in den Handel; die Glasaale werden zu Konserven verarbeitet. Flußaale sind heute wichtige Wirtschaftsfische der modernen Aquakultur, so zum Beispiel in Japan.

Frisch zubereitet wird der Flußaal vor allem in Frankreich, wo eine ganze Reihe volkstümlicher Rezepte mit diesem Fettfisch bekannt sind. Zum Beispiel die Matelote, ein Eintopf mit Aal und anderen Fischen, die es in verschiedenen Variationen gibt. Favorisiert wird der Aal jedoch auch in Frankreich in geräuchertem Zustand.

MEERESFISCHE

Heringsartige Fische

Clupeiformes
Überwiegend Meeresfische, mit meist langgestrecktem, schlankem Körper, der mit Ausnahme des Kopfes mit dünnen, silberglänzenden Schuppen bedeckt ist. Alle Flossen sind weichstrahlig, nur eine Rückenflosse ist vorhanden, die Schwanzflosse ist symmetrisch gegabelt. Die Arten der Heringsfamilie *(Clupeidae)* unternehmen weite Laichwanderungen; einige steigen hierzu auch in die Flüsse auf. Die Vertreter dieser Familie sind wirtschaftlich wichtige Speise- und Industriefische. Etwa ein Drittel oder 13 Millionen Tonnen der gesamten Weltausbeute sind Heringsfische.

Atlantischer Hering

Clupea harengus harengus
engl. herring; franz. hareng; ital. aringa; span. arenque.
Langgestreckter, im Querschnitt ovaler Körper mit Bauchkiel, Kiemendeckel glatt, Unterkiefer vorstehend. Rückenflosse in der Mitte. Rücken dunkelgrau oder dunkelgrün, Bauchseite silbrig. Länge selten über 40 cm. Der Hering kommt, mit mehreren Lokalrassen, im Nordatlantik (im Westen bis Rhode Island/USA, im Osten vom Eismeer bis zum Ärmelkanal) und in der Ostsee vor. Er ist ein schwarmbildender Freiwasserfisch, tagsüber meist in Bodennähe, nachts steigt er in oberflächennahe Schichten auf. Nach dem Laichen sinken die Eier auf den Boden, wo sie, bis zu 8 Lagen dick, wie ein Teppich liegenbleiben und dadurch viele Laichräuber (zum Beispiel Schellfische) anlocken. Bei einer Länge von 3–6 cm erfolgt die Umwandlung der Larven zu Jungheringen, die sich, oft vermischt mit jungen Sprotten, zu großen Schwärmen zusammenschließen und in flaches Küstenwasser eindringen. Heringe ernähren sich von Planktontieren, Leuchtgarnelen, Flügelschnecken und Fischlarven. Wegen seines sehr schmackhaften Fleisches, das reich an Eiweiß und Fett ist, zählt der Hering zu den beliebtesten Speisefischen. Eine ähnlich wichtige Rolle spielt im Nordpazifik der **Pazifische Hering** *(Clupea harengus pallasi)*, der von Korea und Japan über Alaska bis Kalifornien vorkommt.

Der beliebte Hering. Wegen Überfischung war sein Bestand im Atlantik schon einmal sehr gefährdet. Inzwischen regeln Fangquoten sein Überleben – und uns so erschwingliche Delikatessen wie zarten Matjes (Bild unten) oder Bismarckhering. Aber auch als Frischfisch hat er seinen festen Platz auf unserem Speisezettel.

Frisch aus dem Rauch kann man auf Bornholm heute noch die berühmten Ostseeheringe kaufen. Eine handwerkliche Tradition, die dank des Tourismus überleben konnte.

Mit dem Sild (Hering) verstehen die Skandinavier besonders gut umzugehen. Ihre „Marinaden" genießen Weltruf. Durch Salz wird das Fischeiweiß „denaturiert", Essig macht das Fischfleisch zart. In Fässern lagert der marinierte Hering dann bis zur gewünschten Reifung.

Sardine oder Pilchard

Sardina pilchardus
engl. sardine, pilchard; franz. sardine, pilchard, royan; ital. und span. sardina.
Langgestreckter, im Querschnitt längsovaler Körper, Rücken grünlich oder bläulich, Bauchseite silbrig. Als „Sardine" (Jugendform) 13–16 cm, als „Pilchard" bis 30 cm lang. Die Sardine kommt im Nordostatlantik (von Südirland und Südnorwegen bis Madeira und zu den Kanaren) sowie im nördlichen Bereich des Mittelmeeres vor, meist in großen Schwärmen. Im späten Frühjahr und im Sommer ziehen die Schwärme auf Nahrungssuche (Planktonkrebse, Fischeier und

Als Frischfisch bei uns leider noch sehr unterbewertet:
Sardinen sind mit ihrem würzigen und relativ fettreichen Fleisch ideale Grillfische. Im Mittelmeerraum und in Portugal hat man dafür eine Menge Rezepte parat. Die korrekte Bezeichnung: Als Sardinen kommen die kleinen Exemplare bis etwa 16 cm Länge in den Handel (Bild unten), die größeren (Bild oben) werden als „Pilchards" bezeichnet; sie sind etwa 23 cm lang.

-larven) nordwärts und in Küstennähe, im Herbst ziehen sie nach Süden, um in tieferen Wasserschichten zu überwintern. Im Alter von 3 Jahren (bei einer Länge von 19–20 cm) werden diese Fische geschlechtsreif.
Vor allem die Jugendform (die „Sardine") kommt als Frischfisch, eingesalzen und insbesondere in Form verschiedener Konserven auf den Markt. Weniger begehrt ist die **Ohrensardine** (*Sardinella aurita*), bis 28 cm lang, die auf beiden Seiten des Atlantiks, im südlichen Mittelmeer und im Schwarzen Meer vorkommt.

Sprotte

Sprattus sprattus
engl. sprat; franz. sprat, menuise, mélette; ital. spratto; span. espadin.
Langgestreckter, im Querschnitt ovaler Körper mit deutlichem Bauchkiel. Kiemendeckel glatt, Augen mit schmalen Fettlidern, Unterkiefer vorstehend, Rücken bläulich. Flanken und Bauch sind silberglänzend, dazwischen ein bronzefarbenes Längsband. Höchstlänge 16,5 cm. Die Sprotte kommt im Nordostatlantik (von den Lofoten bis Gibraltar), in der Nord- und Ostsee, im nördlichen Mittelmeer und im Schwarzen Meer vor. In ihrem nördlichen Verbreitungsgebiet werden die Sprotten zu Konserven verarbeitet. Im Mittelmeer- und Schwarzmeergebiet kommen sie auch frisch oder eingesalzen auf den Markt. Durch ihren hohen Fettgehalt (16,6 %), eignen sie sich ganz besonders gut zum Räuchern; als „Kieler Sprotten" sind sie zu einer weit über die Gren-

zen Deutschlands bekannten Delikatesse geworden.
Bei den bis etwa 30 cm lang werdenden Fadenheringen (Gattung *Opisthonema*) ist der letzte Strahl der Rückenflosse zu einem langen Faden verlängert; im Englischen heißen sie daher auch „Hairybacks". Sie kommen, mit 4 Arten, im tropischen Bereich des Atlantiks und des Pazifiks vor. Der **Atlantische Fadenhering**

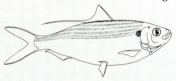

(*Opisthonema oglinum*) spielt in den USA (im Bereich Texas bis North Carolina) wirtschaftlich eine Rolle. Von geringer Bedeutung für die nordamerikanische Fischwirtschaft ist der **Atlantische Rundhering** (*Eutrumeus teres*), bis etwa 38 cm lang, der von Maine bis zum Golf von Mexiko vorkommt. Durch seinen kaum abgeflachten Körper, ohne Bauchkiel, ist er leicht von anderen Heringen zu unterscheiden. In Japan sind Rundheringe wirtschaftlich wichtig: Jährlich werden etwa 10 000 Tonnen gefangen.
Große wirtschaftliche Bedeutung haben die Vertreter der Gattung *Sardinops* in ihrem jeweiligen Verbreitungsgebiet: Die **Pazifische Sardine** (*Sardinops caerulea*), die **Südamerikanische Sardine** (*S. sagax*), die **Japanische Sardine** (*S. melanosticta*) und die **Südafrikanische Sardine** (*S. ocellata*). Bei diesen sogenannten „Falschen Sardinen" sind die Endstrahlen der Afterflosse verlängert.

Angehörige der Familie Sardellen (*Engraulidae*) sind Schwarmfische des Freiwassers, wie die Heringe, von denen sie sich durch den stark vorspringenden, langen und spitzen Oberkiefer und die sehr weite, unterständige Mundspalte unterscheiden.

Sprotten – daß sie auch frisch vorzüglich schmecken, ist bei uns weitgehend unbekannt. Doch geräuchert als „Kieler Sprotten" sind sie sehr bekannt und geschätzt.

Die Fischer in Spanien und Portugal landen die größten Sardinenfänge an, wie hier im Haven von La Coruna. Der überwiegende Teil wandert aber in die Konserven-Industrie. Ölsardinen sind für die beiden Länder ein wichtiger Exportartikel.

MEERESFISCHE

Sardelle

Engraulis encrasicolus
engl. anchovy; franz. anchois; ital. acciuga, span. boquerón.
Sehr schlanker, seitlich abgeflachter Körper. Rücken blaugrün, Bauch silbrig. Blaugraues, silberglänzendes Längsband entlang der Flanken. Höchstlänge 20 cm. Die Sardelle kommt, mit fünf geographischen Rassen, im Nordostatlantik (von der westafrikanischen Küste bis Norwegen), im Mittelmeer, im Schwarzen und im Asowschen Meer vor.

Das Fleisch der Sardellen hat einen intensiven Geschmack. Bedeutende Fänge liefern Portugal, Spanien und Italien. Eingesalzen oder in Öl kommen die Fische als „Sardellen" oder in Gewürztunken als „Anchovis" auf den Markt.
Zu einer altertümlichen Familie der Heringsfische gehört der **Große Wolfshering** *(Chirocentrus dorab)*. Sein langgestreckter, seitlich stark abgeflachter Körper ist mit kleinen Schuppen bedeckt. Im Gegensatz zu den meisten Heringsfischen besitzt er in seiner weiten Mundspalte große Fangzähne und macht Jagd auf andere Fischarten. Er kommt im gesamten tropischen Bereich des Indischen und Pazifischen Ozeans vor. Er wird bis 3,6 m lang; sein Fleisch gilt als schmackhaft, aber grätig.

Lachsartige Fische

Salmoniformes
In dieser großen Ordnung sind acht Unterordnungen zusammengefaßt, von denen einige fast ausschließlich zu den Tiefseefischen gehören. Die Lachsähnlichen *(Salmonoidei)* kommen als Wanderfische und Süßwasserfische der nördlichen Erdhalbkugel vor. Sie besitzen stets eine zweite Rückenflosse, die aus einer dicken, strahlenlosen Hautfalte besteht und als „Fettflosse" bezeichnet wird.
Zur Familie der Stinte *(Osmeridae)* gehören schlanke, seitlich nur wenig abgeflachte Fische mit weiter Mundspalte und vorstehendem Unterkiefer, deren Körper mit zarten, leicht abfallenden Schuppen bedeckt ist.

Der Stint – an seinem eigenartigen, etwas an Gurken erinnernden Geschmack scheiden sich die Geister der Gourmets. Paniert und fritiert schmeckt er jedenfalls fein.
Die Sardellen sind vor allem als pikante Konserve bekannt. Die äußerst kräftig und würzig schmeckenden Fischchen sind aber auch frisch zubereitet, fritiert oder gebraten, eine Delikatesse.

Der Wolfshering hat seinen Namen zu Recht, denn obwohl Mitglied der großen Heringsfamilie, ist er ein echter Raubfisch. In Singapurs Chinatown gehört er zum täglichen Angebot und wird wegen seines guten Geschmacks sehr geschätzt.

Der Surf Smelt (Seestint) mit seinen Verwandten ist im Nordpazifik ein recht häufiger Fisch, beliebt vor allem bei Japanern und Chinesen. Er wird meist gebraten oder gegrillt.

Stint

Osmerus eperlanus
engl. smelt, sparling; franz. éperlan.
Schlanker, durchscheinender Körper mit langem Kopf und spitzer Schnauze; beide Kiefer mit sehr kräftiger Bezahnung. Rücken graugrün, Flanken silberglänzend, Bauch weißlich. Binnenstinte werden bis 20 cm, Seestinte bis 30 cm lang. Der Stint kommt in europäischen Küstengewässern und Flußmündungen von der Biskaya bis Südnorwegen und in der Nord- und Ostsee vor („Seestint"). Man trifft ihn auch in großen, tiefen Binnenseen, zum Beispiel im Ostseegebiet („Binnenstint") an. Zur Laichzeit im Frühling dringen die Wanderformen oft in großen Schwärmen in den Unterlauf der Flüsse ein. Wegen ihres eigenartigen, an Gurken erinnernden Geruchs sind sie als Speisefische unterschiedlich geschätzt.
Die **Lodde** *(Mallotus villosus)*, bis etwa 20 cm lang, lebt rund um den Nordpol im nördlichen Eismeer und im äußersten Norden des Pazifiks. Der **Kleinmäulige Seestint** *(Hypomesus pretiosus)*, engl. surf smelt), bis 25 cm lang, ist von Alaska bis Südkalifornien und an der asiatischen Küste bis Korea verbreitet. Der **Eulachon** *(Thaleichthys pacificus)*, ein bis 30 cm langer Stint des nordwestlichen Pazifiks, wird wegen seines öligen Fleisches auch Kerzenfisch („Candlefish") genannt.

Goldlachse *(Argentinidae)* sind Lachsfische der Tiefsee (200 bis 400 m) mit großen Augen und Schuppen. Zu dieser Familie gehört auch das

Glasauge

Argentina sphyraena
engl. argentine; franz. petit argentine; ital. argentina; span. pez plata.

Langgestreckter, schlanker Körper mit spitzer Schnauze und kurzem Kiefer. Rücken gelb oder grünlichgrau, Bauch silberglänzend. Blauschimmerndes Silberband entlang der Flanken. Bis 32 cm lang. Das Glasauge kommt im Nordostatlantik (von Island und den Lofoten bis Gibraltar) und im Mittelmeer vor.

MEERESFISCHE

Laternenfische
Myctophiformes
Eine sehr verschiedenartige Gruppe mit etwa 16–17 Familien, vorwiegend in der Tiefsee lebend. Äußerlich den Lachsartigen Fischen *(Salmoniformes)* sehr ähnlich.
Aus der Familie der Eidechsenfische *(Synodontidae,* engl. lizardfish, franz. anoli de mer, ital. pesce ramarro, jap. eso)* werden einige Arten kommerziell in Japan gefischt und frisch vermarktet. Eidechsenfische besitzen einen langen, drehrunden Körper, eine kleine Fettflosse und dolchartige Zähne auf Kiefern und Zunge. Ihr Kopf erinnert an den einer Eidechse. Der **Graue Eidechsenfisch** *(Synodus saurus)*, bis 35 cm lang, kommt im Mittelmeergebiet frisch oder tiefgefroren in den Handel.
Im Mittelmeer und im wärmeren Bereich des Atlantiks ist das **Atlantische Grünauge** *(Chlorophthalmus agassizi)* beheimatet. Dieser bis 20 cm lange Tiefseefisch aus der Familie der *Chlorophthalmidae* hat einen langgestreckten Körper, eine kurze, abgeplattete Schnauze und Kammschuppen; auffallend sind die ungewöhnlich großen grünen Augen. Er kommt als Frischfisch in den Handel.

Sandfische
Gonorhynchiformes
In dieser Gruppe mit sechs Familien werden äußerlich recht verschiedenartige Fische vereinigt. Der bekannteste Speisefisch ist der Milchfisch, die einzige Art seiner Familie *(Chanidae)*.

Milchfisch
Chanos chanos
engl. milkfish; franz. chanidé; ital. cefalone; span. sabalote.

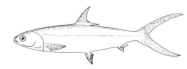

Dieser wichtige Speisefisch wird im fernen Osten meist als „Bangos", „Bangdong" oder „Bangdeng" angeboten. Er kommt entlang der tropischen Küsten des Pazifischen und des Indischen Ozeans in Salz-, Brack- und Süßwasser vor und wird bis zu 1,8 m lang. Sein heringsähnlicher Körper ist mit mittelgroßen Rundschuppen bedeckt; Färbung silbrig bis milchigweiß. Er ernährt sich überwiegend von pflanzlichem Plankton und Algen. Ein idealer Zuchtfisch; in Indonesien und auf den Philippinen werden die 1–2 cm großen Jungfische mit feinmaschigen Netzen gefangen und in flache Zuchtteiche gebracht, wo sie sehr rasch heranwachsen: Bereits nach 9–12 Monaten erreichen die Teichfische eine marktfähige Größe von 30–40 cm (300–600 g Gewicht). Die beiden Länder bringen so jährlich über 100 000 Tonnen Fisch in den Handel. Das Fleisch ist fest, schmackhaft und hochbegehrt, bei größeren Exemplaren jedoch sehr grätenreich.

Als Lotte oder Baudroie gehört der Seeteufel heute zum gehobenen Repertoire der Gourmet-Restaurants. Sein festes, feines Fleisch – meist wird nur das verwendbare Schwanzstück, mit oder ohne Haut, gehandelt – ist sicher auch deshalb so hoch geschätzt, weil es so verbraucherfreundlich, nämlich völlig ohne Gräten ist.

Welsartige Fische
Siluriformes
Gemeinsames Kennzeichen aller Vertreter dieser Fischgruppe ist das Vorhandensein von Bartfäden am Kopf und die Rückentwicklung des Schuppenkleides: Ihr Körper ist entweder nackt oder mit Knochenplatten be-

deckt. Die meisten von ihnen sind Süßwasserbewohner; von der Familie der **Kreuzwelse** *(Ariidae)* jedoch leben viele Arten im Meer, wo sie weltweit über die Tropen und Subtropen verbreitet sind und als Speisefische verwertet werden. Eine sehr häufige Art entlang der amerikanischen Atlantikküste ist der bis etwa 30 cm lange **Hartkopf-Kreuzwels** *(Arius felis)*, ein Mundbrüter.

Armflosser
Lophiiformes
Bei dieser Fischgruppe, die mit etwa 225 Arten in tropischen bis gemäßigten Gebieten der Weltmeere verbreitet ist, ist der erste Strahl der Rückenflosse zu einem freistehenden, beweglichen Angelorgan umgebildet und verlängert. An dessen Spitze befindet sich ein lappenförmiges Gebilde, das bei einigen Tiefseeformen leuchten kann. Die Brustflossen sind armartig vergrößert, so daß die Fische damit am Boden kriechen oder schreiten können („Armflosser").
Von der Familie der Seeteufel *(Lophiidae)* sind aus allen tropischen bis gemäßigten Meeresteilen der Welt etwa 10 Arten bekannt.

Atlantischer Seeteufel
Lophius piscatorius
engl. angler fish; franz. baudroie, lotte; ital. budego, rana pescatrice; span. rape.

Körper vorn abgeplattet, hinten seitlich zusammengedrückt. Der Kopf ist breit, der Unterkiefer vorstehend. Die kleinen Augen liegen auf der Kopfoberseite, die Kiemenöffnungen sind zwei kleine Schlitze dicht hinter den Brustflossen. Haut weich, ohne Schuppen; zahlreiche Hautanhängsel um den Körperumriß. Freistehender, verlängerter erster Rückenflossenstrahl mit lappenförmigem Hautanhang („Angel"). Rücken bräunlich oder rötlich, mit dunklen Flecken; Bauchseite, bis auf die schwarze Brustflossenkante, weiß. Höchstlänge 1,98 m (30–40 kg Gewicht).
Der Seeteufel kommt im Nordostatlantik von der Barentssee bis zum Golf von Guinea, in der Nordsee und der westlichen Ostsee vor. Er ernährt sich überwiegend von Fischen, die er durch ruckartige oder zitternde Bewegungen seiner „Angel" anlockt.

37

MEERESFISCHE

Weniger bekannt ist der **Kleinfüßige Seeteufel** (*Lophius budegassa*; franz. baudroie rousse). Bei dieser bis 70 cm langen Art ist das Bauchfell schwarz. Entlang der amerikanischen Atlantikküste (von Neufundland bis Brasilien) ist der bis 1,2 m lange **Amerikanische Seeteufel** (*Lophius americanus*, engl. goosefish, auch monkfish) beheimatet und als Speisefisch ebenfalls sehr geschätzt.

Dorschartige Fische
Gadiformes

In dieser Gruppe sind insgesamt 10 Familien und über 200 Arten vereinigt. Ihre Vertreter leben fast ausschließlich im Meer, wo sie weltweit verbreitet sind. Die meisten Arten und auch die größten Bestände findet man jedoch in den Meeren der Nordhalbkugel. Als gemeinsames Kennzeichen sind die Flossen in der Regel ausschließlich durch Weichstrahlen gestützt; daher werden die Dorschartigen auch „Weichflosser" genannt. Nur bei den Grenadierfischen kann ein Hart- oder Stachelstrahl in der ersten Rückenflosse vorhanden sein. Artenreichste und wichtigste Gruppe sind die Dorschfische (*Gadoidei*).

Die nur recht selten und unregelmäßig gefangenen Vertreter der Familie der Tiefseedorsche (*Moridae*) kommen mit über 70 Arten in allen Meeren der Nord- und Südhalbkugel, vorwiegend in Meerestiefen über 500 m vor. Zu den größten Arten gehört der bis 60 cm lange **Blauhecht** (*Antimora rostrata*, engl. blue hake), der durch seine violette Färbung gekennzeichnet ist. Bis 70 cm lang wird der **Atlantische Tiefseedorsch** oder **Moro** (*Mora moro*); sein Körper ist braun, mit violetten und silbrigen Glanzlichtern. Vor Neuseeland und Südaustralien ist der im Durchschnitt 40–70 cm lange **Neuseeländische Tiefseedorsch** (*Pseudophycis bachus*, engl. red cod) beheimatet, der dort wegen seines weißen, schmackhaften Fleisches als Speisefisch sehr geschätzt ist.

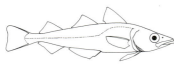

Die Familie der Dorsche (*Gadidae*) umfaßt sehr unterschiedliche Fischformen, die jedoch folgende gemeinsame Merkmale besitzen: Die Kiemenöffnungen sind weit, die Schwanzflosse deutlich abgesetzt. Die meisten Arten besitzen am Kinn einen Bartfaden, manche auch Bartfäden um den Mund herum. Die am höchsten entwickelten Dorscharten besitzen getrennte Rücken- und Afterflossen; andere Arten wiederum sind in der Körperform fast aalähnlich.

Die verschiedenen Dorscharten werden als Frischfische (auch als Filets) oder tiefgekühlt auf den Markt gebracht. Besonders in den nordischen Ländern spielt auch die Zubereitung von Klipp- und Stockfisch eine bedeutende Rolle. Aus dem Rogen wird Kaviar-Ersatz hergestellt.

Dorsch oder Kabeljau
Gadus morhua

engl. cod; franz. cabillaud, morue; ital. merluzzo, baccalà; span. bacalao.

Langgestreckter Körper mit abgerundeten, dicht beieinanderstehenden Flossen. Langer, kräftiger Kinnfaden. Helle Seitenlinie, bis zum Ansatz der 3. Rückenflosse gebogen, dann gerade verlaufend. Färbung verschieden, meist grünlich, bräunlich oder rötlich, mit Fleckenmuster. Rekordgröße (Nordwestatlantik) 2 m. Der Dorsch (Jungfisch) oder Kabeljau (geschlechtsreif) kommt im Nordatlantik (North Carolina bis Grönland bzw. von der Biskaya bis Spitzbergen) von Küstennähe bis in 600 m (und mehr) Tiefe vor. Als Nahrung dienen ihm Bodentiere (Würmer, Krebse, Weichtiere), mit zunehmendem Alter auch verschiedene Fischarten. Als sehr geschätzter Speisefisch nimmt der Kabeljau die erste Stelle unter den wirtschaftlich wichtigsten Arten dieser Familie in Europa ein. Eine ähnlich wichtige Rolle spielt im Nordpazifik (Japan bis Kalifornien) der bis 114 cm lange nahverwandte **Pazifik-Dorsch** (*Gadus macrocephalus*, engl. Pacific cod). Hauptsächlich für die Sowjetunion ist der Fang des **Polardorsches** (*Boreogadus saida*) von Bedeutung. Obwohl als Speisefisch sehr geschätzt, ist der **Pazifik-Tomcod** (*Microgadus proximus*) für die Fischereiwirtschaft unwichtig, da er zu selten und zu klein (bis 30 cm) ist.

Alaska-Pollack
Theragra chalcogramma

engl. Alaska pollock, auch walleye pollock; franz. morue du Pacifique occidental; ital. merluzzo dell'Alaska; span. abadejo de Alasca.

Er erreicht eine Länge von 90 cm und ist entlang der Küsten des Nordpazifiks (von Japan bis Mittelkalifornien) beheimatet. In puncto Quantität ist er absoluter

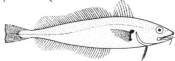

Spitzenreiter. Er liefert den höchsten Ertrag aus einer Fischart. Sein mageres, weißes Fleisch ist zwar weich, aber von guter Qualität, wie das seiner Verwandten. Er wird von den Fischereinationen des Nordpazifik, gleich an Bord der Fabrikschiffe zu Tiefkühlfisch verarbeitet. Nur ein geringer Anteil wird frisch vermarktet.

▼**Kabeljau**, unser Konsumfisch Nummer eins. Mit seinem hervorragenden Fleisch wird er in der feinen Küche immer noch unterbewertet – vielleicht, weil er nicht rar genug ist. Seine Leber liefert den vitaminreichen Lebertran.

▲**Schellfisch**, von seinen Verwandten aus der Dorschfamilie durch seine deutliche schwarze Seitenlinie und den Punkt über der Brustflosse zu unterscheiden. Die Filets der größeren Exemplare erreichen fast „Dorsch-Qualität".

MEERESFISCHE

Der Seelachs (Köhler) ist viel besser als sein Ruf. Denn sein Fleisch hat, im Gegensatz zu dem der übrigen Mitglieder seiner Familie, einen sehr ausgeprägten, pikanten Geschmack. Vielleicht ist es die weniger appetitliche Farbe seiner Filets, die ihn als Frischfisch nicht so begehrenswert erscheinen läßt. In Form von Filets oder Tranchen eignet sich Seelachs besonders gut zum Braten, weil sich dabei sein kräftiges Aroma gut entfalten kann. Als „Lachs-Ersatz" ist er zur Räucherfisch-Konserve geworden.

Schellfisch

Melanogrammus aeglefinus
engl. haddock; franz. eglefin, morue noir; span. eglefino.
Langgestreckter Körper mit deutlich getrennten Rücken- und Afterflossen. Deutliches Kennzeichen: die schwarze Seitenlinie und der schwarze Fleck über der Brustflosse. Rücken dunkel purpurfarben bis schwarz, manchmal auch olivgrün. Flanken dunkel silberglänzend, Bauch weißlich. Höchstlänge 1 m (12 kg). Der Schellfisch kommt im Nordatlantik, in der Nordsee, im Skagerrak und im Kattegat vor. Seine Nahrung bilden Bodentiere, kleine Fische und Fischlaich. Er ist einer der wichtigsten Speisefische und kommt als Frischfisch („Angelschellfisch") oder in Form von tiefgefrorenen Filets auf den Markt; auch als Räucherfisch ist er sehr beliebt (zum Beispiel in England als „smoked haddock").

Pollack oder Steinköhler

Pollachius pollachius
engl. pollack, lythe, Dover hake; franz. lieu jaune; ital. merluzzio giallo; span. abadejo, serreta.
Langgestreckter Körper mit deutlich getrennten Flossen. Unterkiefer (vor allem bei älteren Fischen) weit vorstehend; ohne Kinnfaden. Die grünbraune, deutlich sichtbare Seitenlinie über der Brustflosse nach oben gebogen, dann gerade verlaufend. Höchstlänge 1,2 m. Der Pollack kommt im Nordostatlantik, in der Nordsee, im Skagerrak und im Kattegat vor. Krebstiere, vor allem aber Fische dienen ihm als Nahrung. Das im Gegensatz zum Köhler rein weiße Fleisch des Pollacks („Heller Seelachs") ist trocken, aber im frischen Zustand recht schmackhaft; als Speisefisch ist er für die Fischereiwirtschaft von geringer Bedeutung.

Das blütenweiße Fleisch vom Pollack taugt in Form von Filets vor allem zum Braten in reichlich Butter, weniger zum Pochieren und Dünsten. Als Frischfisch ist er selten im Handel.

Köhler oder Seelachs

Pollachius virens
engl. saithe, coalfish, coley, pollock (Nordamerika); franz. lieu noir, colin, charbonnier; ital. merluzzo nero; span. carbonero, bacalao.
Langgestreckter Körper mit deutlich getrennten Rücken- und Afterflossen. Unterkiefer (bei älteren Fischen) etwas vorstehend; Kinnfaden sehr klein oder fehlend. Die helle, deutliche Seitenlinie verläuft fast gerade. Rücken grün- bis schwarzbraun, Bauch silbrig-weiß. Höchstlänge 1,2 m. Der Köhler kommt im gesamten Nordatlantik, in der nördlichen Nordsee, im Skagerrak und im Kattegat vor; er lebt im küstennahen und -fernen Freiwasser, sowohl in größeren Tiefen als auch nahe der Wasseroberfläche. Die Jungfische ernähren sich von Krebstieren und Fischbrut, die Erwachsenen fast ausschließlich von Schwarmfischen. Der Köhler oder Kohlfisch, vor allem unter dem Konsumnamen „Seelachs" bekannt, ist eine wirtschaftlich sehr wichtige Dorschart; das feste, etwas graue Fleisch kommt frisch, als tiefgefrorene Filets oder geräuchert in den Handel. Auch zu Klippfisch und Stockfisch wird der Seelachs verarbeitet.

Stockfisch und Klippfisch

Trocknen und Salzen, die wohl ältesten Konservierungsmethoden für Fisch, sind nach wie vor aktuell. Über Jahrhunderte bot diese Art der Haltbarmachung den Binnenland-Bewohnern die einzige Möglichkeit, Meeresfisch auf ihre Speisekarte zu setzen. Eine Methode, die vor allem bei den romanischen Völkern beliebt war und immer noch ist, denn auch heute noch können sie wahre Delikatessen mit getrocknetem Fisch zubereiten.
Für die Herstellung von Stock- und Klippfisch werden vor allem Kabeljau, Seelachs (Köhler), Schellfisch, Leng und Lumb (Brosme) verwendet. Nach dem Entfernen der Köpfe und dem Ausnehmen werden die Fische an der Luft getrocknet. Der Stockfisch bleibt ungesalzen. Der Klippfisch dagegen wird, nach Herauslösen der Wirbelsäule und oft auch der seitlichen Gräten, zunächst gesalzen und erst nach Erlangen der sogenannten „Salzgare" getrocknet. Während das Fleisch beim Stockfisch trocken und hart wird, bleibt das Fleisch beim Klippfisch wasserreicher, wird aber trotzdem fest. Bei beiden Konservierungsarten muß das fertig getrocknete Fleisch einheitlich hellgelb bis weißlich sein. Ist es das nicht und weist es gar rötliche oder rote Flecken auf, sollte es auf keinen Fall verwendet werden.
Produziert wird getrockneter Fisch in großen Mengen von Norwegen, aber auch noch von Portugal und Spanien. Er wird heute vor allem in die Länder Afrikas exportiert. In Portugal und Spanien, den traditionellen Erzeugerländern, wird der Fisch auch heute noch zum großen Teil im Freien, durch sonnendurchlässige Lattengerüste gegen allzu große Hitze geschützt, getrocknet.

Der Merlan: Ob als Filet oder als ganzer Fisch, er gehört zum Feinsten aus dem Meer, obwohl er nicht zu den Edelfischen gerechnet wird. Kurz in Butter gebraten, entfaltet er sein feines Aroma am besten.

Wittling

Merlangius merlangus
engl. whiting; franz. merlan; ital. merlano; span. merlán.
Langgestreckter Körper mit dicht beieinander stehenden Rücken- und Afterflossen. Oberkiefer vorstehend; Kinnfaden sehr klein oder fehlend. Bronzefarbene, nur schwach gebogene Seitenlinie. Rücken oliv- bis sandfarben oder bläulich; Flanken silbrig, mit goldfarbenen Flecken oder Streifen; Bauch weißlich. Am Ansatz der Brustflossen ein dunkler Fleck. Höchstlänge 70 cm.
Der Wittling kommt im Nordostatlantik (von der Barentssee bis zur Biskaya), in der Nord- und westlichen Ostsee sowie selten im Mittelmeer vor; im östlichen Mittelmeer und im Schwarzen Meer lebt eine Unterart. Sein sehr zartes, weißes Fleisch ist delikat und sehr bekömmlich. Die Fänge dieses empfindlichen, leicht verderblichen Speisefisches haben in den letzten Jahren erheblich zugenommen.

Blauer Wittling

Micromesistius poutassou
engl. blue whiting; franz. merlan bleu, poutassou; ital. potassolo; span. bacaladillo.

Schmaler, langgestreckter Körper mit weit voneinander getrennten Rücken- und Afterflossen. Unterkiefer etwas vorstehend; ohne Kinnfaden. Höchstlänge 50 cm. Vorkommen im Nordostatlantik (von Marokko bis zur Barentssee) und im Mittelmeer. Mit seinem weichen, aber schmackhaften Fleisch zählt er zu den leichter verderblichen Speisefischen.

Lumb

Brosme brosme
engl. torsk, tusk, moonfish; franz. brosme; ital. brosmio; span. brosmio.

Der langgestreckte Körper hat jeweils eine ungeteilte Rücken- und Afterflosse. Auffallend ist der schwarze Flossensaum. Die Haut ist dick mit kleinen Schuppen. Die Kiefer fast gleich lang, der Kinnfaden kräftig. Der Lumb wird 60 bis 100 cm lang und etwa 10 kg schwer. Er bewohnt den gesamten Nordatlantik von New Jersey bis zur Barentssee und hält sich über Felsengrund bis 1000 m Tiefe auf. Seine Nahrung sind Krebs- und Weichtiere sowie kleine Fische.
Der Lumb ist ein begehrter Speisefisch mit festem, weißem Fleisch, das ein bißchen wie Hummer schmeckt und vorwiegend als Filet auf den Markt kommt. In den skandinavischen Ländern wird er in großen Mengen zu Stockfisch verarbeitet.

Dreibärtelige Seequappe

Gaidropsarus vulgaris
engl. threebearded rockling; franz. motelle commune; ital. motella; span. lota, mollareta.
Im Flossenbau dem Lumb sehr ähnlich. Als besonderes Merkmal hat diese Seequappe am Oberkiefer zwei Bartfäden, am Unterkiefer einen. Bis 60 cm lang und 1 kg schwer. Färbung ziegelrot mit dunklem Fleckenmuster. Sie ernährt sich von Krebs- und Weichtieren sowie kleinen Fischen. Die Dreibärtelige Seequappe ist im Nordostatlantik verbreitet, eine Art gibt es auch im Mittelmeer.

Als Tacaud wird er in Frankreich und unter den Gourmets geschätzt. Der Franzosendorsch ist zwar keine Rarität, aber auch kein Fisch von großer wirtschaftlicher Bedeutung. Wenn man ihn wirklich frisch bekommt, gleichgültig ob als ganzen Fisch oder als Filet, dann sollte man zugreifen. Er eignet sich gut zum Dämpfen und Dünsten. Zur Delikatesse aber wird sein Filet, wenn man es kurz in Butter brät.

Ein naher Verwandter, der **Südliche Blaue Wittling** (*Micromesistius australis*), Mittellänge 40 cm, kommt im Südwestatlantik sowie um das südliche Neuseeland vor. Sein Fleisch ist fester als das des Blauen Wittlings und von bester Qualität.

Franzosendorsch

Trisopterus luscus
engl. pout, pouting; franz. tacaud commun; ital. merluzzo francese; span. faneca.
Von geringer wirtschaftlicher Bedeutung, aber von delikatem Geschmack, wenngleich schnell verderblich. Höchstlänge 45 cm. Am hochrückigen Körper und dem dunklen Fleck am Ansatz der Brustflosse ist er zu erkennen. Er ist an den europäischen Atlantikküsten und im westlichen Mittelmeer beheimatet.

Der an den europäischen Atlantikküsten und im Mittelmeer vorkommende **Zwergdorsch** (*Trisopterus minutus*) wird meist nur bis 20 cm (gelegentlich bis 26 cm) lang; er ist zu klein, um als Speisefisch eine Rolle zu spielen.

Leng

Molva molva
engl. ling; franz. grande lingue; ital. molva; span. maruca, berruenda.
Langgestreckter, aalförmiger Körper mit langem, flachem Kopf.

MEERESFISCHE

Die Haut ist grün oder braun marmoriert und schimmert metallisch. Der Leng wird bis zu 2 m lang und 80 kg schwer. Lebensraum ist der Nordostatlantik, von Portugal bis zur Barentssee. Seine Vorkommen sind eher gering. Der preiswerte Konsumfisch wird in Norwegen, Schottland, Island und auf den Färöer-Inseln zu Klippfisch verarbeitet und nach Südeuropa exportiert. In Schweden wird er luftgetrocknet als „Spillånga" angeboten.

Blauleng

Molva dipterygia dipterygia
engl. blue ling, trade ling; franz. lingue bleue; ital. molva azzurra; span. maruca azul.
Schlanker, aalartiger Körper. Die großen Augen zeichnen ihn als Fisch größerer Tiefen aus (200–1500 m). Maximale Länge 1,5 m. Er kommt von Nordnorwegen und Südisland bis Südwestirland vor.
Zur selben Familie gehört auch der **Mittelmeerleng** *(Molva dipterygia macrophthalma)*, der im Mittelmeer und im Ostatlantik bis Südirland vorkommt. Sein Fleisch ist gut, dennoch ist er von geringer wirtschaftlicher Bedeutung.

Gabeldorsch

Phycis blennioides
engl. greater forkbeard, forked hake; franz. phycis de fond, mostelle de roche; ital. musdea bianca, pastenuela bianca, mostella; span. brotola de fango, brotola de roca.
Auffallende Merkmale sind die spitzige 1. Rückenflosse und die langen, fadenförmig gegabelten Bauchflossen. Wird bis zu 1 m lang. Sein Lebensraum ist der Nordostatlantik bis Grönland und

▶ **Der Gabeldorsch** hat nur im Mittelmeerraum Bedeutung als Speisefisch. Wegen seines guten Fleisches wird er dort viel gefangen. Ansonsten wird er nur als Beifang angelandet und hauptsächlich zu Fischmehl verarbeitet.

Seequappe und Leng – beide gehören zu den Dorschfischen. Das Fleisch der Seequappe (Bild oben) ist zwar sehr delikat, aber nicht lange haltbar. Die wirtschaftliche Bedeutung ist daher regional beschränkt. Der Leng (Bild unten) dagegen ist ein preiswerter Konsumfisch, obwohl er nur als Beifang mit angelandet wird. Sein etwas grobes Fleisch kommt vorwiegend frisch als Filet in den Handel.

Der Blauleng ist zwar hierzulande noch ziemlich unbekannt, aber stark im Kommen. Kenner schätzen sein festes, weißes Fleisch, das ungleich delikater ist als das des etwas größeren Leng. Sein Fleisch, das nur 0,6 % Fett enthält, kommt fast ausschließlich als Filet in den Handel.

Norwegen, selten die Nordsee. Auch im Mittelmeer und in der Adria kommt er vor.
Zur selben Gruppe gehören der **Mittelmeer-Gabeldorsch** *(Phycis phycis)* und der **Rote Gabel-**

dorsch *(Urophycis chuss,* engl. red hake), dessen Hauptfanggebiet an der Küste von North Carolina liegt.

Die Familie der Seehechte *(Merlucciidae)* ist eng verwandt mit den Dorschfischen *(Gadidae)*. Die wirtschaftliche Bedeutung dieser Raubfische hat in den letzten Jahren sehr zugenommen.

Seehecht oder Hechtdorsch

Merluccius merluccius
engl. hake; franz. merlu commun; ital. nasello; span. merluza.
Schlanker, langgestreckter Körper, weite Mundöffnung, kräftige Zähne; etwas vorstehender Unterkiefer ohne Bartfaden. Länge max. 1 m, bei etwa 10 kg Gewicht. Der gefräßige Räuber ernährt sich vorwiegend von Makrelen, Heringen und Sardinen. In Tiefen von 100–1000 m lebt er im Nordostatlantik, von der nordwestafrikanischen Küste bis zu den Lofoten, aber auch im Mittelmeer und im Schwarzen Meer.
Der zur selben Familie gehörende **Nordpazifische Seehecht** *(Merluccius productus;* engl. Pa-

cific hake) ist wirtschaftlich kaum von Bedeutung. Der **Neuseeländische Seehecht** *(Merluccius australis)* ist ein beliebter Speisefisch, hat jedoch nur regionale Bedeutung. Wirtschaftlich wichtig dagegen ist der **Nordwestatlantische Seehecht** *(Merluccius bilinearis;* engl. silver hake, whiting). Er ist etwas kleiner als die anderen Seehechte, sein Fleisch ist jedoch gut und vielseitig verwendbar. Die Festigkeit variiert allerdings je nach Tiefe und nach der Jahreszeit.
Noch größere wirtschaftliche Be-

MEERESFISCHE

Der Seehecht ist bei uns erst in den letzten Jahren bekannter geworden. Und zwar vorwiegend in Form von tiefgefrorenen Filets. Die Hauptfanggebiete liegen im Atlantik vor Frankreich, Spanien und Portugal, auch vor der südafrikanischen und südamerikanischen Küste. Im europäischen Süden und Südwesten hat der Seehecht die gleiche Bedeutung wie bei uns der Kabeljau. Das feine weiße Fleisch schmeckt frisch am besten im Sommer.

deutung hat der **Langschwanz-Seehecht** (Macruronus novaezelandiae; japan./neuseel. hoki,

austral. blue grenadier). Als ausgesprochener Tiefwasserfisch (900–5000 m) lebt er in den subantarktischen Gewässern um Neuseeland und in der Nähe der Tiefseerinnen um Japan. In Japan wird er nicht nur auf verschiedenste Art verarbeitet, er wird auch in großen Mengen roh verzehrt (Sushi). Neuseeland verarbeitet etwa 80 000 t pro Jahr.

Zu den Dorschartigen gehören auch die Mitglieder der Familie der Schlangenfische (Ophidiidae). Sie haben einen aal- bzw. schlangenartigen Körper mit ungeteiltem Flossensaum und leben meist in größeren Tiefen.
Der bekannteste Vertreter der Schlangenfische im Atlantik ist das **Bartmännchen** (Ophidion barbatum), verbreitet von Senegal bis zur Biskaya, gelegentlich auch im Mittelmeer- und im Schwarzmeergebiet. Im Südpazifik gibt es einige Arten von wirtschaftlicher Bedeutung.

Schwarzer Schlangenfisch

Genypterus maculatus
engl. cusk eel; franz. donzelle; ital. galletto; span. congrio negro, pistolero.

Länge zwischen 20 und 80 cm. Lebt in Tiefen von 20–200 m, Vorkommen entlang der Küsten von Chile und Argentinien. Internationale wirtschaftliche Bedeutung. Zentrales Fanggebiet in der Bucht von Valparaiso. Über 97 % der Fänge kommen frisch, der Rest tiefgefroren in den Handel.
Der **Goldene Schlangenfisch** (Genypterus blacodes) ist in den Gewässern von Argentinien, von Chile bis Australien und Neuseeland verbreitet. Der **Rote Schlangenfisch** (Genypterus chilensis) ist von Chile bis Südafrika verbreitet. Er gilt als wertvoller Beifang der Seehecht-Fischerei.

Die Mitglieder der Familie der Aalmuttern (Zoarcidae) haben ebenfalls einen aal- oder schlangenähnlichen Körper mit geschlossenem Flossensaum. Sie leben im Nordatlantik und Nordpazifik, in arktischen und antarktischen Gewässern.

Aalmutter

Zoarces viviparus
engl. eelpout, greenbone; franz. loquette; span. blenio viviparo.

Sie wird bis 60 cm lang und bringt vollentwickelte, aalähnliche Junge zur Welt; daher der Name. In ihrem Skelett ist die Phosphatverbindung Vivianit eingelagert, die beim Garen die Gräten grün färbt. Der Geschmack wird dadurch jedoch nicht beeinträchtigt. Sie lebt in Küstengebieten und Flußmündungen vom Ärmelkanal über die Irische See (auch Ostsee) bis zum Weißen Meer. Abgesehen von regionalen Angeboten nur geringe wirtschaftliche Bedeutung. Das feine Fleisch wird von Kennern dem des Aals gleichgesetzt.

Zur selben Familie gehört auch der **Wolfsfisch** (Lycodes vahli), der vorwiegend in größeren Tiefen des Nordatlantiks lebt. Wirtschaftlich ohne Bedeutung.

Die Familie der Grenadierfische (Macrouridae) ist überaus artenreich und in allen Weltmeeren verbreitet, 4–5 Arten gibt es im Nordostatlantik.

Rundnasiger Grenadierfisch

Coryphaenoides rupestris
engl. grenadier; franz. grenadier de roche; span. granadero.
Großer, plumper Kopf mit kurzer, breiter Schnauze und großen Augen. Der Körper verjüngt sich stark hinter dem breiten, kurzen Leib. Durchgehender Flossensaum. Höchstlänge 1 m. Lebt im Nordostatlantik, in Tiefen ab 300 m. Gilt als wertloser Beifang, da er, wegen seiner panzerartigen Schuppen, nicht zu Fischmehl verarbeitet werden kann. Obwohl sein Fleisch hervorragend ist, hat er als Speisefisch nur regionale Bedeutung.
Der **Rauhköpfige Grenadierfisch** (Macrourus berglax; franz. grenadier gris) kommt ebenfalls im Nordostatlantik vor. Sein Fleisch hat hervorragenden Geschmack.

Ährenfischartige Fische

Atheriniformes
Diese Ordnung umschließt sowohl reine Meeresfische als auch solche, die zeitweilig (zur Fortpflanzung) in Brack- oder Süßwasser gehen, und solche, die ganz im Süßwasser leben, aber von Meeresfischen abstammen. Auch die Familie der Flugfische (Exocoetidae) gehört dazu. Ihre Mitglieder haben einen langgestreckten Körper mit weit nach hinten gerückter Rückenflosse und hochangesetzten, tragflügelähnlichen Brustflossen. Bei Gefahr setzen sie zum „Gleitflug" an, der 200 m weit sein kann.

Fliegender Fisch

Exocoetus volitans
engl. tropical two-wing flying fish; franz. exocet; ital. pesce volante; span. pez volador.

Der Grenadierfisch in seiner unverwechselbaren Form: Riesiger Kopf mit den für Tiefseefische typischen großen Augen und kurzer, dicker Leib mit langem, spitz zulaufendem Schwanz. Entsprechend gering ist die Fleischausbeute. Die Filets (Bild unten) machen knapp ein Drittel des Gesamtgewichts aus. Doch ist das fast grätenfreie, magere Fleisch von ausgezeichneter Qualität und vor allem zum Kurzbraten in der Pfanne geeignet, auch paniert, oder als Backfisch, eingehüllt in Pfannkuchenteig.

MEERESFISCHE

Fliegende Fische schmecken am besten fritiert. Das behaupten jedenfalls die Sizilianer und panieren die kleinen Fischchen (natürlich ohne „Flügel") mit einer Mischung aus Weißbrot, gemahlenen Pinienkernen und Pecorino.

Die Makrelenhechte *(Scomberesocidae)* sind in Aussehen und Verhalten den Hornhechten sehr ähnlich.

Atlantischer Makrelenhecht
Scomberesox saurus

engl. Atlantic saury, needlenose (USA); franz. balaou; ital. costardella, aguglia saira; span. paparda, relanzón.
Länge bis 60 cm. Er lebt im Nordatlantik, von der westafrikanischen Küste bis Island, Dänemark und Südnorwegen. Als Speisefisch sehr geschätzt, frisch und gefroren im Handel. Dient auch zur Fischmehlherstellung und als Köder beim Thunfischfang.

Die Familie der Ährenfische *(Atherinidae)* ist eine Gruppe von kleinen, zarten, fast durchsichtigen Schwarmfischen, die sich im flachen Küstenwasser aufhalten. Sie werden oft mit Sardinen verwechselt.

Kleiner Ährenfisch
Atherina boyeri
engl. little sandsmelt, silverside; franz. siouclet, joël; ital. latterino, span. pejerrey, abichon.
Schlanker Körper, weite, nach oben gerichtete Mundöffnung, große Augen. Gepunkteter Rücken, Silberband an den Seiten. Länge bis 12 cm.
Der **Große Ährenfisch** *(Atherina hepsetus)* wird bis 15 cm lang, ebenso der **Streifenfisch** *(Atherina presbyter)*. Er lebt im westlichen Mittelmeer und in nordostatlantischen Küstengewässern bis Dänemark.

Schleimkopfartige Fische
Beryciformes
Ihr bestimmendes Merkmal sind zahlreiche Schleimkanäle unter der Kopfhaut. Über den ganzen Körper sind Stacheln verteilt.
Die Mitglieder der Familie der Sägebäuche *(Trachichthyidae)* haben eine barschähnliche Körperform, hochrückig und seitlich nur mäßig abgeflacht. Meist Tiefenfische, die die wärmeren Teile aller Meere bevorzugen.

Sägebauch oder „Kaiserbarsch"
Hoplostethus atlanticus
engl. orange roughy, deep sea perch; franz. hoplostète rouge.

Besonderes Kennzeichen sind 6 Stacheln vor der Rückenflosse. Färbung orange bis rötlich, durchschnittliche Länge etwa 30–40 cm (1,5 kg Gewicht). Lebt in Tiefen bis zu 1100 m. Er gehört zu den wichtigsten Exportfischen Neuseelands. Sein perlweißes Fleisch ist sehr delikat. Beim Enthäuten ist allerdings darauf zu achten, daß die darunter liegende dicke Fettschicht mit entfernt wird.

Die Mitglieder der Familie der Schleimköpfe *(Berycidae)* sind vorwiegend Tiefseebewohner. Einer ihrer Vertreter kommt in der Nordsee vor.

Der Hornhecht mit seinen grünen Gräten hat ein delikates, festes Fleisch, das nach allen Regeln der Kochkunst zubereitet werden kann. Seine beste Seite zeigt sich aber in Suppen und Eintöpfen und – ein besonderer Leckerbissen – wenn er geräuchert wird.

Ein Hochseebewohner, der bis 18 cm lang wird. Er kommt in allen tropischen Gewässern vor, seltener auch im Mittelmeer.

Die Mitglieder der Familie der Hornhechte *(Belonidae)* haben auffallend langgestreckte, schmale Körper, lange, dünne Kiefer mit vielen nadelspitzen Zähnen. Es sind ausgezeichnete Schwimmer, die sich ihren Verfolgern durch hohe, weite Sprünge aus dem Wasser entziehen.

Europäischer Hornhecht
Belone belone
engl. garfish, needlefish; franz. orphie; ital. aguglia; span. aguja.
Länge bis 1 m. Färbung am Rücken dunkelblau oder -grün, an den Seiten silbrig-glänzend. Knochen (durch den Farbstoff Vivianit) grün gefärbt. Als schwarmbildender Hochseefisch lebt er im Nordostatlantik, von der Biskaya über Nord- und Ostsee bis Norwegen (Trondheim).

Die kleinen Ährenfische schmecken so zart, wie sie aussehen. Ihr feines Aroma kommt am besten zur Geltung, wenn sie fritiert werden. Auf diese Weise schön knusprig zubereitet, werden sie in Spanien und Portugal auf der Straße angeboten. Eine Delikatesse aus Italien sind „latterini in saor". Die Ährenfischchen werden dazu 2 Stunden in einer Mischung aus Essig, Olivenöl, Zwiebeln, Knoblauch und reichlich frischen Kräutern mariniert und dann in der Pfanne kurz gebraten.

MEERESFISCHE

Zehnfinger-Schleimkopf

Beryx decadactylus
engl. red bream; franz. béryx commun; ital. berice rosso; span. palometa roja.

Hochrückiger, lang-ovaler Körper. Der massige Kopf hat große Augen und eine weite, schräg nach oben gerichtete Mundöffnung. Die Kiemendeckel tragen kurze Dornen. Die Schwanzflosse ist stark gegabelt. Dunkelroter Rücken, Flanken aufhellend, Bauchseite rosafarben. Länge bis 50 cm. Im europäischen Bereich ist er nordwärts bis Island und Nordnorwegen zu finden, außerdem im westlichen Mittelmeer. Als Speisefisch sehr geschätzt.

Alfoncino

Beryx splendens
engl. alfonsino; franz. béryx rouge; ital. berice rosso; span. palometa roja; japan. kinmedai.
Etwas schlanker als der Zehnfinger-Schleimkopf. Seine Schuppen sind stachelig. Rücken, Kopf und Flossen sind kräftig rot, Flanken und Bauch leuchtend weiß. Nach dem Tod wird der gesamte Körper tiefrot. Der Alfoncino wird bis 60 cm lang und etwa 1,4 kg schwer. Lebt in Tiefen bis 750 m.

Peters- und Eberfische

Zeiformes
Gemeinsame Kennzeichen aller zu dieser Ordnung gehörenden Arten sind ihr diskusförmiger, seitlich stark abgeplatteter Körper sowie Stachel- und Buckelreihen an der Basis der Rücken- und Afterflossen und der schräg nach oben gerichtete Mund, dessen Zwischenkiefer weit vorstreckbar ist. Einer der bekanntesten Vertreter ist der zur Familie der Petersfische (Zeidae) gehörende

Petersfisch oder Heringskönig

Zeus faber
engl. John dory; franz. Saint-Pierre; ital. pesce San Pietro; span. pez de San Pedro.
Auf den Flanken des ansonsten grau bis gelblich gefärbten, unregelmäßig gefleckten Fischs befindet sich ein runder, schwarzer, gelb umrandeter Fleck. Der Legende nach ist dies ein Fingerabdruck des Apostels Petrus, der dem Fisch als Tribut für Christus ein Goldstück aus dem Mund gezogen haben soll; daher der Name. Die 1. Rückenflosse hat fahnenartig verlängerte Flossenhäute, die zurückgelegt bis zur Schwanzflosse reichen. Der Petersfisch wird 30–40 cm lang und bis 1,5 kg schwer. Er ernährt sich von Tintenfischen und kleinen Schwarmfischen. Er kommt im Ostatlantik von Südafrika bis Norwegen vor, im Mittelmeer und im Schwarzen Meer und um Neuseeland, Australien und Japan.

Schwarzer Petersfisch

Allocyttus verrucosus
engl. black oreo dory; japan. omematodai.

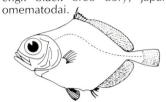

Gehört nicht zu den „echten" Petersfischen (Zeidae), sondern zur Familie der Tiefsee-Petersfische (Oreosomatidae). Hochrückiger, rautenförmiger Körper, an den Seiten abgeplattet. Festsitzende Schuppen. Bräunliche Färbung, die Flossen fast schwarz. Ein typischer Tiefseefisch (600–1000 m) mit großem Kopf und entsprechend geringem Fleischanteil. Die Filets sind von bester Qualität, weiß, sehr schmackhaft und von relativ fester Konsistenz. Beim Garen fällt das Fleisch nicht so leicht auseinander. Als **Black Oreo Dory** wird er tiefgefroren in zunehmendem Maße von Neuseeland exportiert. Kommt auch in den tiefen Gewässern um Südafrika, Australien und Japan vor. Zur selben Familie gehört der **Glatte Petersfisch** (*Pseudocyttus maculatus,* engl. smooth oreo dory) mit seiner etwas runderen Körperform. Er ist grau mit großen dunklen Flecken, die Schuppen sind sehr klein und leicht zu entfernen. Sein Fleisch ist dem des Schwarzen Petersfischs ähnlich. Genauso wie das des **Stacheligen Petersfischs** (*Neocyttus rhomboidalis,* engl. spiky oreo dory), dessen festsitzende Schuppen teilweise scharfe Dornen tragen.

Glanzfische

Lampriformes
Diese Ordnung umfaßt eine große Anzahl Fische verschiedenster Größen und Formen. Allen gemeinsam ist der kurze, zahnlose, weit vorstreckbare Oberkiefer. Zu ihnen gehören auch die Gotteslachse (Lampridiae), die durch ihre leuchtenden Farben mit metallischer Fleckung auffallen, und die Bandfische (Regalecidae), die mehrere Meter lang werden können.

Gotteslachs

Lampris guttatus
engl. opah, Jerusalem haddock; franz. lampir; ital. pesce ré; span. luna real.

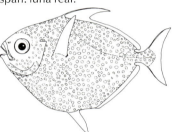

Hochrückiger, seitlich abgeflachter Körper. Kleine, lose sitzende Schuppen, die beim Fang leicht abfallen. Rücken dunkelblau bis violett, an den Flanken aufhellend, Bauchseite rosa, Flossen kräftig rot. Die metallische Fleckung verstärkt den Glanz der Farben. Der Gotteslachs wird bis zu 2 m lang und 100 kg schwer. Er ernährt sich von Kopffüßern und Krebstieren. Es gibt ihn in allen warmen und gemäßigt-warmen Meeren. Das lachsähnlich rötliche Fleisch mit hohem Fettanteil wird sehr geschätzt.

Der Alfoncino, weltweit verbreitet, gilt von Madeira über Neuseeland bis Japan als ausgezeichneter Speisefisch. Sein Fleisch ist weiß und von fester Konsistenz und eignet sich für alle Garmethoden. Hier handelt es sich um ein ganz fangfrisches Exemplar, bei dem sich die nach dem Tod eintretende tiefrote Verfärbung noch nicht eingestellt hat.

▶ **Der Petersfisch** ist, kulinarisch gesehen, eine internationale Berühmtheit. Mit seinem festen, weißen und wohlschmeckenden Fleisch ist er ein ausgezeichneter Speisefisch und wird, da die Vorkommen nicht groß sind und die Ausbeute eher gering ist, auch entsprechend bewertet.

Riemenfisch

Regalecus glesne
engl. oarfish; franz. roi des harengs; span. regaleco.

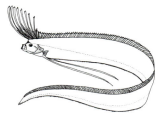

Der lange, bandförmige Körper ist so dünn, daß er beim Fang oft zerbricht. Die verlängerten ersten Strahlen der insgesamt sehr langen Rückenflosse bilden am Kopf eine Art Krönchen. Der silbrigglänzende, schuppenlose, bis zu 7 m lange Fisch ist weltweit verbreitet.

Stichlingsartige Fische

Gasterosteiformes
Eine Ordnung mit zahlreichen Untergruppen, die auch im Süßwasser lebende Arten beinhaltet. ge, röhrenförmige Schnauze mit kleiner Mundöffnung, dazu weit nach hinten verschobene Rückenflossen. Ernährt sich von Bodentieren und Plankton, wobei die lange Schnauze wie eine Pipette benutzt wird. Länge bis zu 18 cm. Vorkommen im Atlantik von Marokko bis Südnorwegen und im Mittelmeer. Wirtschaftlich genutzt vorwiegend in Portugal und Nordafrika.

Panzerwangen

Scorpaeniformes
Hochentwickelte Stachelflosser mit relativ großem Kopf, der mehr oder weniger mit Knochen gepanzert ist. Allen gemeinsam ist ein von den Unteraugenknochen gebildeter Knochensteg, der bis zum Vorderkiemendeckel reicht, die „Panzerwangen".
Zur Familie der Drachenköpfe *(Scorpaenidae)*, auch Skorpionfische genannt, gehören mehrere hundert räuberische Arten, die meist in gemäßigt-warmen und subtropischen Meeren leben. Sie haben einen kräftigen, seitlich

Der Rot- oder auch Goldbarsch, einer der beliebtesten Seefische, wird meist als Filet (unteres Bild) angeboten. Er hat festes, mittelfettes (3,6 %), rosaweißes Fleisch. Im Handel wird zwischen ihm und dem eng verwandten Tiefen- oder Schnabelbarsch (oberes Bild) kein Unterschied gemacht.

Wirtschaftlich sind die meisten von geringer Bedeutung.

Schnepfenfisch

Macroramphosus scolopax
engl. snipefish, trumpet fish; franz. becasse de mer; ital. pesce beccaccino, pesce trombetta; span. trompetero, pito real.

Hoher, seitlich stark abgeflachter Körper, teilweise gepanzert. Besonderes Kennzeichen ist die lan- **Als Rascasse** und als Bestandteil der Bouillabaisse ist der Große Rote Drachenkopf unter Feinschmeckern bekannt. In der französischen Küche nimmt er, mit seinem feinen weißen Fleisch, einen festen Platz ein. Er wird vorwiegend frisch angeboten.

abgeflachten Körper, einen großen, breiten Kopf mit stacheligen Knochenleisten und vielen Hautanhängseln und eine große Mundöffnung. An der Basis des stachelstrahligen Teils der Rückenflosse befinden sich Giftdrüsen, die nicht ungefährliche Verletzungen hervorrufen können.
Zu dieser Familie gehört auch der **Braune Drachenkopf** *(Scorpaena porcus)*, auch **Kleine Meersau** genannt, der mit seiner perfekten Tarntracht meist zwischen Felsen im Flachwasser steht.

Großer Roter Drachenkopf

Scorpaena scrofa
engl. large-scaled scorpionfish; franz. rascasse rouge; ital. scorfano rosso; span. cabracho.
Kräftiger Körper, stachelig gepanzerter großer Kopf. Am Kinn zahlreiche Hautanhängsel. Träger Bodenfisch, der sich, wie seine Verwandten, in regelmäßigen Abständen häutet. Kommt im Mittelmeer und im Atlantik, vom Senegal bis zur südlichen Biskaya, vor. Länge bis 50 cm.
Zur selben Familie gehört auch das kleinere **Blaumaul** *(Helicolenus dactylopterus)*, das als Schwarmfisch in größeren Tiefen lebt und im gesamten Atlantik vorkommt.

Großer Rotbarsch

Sebastes marinus
engl. Atlantic redfish, ocean perch, Norway haddock; franz. grand sébaste, rascasse du nord; ital. sebaste; span. gallineta, corvina. Kräftiger, seitlich abgeflachter Körper, große Augen, weite Mundöffnung, Kiemendeckel mit nach hinten gerichteten Dornen. Färbung tiefrot am Rücken bis zur Seitenlinie, am Bauch silbrig-rosa. Lebt sowohl im Küstenbereich als auch freischwimmend in hoher See, in Tiefen bis 200 m. Ernährt sich von Planktontieren und Fischen (Heringen). Wird bis zu 1 m lang und 1,5 kg schwer. Er kommt im Nordatlantik von Schottland und Norwegen über Island, Spitzbergen bis zum Weißmeer vor. Wirtschaftlich sehr bedeutend und als Speisefisch äußerst beliebt. Er kommt frisch, gesalzen, geräuchert und tiefgefroren in den Handel. Da er sehr harte Schuppen und Stachelstrahlen hat, wird er meist filetiert angeboten. Aus seiner vitaminreichen Leber wird wertvolles Öl gewonnen.
Eng verwandt ist der **Tiefen- oder Schnabelbarsch** *(Sebastes mentella)* mit einem zapfenförmigen Fortsatz am Unterkiefer. Gleichermaßen der **Kleine Rotbarsch** *(Sebastes viviparus)*, der bis zu 30 cm lang wird und beiderseitig des Nordatlantiks vorkommt.

Rockfishes: Im Pazifik ist das Angebot groß. Sie sind alle gute Speisefische und als solche an den Nordpazifik-Küsten von Amerika und Asien sehr begehrt. In der chinesischen Küche werden Felsenfische in Fett ausgebacken und in einer süß-sauren Sauce serviert, in Japan wird ihr delikates weißes Fleisch gern roh genossen. Diese pazifischen Verwandten unseres Rotbarsches haben alle eine sehr ähnliche Körperform, jedoch die unterschiedlichsten Farben und Muster. Sie erreichen Größen von 40–60 cm. Hier einige der etwa 60 Arten:
1 Yellowmouth Rockfish *(Sebastes reedi,* Gelbmaulfelsenfisch), **2** Greenstriped Rockfish *(Sebastes elongatus,* Grüngestreifter Felsenfisch), **3** Dusky Rockfish *(Sebastes ciliatus,* Dunkler Felsenfisch), **4** Pacific Ocean Perch *(Sebastes alutus,* Schnabelfelsenfisch), **5** Vermilion Rockfish *(Sebastes miniatus,* Zinnoberroter Felsenfisch), **6** Widow Rockfish *(Sebastes entomelas,* Witwenfisch), **7** Idiot, Shortspine Thornyhead, Channel Rockcod *(Sebastolobus alascanus,* Kurzstachel-Dornenkopf), **8** China Rockfish *(Sebastes nebulosus,* Gelbbandfelsenfisch), **9** Canary Rockfish *(Sebastes pinniger,* Kanariengelber Felsenfisch).

Felsenfische des Pazifik

Rund 60 Arten aus der Familie der Drachenköpfe kommen an der Pazifikküste der USA vor. Da die meisten in Felsenregionen, dicht über dem Grund, leben, hat man ihnen den Sammelnamen „**Rockfishes**", Felsenfische, gegeben. Ihre Lebensgewohnheiten sind noch wenig erforscht, das Bestimmen der einzelnen Arten ist schwierig. Von der Körperform her sind sie typische Vertreter der Drachenkopf-Familie, auch bei der Färbung herrschen die typischen Rot- und Brauntöne vor, mit vielen Zwischentönen von Orange, Graubraun bis zum dunklen Grau- oder Blauschwarz. Von der Musterung her können sie gestreift, marmoriert oder auffallend gefleckt sein. Sie gehören fast ausnahmslos zur Gattung *Sebastes.* Die meisten kommen von Alaska bis zum südlichen Kalifornien vor. Einige sind Tiefseebewohner, andere bevorzugen Flachwasserregionen, wo sie die sogenannten Schelfwiesen, den Tang (engl. kelp) bis in Tiefen von 200 m abweiden. Von einigen Arten ist bekannt, daß sie sich von Krebstieren, Weichtieren, Krill sowie Heringen und ähnlichen Fischen ernähren, was auf den guten Geschmack und die feine Konsistenz des Fleisches schließen läßt.

Obwohl viele der Rockfishes nur als Beifang ins Netz gehen, ist das Angebot sehr reichhaltig. Der wirtschaftlich wichtigste Felsenfisch ist der **Pacific Ocean Perch.** Sein Fleisch wird, frisch oder tiefgefroren, als Filet angeboten. Ein exzellenter Speisefisch ist der **Vermilion,** der jedoch nur frisch angeboten wird, da er – warum, ist ungeklärt – beim Einfrieren an Qualität verliert. Von wirtschaftlicher Bedeutung sind auch der **Idiot** und der **China Rockfish,** dazu unübertrefflich im Geschmack. Doch auch der **Yellowtail** *(Sebastes flavidus,* Gelbschwanz-Felsenfisch) und der **Bocaccio** *(Sebastes paucispinis)* sind ausgezeichnete Speisefische.

Zur Ordnung der Panzerwangen gehören auch die Knurrhähne *(Triglidae).* Die Mitglieder dieser Familie haben einen großen, gepanzerten Kopf, dazu große Brustflossen, von denen 2–3 Strahlen ohne Flossenhaut und daher freibeweglich sind. Mit ihrer Hilfe ertasten die Knurrhähne ihre Nahrung und „schreiten" über den Meeresboden. Ihren Namen verliehen ihnen die knurrenden Geräusche, die sie mit ihrer Schwimmblase erzeugen. Vorkommen im gesamten Atlantik, manche auch in Nord- und Ostsee sowie im Mittelmeer- und Schwarzmeergebiet. Sie ernähren sich von kleinen Krebstieren und Fischen und haben daher hervorragendes Fleisch.

Roter Knurrhahn

Trigla lucerna
engl. yellow oder red gurnard; franz. grondin perlon; ital. gallinella, cappone, mazzola; span. golondria, bejel, rubio.
Besondere Merkmale sind kleine Knochenstacheln am Rücken und sehr große, dunkelblaue Brustflossen, auf der Oberseite hellblau gepunktet und hellblau gesäumt. Wird bis 70 cm lang und 6 kg schwer. Sein Fleisch ist fest und weiß und von sehr gutem Geschmack. Wegen des großen Abfalls (Kopf, Stacheln) wird der begehrte Speisefisch frisch auch ohne Kopf und bereits enthäutet angeboten.
Der sehr ähnliche **Pfeifen-Knurrhahn** *(Trigla lyra)* hat ein steileres Kopfprofil und einen sehr langen Stachel über der Brustflosse.

Grauer Knurrhahn

Eutrigla gurnardus
engl. grey gurnard; franz. grondin gris; ital. gallinella, cappone; span. borracho, perlón.
Kopf- und Körperbau wie beim Roten Knurrhahn. Besonderes Merkmal sind stachelige Schuppen entlang der Seitenlinie. Er kommt im Nordostatlantik vor, auch in der Nord- und westlichen Ostsee, im Mittelmeer- und Schwarzmeergebiet. In Küstengebieten ist er wegen seines vorzüglichen Fleisches hochgeschätzt, von Feinschmeckern wird er besonders im Herbst bevorzugt.

Seekuckuck

Aspitrigla cuculus
engl. cuckoo gurnard; franz. grondin rouge; ital. gallinella, capone oder coccio imperiale; span. arete, cuco.
Besondere Merkmale sind 3–4 kleine Stacheln auf jeder Schnauzenseite und hohe verknöcherte Schuppen entlang der Seitenlinie, die rippenartig bis zu den Rückenflossen reichen.
Zur selben Familie gehört der **Indopazifische Knurrhahn** *(Chelidonichthys kumu;* austral. latchett; japan. houbou), der in den Gewässern um Südafrika, Südaustralien, Neuseeland und Japan vorkommt. Er wird bis zu 1,5 kg

Der Vermilion gehört zu den bevorzugten und wichtigen pazifischen Rockfish-Arten. Sein exzellentes Fleisch schmeckt jedoch nur ganz frisch. Im Gegensatz zu dem der meisten anderen Felsenfische eignet es sich nicht zum Einfrieren.

MEERESFISCHE

schwer. Sein Fleisch ist fest und rosa, mit mittlerem Fettgehalt.

Die Familie der Grünlinge (Hexagrammidae) unterscheidet sich von den verwandten Drachenköpfen durch einen langgestreckten Körper mit kleinem Kopf und weichen, biegsamen Stachelstrahlen. Die hervorragenden Schwimmer haben starke Zähne. Sie ernähren sich vorwiegend von Weichtieren. Vorkommen im Pazifik, sowohl auf asiatischer als auch amerikanischer Seite.
Ein beliebter Speisefisch ist der **Kelp Greenling** (Hexagrammos decagrammus, Tanggrünling),

Der Kelp Greenling aus der Grünling-Familie. Ein Pazifikfisch von bester geschmacklicher Qualität, wenngleich sein Fleisch (Bild rechts: Filet) einen eigenartig grünen Schimmer hat, der beim Garen aber verschwindet. Der Fisch wird von Sportfischern sehr geschätzt, wird auch kommerziell gefischt, erreicht aber keine großen Fangmengen. Der Kelp Greenling erreicht eine mittlere Größe von etwa 50 cm. Je nach Standort weist er sehr unterschiedliche Färbungen auf.

Der Lingcod gehört, vor allem an der amerikanischen und kanadischen Pazifikküste, zu den begehrtesten Speisefischen. Er hat das gute Fleisch aller Mitglieder der Grünlingfamilie, kann aber bis 1,50 m lang und 30 kg schwer werden. Der Lengdorsch wurde schon von den Indianern mit Speeren gejagt.

◀ **Knurrhähne** sind ebenfalls bevorzugte Speisefische. Beide, der Rote Knurrhahn (oben) und der Graue Knurrhahn (unten), haben ein festes, weißes und sehr wohlschmeckendes Fleisch, das für alle Zubereitungsmethoden gut geeignet ist. Wegen der mächtigen Karkassen werden sie jedoch vorzugsweise und wirtschaftlich am sinnvollsten für Suppen verwendet.

der in Küstennähe über Sand- und Felsengrund bis 40 m Tiefe lebt. Das Fleisch ist leicht grünlich, die Farbe verschwindet aber beim Garen. Zur selben Gattung gehört auch der **Rock Greenling** (Hexagrammos lagocephalus, Felsengrünling).

Lengdorsch

Ophiodon elongatus
engl. lingcod, blue cod, Buffalo cod.
Kommt im Pazifik von den Kodiak-Inseln bis Niederkalifornien vor. In diesem Gebiet spielt er wirtschaftlich eine wichtige Rolle. Sein hervorragendes Fleisch ist ebenfalls grünlich, wird aber beim Garen weiß. Der Geschmack wird durch die Färbung nicht beeinflußt.

Zu den Grünlingen gehört auch die **Atka Mackerel** (Pleurogrammus monopterygius, Terpug), die vor allem im Japanischen Meer bis zur Beringsee und bis Südkalifornien vorkommt. In Japan ist sie als „Kitanohokke" bekannt und wird sehr geschätzt (Sushi).

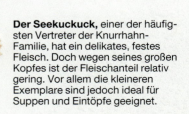

Der Seekuckuck, einer der häufigsten Vertreter der Knurrhahn-Familie, hat ein delikates, festes Fleisch. Doch wegen seines großen Kopfes ist der Fleischanteil relativ gering. Vor allem die kleineren Exemplare sind jedoch ideal für Suppen und Eintöpfe geeignet.

47

MEERESFISCHE

Die Mitglieder der Familie der Schwarz- oder Kohlenfische (*Anoplopomatidae*) sind im Nordpazifik zu Hause und werden als Speisefische hochgeschätzt. Sie unterscheiden sich von den übrigen Panzerwangen durch ihre schlanke, elegante Form.

Sablefish (Kohlenfisch)
Anoplopoma fimbria
engl. auch coal cod, coalfish; franz. morue charbonnière; ital. merluzzo del'Alaska.

Die unfreundliche Färbung, schwärzlich oder grünlich-grau, ist typisch für den Sablefish, der eine Größe von 1 m erreichen kann, in der Regel aber mit 40–60 cm Länge und 2–8 kg Gewicht auf den Markt kommt. Verbreitet um Japan und von der Beringsee bis Niederkalifornien. Er lebt in Tiefen von 300–900 m, junge Fische im Flachwasser. Dieser wirtschaftlich wichtige Fisch wird in Kanada auch als „black cod" vermarktet und ist tiefgefroren ein wichtiger Exportartikel.

Zur selben Familie gehört der **Silkfish** (*Erilepis zonifer*, Gescheckter Kohlenfisch). Auch er ist, als geschätzter Speisefisch, wirtschaftlich bedeutungsvoll.

Die Familie Groppen (*Cottidae*) gehört zu den Bodenfischen des Meeres, teils auch des Süßwassers. Gemeinsame Merkmale sind ein breiter flacher Kopf, mit Stacheln besetzte Vorderkiemendeckel und ein schuppenloser Körper mit Knochenplatten, die Dornen tragen können.

Seeskorpion
Myoxocephalus scorpius
engl. bullhead; franz. chabot, sculpin; ital. scazzone; span. cabracho, charrasco.

Auf der glatten, schuppenlosen Haut zahlreiche Dornen entlang der Seitenlinie. Färbung variabel. Vorkommen im Nordostatlantik und Nordpazifik. Nahrung sind Krebse, Fischlaich und Kleinfische. Das schneeweiße, feste Fleisch wird jedoch von Kennern sehr geschätzt. Es eignet sich hervorragend für Fischsuppen aller Art.

Zur selben Familie gehört der **Cabezon** (*Scorpaenichthys marmoratus*), der im Nordpazifik vorkommt. Eine der größten Groppen, wird bis zu 80 cm lang und bis zu 11 kg schwer. Wird viel gefangen. Ernährt sich von Krabben und Weichtieren. Das Fleisch ist sehr schmackhaft. Es hat eine bläulich-grünliche Färbung, die sich beim Kochen verliert. Der Rogen ist giftig!

Auffallendstes Merkmal der Scheibenbäuche (*Cyclopteridae*) sind die Bauchflossen, die zu einer breiten Saugscheibe verwachsen sind.

Der Seehase ist nicht so sehr wegen seines Fleisches begehrt, sondern vielmehr als Lieferant von Kaviar. Und zwar in großen Mengen. Die tiefschwarzen kleinen Perlen seines Rogens sind zwar nur Kaviar-Ersatz, doch als attraktive Dekoration in der kalten Küche sehr beliebt.

Seehase
Cyclopterus lumpus
engl. lumpfish, lumpsucker, sea hen; franz. lompe, cyclopère; ital. ciclottero, cyclóptero; span. ciclóptero, liebre de mar.

Der Körper ist plump und rundlich, mit kleinen Knochenhökkern und vier Dornenreihen. Rückenflossen mit dickem Hautgewebe („Kamm") bedeckt. Bauchflossen zur Saugscheibe verwachsen. Färbung bräunlich, grau-bläulich. Vorkommen in Küstengebieten beidseitig des Nordatlantiks. Lebt als Bodenfisch, ernährt sich von Krebsen, Kleinfischen und im besonderen von Rippenquallen. Wird bis 60 cm groß. Kommt in nördlichen Ländern frisch, geräuchert oder eingesalzen auf den Markt. Das Fleisch ist sehr wasserhaltig. Der Rogen wird zu falschem Kaviar verarbeitet: Perles du Nord (Island), Limfjordskaviar (Dänemark), Deutscher Kaviar (Bundesrepublik Deutschland).

Barschartige Fische
Perciformes
Eine der umfangreichsten Ordnungen der Knochenfische; innerhalb der Stachelflosser die art- und formenreichste Ordnung überhaupt. Sie besteht aus über 150 Familien und mehr als 6000 Arten. Die meisten Barscharten leben im Meer, einige in Brack- oder Süßwasser. Viele haben große wirtschaftliche Bedeutung. Die Familie der Sägebarsche (*Serranidae*) sind Raubfische, die im Küstenbereich gemäßigter und tropischer Meere leben. Viele Arten können im Alter das Geschlecht wechseln, andere sind echte Zwitter. Ihr Körper ist mit Kammschuppen bedeckt; an den Kiemendeckeln sitzen Dornen. Sägebarsche sind alle von mittlerer Qualität.

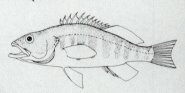

Der **Sägebarsch** (*Serranus cabrilla*) ist meist rötlich-braun gefärbt, mit dunklen Querbändern und wenigen bläulichen Längsstreifen. Er kommt im Mittelmeer, im Roten Meer und im Ostatlantik nördlich bis England vor. Lebt in 20 bis 50 m, aber auch bis 500 m Tiefe über Sand- und Felsengrund und in Seegraswiesen. Er ernährt sich von Fischen, Krebsen, Weichtieren und wird bis zu 60 cm lang.
Eng verwandt ist der **Braune Sägebarsch** (*Serranus hepatus*), der

Spitzenreiter auf der Speisekarte. Ob als „Bar" oder „Loup de mer", der Wolfsbarsch gehört zum Begehrtesten in der feinen Küche Europas. Sicher nicht zu Unrecht, denn er hat alle Merkmale eines „feinen, edlen Fisches". Doch preislich wird er völlig überbewertet, vergleicht man ihn mit anderen, preiswerteren Fischen.

Striped Bass – in den USA ähnlich begehrt wie der Wolfsbarsch in Europa. Sein Fleisch ist von ebenso guter Qualität. Doch wird er zunehmend seltener, denn die steigende Wasserverschmutzung setzt diesem Wanderfisch, der zum Laichen wie der Lachs in die Flüsse aufsteigt, sehr zu. Erfolgreiche Zuchtversuche lassen hoffen.

▼▶ **Cernia,** der Braune Zackenbarsch, ist in Italien ein hochgeschätzter Speisefisch, wenn er auch im Mittelmeer selten so groß wird wie auf dem Bild rechts.

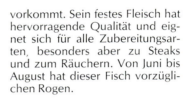

auf der Rückenflosse einen schwarzen Fleck hat. Zahlreiche Vorkommen im Mittelmeer und im Ostatlantik.

Der **Schriftbarsch** (Serranus scriba) ist leicht zu erkennen an einem großen blauen Fleck an den Flanken. Schnauze und Kopf weisen eine rote und blaue Zeichnung auf, die an arabische Schriftzeichen erinnert; daher der Name.

Wolfsbarsch, Seebarsch

Dicentrarchus labrax
engl. bass, sea perch; franz. bar, loup de mer; ital. spigola, branzino; span. lubina.

Körper elegant langgestreckt, spindelförmig, silberglänzend gefärbt; oben grau, nach unten heller bis weißlich werdend. Vorkommen im Ostatlantik von Senegal bis zum südlichen Norwegen, in der südlichen Nordsee, der Ostsee und im Mittelmeer. Lebt in Küstennähe bis in 100 m Tiefe und ernährt sich von Fischen. Kann bis zu 1 m lang werden. Die gängige Marktgröße liegt zwischen 40 und 60 cm (600 g bis 1,5 kg). Der **Loup de mer** (so heißt er im Mittelmeer, um den Atlantik wird er **Bar** genannt) gehört zu den bestbezahlten Frischfischen aus europäischen Gewässern. Sein mageres, festes und weißes Fleisch ist von ausgezeichnetem Geschmack. Zuchtversuche lassen hoffen, daß dieser begehrte Fisch eines Tages wieder preiswerter angeboten wird.

Von gleicher Qualität ist der **Gefleckte Seebarsch** (Dicentrarchus punctatus), der sich vom Wolfsbarsch nur durch einen schwarzen Fleck auf dem Kiemendeckel und unregelmäßig verteilte schwarze Flecken auf Rücken und Flanken unterscheidet.

Striped Bass

Morone saxatilis

Er ist eine Besonderheit innerhalb der Familie der Sägebarsche, denn er wandert wie der Lachs zum Laichen die großen Flüsse an der US-Ostküste aufwärts. Abgesehen von dem attraktiven Streifenmuster, ist die Verwandtschaft mit dem europäischen Wolfsbarsch unverkennbar. Sein Marktgewicht bewegt sich zwischen 600 g und 2 kg, man hat aber auch schon Exemplare von 30 kg gefangen. Er ist an der amerikanischen Atlantikküste vom St.-Lorenz-Strom bis zum Golf von Mexiko zu Hause. Schon Ende des letzten Jahrhunderts wurde er erfolgreich auch an der Pazifikküste „eingebürgert". Bei den Sportfischern genießt er einen geradezu legendären Ruf.

Atlantischer Wrackbarsch

Polyprion americanus
engl. wreck fish; franz. mérou des Basques; ital. cernia di fondale; span. cherna.

Eine sehr imposante Erscheinung mit kräftigem Körper, hohem Kopf mit Knochenleisten auf den Kiemendeckeln, kleinen Schuppen auf Kopf und Körper. Erwachsene Fische mit dunkelbraunem Rücken, nach unten heller werdend, Jungfische oft heller gefleckt. Die Schwanzflosse ist weiß gesäumt. Vorkommen im Mittelmeer und im Atlantik von den Kanarischen Inseln bis Norwegen. Der bis zu 2 m lange Fisch ernährt sich von Fischen, Krebs- und Weichtieren. Sein Fleisch ist sehr begehrt.

Von großer kulinarischer Bedeutung ist der **Neuseeländische Wrackbarsch** (Polyprion oxygeneios), der in den Meeren um Südaustralien und Neuseeland vorkommt. Sein festes Fleisch hat hervorragende Qualität und eignet sich für alle Zubereitungsarten, besonders aber zu Steaks und zum Räuchern. Von Juni bis August hat dieser Fisch vorzüglichen Rogen.

Groupers oder **Zackenbarsche** sind eine Gruppe der *Serranidae*. Sie sind in allen gemäßigten und tropischen Meeren vertreten, und zwar immer rund um Korallen- und Felsriffe. Diese Vorliebe für Riffe macht ihren Fang schwierig. Die Fischereierträge sind nicht besonders groß (viel Sportfischerei), aber sehr wertvoll. Groupers ernähren sich von Krebs- und Weichtieren und haben daher festes, weißes Fleisch von überdurchschnittlicher Qualität. Hauptfanggebiete auf atlantischer Seite sind die Küstenregionen von North Carolina, um Florida herum, im Golf von Mexiko und in der Karibik, zum Teil bis zur Nordküste Brasiliens. Die pazifischen Groupers erscheinen südlich von Kalifornien, bis Zentral- und Südamerika und im gesamten ostasiatischen Raum. In allen diesen Regionen und auch im Mittelmeer gibt es bedeutende Grouper-Fischerei.

Brauner Zackenbarsch

Epinephelus guaza
engl. dusky sea perch; franz. mérou; ital. cernia; span. mero.

Länglich ovaler Körper, seitlich abgeflacht, mit kleinen Kammschuppen bedeckt. Rücken grünlich-braun, Bauch gelblich, mit gelbgrünen Marmorierungen. Die lange Rückenflosse ist oran-

Zackenbarsche (Groupers) schmecken nicht nur vorzüglich, es gibt unter ihnen auch einige ausgesprochen schöne Fische, wie diese Juwelenbarsche. Sie eigenen sich besonders gut zum Grillen und für Suppen und Eintöpfe.

gefarben gesäumt, die anderen Flossen hellblau gesäumt. Kommt im Mittelmeer vor, im Ostatlantik von der Biskaya bis Südafrika, im Westen bis Brasilien.

Der größte Grouper ist der **Jewfish** bzw. **Riesenzackenbarsch** (Epinephelus itajara). Er kann bis zu 300 kg wiegen. Er kommt vor um Florida, im Golf von Mexiko und bis Brasilien. Sein Fleisch ist fest, weiß und schmeckt etwas süßlich.

Der **Nassau Grouper** bzw. **Nassau-Zackenbarsch** (Epinephelus striatus) ist vor allem im tropischen Atlantik bekannt. Wirtschaftlich einer der wichtigsten Groupers der südlichen USA. Sein Fleisch ist in Geschmack und Konsistenz hervorragend.

MEERESFISCHE

Der **Speckled Hind** bzw. **Gefleckte Zackenbarsch** (*Epinephelus drummondhayi*) ist einer der schönsten Groupers: tief rötlichbraun, mit perlweißen Punkten übersät. Vorkommen von North Carolina bis Kuba. Sein Fleisch ist sehr delikat.

Der **Yellowedge Grouper** bzw. **Gelbgesäumte Zackenbarsch** (*Epinephelus flavolimbatus*) wird ebenfalls im Atlantik, von Carolina bis Brasilien, gefangen, zusammen mit dem **Snowy Grouper** (*Epinephelus niveatus*). Beide sind hervorragende Speisefische und für alle Zubereitungsarten geeignet. In den gleichen Gewässern kommt auch der **Red Hind** bzw. **Rote Zackenbarsch** (*Epinephelus guttatus*) vor. Er ist etwas kleiner, grünlich-gelb am Rücken und mit roten Punkten übersät.

Einer der bekanntesten ist der **Red Grouper** bzw. **Braunrote Zackenbarsch** (*Epinephelus morio*), der vor dem südlichen Florida und im tropischen Atlantik vorkommt. Er ist tief braunrot, mit weißen Flecken an den Seiten. Wirtschaftlich sehr bedeutend im ganzen Golf-Gebiet und ein ausgezeichneter Speisefisch.
Im gleichen Gebiet findet man auch den großen **Warsaw Grouper** bzw. **Warschau-Zackenbarsch** (*Epinephelus nigritus*), den **Black Grouper** bzw. **Schwarzen Zackenbarsch** (*Mycteroperca bonaci*), den **Scamp** (*Mycteroperca phenax*), der zu den Kleineren seiner Familie gehört, und den **Gag** (*Mycteroperca microlepis*), der wegen seiner tiefliegenden Schuppen nur gehäutet angeboten wird.
An der Pazifikküste Amerikas ist der **Spotted Cabrilla** (*Epinephelus analogus*) der größte und wichtigste Grouper. Er hat exzellentes Fleisch.

▶ **Ein farbenprächtiger Grouper** ist der Coney oder Strawberry Grouper, der in den Korallenriffen des Golfs von Mexiko und in den Gewässern rund um die karibischen Inseln lebt. Er hat festes, weißes Fleisch. Ideal ist er zum Grillen.

Schwarzer Sägebarsch

Centropristis striata
engl. black sea bass, blackfish, black will; franz. séran noir; ital. perchia striata; span. mero.

Massiger Körper, Flossen mit Stachelstrahlen; bemerkenswert die Schwanzflosse, die in einem fadenförmig verlängerten Stachelstrahl endet. Färbung schwarz oder dunkelbraun. Vorkommen im gemäßigten Nordatlantik, entlang der Ostküste der USA. Nahrung sind Krusten- und Weichtiere sowie kleinere Fische. In USA ein wirtschaftlich bedeutender Fisch, für Australien einer der kulinarisch wichtigsten.
Zur Familie der Zackenbarsche gehört auch der **Giant Sea Bass** bzw. **Kalifornische Judenfisch** (*Stereolepis gigas*), der im Pazifik von der Humboldt Bay bis zum Golf von Kalifornien vorkommt. Er kann bis 2 m lang und 300 kg schwer werden. Ein sehr wichtiger Speisefisch mit weißem, magerem Fleisch, dessen Bestände durch Überfischen bedroht sind.
Einer der häufigsten Grouper in den Riffgebieten der Westindischen Inseln und Südfloridas (Vorkommen auch im Golf von Mexiko und bis Südost-Brasilien) ist der **Coney** (*Cephalopholis fulva*, franz. coné ouatalibi, span. cherna cabrilla). Der meist orange-braun gefärbte Fisch ist übersät mit blauen Punkten.
Drei asiatische Vertreter der Zackenbarsche sind: Der **Braune Zackenbarsch** (*Cephalopholis pachycentrum*, engl. brown coral cod), der nur 25 cm lang wird.

Black Sea Bass. Sein äußeres Erscheinungsbild – die dunkelbraune bis schwarze Färbung – läßt nicht vermuten, daß er ein besonders wohlschmeckendes Fleisch liefert, das allerdings leicht verdirbt. An der Ostküste der USA ist er ein begehrter und wichtiger Speisefisch, der nur frisch, im ganzen oder bereits filetiert, angeboten wird. Am besten schmeckt sein festes, weißes Fleisch, wenn es in der Pfanne gebraten wird.

Der Scamp Grouper (links) gehört zu den Kleinen seiner Familie, mit durchschnittlich 1 kg Gewicht. Er ist von mittlerer Qualität. Der Black Grouper (unten) hingegen hat ein Marktgewicht von etwa 10 kg. Sein festes, weißes Fleisch wird hochgeschätzt.

Sein Fleisch wird vorwiegend zu Fischsuppen verwendet oder in Form von Steaks gegrillt; der **Pantherfisch** (*Cromileptes altivelis*, engl. hump-backed sea bass, polka-dot grouper), der bis 60 cm lang wird. Er ist fahl- oder lilabraun gefärbt und mit kleinen schwarzen Punkten übersät. Er lebt in südostasiatischen Gewässern. Sein Fleisch ist von hervorragender Qualität, in Hongkong ist er der teuerste aller Speisefische; und der **Blaugefleckte** oder **Leopard-Felsenbarsch** (*Plectropomus leopardus*, engl. bluespotted sea bass, leopard coraltrout), der im gesamten Indopazifik und von Japan bis Ostafrika vorkommt. Färbung hellrot, orange oder braun, mit dunkel gesäumten blauen Flecken. Wird bis 1,20 m lang. Ebenfalls ein exzellenter, teurer Speisefisch.

Zur Familie der Ziegelbarsche (*Branchiostegidae*) gehören Fische mit großem, rundlichen Kopf, weiter Mundöffnung und sehr fleischigen Lippen. Spezifisches Unterscheidungsmerkmal ist ein fleischiger, flossenartiger Auswuchs gleich hinter dem Kopf, vor der Rückenflosse. Tilefishes, wie sie auf Englisch heißen, kommen in gemäßigten und tropischen Meeren vor. Sie haben außergewöhnlich festes, doch zartes Fleisch, da sie sich vorwiegend von Krustentieren und Weichtieren ernähren.

Pazifischer Ziegelfisch

Caulolatilus princeps
engl. ocean whitefish

Langgestreckter Körper mit langer Rücken- und Afterflosse, kleiner Mund. Färbung bräunlichgrün oder oliv-grün, Schwanzflosse gelblich. Vorkommen an der Pazifikküste von Vancouver bis Niederkalifornien, in küsten-

MEERESFISCHE

Der Stöcker, auch als Bastardmakrele bekannt, ist in Spanien, Portugal, Japan und Südafrika ein wichtiger Wirtschaftsfisch. Er wird zwar auch frisch angeboten, vorwiegend aber zu Konserven verarbeitet. Gut geeignet ist er auch zum Räuchern.

fernen Regionen bis in 150 m Tiefe. Wird bis zu 1 m lang und 5 kg schwer.
Zur selben Familie gehört der **Blaue Ziegelfisch** (*Lopholatilus chamaeleonticeps,* engl. golden oder rainbow tilefish, common tilefish), der ausgesprochen farbenprächtig ist. Er ist der größte der in Amerika vorkommenden Tilefishes (bis 60 cm lang) und kommt an der Ostküste der USA, im Bereich des warmen Golfstroms, vor. Er ist hervorragend im Geschmack und eignet sich für alle Zubereitungsarten.

Blaubarsche (Pomatomidae) sind schnelle Raubfische mit entsprechend ausgestatteten Kiefern, die im Freiwasser in großen Schwärmen alles angreifen, was in ihre Nähe kommt.

Blaubarsch oder Blaufisch
Pomatomus saltator
engl. bluefish; franz. tassergal; ital. pesce serra; span. anjova.
Kennzeichnendes Merkmal sind eine sehr breite Mundöffnung, zwei Rückenflossen, die erste niedrig und stachelstrahlig; große, gegabelte Schwanzflosse. Am Brustflossenansatz ist ein schwarzer Fleck. Vorkommen in allen tropischen und subtropischen Meeren, auch im Mittelmeer. Blaufische werden bis zu 1,50 m lang und bis 12 kg schwer. Das Fleisch ist etwas gräulich gefärbt, wird aber sehr geschätzt. Es wird im Handel frisch oder tiefgefroren angeboten.

Körper langgestreckt, Schnauze schmal mit weiter Mundöffnung, zwei Rückenflossen. Rücken blaugrün, nach unten silbrig glänzend. Länge bis 40 cm. Nahrung sind Krebse, Tintenfische, kleine Schwarmfische. In Spanien und Portugal werden jährlich zusammen 110 000 t verarbeitet, in Angola und Südafrika 140 000 t. Die Fische aus dem Herbstfang sind sehr fettreich. In Spanien und Portugal werden sie zusammen

Der Blaufisch ist fast weltweit vertreten und wird überall kommerziell gefangen. Besonders die größeren Exemplare sind ziemlich fetthaltig und eignen sich daher gut zum Räuchern. Kleinere Blaufische schmecken in der Pfanne gebraten sehr gut. Das Fleisch ist leicht grau, die Gräten sind relativ groß und lassen sich leicht entfernen.

Die Familie der Stachelmakrelen (Carangidae) besteht aus über 150 Arten verschiedenster Gestalt. Fast allen gemeinsam ist die stark gegabelte Schwanzflosse. Es gibt sie in allen gemäßigten und tropischen Meeren. Sie sind wertvolle Speisefische.

Stöcker oder Bastardmakrele
Trachurus trachurus
engl. horse mackerel, jack makkerel; franz. chinchard commun; ital. suro; span. jurel, chicharo.

mit Sardinen zu Fischkonserven verarbeitet.
Genauso verarbeitet wird auch die **Neuseeländische Bastardmakrele** (*Trachurus novaezelandiae,* engl. jack oder horse mackerel), die dem Stöcker auch im Aussehen sehr ähnlich ist. Sie wird bis zu 40 cm lang und 1 kg schwer. In rohem Zustand ist ihr Fleisch dunkel, beim Garen wird es jedoch hell.

Bernstein- oder Gelbschwanzmakrele
Seriola dumerili
engl. greater amberjack; franz. sériole; ital. ricciola; span. serviola, palamida, sirvia.
Der langgestreckte, seitlich abgeflachte Körper ist am Rücken silbrig-blau oder grau gefärbt, die Flanken heller, manchmal mit bernsteinfarbenem Schimmer. Vorkommen beiderseits des gemäßigten und tropischen Atlantiks, auch im Mittelmeer. Länge bis 2 m. Nahrung sind Krebse, Tinten- und Kleinfische. Die Bernsteinmakrele ist ein sehr geschätzter Speisefisch, der unter dem Namen „Yellowtail" in Asien ein wichtiger Zuchtfisch ist. Auf dem Tokioter Markt wird er aus Wassertanks lebend verkauft.

Gabelmakrele oder Bläuel
Trachynotus ovatus
engl. pompano; derbio; franz. liche glauque; ital. cerviola; span. palometa.

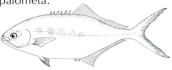

Der hochrückige, ovale Körper ist bläulich oder silbrig-grau gefärbt. Flanken und Bauch silbern mit rosa Schimmer. 4–6 dunkle Flekken entlang der Seitenlinie. Vorkommen im Ostatlantik von der Küste Senegals bis zur Biskaya, auch im Mittelmeer. Länge bis 50 cm. Ein sehr geschätzter, delikater Speisefisch.
Eine nahe Verwandte ist die **Große Gabelmakrele** (*Lichia amia,* engl. leer fish; ital. leccia, lizza), die bis zu 1 m lang wird.

Die Bernsteinmakrele ist ein Fisch mit Zukunft: In Asien wird sie unter dem Namen Yellowtail höchst erfolgreich gezüchtet. Ihr weißes, festes Fleisch mit nur wenig Gräten ist von ganz hervorragender Qualität. Es ist für alle Garmethoden geeignet. In Butter gebraten, entfaltet es sein Aroma optimal.

MEERESFISCHE

An den Küsten Floridas sind der Gemeine Pompano (oberes Bild) und der Jack Crevalle (rechts) viel gefangene Fische. Wobei der Pompano dem Jack Crevalle bei weitem den Rang abläuft. Denn er gilt dort als der beste Meeresfisch überhaupt und erzielt daher auf dem Markt regelmäßig die höchsten Preise. Der Jack Crevalle dagegen ist ein Fisch von mittlerer Qualität.

Gemeiner Pompano

Trachynotus carolinus
engl. Florida pompano, common pompano; franz. pampano; ital. leccia stella; span. palometa.
Leicht zu erkennen an seiner kurzen, stumpfen Schnauze. Der ovale Körper ist gedrungen. Einer der wenigen Fische, die außerhalb des Wassers eine viel intensivere Färbung haben: der blaugrau silbrige Rücken wird dunkel blaugrün, die Flanken sind silbrigweiß. Vorkommen im gemäßigten und warmen Westatlantik, von Massachusetts bis Brasilien. Lebt in großen Schwärmen über Sandgrund. Ernährt sich von Krusten- und Weichtieren.
Sehr ähnlich in Aussehen und Verhalten ist der **Paloma Pompano** (*Trachynotus paitensis*) von der pazifischen Seite. Er kommt von Südkalifornien bis Peru vor und ist ebenfalls ein exzellenter Speisefisch.
Zu den Stachelmakrelen gehört auch der **Pilot- oder Lotsenfisch** (*Naucrates ductor*, engl. pilot fish, ital. fanfano, pesce pilota) aus dem warmen Ostatlantik und dem Mittelmeer. Erkennungsmerkmal sind 5–7 dunkle Querstreifen, die auch über die Flossen laufen.
Ähnliche Bedeutung wie der Gemeine und der Paloma Pompano haben auch der **Jack Crevalle** (*Caranx hippos*), der, bis 3 kg schwer, an den Küsten Floridas von April bis November gefangen wird, und der **Blaue Jack** bzw. **Blue Runner** (*Caranx crysos*), der von Mai bis September im Golf von Mexiko gefangen und etwa 1–2 kg schwer wird.

Von großer wirtschaftlicher Bedeutung sind die *Carangidae* aus dem indopazifischen Raum, wie der **Trevally** (*Caranx georgianus*). Sein hoher, etwas plumper Körper wird bis zu 70 cm lang und 6 kg schwer. Vorkommen um Neuseeland, Süd- und Westaustralien.
Zu den „Jacks" gehört auch die **Fadenmakrele** (*Alectis indica*), bei der im Jugendstadium die ersten Strahlen der weichen Rücken- und Afterflossen fadenartig verlängert sind. Der rautenförmige Körper, oben blau, unten silbern glänzend, wird bis 1,50 m lang und 15 kg schwer. Vorkommen im Indopazifik, um Hawaii und im Roten Meer. Gilt in diesen Regionen als einer der besten Speisefische. Dasselbe gilt für die **Königsmakrele,** auch **Gelber Hans** genannt (*Gnathanodon speciosus*), deren hellgelber Körper mit schwarzen Querbändern versehen ist. Vorkommen wie die Fadenmakrele, meist in der Nähe von Korallenriffen.

Der **Schwarzflossen-Jack** (*Atropus atropus*) fällt durch seine schwarze Bauchflosse auf; ansonsten ist er oben blaugrün, an der Bauchseite silbrig. Der bis zu 35 cm lange Schwarmfisch ist in den Küstengewässern des Indopazifiks verbreitet. Sein Fleisch wird in Suppen geschätzt, ansonsten eingesalzen und getrocknet. Der **Torpedo-Trevally** (*Megalaspis cordyla*) ist leicht an seinem torpedoförmigen Körper und den Flösselchen hinter der 2. Rückenflosse und hinter der Afterflosse zu erkennen. Auffallend ist auch ein dunkler Fleck an den Kiemendeckeln. Er kommt in den Gewässern um Ost- und Südafrika vor und im gesamten Indopazifik. Sein Fleisch hat mittlere Qualität.

Die Familie der Goldmakrelen (*Coryphaenidae*) ist in allen gemäßigten und tropischen Meeren verbreitet, auch im Mittelmeer. Von den farbenprächtigen Fischen gibt es zwei Arten.

Große Goldmakrele

Coryphaena hippurus
engl. dolphin, dolphinfish; franz. grande coryphène; ital. lampuga; span. llampuga, dorado.
Körper langgestreckt und seitlich abgeflacht, steiles Stirnprofil, weite Mundöffnung, vorstehender Unterkiefer, Rückenflosse vom Kopf bis zur tief gegabelten Schwanzflosse reichend. Rücken bläulich-grün gefärbt, Bauch silb-

Die Große Goldmakrele kann bis zu 1,60 m lang und 30 kg schwer werden. Sie hat hervorragendes Fleisch und ist deshalb ein begehrter Speisefisch, der jedoch nur in geringen Mengen auf den Markt kommt.

Der Blue Runner oder Blaue Jack wird bis zu 2 kg schwer. Er kommt im Atlantik von Cape Cod bis Brasilien vor, besonders zahlreich jedoch im Golf von Mexiko, vor Florida und den Westindischen Inseln. Dort wird er von April bis November kommerziell gefangen.

MEERESFISCHE

rig-weiß, Seiten mit starkem Goldglanz. Er ist ein schneller Schwimmer, jagt meist fliegende Fische, ernährt sich auch von Krebstieren und Tintenfischen.

Die Familie der Schwarzen Brachsenmakrelen *(Formionidae)* besteht aus nur einer Art, die im Indopazifik vorkommt: **Black Pomfret** bzw. **Schwarzer Pampel** *(Formio niger)*, ein Schwarmfisch, der in tieferen Küstengewässern lebt. Ein hervorragender Speisefisch.

Die Mitglieder der Familie der Brachsenmakrelen *(Bramidae)* sind ebenfalls Tiefenfische, die sich vorwiegend von kleinen Schwarmfischen und Tintenfischen ernähren. Sie haben einen ovalen, hochrückigen Körper.

Atlantische Brachsenmakrele

Brama brama
engl. pomfret, Ray's bream; franz. castagnole de Ray, hirondelle de mer; ital. castagnola; span. castañeta.

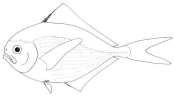

Kommt im Ostatlantik vor, von Madeira bis Norwegen, im Ärmelkanal, in der Nordsee und im Mittelmeer. Lebt in Tiefen bis zu 400 m tagsüber, nachts dicht an der Oberfläche. Wird bis 65 cm lang und 6 kg schwer. Wird vor allem während der Herbst- und Wintermonate gefangen.

Pazifische Brachsenmakrele

Brama japonica
engl. Pacific pomfret; franz. castagnole; ital. castagnola, pesce castagna; span. castañeta.

Lebt im Nordpazifik, von Japan bis zur Beringsee und südlich bis Niederkalifornien. Wird bis zu 60 cm lang. Festes, wohlschmeckendes Fleisch.

Die Sickle Pomfrets gehören zu den pazifischen Brachsenmakrelen. Auf den Markt kommen sie meist mit dem bescheidenen Gewicht von etwa 150 g. Ihr festes Fleisch ist von guter Qualität.

Als Pisci luna, Mondfische, werden die Brachsenmakrelen auf den sizilianischen Märkten verkauft. Die hervorragenden Speisefische werden dort meist in Tranchen zum Grillen angeboten.

Ähnlich, doch mit größeren Schuppen versehen, ist der **Sickle Pomfret** bzw. die **Sichel-Brachsenmakrele** *(Taractichthys steindachneri)*.
Der verwandte **Silberbrachsen** *(Pterycombus brama)* ist ein sehr seltener Fisch, doch von guter Qualität. Rücken- und Afterflosse sind außerordentlich groß. Er wird bis zu 60 cm lang und etwa 6 kg schwer. Vorkommen im Ostatlantik bis Norwegen.

Die Familie der Lachsmakrelen *(Arripidae)* hat nur zwei Arten.

Kahawai, Australischer Lachs

Arripis trutta
engl. Australian salmon, Pacific salmon; franz. saumon australien.

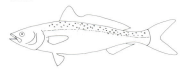

Der langgestreckte Körper ist am Rücken grünlich-blau gefärbt, mit kleinen Zeichnungen; zum Bauch hin heller. Kommt vor um Süd- und Westaustralien, Neuseeland und die pazifischen Inseln. Kann bis 60 cm lang und 3 kg schwer werden. Das relativ dunkle Fleisch wird vorwiegend zu Konserven verarbeitet. Die zweite Art dieser Familie ist der **Australian Herring** *(Arripis georgianus)*, auch als **Ruff** und **Tommy Rough** bekannt. Sein Fleisch hat einen sehr guten Geschmack.

Die Mitglieder der großen Snapper-Familie, in den tropischen Gewässern rund um die Welt zu Hause, sind aus der Sicht des Gourmets die wichtigsten Fische überhaupt. Die Mehrzahl ist von bester Qualität und für die Fischerei von großer Bedeutung.

Red Snapper

Lutjanus campechanus
deutsch Roter Schnapper; franz. vivaneau rouge; ital. lutjanido.
Der Marktführer in den USA und Synonym für guten Fisch. Er vereint in sich auch alle Vorzüge, die der amerikanische Konsument verlangt: trockenes, weißes Fleisch und einfache Handhabung, nämlich wenig und große Gräten. Außerdem ein Durchschnittsgewicht von 2–3 kg. Er eignet sich für alle Garmethoden und läßt sich gut füllen. Der Red Snapper wird in den warmen Zonen des Westatlantiks gefangen,

Aus der Snapper-Familie ist der Red Snapper der in den USA bekannteste und begehrteste. Er erzielt ähnlich hohe Preise wie der Pompano. Mit knappen 2–3 kg kommt er gewöhnlich auf den Markt. Der Lane Snapper dagegen (Bild unten) ist äußerst klein und erreicht höchstens 500 g. Auf den Märkten der karibischen Inseln wird er regelmäßig angeboten.

von Carolina bis Brasilien.
Der **Cubera Snapper** *(Lutjanus cyanopterus)* ist der Größte seiner Familie, mit einem maximalen Gewicht von nahezu 40 kg. Er hat delikates Fleisch, kommt aber selten auf den Markt. Von feiner Qualität ist auch der **Silk Snapper** *(Lutjanus vivanus)*. Ein Tiefwasserfisch mittlerer Größe, von rosa bis rot gefärbt, ähnlich

53

MEERESFISCHE

wie der Red Snapper. Von mittlerer Fleischqualität ist der kleine

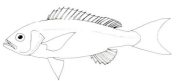

Vermilion Snapper (*Rhomboplites aurorubens*) und der **Lane Snapper** (*Lutjanus synagris*). Ebenso der farbenprächtige **Schoolmaster Snapper** (*Lutjanus apodus*) mit einem Marktgewicht von etwa 500 g. Als der feinste Snapper aus amerikanischen Gewässern gilt unter Kennern der **Mutton Snapper** (*Lutjanus analis*). Der lebende Fisch hat einen olivgrünen Rücken, die Seiten und Flossen sind orange bis rot. Der häufigste Snapper ist der **Gray Snapper** (*Lutjanus griseus*) mit einem Durchschnittsgewicht unter 0,5 kg und gutem Fleisch.
Von den zahlreichen Snappern des Indopazifiks ist der **Emperor** oder **Kaiserschnapper** *Lutjanus*

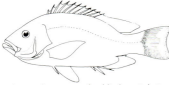

sebae) der wirtschaftlich wichtigste und besonders häufig an den Küsten Australiens. Er ist in Aussehen und Fleischqualität dem Red Snapper ähnlich, kann allerdings bis 1 m lang werden. Die Marktgröße liegt deutlich darunter.

Die Familie der Schnauzenbrassen (*Centracanthidae*) hat als äußeres Merkmal einen weit vorstreckbaren Unterkiefer und einen dunklen, rechteckigen Fleck auf der Mitte der Flanken.

Der **Schnauzenbrassen** (*Spicara smaris*) ist am Rücken meist bläulich-grau oder braun gefärbt, zum Bauch hin silbrig, mit blauen Punktlinien entlang der Seitenlinie. Vorkommen im Ostatlantik, im Mittelmeer und im Schwarzen Meer. Er wird bis 20 cm lang.
Sehr ähnlich, nur etwas kompakter und mit größeren und helleren blauen Flecken versehen, ist der **Gefleckte Schnauzenbrassen** (*Spicara maena*).

Die Familie der Meerbrassen (Sparidae) ist mit etwa 200 Arten in allen gemäßigten und tropischen Meeren verbreitet. Manche begeben sich als Einzelgänger in Brack- und Süßwasser, viele erscheinen in großen Schwärmen in Küstengebieten. Mehr als 20 Arten sind im Mittelmeer beheimatet. Die meisten haben ausgezeichnetes Fleisch und sind als Speisefische sehr geschätzt.

Sackbrassen

Sparus pagrus
engl. couch's sea bream; franz. pagre commun; ital. pagro mediterraneo; span. pargo.
Sackbrassen gelten als recht seltene Fische. Äußere Kennzeichen sind der ovale Körper mit steilem Kopfprofil, kleiner Mund mit dicken Lippen. Lange, ungeteilte Rückenflosse. Färbung silbrig-grau, mit rosa schimmernden Schuppen und Flossen. Vorkommen im Ostatlantik von Angola bis zur Biskaya und im Mittelmeer. Leben über Sandgrund und Seegraswiesen in Tiefen bis

Großer Geißbrassen, ein Fisch mit nur mittlerer Fleischqualität. Der frische Fisch ist aber für die kräftigen Garmethoden, wie Grillen und Braten, vor allem mit viel Kräutern und Gewürzen, empfehlenswert.

Marmorbrassen gehören zu den häufigen Fischen der Familie Meerbrassen. Sie ernähren sich von Krebs- und Weichtieren. Das Fleisch ist zwar etwas grau, aber von fester Konsistenz, geschmacklich von mittlerer Qualität. Ein Fisch, der kräftiges Würzen verträgt.

Sackbrassen mit ihrem feinen Fleisch sind relativ selten auf dem Markt. Deshalb sollte man unbedingt zugreifen, wenn sie angeboten werden. Wie alle Brassen, schmecken sie am besten aus der Pfanne oder vom Grill. Natürlich auch in Eintöpfen und Schmorgerichten.

20 m, im Winter ziehen sich die im Atlantik lebenden Sackbrassen in tiefere und küstenfernere Gebiete zurück. Nahrung sind Bodentiere aller Art. Länge bis zu 75 cm. Das feste Fleisch wird überall sehr geschätzt und meist frisch angeboten.

Gelbstriemen

Boops boops
engl. bogue; franz. bogue; ital. boga; span. boga, catalufa.
Als enger Verwandter des Goldstriemen (*Sarpa salpa*) hat er ei-

Gelbstriemen sind empfehlenswerte Fische, wenn sie wirklich frisch auf den Markt kommen. Es sind ideale Portionsfische mit durchschnittlich etwa 300 g Gewicht.

nen langgestreckten Körper mit flachem Kopf. Färbung blaugrün bis blaugrau, mit starkem Gelbglanz. Unter der Seitenlinie befinden sich 2 bis 3 dunkle, parallel verlaufende Linien. Kommt im Ostatlantik vor, von Angola bis Schottland, seltener auch bis Norwegen, und lebt in Tiefen bis 150 m. Maximale Länge 30 cm.

Goldbrassen

Sparus auratus
engl. gilt head bream; franz. daurade oder dorade royale; ital. orata; span. dorada.
Ovaler, seitlich abgeflachter Körper mit großem Kopf und steilem Stirnprofil, tiefliegender, kleiner Mund mit dicken Lippen. Auffallendstes Kennzeichen ist ein breites Goldband zwischen den Augen, das nach dem Tod jedoch verblaßt. Am Beginn der Seitenlinie sitzt ein dunkler Fleck. Die Färbung ist an Rücken und Flanken blaugrau, zum Bauch hin heller, silberglänzend. Vorkommen im Ostatlantik, von der nordwestafrikanischen Küste bis zur nördlichen Biskaya, um die Azoren und im Mittelmeer. Lebt

über Felsgrund und Seegraswiesen bis in 30 m Tiefe. Ernährt sich von Krebs- und Weichtieren, wird bis 70 cm lang. Das weiße, sehr schmackhafte Fleisch ist am besten von Juli bis Oktober.

Zahnbrassen
Dentex dentex
engl. dog's teeth; franz. denté commun; ital. dentice; span. dentón.

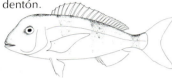

Kennzeichen ist wieder der ovale Körper mit steil gewölbtem Kopfprofil. Großer Kopf mit kräftigen Kiefern. Färbung bläulich-silberfarben, mit 4–5 undeutlichen, bräunlichen Querbändern. Bauchseite silbern, Brustflossen rosa glänzend. Auf den Flanken kleine blaue Punkte, die nach dem Tod verblassen. Vorkommen im Ostatlantik von Senegal bis zur Biskaya und im Mittelmeer, seltener auch im Schwarzen Meer. Zahnbrassen sind sehr begehrte Speisefische und werden meist frisch angeboten. Ebenfalls als Speisefische sehr geschätzt sind die verwandten Arten *Dentex gibbosus* (franz. denté bossu), bis 90 cm lang, *Dentex macrophthalmus* (Großaugen-Zahnbrassen, engl. large-eyed dentex, franz. denté à gros yeux), etwa 35 cm lang, und *Dentex maroccanus* (franz. denté de Maroc), bis 30 cm lang.

Die Dorade royale ist bei Feinschmeckern die Beliebteste ihrer Familie. Das feste, weiße Fleisch ist äußerst schmackhaft und arm an Gräten. Die kleinen Rotbrassen nebenan sind ideal für Suppen und zum Schmoren.

Großer Geiß- oder Weißbrassen
Diplodus sargus
engl. white bream; franz. sar commun; ital. sarago maggiore; span. sargo.

Ovaler, massiger Körper. Vom Rücken über die Flanken ziehen sich einige schmale, dunkle Querbänder, auf dem Schwanzstiel sitzt ein großer schwarzer Fleck. Lebt vorwiegend im Mittelmeer, aber auch im Ostatlantik, von Angola bis zur Biskaya. Das Fleisch hat mittlere Qualität und wird auch frisch, meist aber gefroren angeboten.
Nicht mit ihm zu verwechseln ist der **Zweibindenbrassen** (*Diplodus vulgaris*) mit zwei auffälligen schwarzen Sattelflecken; einer zwischen Kopf- und Rückenflosse, der andere auf dem Schwanzstiel. Sehr häufig im Mittelmeer, aber auch im Nordostatlantik verbreitet. Wird als Frischfisch angeboten, ist jedoch von geringem Wert.
Quergestreift ist auch der **Marmorbrassen** (*Lithognathus mormyrus*). Etwa 12 dunkle Querbänder ziehen sich vom Rücken über die grausilbrigen Flanken. Die Flossen sind gelblich-grau. Kommt als Schwarmfisch meist im Mittelmeer vor, aber auch im Schwarzen Meer, im warmen Ostatlantik, im Roten Meer und im westlichen Indischen Ozean.

Rotbrassen
Pagellus erythrinus
engl. pandora; franz. pageot commun; ital. pagello, fragolino; span. pagel.

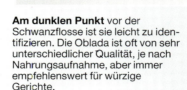

Am dunklen Punkt vor der Schwanzflosse ist sie leicht zu identifizieren. Die Oblada ist oft von sehr unterschiedlicher Qualität, je nach Nahrungsaufnahme, aber immer empfehlenswert für würzige Gerichte.

Der ovale Körper mit einer etwas spitzen Schnauze ist rötlich gefärbt, ohne Flecken. Besonderes Kennzeichen sind die schwarzen Mund- und Kiemenhöhlen. Vorkommen im warmen Ostatlantik und vor allem im Mittelmeer. Spielt hier auch wirtschaftlich eine größere Rolle als seine Verwandten. Das Fleisch ist sehr gut und daher auch beliebt. Wird frisch und gefroren angeboten.

Goldstriemen, Ulvenfresser
Sarpa salpa
engl. goldline; franz. saupe; ital. salpa; span. salema.
Der ovale, ebenmäßige Körper hat als Grundfarbe Graublau und Silber und ist von der Schnauze bis zur Schwanzflosse von schmalen, goldfarbenen Längsstreifen durchzogen; dazu hat er einen kleineren, dunklen Fleck am Brustflossenansatz. Kommt von Südafrika bis zur Biskaya vor und im Mittelmeer, in wohlgeordneten Schwärmen.

Goldstriemen sind im Mittelmeer häufige Fische mit durchschnittlicher Fleischqualität. In der italienischen Küche aber sehr beliebte Grillfische, die kräftig mit Knoblauch und Kräutern gewürzt werden.

Oblada
Oblada melanura
engl. saddles sea bream; franz. oblade, blade; ital. occhiata; span. oblada.

MEERESFISCHE

Kennzeichen sind ein ovaler Körper mit flachem Profil, auf dem Schwanzstiel ein großer schwarzer Fleck mit breitem weißem Saum. Silbergrau gefärbt, mit schmalen helleren und dunkleren Längsstreifen. Vorkommen im Ostatlantik, von Angola bis zur südlichen Biskaya und im Mittelmeer. Lebt überwiegend an Felsküsten mit Algenbewuchs, auch über Sandgrund, bis in 3 m Tiefe. Tritt meist in kleinen Schwärmen im Freiwasserbereich auf. Wird bis zu 30 cm lang. Das Fleisch ist durchschnittlich gut und wird regional frisch angeboten.

Der verwandte **Achselfleckbrassen** *(Pagellus acarne)* gehört zu den etwas langgestreckteren Arten. Er hat eine rosa-silbrige Grundfärbung, mit einem schwarzen Fleck am Ansatz der Brustflossen. Die Mundhöhle ist orange- oder goldfarben. Vorkommen und Lebensweise wie die verwandten Brassen. Wirtschaftlich hat er keine besondere Bedeutung. Das Fleisch ist durchschnittlich gut und wird regional auf den Märkten angeboten.

Der **Spitzbrassen** *(Puntazzo puntazzo)* hat, im Gegensatz zu seinen Verwandten, eine lange spitze Schnauze, deren Kiefer mit spatelförmigen, vorstehenden Zähnen besetzt sind. Die silbergraue Grundfärbung wird von zahlreichen schmalen, dunklen Querbändern unterbrochen, dazu kommt ein schwarzer Fleck am Schwanzstiel. Vorkommen entlang der afrikanischen Küste vom Kongogebiet bis zur Biskaya. Lebt als Einzelgänger zwischen algenreichen Felsen. In Italien recht beliebt. Wird dort überall frisch angeboten und erzielt gute Preise.

Ringelbrassen

Diplodus annularis
engl. annular bream; franz. sparaillon; ital. sarago sparaglione; span. raspallón.
Kompakter, ovaler Körper, seitlich abgeflacht. In jedem Kiefer befinden sich vorn Schneidezähne, dahinter Mahlzähne. Färbung hellgrau oder bräunlich-silberglänzend, mit dunklem Fleck am Schwanzstiel und gelben Bauchflossen. Einer der häufigsten Mittelmeerbrassen, kommt aber auch im warmen Ostatlantik vor. Lebt an Felsküsten, Steilabfällen und über Seegraswiesen. Geht im Frühjahr auch ins Brackwasser. Kann bis zu 20 cm lang werden. Eng verwandt ist der **Bänderbrassen** *(Diplodus cervinus)*, der mit 4–5 auffälligen, breiten und dunklen, quer verlaufenden Bändern gekennzeichnet ist.

Graubarsch, Seekarpfen

Pagellus bogaraveo
engl. red sea bream; franz. dorade rose, Rousseau; ital. rovello; span. besugo.
Der ovale Körper ist grau-rosa gefärbt, mit zur Bauchseite hin zunehmendem Silberglanz. Erwachsene Fische haben am Beginn der Seitenlinie einen dunklen Fleck. Kommt im tropischen Atlantik vor, von Senegal bis zur norwegischen Küste, und im Mittelmeer. Lebt über Schlammgrund bis in 700 m Tiefe und nährt sich von Krebs- und Weichtieren.

Streifenbrassen, wegen ihres hohen Rückens auch Seekarauschen genannt, gehören nicht zu den Besten aus der Familie der Meerbrassen. Sie kommen meist mit einem Gewicht von 500 g aufwärts auf den Markt. Ihr Fleisch ist relativ weich und ohne besonderes Aroma. Sie lassen sich kaum filetieren, als ganzer Fisch eignen sie sich aber gut zum Grillen auf dem Rost.

Der Achselfleckbrassen (franz. pageot acarné, oberes Bild) und der verwandte Graubarsch (unteres Bild) erscheinen nicht so häufig auf dem Markt wie andere Brassen. Sie haben meist ein Gewicht von 300–400 g, sind also echte Portionsfische. Ihr Fleisch ist von durchschnittlicher Qualität. Nicht ideal zum Pochieren, aber gut zum Braten und Grillen.

Streifen- oder Brandbrassen, Seekarausche

Spondyliosoma cantharus
engl. black sea bream, old wife; franz. dorade grise; ital. tanuta; span. chopa.
Der ovale, hochrückige Körper mit blauschwarz gesäumter Schwanzflosse ist dunkel- bis mittelgrau gefärbt, silbern glänzend. Die Männchen tragen ein blaugrünes, irisierendes Band zwischen den Augen, gelegentlich auch hellere Querbänder. Kommt im Ostatlantik vor, von Senegal bis zur schottischen Küste. Lebt über Sandgrund und Seegraswiesen bis 15 m Tiefe. Länge bis 50 cm.

Die Vertreter der Meerbrassen rund um Südafrika gelten als ganz besonders gute Speisefische. Allen voran die **White Stumpnose** bzw. **Weiße Stumpfnase** *(Rhab-*

dosargus globiceps). Die durchschnittliche Marktgröße liegt bei etwa 35 cm und 750 g. Das Fleisch ist weiß, fest und von feinem Aroma. Ebenso das der **Roten Stumpfnase** *(Chrysoblephus gibbiceps)*, die meist kleiner angeboten wird.

Schafskopf

Archosargus probatocephalus
engl. sheepshead
Ein begehrter Speisefisch in den USA. Das gängige Marktgewicht liegt zwischen 2 und 6 kg. Er wird an der ganzen amerikanischen Atlantikküste, von Neufundland bis Florida, gefangen. Berühmt ist sein weißes, trockenes, vor allem aber aromatisches Fleisch. Mit seinem äußerst kräftigen, starken Gebiß knackt er Austern, Muscheln und Schnecken.

MEERESFISCHE

Sheepshead oder Schafskopf, ein Brassen aus dem Westatlantik, der hervorragend schmeckt. Er kann bis zu 12 kg schwer werden, gehandelt wird er aber meist mit 2–6 kg Gewicht. Das feine, weiße und trockene Fleisch läßt sich sehr einfach von den großen Gräten lösen. Die Filets sind in den USA auch tiefgefroren auf dem Markt.

Als Maigre hat der Adlerfisch in Frankreich einen guten Ruf als Speisefisch. Er ernährt sich von Schwarmfischen, besonders von Heringsartigen, und sein Fleisch ist entsprechend gut. Es ist frisch und gefroren im Handel. Wie alle Umberfische, kann auch der Adlerfisch mit seiner Schwimmblase trommelnde Geräusche erzeugen, die noch aus mehreren Metern Tiefe zu hören sind.

Ein weiterer, besonders feiner Vertreter dieser Familie an der (nördlichen) USA-Küste ist der **Scup** (Stenotomus chrysops), der

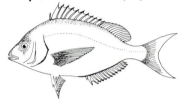

meist mit 0,5–1 kg auf den Markt kommt und für alle Garmethoden taugt. Mit wenigen und großen Gräten ist er sehr einfach zu behandeln.
Besonders häufig, aber ebenfalls von guter Qualität sind der **Jolthead Porgy** (Calamus bajonado) und der **Whitebone Porgy** (Calamus leucosteus). Beide werden südlich von Cape Cod bis zum Golf von Mexiko gefangen und kommen mit einem durchschnittlichen Marktgewicht von 1 kg auf den Markt.
Die große Familie der Grunzerfische (Pomadasyidae, engl. grunts, franz. grondeurs) zeichnet sich nicht durch Quantität, wohl aber durch Qualität aus. Ihre Mitglieder kommen in den meisten tropischen und subtropischen Meeren vor. Besonders farbenprächtige Grunts halten sich in den Korallenriffen auf. Ihren originellen Namen haben diese Fische wirklich vom „Grunzen"; sobald sie aus dem Wasser kommen, erzeugen sie mit den Zähnen ein mahlendes, grunzendes Geräusch, das durch die Schwimmblase verstärkt wird. Der Feinste in dieser Familie ist wohl der **Porkfish** bzw. **Schweinsfisch** (Anisotremus virginicus) mit schneeweißem Fleisch. Er wird höchstens 1 kg schwer, wie auch der **Weiße Grunzer** (Haemulon plumieri); er ist der am häufigsten vorkommende der Familie und vor allem als Grillfisch beliebt.

Die Umberfische (Sciaenidae) besitzen im Gegensatz zu den Meerbrassen einen gestreckteren, seitlich etwas abgeflachten Körper, eine geteilte Rückenflosse und einen hohen Schwanzstiel. Gemeinsam ist allen, daß sie mit Hilfe der Schwimmblase und bestimmter Muskeln laute, „trommelnde" Töne erzeugen können. Daher im Englischen auch der Name „Drummer". Diese Raubfische sind Küsten- und Hochseebewohner der warmen Meere, einige Arten dringen, beim Verfolgen der Beute, bis ins Süßwasser vor.

Meer- oder Seerabe

Sciaena umbra
engl. corvina, corb, brown meagre; franz. corb; ital. corvo; span. corvallo.

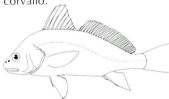

Der kräftige, hochrückige Körper ist an Rücken und Flanken bräunlich-bronzeartig gefärbt, mit leichtem Goldglanz, zum Bauch hin mehr silbrig. Alle Flossen sind dunkel, nur die Stachelstrahlen der Bauch- und Afterflosse sind weiß. Er kommt im Ostatlantik vor, von der Küste Senegals bis Südportugal, im Mittelmeer, im Schwarzen und im Asowschen Meer. Meist im Flachwasser über Felsklüften bis in 20 m Tiefe. Tritt in kleinen Rudeln auf. Nahrung sind Kleinfische, Krebs- und Weichtiere, die vornehmlich nachts gefangen werden. Der Corb wird bis zu 70 cm lang.

Adlerfisch

Argyrosomus regius
engl. meagre, drum; franz. maigre, sciène, courbine; ital. bocca d'oro; span. corvina.
Der langgestreckte Körper mit der geraden Schwanzflosse ist fast einheitlich silbergrau oder -braun, zum Bauch hin etwas heller. Erscheint im Ostatlantik von Senegal bis zum Ärmelkanal, im Mittelmeer und im Schwarzen Meer. Lebt in mittleren Tiefen, geht aber zum Beutefang in kleinen Rudeln bis fast zur Oberfläche. Maximale Länge 2 m, bei etwa 75 kg Gewicht. Meist werden aber Tiere bis zu 60 cm Länge gefangen.

Bartumber, Schattenfisch

Umbrina cirrosa
engl. corb; franz. ombrine commune; ital. ombrina; span. verrugato.

Kennzeichen: ein langgestreckter Körper, ein etwas vorstehender Oberkiefer, am Unterkiefer ein dicker, fleischiger Bartfaden. Färbung an Rücken und Flanken silberhell, gezeichnet mit schmalen, goldfarbenen, braun-violett gesäumten Schrägstreifen. Vorkommen im Ostatlantik von Marokko bis zur Biskaya, im Mittelmeer, Schwarzen und Asowschen Meer, durch den Suezkanal auch im Roten Meer. Lebt

Grunzerfische, im englischen Sprachraum als Grunts bekannt, sind hervorragende Speisefische, die von Kennern den verwandten Snappern vorgezogen werden. Die kleinen Exemplare sind vor allem ideale Zutat für eine Bouillabaisse oder Bourride. Auf den französischen Antillen liebt man sie im „Blaff", diesem feinen kreolischen Eintopf.

MEERESFISCHE

Der Atlantic Croaker gilt in Nord- und Südamerika als feiner Food-Fisch und wird dort auch frisch vermarktet. Wegen seiner Streifen-Zeichnung könnte er mit dem Spot verwechselt werden. Er ist aber schlanker und hat eine konvexe Schwanzflosse.

über Sand- und Schlammgründen, auch zwischen Felsblöcken im Küstenbereich. Ernährt sich von Krebsen und Weichtieren. Wird etwa 1 m lang bei 10 kg Gewicht. Sein Fleisch ist hervorragend.
Enge Verwandte aus asiatischen Gewässern sind der **Greenback Jewfish** bzw. **Grünrücken-Umberfisch** (Johnius soldado) und der **Tamback** oder **Spotted Croaker** (Pseudosciaena diacanthus), einer der besten Umberfische Asiens.

Große Vorkommen mit entsprechender wirtschaftlicher Bedeutung von Fischen aus der Umberfisch-Familie gibt es vor allem in den warmen Gewässern des Westatlantiks und im Indopazifik. Darunter sind auch einige Arten von großem kulinarischem Wert. Doch sind alle Mitglieder der Familie Sciaenidae ganz besonders anfällig für Parasiten, nämlich Saugwürmer. Wenn der Fisch nicht roh (wie z. B. für Sashimi) gegessen wird, sind sie sicherlich harmlos für den Menschen. Auch beim Räuchern sollte man daher in jedem Fall die heiße Methode wählen.

telgroßer Fisch mit einem Durchschnittsgewicht von etwa 1 kg. Sein Fleisch ist von guter Qualität. Er eignet sich besonders zum Braten in der Pfanne und zum Grillen, die Filets größerer Exemplare lassen sich gut braisieren.

Black Drum
Pogonias cromis
Schwarzer Umberfisch.
Er gehört zu den großen Umberfischen des westlichen Atlantiks

Sommer und Herbst werden große Mengen zwischen Delaware Bay und Georgia angelandet. Trotz seines deutlich höheren Rückens ist seine nahe Verwandtschaft zum Atlantic Croaker unverkennbar. Doch der Fleck hinter dem Kiemendeckel weist ihn eindeutig als Spot aus. Im Sommer ein begehrter Frischfisch mit feinem Fleisch. Ein beliebtes Rezept aus Virginia: Panfried Spot mit Rosmarin.

Black Drums sind schon wegen ihrer Größe für den Konsumenten einfach zu verarbeiten. Man kauft ohnehin nur Scheiben oder Stücke, und zwar grätenfrei. Denn die wenigen großen Gräten werden schon beim Zerteilen entfernt. Auch bei kleinen Exemplaren macht das Filetieren keine Mühe. Die 6 breiten Streifen der abgebildeten Jungfische verschwinden nach einigen Jahren.

Die nahe Verwandtschaft zum Atlantic Croaker ist offenkundig. Der Spot hat aber einen höheren Rücken und, als eindeutiges Erkennungsmerkmal, den „spot", einen dunklen Fleck hinter dem Kiemendeckel. Das Fleisch ist exzellent.

Atlantic Croaker
Micropogonias undulatus
Westatlantischer Umberfisch.
Er gehört zu den wichtigsten Marktfischen entlang der Küsten Nord- und Südamerikas. Ein mit- und wird von Cape Cod bis Argentinien gefangen. Er kann zwar 50–60 kg schwer werden, das gängige Marktgewicht liegt aber zwischen 5 und 10 kg. Sein weißes, aromatisches Fleisch ist für alle Garmethoden geeignet. Das der größeren Exemplare ist besonders beliebt für die populären Chowders.

Spot
Leiostomus xanthurus
Zebra-Umberfisch.
Ebenfalls ein häufiger Umberfisch im Westatlantik. Vor allem im

Red Drum
Sciaenops ocellatus
Roter Umberfisch.
Der Zweitgrößte und zugleich der Beste der Drum-Familie. Er wird entlang der Küste von Neuengland bis Mexiko gefangen und kommt mit einem Durchschnittsgewicht von 2–3 kg auf den Markt. Ein Red Drum kann aber auch 40–50 kg schwer werden. Ein hervorragender Speisefisch mit aromatischem und festem, aber saftigem Fleisch.

MEERESFISCHE

Spotted Seatrout und Weakfish sind zwei höchst empfehlenswerte Fische mit weißem Fleisch und exzellentem Geschmack. Sie lassen sich auch leicht filetieren. Beide sind jedoch äußerst leicht verderblich. Sie müssen gut gekühlt und möglichst schnell verbraucht werden.

Spotted Seatrout
Cynoscion nebulosus
Gefleckter Umberfisch.
Wie so oft, ist auch diese Bezeichnung für ein Mitglied der Umberfisch-Familie höchst irreführend. Aber Ähnlichkeit mit einer Forelle ist schon vorhanden. Die Vorkommen reichen von New York bis in den Golf von Mexiko. Das durchschnittliche Marktgewicht liegt bei etwa 1 kg. Wie auch beim **Weakfish** *(Cynoscion regalis)*, auch **Gray Trout** genannt. Beide haben sehr gutes Fleisch, das allerdings extrem leicht verderblich ist.

Gulf Kingfish oder Whiting
Menticirrhus littoralis

Beide Namen sind gebräuchlich, wenn auch irreführend. Dieses Mitglied der großen Familie der *Sciaenidae* ist ein hochgeschätzter Speisefisch. Sein Verbreitungsgebiet reicht von der Chesapeake Bay bis Brasilien.
Ebenso begehrt sind der **Southern Kingfish** *(Menticirrhus americanus)*, der von Cape Cod bis Argentinien gefangen wird, und der **Northern Kingfish** *(Men-* Arten werden maximal 1–1,5 kg schwer. Von Gourmets werden sie als die besten Fische aus dem Westatlantik hochgelobt. Ihr mageres, festes, weißes Fleisch ist sehr aromatisch, wie auch das

der nah verwandten **California Corbina** *(Menticirrhus undulatus)*, die jedoch bis 4 kg schwer werden kann.

Der White Croaker aus dem Pazifik gehört mit seinem relativ weichen Fleisch nicht zu den Besten der Familie. Mit einem durchschnittlichen Marktgewicht von 500 g gilt er als guter „panfish" (Bratfisch).

White Seabass
Atractoscion nobilis
Weißer Seebarsch.

Ein Pazifik-Croaker von wirtschaftlicher und kulinarischer Bedeutung. Kommt vom südlichen Alaska bis Niederkalifornien vor und kann bis 40 kg schwer werden. Sein feines, weißes Fleisch eignet sich für alle Garmethoden. Ebenso begehrte Verwandte im Pazifik sind der **White Croaker** *(Genyonemus lineatus)* und der **Yellowfin Croaker** *(Umbrina roncador)*, die mit einem durchschnittlichen Gewicht von 1 kg auf den Markt kommen. Beide eignen sich besonders gut zum Braten in der Pfanne.

Als Channel Bass oder Redfish wird der Red Drum auch gehandelt. Aus dem Westatlantik ist es der qualitativ beste Umberfisch. Vom Schwarzen Umberfisch unterscheidet er sich durch seine kupferne Färbung und einen oder zwei dunkle Punkte am Schwanzflossenansatz.

MEERESFISCHE

Meerbarben *(Mullidae)* sind Bodenfische der gemäßigten und tropischen Meere. Meist in kleinen Rudeln, leben sie von Herbst bis Frühjahr in größeren Tiefen, im Sommer in Küstennähe, auch im Brackwasser. Am Kinn haben sie zwei lange, gabelförmige Bartfäden, die mit Geschmacks- und Tastorganen zum Aufspüren der Nahrung ausgestattet sind. Die „Barteln" können vorgestreckt und zurückgelegt werden. Schon im griechischen und römischen Altertum waren Meerbarben hochgeschätzte und teuer bezahlte Speisefische. Ihr delikates weißes Fleisch hat nur wenige Gräten.

Rote Meerbarbe
Mullus barbatus
engl. striped mullet; franz. rouget de vase; ital. triglia; span. salmonete barbado.

Der langgestreckte Fisch mit steilem Kopfprofil hat zwei getrennte, weit auseinanderstehende Rückenflossen; die Schwanzflosse ist leicht gegabelt. Grundfärbung silbrig-grau mit Rotschimmer. Während des Todeskampfes entfaltet sich ein großes Farbspiel der verschiedenen Rottöne. Vorkommen vor allem im Mittelmeer, im Schwarzen und im Asowschen Meer. Nahrung sind Würmer, Krebs- und Weichtiere. Länge bis 30 cm.

Streifenbarbe
Mullus surmuletus
engl. surmullet; franz. rouget de roche; ital. triglia di scoglio; span. salmonete de roca.
Langgestreckter, seitlich abgeflachter Körper. Die großen Augen liegen dicht am oberen Kopfrand. Färbung nach Jahreszeit variabel: gelblich, rötlich-braun mit einem dunkelroten oder braunen Längsstreifen vom Auge bis zur Schwanzflosse und mehreren gelben Längsstreifen. Vorkommen im Ostatlantik von den Kanarischen Inseln bis Südnorwegen und im Mittelmeer. Ernährt sich von Krebs- und Weichtieren. Zur selben Familie gehört auch der **Goldband-Ziegenfisch** *(Upeneus moluccensis)*, der durch den Suez-Kanal ins östliche Mittelmeer eingewandert ist. Vor allem ist er jedoch in indopazifischen Gewässern beheimatet.

Gefleckter Ziegenfisch
Pseudupeneus maculatus
engl. spotted goatfish

Eine an der Westatlantikküste von Cape Cod bis Florida vorkommende Art der *Mullidae*, auch im Golf von Mexiko verbreitet. Der geschätzte und wirtschaftlich bedeutende Speisefisch wird bis 22 cm lang.
Eine asiatische Art der Meerbarben ist der **Schwarzstreifen-Ziegenfisch** *(Upeneus tragula,* engl. black-striped goatfish). Er ist am Rücken rötlich-braun und hat einen dunklen Längsstreifen, der sich in der gegabelten Schwanzflosse als Querstreifen fortsetzt. In Südostasien ein begehrter Speisefisch, der vorwiegend gedünstet oder gekocht wird. Eine weitere, als Speisefisch wertvolle Meerbarbe ist der **Kakunir** *(Upeneus vittatus)*, der im Indopazifik vorkommt. Seine Färbung ist variabel, meist hat er aber 3 bronzefarbene und 2 gelbe Längsstreifen auf Rücken und Flanken. Die Schwanzflosse ist quergestreift.

Die Familie der Brandungsbarsche *(Embiotocidae)* findet man, bis auf wenige Arten, an der nördlichen Pazifikküste, vom südlichen Alaska bis Nieder- und Südkalifornien.

Weißer Brandungsbarsch
Phanerodon furcatus
engl. white surfperch oder seaperch.

Einer der wichtigsten seiner Art. Die Färbung ist silbern-bläulich bis olivfarben, zum Bauch hin heller, manchmal mit gelbem oder rosa Schimmer. An der Basis der Rückenflosse verläuft eine schwarze Linie. Vorkommen an der Pazifikküste, von Vancouver bis Niederkalifornien, in Tiefen bis 43 m. Wird etwa 32 cm lang. Ein sehr guter Speisefisch von wirtschaftlicher Bedeutung in Kalifornien.

Die Familie der Morwongs *(Cheilodactylidae)* kommt in den Gewässern um Japan, Australien, Südafrika und Südamerika vor. Wichtigster Vertreter ist der **Tarakihi** *(Nemadactylus macropterus,* austral. morwong, silver bream). Länge etwa 30–50 cm bei 1,8–2 kg Gewicht. Wird in großen Mengen gefangen. Das Fleisch ist sehr gut, von mittlerer Festigkeit.

Streifenbarben waren schon im Altertum berühmt. Nicht nur wegen ihres schmackhaften Fleisches, auch wegen ihres schönen Farbenspiels. Sie ernähren sich von kleinen Krebs- und Weichtieren, die sie mit ihren Bartfäden auf dem Meeresboden aufspüren. Unter Feinschmeckern sind sie mehr als Rougets de roche bekannt. Kleine Exemplare kann man übrigens durchaus unausgenommen grillen oder braten, weil Streifenbarben keine Galle haben. Daher auch ihre Bezeichnung „Schnepfen des Meeres".

Der Rote Bandfisch hat zwar gutes Fleisch, aber nur sehr wenig davon. Zudem ist es ziemlich grätenreich. Als Speisefisch wird er vor allem in Italien genutzt. Er kann bis 70 cm lang werden.

Die Familie der Bandfische *(Cepolidae)* hat, wie der Name schon sagt, bandartige, langgestreckte Körper. Die Schuppen sind klein, die Flossen haben keine Stachelstrahlen.

Roter Bandfisch
Cepola macrophthalma
engl. red band fish; franz. cépole, jarretière, demoiselle; ital. cepola; span. cinta.
Vorkommen im Nordostatlantik von Senegal bis zu den Britischen Inseln und im Mittelmeer, in Tiefen bis 200 m. Ernährt sich überwiegend von Planktonkrebsen. Durchschnittliche Länge 30–50, max. 70 cm.

Meeräschen *(Mugilidae)* sind Küstenfische aller gemäßigten und tropischen Meere. Sie halten sich meist in der Gezeitenzone auf

MEERESFISCHE

Die Großköpfige Meerische, die mit maximal 1,20 m Länge und 9 kg Gewicht zu den größten Meeräschen zählt. Sowohl in Europa als auch in Amerika ist sie wirtschaftlich bedeutend.

Meeräschen sind, sowohl kulinarisch wie auch wirtschaftlich, vielerorts von großer Bedeutung. Sie haben festes, etwas fettes, weißes Fleisch, das sehr gut schmeckt. In den Mittelmeerländern und in Japan wird ihr Rogen durch Salzen und Pressen haltbar gemacht und so als Spezialität gehandelt. In der Provence kennt man sie als „Boutargue", in Japan als „Karasumi". Bild oben: die Dünnlippige Meerische, Bild unten: die Springmeerische, die sehr salzhaltiges Wasser bevorzugt und im Ostatlantik verbreitet ist.

und sind sehr anpassungsfähig an Meer-, Brack- und Süßwasser. Die lebhaften Schwarmfische wandern auch in Flußmündungen und Lagunen. Sie ernähren sich von Plankton und Kleinsttieren. Meeräschen haben hervorragendes Fleisch und gelten vielerorts als Delikatesse. Große wirtschaftliche Bedeutung im Mittelmeerraum, am Schwarzen und Kaspischen Meer und an der amerikanischen Atlantikküste von North Carolina bis Texas.

Großköpfige Meerische

Mugil cephalus
engl. striped mullet, black mullet (USA); franz. mulet à grosse tête; ital. cefalo mazzone; span. mújol, cabezudo.
Vorkommen im Atlantik, von Senegal über die Azoren bis zur Biskaya, auch im Mittelmeer. In großen Mengen auch an der atlantischen Küste der USA. Lebt im flachen Küstenwasser über weichem Untergrund mit Algenbewuchs. Wird bis 1,20 m lang und 9 kg schwer.

Dünnlippige Meerische

Liza ramada
engl. thin lipped grey mullet; franz. mulet porc; ital. cefalo calamita; span. morragute, mújol.
In Aussehen und Form der Großköpfigen Meerische sehr ähnlich. Kommt im Ostatlantik vor, von Marokko bis Norwegen, und im Mittelmeer.
Die zur selben Gattung gehörende **Goldmeerische** (*Liza aurata*) hat als besonderes Kennzeichen auf Wangen und Kiemendeckeln einen goldenen Fleck. Eine wärmeliebende Art, die besonders im Mittelmeergebiet wirtschaftliche Bedeutung hat.

Springmeerische

Liza saliens
engl. leaping grey mullet; franz. mulet sauteur; ital. cefalo; span. galua.
Etwas schlanker als ihre Verwandten. Bevorzugt sehr salzhaltiges Wasser. Kommt im Ostatlantik vor, von Marokko bis zur Biskaya.
Wichtige asiatische Vertreter der *Mugilidae* sind die **Grünrücken-Meerische** (*Liza dussumieri*, engl. grey mullet, greenback grey mullet), die bis 35 cm lang wird; die **Diamantschuppige Meerische** (*Liza vaigiensis*, engl. diamond-scaled grey mullet), bis 60 cm lang, und die **Blaurücken-Meerische** (*Valamugil seheli*, engl. blue-spot grey mullet), die am Rücken blau ist und blaue Rücken- und Schwanzflossen hat. Sie kommt im Indopazifik und im Roten Meer vor.

Pfeilhechte oder Barrakudas der Familie *Sphyraenidae* sind hechtähnliche Raubfische mit zwei getrennten, weit auseinanderliegenden Rückenflossen und gegabelter Schwanzflosse. Sie leben vor allem in tropischen Gewässern und dringen beim Verfolgen ihrer Beute (hauptsächlich Schwarmfische) auch in gemäßigt-warme Gewässer vor.

Pfeilhecht oder Mittelmeer-Barrakuda

Sphyraena sphyraena
engl. sea pike; franz. brochet de mer; ital. luccio di mare; span. espetón, barrakuda.

Gestreckter, hechtartiger Körper mit sehr langem, spitzem Kopf und weiter Mundöffnung. Vorgeschobener Unterkiefer, kräftige Fangzähne. Färbung am Rücken grau-grünlich, am Bauch silbrig glänzend, am Rücken bis zu 24 dunkle Querstreifen. Vorkommen im Ostatlantik, von den Kanarischen Inseln bis zur Biskaya, und im Mittelmeer. Hervorragende Schwimmer, die beim Verfolgen kleiner Schwarmfische (Sardinen) oft weite Strecken zurücklegen. Sehr angriffslustig.

Der **Kalifornische Barrakuda** (*Sphyraena argentea*) ist von den Kodiak-Inseln bis Niederkalifornien verbreitet und dort wirtschaftlich von Bedeutung. Der in Küstennähe lebende Fisch wird bis 1,20 m lang (etwa 8,5 kg). Sein Fleisch ist hervorragend.

Die Familie der **Lippfische** (*Labridae*) ist eine sehr große Gruppe von Fischen in allen tropischen, gemäßigten und kühleren Meeren. Ihr Körperbau ist dem der Barsche ähnlich; dabei gibt es enorme Größen- und Farbunterschiede. Lippfische leben zwischen Korallen- und Felsriffen und in Algenwäldern. Sie ernähren sich von Krebs- und Weichtieren, manche leben als sogenannte Putzerfische. In tropischen Ländern werden alle Arten von Lippfisch gegessen, doch nur wenige Arten sind wertvolle Speisefische.

Brauner Lippfisch

Labrus merula
engl. brown wrasse; franz. labre merle; ital. tordo nero; span. merlo.

Der Körper länglich-oval. Kleiner Kopf, kurze Schnauze. Ungeteilte Rückenflosse, vorn mit Stachelstrahlen. Färbung mehr blaugrau oder oliv als braun, oft mit blauen Flecken auf den Schuppen. Alle Flossen blau gesäumt. Vorkommen im Ostatlantik, von Marokko über die Azoren bis Portugal, und im Mittelmeer. Ernährt sich von kleinen Bodentieren. Ein Fisch mit mäßig gutem Fleisch. Wird meist für Fischsuppen verwendet. Ebenfalls im Ostatlantik und wie der Braune Lippfisch verbreitet ist der **Grüne Lippfisch** (*Labrus viridis*), der einen schlankeren Körper hat. Grundfarbe meist verschiedene Grüntöne. Er wird bis 45 cm lang. Ein weiterer atlantischer Vertreter ist der **Atlantische Schweinsfisch** (*Bodianus rufus*). Aus der Vielzahl der indopazifischen Mitglieder der *Labridae* sei hier der **Schwarzpunkt-Lippfisch** (*Choerodon schoenleini*, engl. blackspot tuskfish) erwähnt. Sein kräftiger, gedrungener Körper ist helloliv gefärbt, mit blauen Streifen auf jeder Schuppe.

MEERESFISCHE

Kuckuckslippfisch

Labrus bimaculatus
engl. cuckoo wrasse; franz. labre mêlé, coquette; ital. colombina; span. gallito de rey y chribito.
Körper gestreckt, mit langem Kopf und langer Schnauze, einer durchgehenden Rücken- und runden Schwanzflosse. Färbung höchst unterschiedlich: Männchen mit leuchtend blauem Kopf und dunklen Längsstreifen auf orangefarbenem Grund, Weibchen gelb-orange mit 3 schwarzen Flecken auf dem Rücken und mit weißen Feldern dazwischen. Vorkommen im Nordostatlantik, von Senegal über die Azoren bis Norwegen, und im Mittelmeer. Lebt an algenreichen Felsküsten bis in 200 m Tiefe. Ernährt sich von Krebs- und Weichtieren und wird bis 40 cm lang. Sein Fleisch ist von guter Qualität.
Der **Gefleckte Lippfisch** (*Labrus bergylta*) hat einen kräftigen Körper mit hohem Kopf, dazu dicke, fleischige Lippen. Die Färbung ist unterschiedlich. Vorkommen wie beim Kuckuckslippfisch. Wird bis 60 cm lang. Sein Fleisch ist ebenfalls gut.

Noch farbenprächtiger als die Lippfische sind die Papageifische der artenreichen Familie der *Scaridae*. Sie leben an den Steilabfällen der Korallenriffe in tropischen Meeren. Ihren Namen haben sie jedoch nicht von der Farbenpracht ihres Schuppenkleides, sondern von den zu einem Papageienschnabel verwachsenen Zähnen. Damit kratzen sie Kleingetier und Algen von den Korallen. Einige Arten brechen ganze Korallenzweige ab, die sie mit ihren kräftigen Schlundknochen zermahlen.
Im Mittelmeer ist nur eine Art vertreten, der **Seepapagei** (*Sparisoma cretense*).

Rotschwanz-Papageifisch

Sparisoma chrysopterum
engl. parrotfish; franz. scare; ital. pesce papagallo; span. vieja.

Körper länglich-oval mit großem Kopf, Oberkiefer etwas vorgewölbt. Färbung der Männchen blau, Schwanzflosse mit breitem rotem Innenrand, die anderen Flossen rötlich-orange. Weibchen in verschiedenen Rottönen. Vorkommen im gesamten tropischen Westatlantik.
Der **Parrotfish** bzw. **Blauflecken-Papageifisch** (*Scarus ghobban*) lebt im Indopazifik. Er ist gelb mit blauen Flecken und wird bis 70 cm lang. In den Restaurants von Hongkong ist er ein sehr gefragter Speisefisch.
Eng verwandt ist der **Stoplight-Parrotfish** bzw. **Stoplicht-Papageienfisch** (*Sparisoma viride*). Das Weibchen ist dunkelbraun bis oliv oder bläulich-braun gefärbt mit einer leuchtend roten Schwanzflosse. Lebt ebenfalls im tropischen Westatlantik.

Von den rund 450 Lippfisch-Arten, die es hauptsächlich in tropischen und gemäßigt-warmen Meeren gibt, sind die meisten klein und ohne kulinarischen Wert. Nur wenige Mitglieder der meist farbenprächtigen Fisch-Familie sind als Speisefische begehrt, wie der Kuckuckslippfisch (Bild oben) und der Gefleckte Lippfisch (Bild unten).

Die Familie der Sandbarsche (*Mugiloididae*) gehört ebenfalls zu den Küstenfischen der gemäßigt-warmen bis tropischen Meere. Der spindelförmige Körper ist von kleinen Schuppen besetzt. Die Rückenflosse ist geteilt in einige niedrige Stachelstrahlen und einen höheren, langen weichen Teil. Vorsicht! Die kleinen Stachelstrahlen können schmerzhafte Verletzungen verursachen.
Der **Rollizo** (*Mugiloides chilensis*) bevorzugt etwas kühlere Gewässer und ist an der Küste Chiles stark vertreten. Sein Fleisch ist exzellent und häufig auf dem Markt.

Neuseeländischer „Blaubarsch", Blue Cod

Parapercis colias
austral. New Zealand cod; japan. toragisu.

Mit seinem langgestreckten Körper ist er als Bodenbewohner sehr gut angepaßt. Beim Gleiten über Sand und flache Felsen kann er sich mit den Brustflossen aufstützen. Färbung am Rücken grünlich-blau bis blauschwarz, seitlich mehr braun. Vorkommen ausschließlich um Neuseeland, in Tiefen bis zu 150 m. Ernährt sich von Fischen, Krebsen und Weichtieren; wird bis zu 45 cm lang und etwa 2,5 kg schwer. Das Fleisch ist sehr gut und eignet sich für fast alle Verarbeitungsarten. Ganz hervorragend wird es durch Räuchern.

Petermännchen (*Trachinidae*) sind Bodenfische mit langgestrecktem, seitlich abgeflachtem Körper. Die Augen liegen an der Kopfoberseite, der Mund ist schräg nach oben gerichtet. Die Kiemendeckel tragen starke Giftstacheln, auch die 1. Rückenflosse hat 5–7 Giftstacheln; sie enthalten ein nervenlähmendes Gift. Wunden sollten sofort und etwa 1½ Stunden lang sehr heiß abgetupft werden, da das Gift nicht hitzebeständig ist.

Großes Petermännchen

Trachinus draco
engl. greater weever; franz. grande vive; ital. tracina; span. escorpión, araña.
Vorkommen im Nordostatlantik. Ernährt sich von Garnelen und Kleinfischen, denen es im Sand vergraben auflauert. Durchschnittliche Länge 20–30, max. 40 cm.
Das **Gefleckte Petermännchen** (*Trachinus araneus*), das im Mit-

Riffische gehören zum täglichen Fang in den tropischen Gewässern. Sie sind oft von bester Qualität, wie die beiden Rotschwanz-Papageifische (von oben im Uhrzeigersinn) und auch der Spotlight-Parrotfish. Von geringerer Qualität ist der farbenprächtige Atlantische Schweinsfisch (*Bochianus rufus*).

MEERESFISCHE

Petermännchen werden besonders in Südeuropa sehr geschätzt. Ihr Fleisch ist zwar etwas trocken, aber äußerst schmackhaft. Sie kommen meist ohne Kopf und vor allem – wegen der Verletzungsgefahr durch die Giftstacheln – ohne 1. Rückenflosse auf den Markt. Das **Große Petermännchen** (Bild oben) wird meist gefroren, regional aber auch frisch angeboten. Das **Gestreifte Petermännchen** (Bild unten) kennzeichnen ringförmige, dunkelbraune Flecken auf hellem Grund.

telmeer und im warmen Ostatlantik vorkommt, ist sehr selten.

Gestreiftes Petermännchen

Trachinus radiatus
engl. streaked weever; franz. vive à tête rayonnée; ital. tracina raggiata; span. víbora.
Kommt im Ostatlantik, vom Golf von Guinea bis Portugal, und im Mittelmeer vor.
Eng verwandt ist das **Kleine Petermännchen** (*Trachinus vipera*) mit gelblich-brauner Grundfärbung und kleinen dunklen Punkten auf Kopf und Rücken.

Die **Himmelsgucker** oder **Sternseher** (*Uranoscopidae*) kommen weltweit in gemäßigten und tropischen Gewässern vor.
Der **Himmelsgucker** oder **Meerpfaff** (*Uranoscopus scaber*; engl. stargazer; franz. uranoscope, rascasse blanche; ital. pesce prete, lotte; span. rata) kommt im Nordostatlantik vor, im Mittelmeer und im Schwarzen Meer. Der **Monkfish** bzw. **Neuseeländische Himmelsgucker** (*Kathetostoma giganteum*; austral. stargazer; japan. mishima-okoze), ist wirtschaftlich von großer Bedeutung. Das feste Fleisch ähnelt in gegartem Zustand dem der Languste.

Die Familie der **Stachelrücken** (*Stichaeidae*) gehört zu den Schleimfischartigen (*Blennioidei*), einer Unterordnung der Barschartigen Fische. Ihre Mitglieder leben meist in den nördlicheren Regionen des Atlantiks und Pazifiks. Ihr langgestreckter, im Querschnitt runder Körper hat eine lange, ungeteilte Rückenflosse, die ausschließlich von Stachelstrahlen gestützt wird; daher der Name. Sie haben meist keine oder nur sehr kleine Schuppen.
Der **Stachelrücken-Schleimfisch** (*Chirolophis ascanii*) ist gelblich- oder grünlich-braun gefärbt, mit dunkelbraunen, verschwommenen Querbändern. Vorkommen von der südlichen Nordsee bis Norwegen. Wird 25 cm lang.
Von den etwa 10 Arten, die an der kalifornischen Küste verbreitet sind, ist einer der größten der **Monkeyface-Prickleback** (*Cebidichthys violaceus*), der bis zu 75 cm lang wird.

Seewölfe sind ausgesprochen „nördliche" Fische. Die Hauptfanggebiete für den bekanntesten unter ihnen, den **Gestreiften Seewolf** oder **Steinbeißer**, bekannter noch als **Loup de mer**, liegen in isländischen Gewässern. Sein Fleisch ist äußerst wohlschmeckend und daher begehrt und teuer. Er wird frisch oder gefroren gehandelt. Entweder im ganzen (jedoch ohne Kopf), in Form von Filets (Bild Mitte) oder Scheiben („Karbonadenfisch"). Bild unten: der Gefleckte Seewolf.

Die größten unter den Schleimfischartigen (*Blennioidei*) sind die Mitglieder der Familie der **Seewölfe** (*Anarhichadidae*), die zum Teil eine Länge von 2,80 m erreichen können. Alle 9 Arten dieser Familie bewohnen die kalten Meere der Nordhalbkugel. Charakteristisch ist ihr dicker Kopf mit breitem Maul, bewehrt mit einem furchterregenden Gebiß.

Der Wolf-Eel oder Pazifische Seewolf ernährt sich von Krebsen, Muscheln und Fischen. Sein Fleisch ist daher von guter Qualität und recht begehrt. Steve Berntsen vom Marine Science Center in Newport/Oregon präsentiert hier ein wahres Prachtexemplar.

Der Monkeyface-Prickleback ist einer der größten Stachelrücken. An der US-Pazifikküste ist er sehr begehrt, sein Fleisch wird in Konsistenz und Geschmack mit dem der Languste verglichen.

Gestreifter Seewolf oder Katfisch

Anarhichas lupus
engl. Atlantic catfish; frz. loup Atlantique, loup de mer; ital. lupo di mare; span. perro del norte.
Der langgestreckte Körper ist ohne Schuppen. Die lange Rückenflosse ist stachelstrahlig. Vorkommen im Nordatlantik, im Westen von Grönland bis Cape Cod, im Osten von der Nordsee über Island und Grönland bis zum Weißmeer. Nahrung sind hartschalige Krebs- und Weichtiere. Maximale Länge 1,20 m. Vorsicht – der gefangene Katfisch ist angriffslustig. Einer der begehrtesten Speisefische.
der **Blaue Seewolf** (*Anarhichas denticulatus*), auch **Wasserkatze** genannt, dagegen ist nicht zum Verzehr geeignet.

Gefleckter Seewolf

Anarhichas minor
engl. spotted sea cat; franz. loup tacheté; ital. lupo di mare; span. perro menor.
Auffallendstes Merkmal ist die leopardenähnliche Zeichnung und Färbung. Vorkommen im Nordatlantik, im Westen südlich bis Maine/USA, im Osten vom Süden Schottlands über Island, Grönland zur Barentssee und zum Weißmeer. Länge bis 2 m. Aus seiner Haut wird Leder hergestellt.
Der **Wolf-Eel** bzw. **Pazifische Seewolf** (*Anarrhichthys ocellatus*) ist von Japan über die Aleuten bis Südkalifornien verbreitet und ein begehrter Speisefisch.

MEERESFISCHE

Sandaale (Ammodytidae) sind silbrige, aalähnliche Schwarmfische, die als Grundfische an sandigen Küsten der nördlichen Meere und im Indischen Ozean leben. Bei Verfolgung verschwinden sie im Sand.

Großer Sandaal
Hyperoplus lanceolatus
engl. greater sand eel; franz. grand lançon; ital. cicerello; span. lanzón.

Der bis 32 cm lange, schmale Fisch kommt an deutschen Küsten, im Ärmelkanal und bis Island vor.
Der **Nacktsandaal** (*Gymnammodytes semisquamatus*) unterscheidet sich vor allem durch seine gewellte Rückenflosse. Er kommt von der Biskaya bis Südnorwegen vor. Der **Mittelmeer-Nacktsandaal** (*Gymnammodytes cicerelus*) lebt im Mittelmeer und im Schwarzen Meer. Kulinarisch sind alle ohne Bedeutung.

Die artenreiche Familie der Grundeln (Gobiidae) ist weltweit verbreitet. Die meisten Arten sind Bodenbewohner der Flachwasserregionen. Ihre Bauchflossen sind zu einem trichterförmigen Saugnapf zusammengewachsen. Sie ernähren sich von Würmern, Kleinkrebsen, Weichtieren und Kleinfischen. Vielen Nutzfischen dienen die kleinen, meist unter 20 cm langen Fische als Nahrung.

Schwarzgrundel
Gobius niger
engl. black goby; franz. gobie noir; ital. ghiozzo; span. gobio.

Der mäßig gestreckte Körper hat eine zweigeteilte, vorn stachelstrahlige Rückenflosse. Am runden Kopf stehen die Augen dicht beieinander. Vorkommen im Mittel- und Schwarzmeergebiet, im Nordostatlantik von Kap Blanco bis Norwegen. Lebt in Tiefen bis 75 m, auch in Flußmündungen. Eng verwandt sind die **Schwarzmund-Grundel** (*Neogobius melanostomus*), die **Flußgrundel** (*Neogobius fluviatilis*), die 20 cm lang wird und am Schwarzen und Kaspischen Meer sowie deren Zuflüssen von großer wirtschaftlicher Bedeutung ist, zusammen mit der **Krötengrundel** (*Neogobius batrachocephalus*); beide werden in der UdSSR zu Konserven verarbeitet. Im gleichen Gebiet ist auch die **Schlangenkopf-** oder **Grasgrundel** (*Zosterisessor ophiocephalus*) verbreitet.

Riesengrundel
Gobius cobitis
engl. goby; franz. gobie á grosse tête; ital. ghiozzo; span. gobi.

Kommt an den Küsten von Marokko bis zum westichen Ärmelkanal vor, im Mittelmeer und Schwarzem Meer. Lebt im Flachwasser an Felsküsten.

Schlangenmakrelen (Gempylidae) sind räuberische Tiefseebewohner. Ihr Körper ist langgestreckt, mit geteilter, vorn stachelstrahliger Rückenflosse und sehr kleinen oder gar keinen Bauchflossen. Der verlängerte Unterkiefer hat starke Zähne. Schlangenmakrelen sind mit 14 Arten in allen gemäßigten und tropischen Meeren verbreitet.
Wirtschaftlich sehr wichtig ist im südlichen Atlantik und Pazifik der **Atun** (*Thyrsites atun*; neuseel./austral./südafrikan. snoek, barrakuta; japan. okisawara). Er wird bis 1,40 m lang und 6–10 kg schwer. In Neuseeland werden pro Jahr bis zu 40 000 t gefangen, in Südafrika steht er an zweiter Stelle der Fischereiwirtschaft. Hervorragend schmeckt er geräuchert.

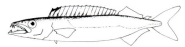

Der **Gemmenfisch** oder **Silbrige Atun** (*Rexea solandri*; neuseel. silver kingfish; austral. gemfish; japan. ginsawara) ist um Australien und Neuseeland bis Japan verbreitet. Den Namen verdankt er seiner schimmernden Färbung. Das Fleisch ist sehr delikat.

Die Familie der Haarschwänze (Trichiuridae) hat einen langen, bandartigen Körper, eine lange, weiche Rückenflosse und eine kleine gegabelte oder fadenförmig ausgezogene Schwanzflosse.

Strumpfbandfisch
Lepidopus caudatus
engl. scabbardfish, frostfish; franz. sabre argerté; ital. pesce sciabola; span. pez cinto.

Der lange, schuppenlose Fisch hat seinen Namen von dem goldfarbenen Längsband, das er auf den silbrigen Flanken trägt. Weit verbreitet in warmen bis gemäßigten Meeren. Ernährt sich von Krebsen und Schwarmfischen. Wird 2 m lang. In Europa besonders häufig an der portugiesischen Küste, wo er wirtschaftlich genutzt wird.
Ein sehr begehrter Speisefisch ist auch der verwandte **Atlantische Degenfisch** (*Trichiurus lepturus*, engl. Atlantic cutlass-fish). Der silberweiße Fisch ist in den tropischen und gemäßigten Gebieten des Atlantiks beheimatet, erscheint gelegentlich auch an der Küste Englands. Wird 1,50 m lang. Ernährt sich von Krebsen und Fischen und hat hervorragendes Fleisch.
Sein pazifisches Gegenstück ist der **Pazifische Degenfisch** (*Trichiurus nitens*, engl. Pacific cutlass-fish), der im westlichen Pazifik und im Indischen Ozean verbreitet ist.

Der Strumpfbandfisch erscheint, ebenso wie der verwandte Degenfisch, regelmäßig leider nur in Küstengebieten auf dem Markt. Er hat weißes, sehr aromatisches Fleisch, und die Filets sind gut genug für das feinste Rezept.

Sie sind auf jedem Markt vertreten und als feine Speisefische weltweit beliebt: die Makrelen und die Pelamiden. Besonders für regionale Spezialitäten werden sie häufig verwendet.

Die Makrelenfische (Scombridae) sind schnell schwimmende Hochseefische, die in großen Schwärmen nahe der Oberfläche weite Wanderungen unternehmen. Der Körper ist stromlinienförmig, die Rückenflossen getrennt, vor der tief gegabelten Schwanzflosse sitzen jeweils 5–7 Flösselchen. Alle unpaaren Flossen können in einer Furche an den Körper gelegt werden.

Atlantische Makrele
Scomber scombrus
engl. Atlantic mackerel; franz. maquerau commun; ital. scombro; span. caballa.
Kennzeichen sind langgestreckter, spindelförmiger Körper mit spitzer Schnauze, weiter Mund. Färbung: auf blau- oder grünsilbrigem Grund eine zebraähnliche dunkle Zeichnung, vom Rücken bis zur Mitte der Flanken. Vorkommen im Sommer beiderseits des nördlichen Atlantiks. Ernährt sich von Krebstieren, kleinen Fischen, Jungheringen u. ä. Die Makrele wird bis 50 cm lang und etwa 5 kg schwer.

MEERESFISCHE

Wegen ihres hohen Fettgehalts (fast 12 %) eignet sich die Makrele so hervorragend zum Räuchern. Dabei bringen die kleineren Exemplare das beste Ergebnis.

Streifen vom Kiemendeckel bis zur Schwanzflosse. Im Gegensatz zu anderen Makrelenarten besitzt sie eine Schwimmblase (Name). Vorkommen weltweit in gemäßigten und tropischen Meeren, häufig im Mittelmeer und im südlichen Teil des Schwarzen Meeres, im Pazifik von Alaska bis Mexiko. Vor allem im Mittelmeergebiet und an der Westküste der USA von großer wirtschaftlicher Bedeutung.
Eine enge Verwandte ist die **Blaue** oder **Schleimige Makrele** (Scomber australasicus; engl. blue mackerel; neuseel. English mackerel; japan. saba). Sie ist weit verbreitet um Australien und Neuseeland bis Japan. Am Rücken ist sie blaugrünlich mit dunklen Punkten und kleinen Streifen, an den Seiten und am Bauch silberweiß. Wird bis 40 cm lang und 1,5 kg schwer. Das dunkle Fleisch hat einen sehr hohen Fettgehalt und eignet sich sehr gut zur Herstellung von Konserven.

Die Familie der Pelamiden (Scomberomoridae) umfaßt makrelenähnliche Schwarmfische. Ihre Rückenflossen liegen nahe beieinander; sie haben einen aus Schuppen gebildeten Brustpanzer („Korselett") und einen schlanken, gekielten Schwanzstiel. Die Schwanzflosse ist halbmondförmig.

Pelamide, Atlantischer Bonito
Sarda sarda
engl. pelamide, Atlantic bonito (USA); franz. pélamide; ital. palamita; span. bonito.

Langgestreckter Körper mit langem spitzem Kopf, weitem Mund und kräftigen Zähnen. Hinter Rücken- und Afterflosse 7–10 Flösselchen. Halbmondförmige, große Schwanzflosse. Färbung am Rücken hellblau, mit bis zu 20 dunklen, schrägen Längsstreifen bis zur Mitte der Flanken. Zum Bauch hin silbrig-weiß. Vorkommen im tropischen bis subtropischen Atlantik, auch in der Nordsee, im Mittelmeer und im Schwarzen Meer. Pelamiden jagen im Schwarm nahe der Oberfläche nach Beute wie Sardinen, Stöckern, Meeräschen und anderen Schwarmfischen. Sie werden bis 90 cm lang bei maximal 10 kg Gewicht. Wirtschaftlich von Bedeutung. Sie kommen meist als Frischfisch in den Handel. Ihr Fleisch ist ausgezeichnet.
Eng verwandt ist der **Pazifische Bonito** (Sarda chilensis, engl. Pacific bonito), der an der amerikanischen Pazifikküste von Alaska bis Peru und Chile verbreitet ist. Wird bis zu 1 m lang bei 5,4 kg Gewicht. Große wirtschaftliche Bedeutung an der gesamten Pazifikküste.
Ebenfalls zu dieser Familie gehört der **Ungestreifte Pelamide** (Orcynopsis unicolor), der die auffälligen Schrägstreifen des Pelamiden nicht hat. Er lebt in tropischen Gewässern des Ostatlantiks und wird hauptsächlich an der Küste von Marokko gefangen und zu Konserven verarbeitet.

Thazard
Scomberomorus maculatus
engl. Spanish mackerel; franz. thazard; ital. sgombro reale; span. carita, sierra.
Äußere Merkmale sind der spindelförmige Körper mit dicht beieinander stehenden Rückenflossen und der weit gegabelten, halbmondförmigen Schwanzflosse. Im Gegensatz dazu ein relativ kleiner spitzer Kopf. Vorkommen vorwiegend im tropischen Atlantik, von der Chesapeake Bay bis nach Brasilien, gelegentlich aber auch im Mittelmeer, an der Cote d'Azur und um Sizilien. Um Florida und im Golf von Mexiko weit verbreitet und dort kommerziell wichtig.

Die Atlantische Makrele gehört sicher deshalb zu den beliebtesten Meeresfischen, weil sie so vielseitig verwendbar ist. Vor allem zum Braten, Grillen und Schmoren taugen die Portionsfische von 300 bis 400 g bestens. Aus kulinarischer Sicht aber ist die Spanische Makrele (Bild darüber), auch Thazard genannt, allen anderen aus dieser Familie überlegen. Sie gilt an der Ostküste Amerikas als Barbecue-Fisch Nummer eins.

Blasenmakrele, Pazifische, Mittelmeer- oder Spanische Makrele
Scomber japonicus
engl. Pacific oder chub mackerel; franz. maquerau espagnol; ital. lanzardo; span. estormino.

In Körperbau und Lebensweise der Atlantischen Makrele ähnlich. Besondere Kennzeichen sind die 7–9 Rückenflossenstacheln, graublaue Flecken unterhalb der Seitenlinie und ein goldfarbener

MEERESFISCHE

Die Thunfische *(Thunnidae)* haben einen mehr oder weniger langgestreckten Körper, der nur entlang der Seitenlinie und an Brust und Rücken (bis zum Ende der 1. Rückenflosse) mit Schuppen („Korselett") besetzt ist. Thunfische sind aufgrund ihres stark entwickelten Blutgefäßsystems Warmblüter. Sie haben im Körper eine höhere (bei Erregung 6 bis 12 °C mehr) Temperatur als das sie umgebende Wasser. Die *Thunnidae* sind in allen Meeren verbreitet. Die meisten Arten laichen während der Sommerzeit und begeben sich dazu in küstennahe Gebiete (wo viele gefangen werden). Anschließend legen die geselligen Tiere bei der Nahrungssuche große Entfernungen, zum Teil über die Ozeane, zurück. Den Winter verbringen sie in tieferen Regionen bis zu 180 m Tiefe.

Großer oder Roter Thunfisch
Thunnus thynnus
engl. Atlantic bluefin tuna; franz. thon rouge; ital. tonno rosso; span. atún rojo.
Körper hochrückig, spindelförmig; mit langem Kopf, spitzer Schnauze und großen Augen. Zwei dicht beieinander stehende Rückenflossen, dahinter 8 bis 10 Flösselchen. Vorkommen im Ostatlantik, Mittelmeer und Pazifik. Nahrung sind Tintenfische, Makrelen, Heringe, Hechte u. ä. Die wegen ihres hervorragenden Fleisches sehr begehrten Fische werden in großem Stil gefangen.

Weißer Thun, Germon, Albacore
Thunnus alalunga
engl. albacore; franz. germon, thon blanc; ital. alalunga; span. atún blanco, albacora.
In Körperbau und Färbung dem

Thunfische gehören weltweit zu den wichtigsten Nutzfischen. Das Angebot von frischem Thun auf den Märkten der südeuropäischen Länder spiegelt nur einen geringen Teil des Gesamtertrages wider. Die großen Fischereinationen, allen voran Japan, und die verarbeitende Industrie machen das große Geschäft mit diesen feinen Fischen. Für Spezialitäten wie „Latume", so nennen die Sizilianer die Milch oder das Sperma der männlichen Tiere, sind allerdings nur Feinschmecker zu begeistern (Bild rechts oben).

Roten Thun sehr ähnlich, nur kleiner. Wird bis zu 1 m lang, bei 30 kg Gewicht. Deutliches Erkennungszeichen sind die schmalen, sehr langen Brustflossen. Vorkommen weltweit in allen warmen und gemäßigt-warmen Meeren. Lebt im offenen Meer, fern der Küste. Ernährt sich von Schwarmfischen, Tintenfischen und Garnelen. Weltwirtschaftlich ein sehr wichtiger Fisch. In Japan werden pro Jahr ewa 65 000 t, in den USA 18 000 t gefangen.
Ein ebenfalls sehr großer Verwandter ist der **Yellowfin Tuna** bzw. der **Gelbflossen-Thunfisch**

Sein feines, helles Fleisch macht ihn so begehrt (Bild links oben). Der Albacore ist zwar nicht der größte, sicher aber der feinste Thunfisch. Er hat besonders schmackhaftes Fleisch und läßt sich hervorragend braten und grillen.

Der Große oder Rote Thunfisch kann bis zu 3 m lang und 200 bis 300 kg schwer werden. Dem relativ dunklen Fleisch sagt man nach, es schmecke ähnlich wie Kalbfleisch. Wenn dem so ist, muß das nicht unbedingt ein Kompliment sein.

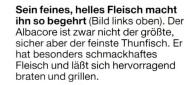

MEERESFISCHE

(*Thunnus albacares*). Er kann bis zu 1,90 m lang und 200 kg schwer werden. Im Atlantik, Pazifik und Indischen Ozean verbreitet. Der **Blackfin Tuna** bzw. **Schwarzflossen-Thunfisch** (*Thunnus atlanticus*) lebt vorwiegend im Westatlantik. Hauptfanggebiete sind die Küsten von Florida und Texas. Der **Unechte Bonito** (*Auxis rochei*), wegen seiner makrelenartigen Zeichnung auch **Fregattenmakrele** genannt, hat ebenfalls eine kleinere Gestalt (bis 60 cm). Er kommt im Mittelmeer vor, im Ostatlantik von der nordafrikanischen Küste bis zur Biskaya und im Pazifik.

Echter Bonito, Gestreifter Thun
Euthynnus pelamis
engl. skipjack; franz. bonite á ventre rayé; ital. tonnette striato; span. listado.

Ein kleiner Thunfisch, der auf der silbrigen Bauchseite 4 bis 7 dunkle Längsstreifen aufweist. Kommt in allen warmen und gemäßigtwarmen Meeren vor. Der etwa 80 cm große Fisch wird das ganze Jahr über gefangen, in großem Umfang vor allem an der amerikanischen Atlantik- und Pazifikküste. Für Japan, die USA und Peru von größter wirtschaftlicher Bedeutung.

Ein weiterer Verwandter ist der **Thonine** oder **Gefleckte Thun** bzw. **Little Tunny** (*Euthynnus quadripunctatus*). Er wird vor allem an der westafrikanischen Küste gefangen.

Die Familie der Schwertfische (*Xiphiidae*) ist den Thunfischen sehr ähnlich – bis auf den Oberkiefer, der bei den Schwertfischen stark abgeflacht und schwertartig vorgezogen ist, etwa bis zu einem Drittel der gesamten Körperlänge.

Schwertfisch
Xiphias gladius
engl. swordfish; franz. espadon; ital. pesce spada; span. pez espada, aguja palea.
Langer, torpedoförmiger Körper mit Schwertfortsatz am Oberkiefer und viel kürzerem Unterkiefer. Kräftige Flossen, Schwanzflosse sichelförmig. Färbung dunkelgrau, -blau oder braunrot. Bauch weißlich. Vorkommen in allen warmen und gemäßigt-warmen Meeren, im Nordostatlantik bis zum Ärmelkanal und zur Nordsee, im Mittelmeer und im Schwarzen Meer. Lebt im Freiwasser bis 800 m Tiefe. Ernährt sich von Schwarmfischen.

Angehörige der Familie der Fächerfische (*Istiophoridae*) haben, ähnlich den Schwertfischen, einen lang ausgezogenen Oberkiefer, jedoch rund, nicht abgeplattet und nicht so lang. Die 1. Rückenflosse ist lang und segelartig hochgestreckt, die Schwanzflosse ist sichelförmig. Der zu dieser Familie gehörende **Mittelmeer-Speerfisch** (*Tetrapterus belone*), auch **Langschnäuziger Speerfisch** genannt, ist ein äußerst schneller Hochseeschwimmer, der sich von Schwarmfischen ernährt.

Gestreifter Speerfisch, Marlin
Tetrapterus audax
engl. striped marlin; franz. makaire; ital. pesce lancia strato; span. marlin.

Kennzeichen am torpedoförmigen Körper ist die hoch aufgestellte 1. Rückenflosse. Färbung am Rücken graublau, zum Bauch hin silbrig. Kommt im Pazik und im Indischen Ozean vor. Wird bis zu 4 m lang und 300 kg schwer.

Blauer Marlin
Makaira nigricans
engl. blue marlin; franz. makaire bleu; ital. marlin azzurro; span. marlin azul.
Ein riesiger Fisch mit allen Kennzeichen der Speerfische und der Traum jedes Hochsee-Anglers. Färbung am Rücken dunkelblau bis blaugrau, Flanken fahler, Bauch silbrig. Einer der schnellsten Schwimmer und Springer, sehr kämpferisch. Vorkommen im gesamten Atlantik. Wird bis 4,50 m lang (600 bis 900 kg).

Die Hahnenfische (*Luvaridae*) sind einzelgängerische Tiefseefische mit langem, kegelförmigem Körper.

Hahnenfisch, Dianafisch
Luvarus imperialis
engl. luvar; franz. louvaréou; ital. luvaro, pesce imperatore; span. emperador.

Der kegelförmige Körper ist seitlich etwas abgeflacht. Steile Stirn, kleine Augen, sehr kleiner Mund. Grundfärbung silbrig bis golden. Vorkommen in warmen und gemäßigt-warmen Gebieten des Atlantiks und im Mittelmeer. Wird bis 2 m lang und 100 kg schwer. Wo er gefangen wird, ist er ein begehrter Speisefisch.

Auf mediterranen Märkten ist der Schwertfisch die Delikatesse Nummer eins. Sein muskulöses, trotzdem aber zartes Fleisch ist äußerst schmackhaft. In seiner Konsistenz hat es, mal abgesehen vom Thunfisch, wenig Ähnlichkeit mit Fisch. Das feinste Rezept für Schwertfisch ist zugleich das einfachste: 2 cm dicke Scheiben werden auf den Punkt gegrillt und mit einer Mischung aus Olivenöl und Zitronensaft beträufelt. Wahrhaft ein Genuß!

MEERESFISCHE

Die Schwarzfische (Centrolophidae) haben einen ovalen, schlanken Körper, eine lange ungeteilte Rückenflosse und, als besonderes Merkmal, eine mit Hornzähnen bestückte Speiseröhre.

Schwarzfisch

Centrolophus niger
engl. blackfish.

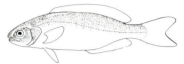

Langgestreckter Körper, rundes Kopfprofil mit stumpfer Schnauze. Bis auf einen schmalen, helleren Teil am Bauch ist der Fisch dunkelgrau bis schwarzbraun, mit silbrigen Punkten übersät. Vorkommen im warmen Ostatlantik. Der Hochseebewohner ernährt sich von Krebsen und Kleinfischen und wird bis zu 1,20 m lang. Er ist ein begehrter Speisefisch.
Zur selben Familie gehört die **Blue Nose** bzw. **Blaunase** (*Hyperoglyphe antarctica*) aus den Gewässern um Ost- und Südaustralien, Neuseeland und die südwestpazifischen Inseln. Ebenfalls ein begehrter Speisefisch.

Quallenfische der Familie *Nomeidae*, auch Halbmakrelen genannt, haben ihren Namen daher, weil sie in Symbiose mit Quallen, vor allem mit der höchst giftigen „Spanischen Galeere", einer Riesen-Qualle, leben.

Blue Warehou

Seriolella brama
neuseel. common warehou (Maori-Name); japan. okihirasu, medai.

Ein wichtiger Wirtschaftsfisch im Südpazifik. Auffallend an dem langgestreckten Körper mit geteilter Rückenflosse sind die langen, fächerartigen Brustflossen. Färbung oben dunkelblau bis grün, am Bauch weißlich. Oberkopf tief purpurfarben bis dunkel. Das Fleisch ist sehr gut, mit geringem Fettgehalt.
Zur selben Familie gehört auch der **Silbrige Warehou** (*Seriolella punctata*).

Angehörige der Familie der Erntefische (Stromateidae) sind meist Hochseefische der warmen und gemäßigt-warmen Meere. Ihr Körper ist eiförmig und silbern gefärbt. Es gibt 12 Gattungen mit zahlreichen Arten. So auch den **Deckfisch** oder **Pampelfisch** (*Stromateus fiatola*), der im Ostatlantik von Südafrika bis Portugal und im Mittelmeer vorkommt.

Silberner Pampel

Stromateus cinereus
engl. white oder silver pomfret; franz. castagnole.
Körper eiförmig; Färbung von silbergrau bis weiß, oft übersät mit winzigen dunklen Punkten. Er lebt in den Küstengewässern des Indischen und des Westpazifischen Ozeans.

Der Butterfisch, ob aus Atlantik oder Pazifik, ist in Amerika äußerst gefragt. Er hat festes, weißes Fleisch, und als Portionsfisch ist er leicht zu handhaben, weil er wenig Gräten hat.

Butterfisch

Poronotus triacanthus
engl. butterfish.
Der eher schlank-ovale Körper ist fahlblau am Rücken, heller über den Flanken, am Bauch silbrig gefärbt. Vorkommen an der gesamten Ostküste der USA. Lebt in Schwärmen in Küstengewässern in weniger als 60 m Tiefe. Ein wertvoller Speisefisch, der frisch und gefroren im Handel ist.
Zur selben Familie gehört der **Pacific Butterfish** bzw. **Kalifornische Pompano** (*Peprilus simillimus*), der an der pazifischen Küste der USA vorkommt. Er ist ebenfalls ein geschätzter Speisefisch, der vorwiegend frisch angeboten wird.

Plattfische

Das wesentliche Merkmal dieser Fische der Ordnung *Pleuronectiformes* ist ihre platte, seitlich verbreitete Körperform. Die Larven der Plattfische sind noch, wie beim Rundfisch, „normal" gebaut, aber bei einigen Zentimetern Größe fängt ein Auge an, auf die obere Seite zu wandern, die dann als Augenseite bezeichnet wird. Diese Seite ist auch gefärbt. Die Unterseite (Blindseite) dagegen bleibt meist weißlich. Die Rücken- und Afterflosse der Bodenbewohner bilden einen geschlossenen Flossensaum um die Körperscheibe. Es gibt links- und rechtsäugige Plattfischarten.
Plattfische haben seit altersher große wirtschaftliche Bedeutung, da sie in warmen und gemäßigt-warmen Flachwassergebieten in großer Anzahl auftreten. Überdies gehören zu den Plattfischen die besten Fischarten überhaupt, wie Heil- und Steinbutt, Seezunge, Scholle u. a.
Die Familie der Lammzungen (Citharidae) besteht aus zwei Gattungen mit je einer Art. Diese unterscheiden sich von anderen Plattfischen durch eine viel größere hintere Nasenöffnung, große Schuppen und einen großen Mund mit kräftig vorgeschobenem Unterkiefer.
Die linksäugige **Großschuppige Lammzunge** (*Citharus macrolepidotus*) hat einen lang-ovalen Körper und große, dicht beieinanderstehende Augen. Färbung durchscheinend hellbraun oder grauweiß mit Gelbtönen. Entlang der Basis des Flossensaums dunkle Flecken. Lebt bis in 300 m Tiefe und wird bis 30 cm lang. Die **Indopazifische Lammzunge** (*Citharoides macrolepis*), ebenfalls linksäugig, hat ihren Lebensbereich an den Küsten Südafrikas, Koreas und Japans.
Die Buttfische der Familie der Steinbutte (Scophthalmidae) sind linksäugig, das heißt, die Augen befinden sich auf der linken Körperseite. Sie haben einen großen Mund, bei dem der Unterkiefer den Oberkiefer überragt. Zu dieser Familie gehören vier nordostatlantische Gattungen.

Glattbutt, Kleist

Scophthalmus rhombus
engl. brill; franz. barbue; ital. rombo liscio; span. rapante.
Eiförmiger Körper, von winzigen, glatten Schuppen bedeckt. Fär-

Der Silver Pomfret ist der Prestige-Fisch des indopazifischen Raums. Er wird zu Höchstpreisen gehandelt und nimmt auf den Speisekarten dieser Regionen etwa den Rang unserer Seezunge ein. Ebenso variabel kann er auch zubereitet werden. Sein Fleisch ist makellos weiß, fest und delikat. Eine Spezialität aus Singapur sind geräucherte Pomfrets. So schmecken sie besonders gut.

bung der Oberseite nach Lebensraum variabel. Vorkommen im Nordostatlantik, vom Mittelmeer bis Norwegen. Der Glattbutt lebt in 70 m Tiefe über Sand- und Geröllgrund. Er ernährt sich von kleinen Krebstieren und Bodenfischen und wird bis 70 cm lang.

Flügelbutt, Schefsnut

Lepidorhombus wiffiagonis
engl. megrim; franz. cardine franche; ital. rombo giallo; span. gallo, lliseria.
Ovaler, durchscheinender Körper, daher auch Glasbutt genannt. Auffallend schiefer Kopf und Mund, mit einem Höcker am Unterkiefer. Färbung der Oberseite sandfarben mit Flecken, Blindseite weiß. Vorkommen im Nordostatlantik, im Mittelmeer und in der Nordsee. Der Flügelbutt wird bis 60 cm lang.
Der **Gefleckte Flügelbutt** (*Lepidorhombus boscii*) hat keinen Höcker am Unterkiefer. Er kommt vom Mittelmeer bis zu den Orkney-Inseln vor. Der **Norwegische Zwergbutt** (*Phrynorhombus norvegicus*) wird nur 12 cm lang. Er ist vom Ärmelkanal bis Island verbreitet.

Steinbutt

Psetta maxima
engl. turbot; franz. turbot; ital. rombo chiodato, rombo grande; span. rodaballo.
Körper wie eine dicke, runde Scheibe, ohne Schuppen, dafür mit Knochenhöckern („Steine") bedeckt. Linksäugig. Färbung der Oberseite variabel, je nach Untergrund. Vorkommen im Nordostatlantik, vom Mittelmeer bis Island, in Nord- und Ostsee; im Schwarzen Meer gibt es eine nah verwandte Art. Ernährt sich von Krebsen, Muscheln und kleinen Bodenfischen. Wird bis 1 m groß und 25 kg schwer.
Der verwandte **Haarbutt** (*Zeugopterus punctatus*) hat Schuppen mit kleinen, borstenartigen Auswüchsen. Er wird bis 25 cm lang und ist von der Biskaya bis Mittelnorwegen verbreitet.

Die Familie Butte (Bothidae) besteht aus 13 Gattungen mit vielen Arten.

Lammzunge

Arnoglossus laterna
engl. scaldfish; franz. fausse limande; ital. zanchetta; span. peluda.
Schlank-ovaler Körper mit leicht gesträubten Schuppen. Linksäugig. Vorkommen im Nordostatlantik, im Mittelmeer und im Schwarzen Meer. Bis 25 cm lang.

Weitäugiger Butt

Bothus podas
engl. wide-eyed flounder; franz. platophrys; ital. rombo di rena; span. podas.
Körper oval, linksäugig. Augen weit voneinander getrennt, mit je einem Stachel vor dem unteren Auge und auf der Schnauze (Männchen). Färbung variabel, meist graugrundig. Zwei dunkle Flecken vor der Schwanzflosse.

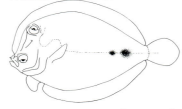

Vorkommen im Mittelmeer, nah verwandte Arten von Angola bis zu den Azoren, im Suez-Kanal und Indopazifik.

▶ **Lammzungen** könnten für den Gourmet durchaus ein Ersatz für Seezungen sein, so fein ist ihr Fleisch. Aber sie werden nur an den Küsten des südlichen Mittelmeers und Westafrikas angeboten.

Als Barbue ist der Glattbutt auf der Speisekarte geschätzt, obwohl er immer im Schatten seines wertvollen Verwandten, des Steinbutts, steht. Er wird sowohl frisch als auch tiefgefroren angeboten. Ein Fisch für alle Garmethoden, ideal aber zum Dämpfen und Dünsten.

▶ **Der Flügelbutt,** ein feiner Plattfisch, der es eigentlich nicht verdient hat, dem Verbraucher als Ersatz für Rotzungen untergeschoben zu werden. Durch seine transparente Erscheinung ist er jedoch leicht von ihnen zu unterscheiden.

Sommerflunder

Paralichthys dentatus
engl. summer flounder; franz. cardeau d'été.
Vertreterin der Butte an der Ostküste der USA, von Massachusetts bis North Carolina. Andere Arten sind südlicher zu finden. Lebt im Sommer in Küstengewässern. Ein sehr geschätzter Speisefisch.
Eng verwandt ist die **Golfflunder** (*Paralichthys albigutta*), ein exzellenter Speisefisch, der in den Küstengewässern von North Carolina bis Texas verbreitet ist.

Der Steinbutt ist einer der begehrtesten und wertvollsten Speisefische des Atlantiks. Im Mittelmeerraum schon seit dem Altertum von Griechen und Römern als Delikatesse geschätzt, wird er dennoch überbewertet: Die qualitative Differenz zu seinen Verwandten ist nicht so riesig, wie es der Preisunterschied erscheinen läßt.

▼ **Sommerflunder** und Golfflunder sind die westatlantischen Mitglieder der Buttfamilie. Sie sind exzellente Speisefische mit weißem, festem Fleisch und feinem Aroma und auch von wirtschaftlicher Bedeutung, obwohl sie nicht die Preise des Steinbutts erreichen.

MEERESFISCHE

Die Familie der Schollen (*Pleuronectidae*) ist mit ihren zahlreichen Arten von der Antarktis bis zur Arktis verbreitet. Die Augen befinden sich bei ihnen meist auf der rechten Körperseite.

Scholle oder Goldbutt

Pleuronectes platessa
engl. plaice; franz. plie, carrelet; ital. passera; span. solla.
Der Körper ist breit-oval mit kleinem Mund. Kleine, glatte Schuppen. Von den Augen bis zur Seitenlinie ein Warzenkamm. Färbung auf der oberen Seite braun, mit rötlichen oder orangefarbenen runden Flecken. Blindseite weiß. Vorkommen im Nordostatlantik von Südportugal über die Nordsee bis zum Weißmeer und im westlichen Mittelmeer. Lebt über Sand- und Schillgrund. Im Atlantik bis zu 200 m, im Mittelmeer bis zu 400 m Tiefe. Dringt zur Nahrungssuche auch ins Brackwasser und in Lagunen vor. Ernährt sich von kleinen Würmern, Krebsen und dünnschaligen Weichtieren. Wird bis 90 cm lang bei 7 kg Gewicht.

Zungenbutt oder Hundszunge

Glyptocephalus cynoglossus
engl. witch; franz. plie grise; ital. passera lingua de carne; span. mendo.
Der Körper ist lang-oval, rechtsäugig, der Kopf mit flachen Gruben auf der Blindseite, kleine runde Mundöffnung. Augenseite graubraun gefärbt, der Kopf dunkler, die Blindseite ist weiß. Vorkommen beiderseits des Nordatlantiks. Im Osten von der Biskaya bis zum Weißmeer, nicht im Ärmelkanal und der südlichen Nordsee. Sehr zahlreich in der norwegischen Rinne. Lebt über weichem Grund und ernährt sich von Borstenwürmern, Weichtieren und kleinen Stachelhäutern. Wird etwa 55 cm lang und 2,5 kg schwer.
Der **Pazifische Zungenbutt** (*Glyptocephalus zachirus*; engl. rex sole; franz. sole américaine) ist an der Augenseite hellbraun gefärbt. Er bewohnt die pazifischen Gewässer von der Beringsee bis Niederkalifornien. Lebt über Sand- und Schlammgrund bis in 600 m Tiefe. Wächst relativ langsam und kann bis zu 24 Jahre alt werden. Ein wichtiger Speisefisch mit großer Bedeutung für die westliche Fischereiwirtschaft der USA.

Die Scholle ist sicher der populärste Plattfisch und der ideale Portions-Frischfisch, denn in dieser Größe wird sie meist angeboten. Aber auch tiefgefrorene Filets sind auf dem Markt. Einige Regionalgerichte in England und Deutschland haben den Ruf der Scholle gefestigt.

Die **Doggerscharbe** oder **Rauhe Scharbe** (*Hippoglossoides platessoides*; engl. American plaice, long rough dab; franz. balai de l'Atlantique) kommt vorwiegend beiderseits des Nordatlantiks vor. Der länglich-ovale Körper ist auf der Augenseite grau oder rötlichbraun gefärbt, zum Teil mit vielen verstreuten Punkten und schwacher Marmorierung. Die Schuppen haben einen rauhen, gezähnelten Rand, daher der Name. Die Doggerscharbe hat wenig Fleisch, aber es ist zart und von guter Qualität.
Eng verwandt mit der Doggerscharbe ist die **Heilbuttscholle** (*Hippoglossoides elassodon*, engl. flathead sole) dünn, rechtsäugig und mit langen Zähnen. Die Augenseite ist braun gefärbt, meist mit dunkleren Punkten besetzt. Vorkommen vor allem im Nordpazifik, vom Japanischen Meer über die Beringsee bis nach Kalifornien.

Atlantischer oder Weißer Heilbutt

Hippoglossus hippoglossus
engl. Atlantic halibut; franz. flétan; ital. halibut; span. halibut.
Der lang-ovale, dickfleischige Fisch kommt im Nordostatlantik vor, von der Biskaya über die Nordsee bis zum Weißmeer, im Nordwestatlantik von Grönland bis zu den Neufundlandbänken. Lebt über Sand-, Kies- und Geröllgrund in Tiefen von 50 bis 2000 m. Ernährt sich, als gefräßiger Raubfisch, von Fischen aller Art, Tintenfischen und Krebstieren. Der Heilbutt ist der größte Plattfisch. Er kann bis zu 4 m lang und 300 kg schwer werden. Für den kulinarischen Bedarf werden jedoch weit geringere Größen bevorzugt, da deren Fleisch eine bessere Qualität aufweist.

Die Echte Rotzunge wird von Gourmets der Seezunge oft vorgezogen. Ihr weißes, mageres Fleisch ist zwar etwas weicher, dafür aber sind die Filets dicker. Der ideale Bratfisch, ob mit oder ohne Haut, aber auch zum Pochieren geeignet.

▲ **Hundszunge** ist die volkstümliche Bezeichnung für den Zungenbutt. Er hat relativ festes Fleisch von mittlerer Qualität, das sich gut zum Braten und Grillen eignet.

▶ **Als Dover Sole** (im Bild oben) wird sie in den USA vermarktet: die Pazifische Rotzunge. Sie ist von sehr guter Qualität. Ebenso die Flathead Sole aus dem Pazifik. Ein feiner Speisefisch, der aber meist nur tiefgefroren im Handel ist.

MEERESFISCHE

Der Weiße Heilbutt aus dem Atlantik und Pazifik ist zwar der größte Plattfisch (bis 300 kg schwer), auf dem Markt wird er aber weitaus kleiner angeboten. Sein feines weißes Fleisch ist besonders reich an Eiweiß und relativ fettarm.

Die Glattscholle aus dem Pazifik, in den USA English Sole genannt, ist ein relativ viel gefangener Plattfisch mittlerer Qualität. Frisch kommt sie selten auf den Markt, meist wird sie tiefgefroren angeboten. Die Rex Sole (Bild links) genießt unter Feinschmeckern einen sehr guten Ruf. Sie hat sehr feines, festes Fleisch und wird als Frischfisch meist gehäutet angeboten.

Der **Pazifische Heilbutt** (*Hippoglossus hippoglossus stenolepis*, engl. Pacific halibut) ist dem Atlantischen Heilbutt sehr ähnlich. Er kommt im Nordpazifik vor, vom Japanischen Meer über die Beringsee und Alaska bis nach Südkalifornien. Große wirtschaftliche Bedeutung. Die Hauptfänge der USA kommen aus Alaska.
Die **Kliesche** oder **Scharbe** (*Limanda limanda*) ist einer der häufigsten Plattfische. Sie kommt im Nordostatlantik von der Biskaya bis zum Weißmeer vor. Maximale Länge 40 cm. Im Gegensatz zu anderen Plattfischen kann man die Kliesche nicht hältern, weil sie sofort stirbt. Daher kommt sie meist gefroren als Filet. zusammen mit Schollen und Rotzungen auf den Markt. Ihr Fleisch ist sehr wohlschmeckend. Das pazifische Gegenstück ist die **Yellowfin Sole** bzw. **Pazfische Kliesche** (*Limanda aspera*). Als Besonderheit sind bei ihr Rücken- und Afterflosse gelblich gefärbt, mit feinen dunklen Linien. Vorkommen vom Japanischen Meer über die Beringsee bis Kalifornien. Wird gewöhnlich mit einer Länge von etwa 90 cm gefangen, kann aber bis zu 2 m lang werden.
Eine nahe Verwandte ist die **Felsenkliesche** (*Lepidopsetta bilineata*, engl. rock sole; japan. shumushugarei). Besonderes Kennzeichen ist ihre über der Brustflosse nach oben gebogene Seitenlinie, die zusätzlich einen kleinen Seitenzweig hat. Vorkommen vom Japanischen Meer über die Beringsee bis Kalifornien. Ein guter Speisefisch, mit großer wirtschaftlicher Bedeutung in Japan; in USA nur selten auf dem Markt. Zur Familie der *Pleuronectidae* gehört auch die **English Sole** bzw. **Pazifische Glattscholle** (*Parophrys vetulus*). Ebenfalls rechtsäugig; das obere Auge liegt jedoch so hoch, daß es auch von der Blindseite her sichtbar ist.

Rock Sole oder Felsenkliesche. Ein Pazifik-Plattfisch von guter Qualität mit weißem, sehr aromatischem Fleisch.

Tranchen schneiden kann man nur vom kleinen Heilbutt. Zum Braten und Grillen sind solche Scheiben ideal, weil das Fleisch durch den Schutz der Haut besonders saftig bleibt.

Wird bis 57 cm lang und kommt an der pazifischen Küste der USA, von Alaska bis zum nördlichen Mexiko, vor. Das Fleisch ist von guter Qualität, gelegentlich hat es einen leichten Jodgeschmack.

Echte Rotzunge, Limande
Microstomus kitt

engl. lemon sole, lemon dab; franz. limande sole; ital. limanda; span. mendo limón.
Der breit-ovale, fleischige Körper hat einen nur kleinen Kopf mit kleiner Mundöffnung. Die Haut ist schleimig. Färbung oben rot bis gelbbraun, mit brauner oder dunkelorangefarbener Marmorierung, Blindseite weiß. Vorkommen im Nordostatlantik, von der Biskaya über den Ärmelkanal und die Nordsee bis zum Weißmeer. Ernährt sich von Borstenwürmern, Seepocken und Weichtieren. Wird bis zu 70 cm lang.
Einen wichtigen fischereiwirtschaftlichen Faktor an der amerikanischen Westküste stellt die **Pazifische Rotzunge** (*Microstomus pacificus*, engl. slipper oder slime sole, Dover sole (USA) dar. Schlank, mit schleimiger Haut. Auf der Oberseite braun gefärbt, die Blindseite hellgrau, manchmal mit rötlichen Tupfen. Diese Art ist im Nordpazifik beheimatet, von der Beringsee bis Niederkalifornien. Lebt über weichem Grund von 20 bis in 900 m Tiefe. Im Winter zieht sie in tiefere Gewässer. Der begehrte Speisefisch ist fast nur als Filet im Handel.

MEERESFISCHE

◀ **Die Ostseeflunder** ist ähnlich populär wie die Scholle und findet für viele regionale Spezialtäten Verwendung. Mit ihrem besonders mageren, zarten Fleisch schmeckt sie sehr fein in Butter gebraten.

Die Dover Sole, unsere Seezunge, ist weltweit Synonym für feinen Fisch. Entsprechend teuer wird sie auch gehandelt. Die hohen Preise sind zum einen den zurückgehenden Beständen, zum anderen der steigenden Nachfrage zuzuschreiben. Sie wird nicht nur als Frischfisch in Europa angeboten, sondern auch frisch und tiefgefroren nach Amerika und Asien exportiert.

Der Schwarze Heilbutt gewinnt als Frischfisch immer mehr an Beliebtheit. Sein aromatisches Fleisch ist auch sehr vielseitig verwendbar. Besonders geeignet ist er aber zum Dünsten, Schmoren und Braten und, wegen seines relativ hohen Fettgehalts, auch zum Räuchern.

Flunder

Platichthys flesus
engl. flounder; franz. flet; ital. pianuzza; span. platija.
Der ovale Körper ist von kleinen Schuppen besetzt und hat dornige Hautwarzen entlang der Seitenlinie und an der Basis der Rücken- und Afterflosse. Beheimatet im Nordostatlantik von Gibraltar bis zum Weißmeer, auch in der Ostsee und im westlichen Mittelmeer. Eine verwandte Art lebt in der Adria. Kann in Meer-, Brack- und Süßwasser leben. Ernährt sich von Kleinkrebsen, Garnelen und kleinen Fischen. Wird bis 50 cm lang. Ihr Fleisch ist von hervorragender Qualität.
Eine Verwandte von der Westküste der USA ist die **Sand Sole** bzw. **Pazifische Sandscholle** (*Psettichthys melanostictus*).

Die Petrale Sole oder Pazifische Scharbe ist der beliebteste Plattfisch an der amerikanischen Pazifikküste und kommt auch teilweise frisch auf den Markt. Ihr Fleisch ist von fester Konsistenz, weiß und von ganz hervorragendem Geschmack.

Schwarzer Heilbutt

Reinhardtius hippoglossoides
engl. Greenland halibut; franz. flétan; ital. halibut; span. hipogloso negro, halibut negro.
Weniger asymmetrisch gebaut als andere Plattfische. Das linke Auge sitzt außen an der Kopfkante. Sehr dunkel, fast rußig-schwarz gefärbt, auch die Blindseite ist dunkel. Vorkommen in arktischen Gewässern in Tiefen bis 2000 m; im Nordostatlantik von Island und der norwegischen Küste bis zum Weißmeer, im Nordwestatlantik von Grönland bis Neufundland. Lebt in Tiefen bis 2000 m und ernährt sich von Fischen wie Kabeljau, kleineren Barscharten, Garnelen. Wird bis 1,20 m lang 45 kg schwer. Ein wirtschaftlich wichtiger Fisch.

Pazifische Scharbe

Eopsetta jordani
engl. petrale sole; franz. plie de Californie; ital. passera jordani.
Rund-ovaler Körper, rauhe Schuppen. Vorkommen von der Beringsee bis Niederkalifornien. Lebt über Sandgrund bis 450 m Tiefe. Wird bis zu 70 cm lang und gehört zu den häufigsten Plattfischen entlang der kalifornischen Küste.
Eng verwandt ist die **Lemon Sole** bzw. **Neuseeländische Scharbe** (*Pelotretis flavilatus*, japan. karei).

Graubraun gefärbt mit dunkler Marmorierung, weiße Blindseite. Kommt nur in den Gewässern um Neuseeland, in Tiefen bis 100 m, vor. Wird 35 cm lang. Guter Speisefisch.
Gleichfalls in den Gewässern um Neuseeland ist die **New Zealand Sole** bzw. **Neuseeländische Rundzunge** (*Peltorhamphus novaezeelandiae*, japan. karei) beheimatet. Ihre Vorkommen sind jedoch gering. Auffallend der abgerundete Kopf. Hat delikates Fleisch. Die oberen Filets sind etwas dunkler, werden beim Garen aber hell.

Die Familie der Seezungen (*Soleidae*) sind Plattfische mit oval-länglichem, zungenähnlichem Körper und abgerundetem Kopf. Seezungen sind außerdem dikker, nicht so flach wie andere Plattfische. Sie sind meist rechtsäugig.

Seezunge

Solea vulgaris
engl. common sole, Dover sole; franz. sole commune; ital. sogliola; span. lenguado.
Der bekannteste, feinste und wertvollste Fisch unter den Plattfischen. Vorkommen im Nordostatlantik, von der Küste Senegals über den Ärmelkanal und die Nordsee bis Trondheim, in der westlichen Ostsee und im Mittelmeer. Ernährt sich von Borstenwürmern, kleinen Krebstieren und Muscheln, gelegentlich auch

MEERESFISCHE

von Jungfischen. Durchschnittliche Länge sind 30–40 cm, max. 60 cm (3 kg). Seezungen werden das ganze Jahr über frisch angeboten, auch gefroren, im ganzen oder als Filet.

Die nah verwandte **Sandzunge** (*Solea lascaris;* engl. lascar; franz. sole-pole) ist im warmen Atlantik bis zu den Britischen Inseln und im Mittelmeer beheimatet. Als duchschnittlich guter Speisefisch wird sie vorwiegend Blindseite in der Umgebung des Mundes sitzen feine Tastzotten. Die verwandte **Bastardzunge** (*Microchirus variegatus*) kommt von Senegal bis zu den Britischen Inseln und im Mittelmeer vor. Ihr Fleisch ist sehr gut und wird gefroren angeboten. Ebenfalls verwandt ist die **Augenseezunge** (*Microchirus ocellatus*), die entlang der westafrikanischen Küste bis zur Biskaya und im Mittelmeer verbreitet ist. Sie wird etwa

Auf den Märkten der karibischen Inseln wird der Königin-Drückerfisch oft angeboten. Wer Gelegenheit hat, sollte zugreifen. Sein Fleisch ist nämlich von angenehm fester Konsistenz, weiß und sehr zart im Geschmack. Es wird oft mit Froschschenkeln verglichen. Das Filetieren ist allerdings schwierig, weil Drückerfische eine extrem feste, ledrige Haut haben.

Als Advokatenzunge wird die Lange Zunge auch gehandelt. Sie hat, wie die übrigen Plattfische aus der Seezungen-Familie, Fleisch von mittlerer Qualität. Die echte Seezunge mit ihrem Wohlgeschmack erreichen sie jedenfalls nicht. Das regionale Angebot als Frischfisch ist auch sehr unterschiedlich.

gefroren angeboten. Die **Tiefen-Seezunge** (*Bathysolea profundicola*) kommt im Ostatlantik vor, von Angola bis Irland, und im westlichen Mittelmeer. Ein relativ seltener Fisch, der in Tiefen bis zu 1300 m lebt. Die **Zwerg-Seezunge** (*Buglossidium luteum*) ist im Ostatlantik beheimatet, von Angola bis Island, auch im Mittelmeer. Diese kleinste Seezungenart wird nur 13 cm lang. Sie hat hervorragendes Fleisch und eignet sich ausgezeichnet zum Fritieren.

Lange Zunge
Dicologoglossa cuneata
franz. cétan, langue d'avocat; span. acevia.

Gestreckter als die Seezunge, dunkel-sandfarben. Vorkommen im Ostatlantik bis zur Biskaya, häufig auch im westlichen Mittelmeer, in Tiefen bis 80 m. Auf der

20 cm lang und hat gutes Fleisch. Die **Haarseezunge** (*Monochirus hispidus*) kommt im Ostatlantik von Ghana bis Portugal und im Mittelmeer vor. Der ovale Körper ist mit haarigen Schuppen besetzt (Name). Der Blindseite fehlt die Brustflosse. Länge bis 20 cm. Das Fleisch ist von guter Qualität.

Die Hundszungen (*Cynoglossidae*) sind nahe mit den Seezungen verwandt. Sie sind jedoch meist linksäugig und haben keine Seitenlinie. Rücken- und Afterflosse laufen am Schwanz zusammen, so daß der Körper am hinteren Ende spitz zuläuft. Vorwiegend in südlichen warmen Meeren beheimatet.

Die **Hundszunge** (*Symphurus nigrescens,* franz. plagusie) kommt im Ostatlantik vor, von Angola bis Portugal. Lebt in größeren Tiefen und wird nur 12 cm groß.

Kugelfischverwandte
Tetraodontiformes

Diese Ordnung besteht aus zwei großen Gruppen, nämlich den Drückerfischartigen und den Kugelfischartigen. Die meisten leben in den Küstenzonen der tropischen Meere, zum Teil sind sie Korallenriffbewohner.

Drückerfisch
Balistes carolinensis
engl. gray triggerfish; franz. baliste commun; ital. pesce balestra; span. pez ballesta.

Hoher, ovaler, seitlich abgeflachter Körper, großer Kopf, sehr kleine Mundöffnung. Obere und untere Strahlen der Schwanzflosse fadenförmig verlängert. Vorkommen im Atlantik, im Osten von Angola bis zum Ärmelkanal und im Mittelmeer. Ernährt sich von kleinen Krebs- und Weichtieren und kleinen Fischen. Kann bis zu 40 cm lang werden.
Ein Verwandter ist der **Weißflecken-Drückerfisch** (*Abalistes stellaris,* engl. triggerfish, leatherjacket), der im Roten Meer und im Indischen Ozean bis zu den westpazifischen Inseln verbreitet ist. Er hat einen besonders schlanken Schwanzstiel. Länge bis 60 cm. Ein durchschnittlich guter Speisefisch.

Königin-Drückerfisch
Balistes vetula
engl. queen triggerfish; franz. baliste vétule.

Am Rücken graublau mit schmalen, dunklen Schrägstreifen, Bauchseite goldgelb. Am Kopf und vom Mund ausgehend schmale, leuchtendblaue Streifen, die eine größere Mundspalte vortäuschen sollen.

Die Fische der Familie der Keulenfische (*Lagocephalidae*) sind kulinarisch unbedeutend, ausgenommen der Kugelfisch (*Lagocephalus lunaris,* japan. fugu), der es in Japan zu höchster Popularität brachte. Ob es die Qualität des Fleisches ist, das die Japaner so entzückt, oder die Kunst der Köche, es meisterhaft von den teils tödlich giftigen Eingeweiden zu trennen, wird sich wohl nicht klären lassen.

Mondfische (*Molidae*) sind Hochseebewohner mit flachem, eiförmigem Körper, ohne Schuppen, aber mit einer dicken, ledrigen Haut. Rücken- und Afterflosse befinden sich am Ende des Körpers, der als Schwanzflosse nur einen welligen Saum hat.

Mondfisch
Mola mola
engl. ocean sunfish; franz. mole commun, poisson-lune; ital. pesce luna; span. pez luna.

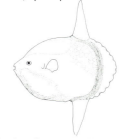

Scheibenförmiger Körper, kleine Mundöffnung mit schnabelartigem Kiefer. Kurze, hohe Rücken- und Afterflosse, die durch den Flossensaum miteinander verbunden sind. Schuppenlose, dikke, rauhe Haut. Länge bis 3 m bei etwa 1500 kg Gewicht. Kommt in tropischen und gemäßigt-warmen Meeren vor.

73

SÜSSWASSERFISCHE

Lexikon der Süßwasserfische

Von den gut 20 000 bekannten Fischarten kommen nur etwa 5000 im Süßwasser vor. Wenn man jedoch bedenkt, daß der Lebensraum der Süßwasserfische – Fließgewässer, also Bäche und Flüsse, und stehende Gewässer, wie Teiche und Seen – nicht einmal 2 Prozent der Erdoberfläche ausmachen, dann sind das im Verhältnis relativ viele.

Die Zuordnung ist nicht immer eindeutig. Die meisten Süßwasserfische würden sterben, sobald sie in Salzwasser gerieten, doch andere, die sogenannten Wanderfische, wechseln zwischen Süß- und Meerwasser. Und zwar meist, um ihren Laichplatz aufzusuchen. Das geschieht in beiden Richtungen. Während beispielsweise der Aal aus dem Süßwasser ins Meer zieht, um sich fortzupflanzen (und darum hier zu den Meeresfischen gezählt wird), gibt es andere, wie die Lachse, die zum Ablaichen aus dem Meer ins Süßwasser wandern.

Die verschiedenen Gewässerarten bieten den Fischen sehr unterschiedliche Lebensbedingungen. Dabei lassen sich bei den Seen vom Hochgebirge bis zum Flachland bestimmte Typen, im Verlauf der Fließgewässer von der Quelle bis zur Mündung bestimmte Zonen unterscheiden, die durch ihre Umweltbedingungen und die Zusammensetzung der Fischfauna charakterisiert werden. Diese Seentypen und Fließwasserzonen werden nach den „Leitfischen", also den am häufigsten dort vorkommenden Fischarten, benannt. So unterscheidet man Bachforellen-, Saiblings-, Coregonen-, Brachsen-, Zander-, Plötzen- und Hecht-Schlei-Seen. Die verschiedenen Fließgewässer-Abschnitte bezeichnet man als obere und untere Forellenregion, Äschen-, Barben-, Brachsen- und Kaulbarsch-Flunder-Region. In der letztgenannten Flußregion, im Mündungsgebiet zwischen Süß- und Salzwasser, werden schon die Gezeiten wirksam. Hier gibt es bereits an den geringen Salzgehalt angepaßte Meeresfische, wie zum Beispiel Flundern.

Neunaugen

Petromyzonidae

Die Neunaugen gehören nicht zur Klasse der Fische, sondern zu den Rundmäulern *(Cyclostomata)*, der primitivsten Wirbeltiergruppe. Ihr aalförmiger Körper, von einer schuppenlosen, schlei-

Das Flußneunauge spielte früher eine große wirtschaftliche Rolle. In der Elbe wurden jährlich 5 t Neunaugen gefangen. Heute sind die Bestände durch die Verschmutzung der Gewässer stark zurückgegangen, in vielen Flüssen völlig vernichtet. Kenner schätzen ihr Fleisch höher als das des Aals ein.

migen Haut bedeckt, hat auf jeder Seite 7 Kiemenöffnungen, die zusammen mit dem Auge und der Nasenöffnung 9 „Augen" ergeben. Der Name „Rundmaul" leitet sich von dem trichterförmigen, mit Hornzähnen bestückten Saugmund ab, mit dem sie sich

SÜSSWASSERFISCHE

an ihrer Beute (Dorsche, Heringe und andere Fische) festsaugen. Neunaugen sind auf der nördlichen Erdhalbkugel im Meer und im Süßwasser verbreitet, auf der Südhalbkugel nur im südlichsten Teil Australiens und Südamerikas. Es gibt wandernde und standorttreue Arten.

Das **Flußneunauge** (Lampetra fluviatilis, engl. river lamprey, lampern, stone eel; franz. lamproie de mer) ist nur noch selten. Verbreitungsgebiete waren die europäischen Küstengewässer und Flüsse, in die es zum Laichen aufstieg. Das **Bachneunauge** (Lampetra planeri) lebt als Standfisch in kleineren Flüssen und Bächen. Es ist sehr klein.

Störe (Familie Acipenseridae) sind Süßwasser- und Wanderfische, die nur auf der nördlichen Halbkugel vorkommen, die meisten der insgesamt 26 Arten in russischen und asiatischen Gewässern. Ihr haiförmiger Körper ist mit 5 Längsreihen von Knochenschildern bedeckt, die Schwanzflosse hat einen verlängerten Oberlappen. Der zahnlose kleine Mund kann rüsselartig vorgestreckt werden. Davor stehen in einer Querreihe 4 Bartfäden. Die Wanderformen steigen zum Ablaichen vom Meer in die Flüsse auf. Die Jungfische wandern dann nach etwa 2 Jahren ins Meer ab.

schung ist er in Westeuropa fast ausgestorben. Seine durchschnittliche Länge beträgt 1–2 m, seine maximale Größe (bis 5,5 m bei 200 kg Gewicht) erreicht er nur selten.

Zur selben Familie gehören auch der **Adria-Stör** (Acipenser naccari) und der **Dick** oder **Glattdick** (Acipenser nudiventris). Ebenso der **Sterlet** (Acipenser ruthenus), eine kleinbleibende Art, die in den Zuflüssen des Schwarzen, Asowschen und des Kaspischen Meeres, in größeren Flüssen und Seen Nordrußlands und Sibiriens und in Zuflüssen der östlichen Ostsee vorkommt. Wegen seines wohlschmeckenden Fleisches ist er in Osteuropa von großer wirtschaftlicher Bedeutung. In der UdSSR wird er als Besatz für Staubecken und Teichwirtschaften gezüchtet. Der Rogen ergibt einen feinkörnigen Kaviar. Wertvolle Besatzfische werden auch durch Kreuzungen von **Waxdick** (Acipenser güldenstädti) und Sterlet gezüchtet.

Hausen, Beluga

Huso huso
engl. Beluga; franz. Beluga, grand esturgeon; ital. storione ladando; span. esturión.
Er ist der wohl berühmteste Stör, denn er ist der Lieferant des teuersten Kaviars. Er ist zugleich der größte Stör, der im Durchschnitt 4–7 m, maximal 9 m lang wird. Er

lang werden kann. Er kommt im Schwarzen, Asowschen und Kaspischen Meer sowie deren Zuflüssen vor. Der dritte im Bunde der Kaviar-Lieferanten ist der **Waxdick** oder **Osietra** (Acipenser güldenstädti). Mit durchschnittlich 1,5–2,5 m ist er der kleinste. Seine max. Länge beträgt 4 m bei 160 kg. Er kommt ebenfalls in den drei russischen Meeren vor.

Heringsfische (Familie Clupeidae) gibt es nicht nur im Meer, es gibt unter ihnen auch anadrome (d. h. zum Laichen vom Meer ins Süßwasser ziehende) Wanderfische und stationäre, also reine Süßwasser-Arten.

Alse, Maifisch

Alosa alosa
engl. allis shad; franz. alose vraie; ital. alosa, alaccia; span. alosa, sábalo.
Der Maifisch hat die Form vom Hering, ist jedoch etwas höher gebaut. Hinter dem Kiemendeckel hat er einen großen schwarzen und 1–2 kleinere schwarze Flecken. Zum Laichen steigt er aus den Küstengewässern sehr weit in die Flüsse auf. Wenn die Jungfische etwa 12 cm lang sind, wandern sie ins Meer ab. Durch

die Verschmutzung der Flüsse und Küstengewässer ist der Maifisch vom Aussterben bedroht. Daher hat er, im Gegensatz zu früheren Jahrzehnten, keine wirtschaftliche Bedeutung mehr.

Finte oder Elben

Alosa fallax
engl. twaite shad; franz. alose finte; ital. alosa, cheppia; span. saboga.
Der heringsähnliche Körper ist mit Rundschuppen bedeckt und oben bläulich grün bis braun gefärbt, unten silbrig-weiß mit Goldglanz. Hinter der Kiemenspalte sitzt ein großer und folgend 4–8 kleinere schwarze Flecken. Vorkommen an allen Küsten Europas, in der Nordsee, Ostsee und im Mittelmeer. Länge bis 55 cm, bei etwa 2 kg Gewicht. Auch dieser Wanderfisch ist durch die zunehmende Verschmutzung der Küstengewässer und der Flüsse vom Aussterben bedroht.

Die weiblichen Maifische sind kulinarisch ergiebiger als die Männchen. Nicht nur, wie beim American Shad, wegen des guten Rogens, sondern weil sie größer und fetter sind. Sie liefern ideale Filets für alle Garmethoden. Die Finten (im Bild) werden auch gern geräuchert.

Die wichtigsten Verwandten sind: Der **Kaspi-Maifisch** (Caspialosa caspia) und der **Schwarzmeer-Maifisch** (Caspialosa pontica), die beide im Schwarzen und im Kaspischen Meer vorkommen, sowie der **American Shad** (Alosa sapidissima), ein Maifisch der amerikanischen Ostküste, der zum Laichen in die Flüsse Neuenglands aufsteigt. Seine Bestände leiden ebenso unter der zunehmenden Wasserverschmutzung wie die der europäischen Arten. Der American Shad ist ein hochbegehrter Speisefisch, vor allem sein Rogen erfreut sich großer Beliebtheit.

Wer den Stör nur als Kaviar-Lieferant schätzt, tut ihm großes Unrecht. Denn sein Fleisch, vor allem das der kleineren Arten, schmeckt hervorragend. Es eignet sich für alle Zubereitungsarten, die auch beim Schwertfisch und beim Thunfisch angewandt werden. Vor allem gegrillt schmeckt es delikat, und natürlich auch geräuchert. Als Räucherfisch erscheint der Stör häufig auf dem Markt, doch kann die Nachfrage nicht annähernd befriedigt werden.

Stör

Acipenser sturio
engl. Baltic sturgeon; franz. esturgeon; ital. storione; span. esturión.
Der Stör kam einst in allen europäischen Küstengewässern vor, von Island und Norwegen bis ins Mittelmeer und ins Schwarze Meer. Durch Verschmutzung der Gewässer und durch Überfi-

kommt im Schwarzen, Asowschen und Kaspischen Meer vor. Zum Ablaichen steigt er in die Flüsse auf, im Kaspischen Meer in die Arme des Wolga-Deltas. Aus dem Schwarzen Meer früher sehr weit in die Donau, bis nach Bayern. Der Beluga-Stör ist heute relativ selten.
Den Sevruga-Kaviar liefert der **Sternhausen** oder **Sevruga** (Acipenser stellatus), der etwa 2 m

Zu den Lachsfischen (Salmonidae) gehören die Lachse, Forellen, Saiblinge und Huchen. Sie alle haben einen mäßig gestreckten, seitlich wenig abgeflachten Körper, der mit zahlreichen kleinen Schuppen besetzt ist. Die weite Mundöffnung ist mit kräftigen Zähnen versehen. Zwischen Rücken- und Schwanzflosse ist stets eine „Fettflosse", eine dicke Hautfalte, entwickelt. Alle Arten bevorzugen kalte, sauerstoffreiche Gewässer und laichen im Herbst und Winter. Bei den Lachsfischen gibt es Wanderformen, die im Süßwasser ablaichen, aber bis dahin längere Zeit im Meer leben, und Standformen, die ständig in Flüssen oder Seen wohnen. Fast alle Arten haben große wirtschaftliche Bedeutung. Ihres hervorragenden Fleisches wegen gehören sie zu den höchstbezahlten Speisefischen.

Lachs, Salm
Salmo salar
engl. salmon; franz. saumon; ital. salmone; span. salmón.

Der schlanke Körper, mit kleinen Schuppen besetzt, hat einen kleinen Kopf mit spitzer Schnauze. Jungfische bis 15 cm Länge haben große dunkle Flecken und rote Punkte auf den Flanken; Blanklachse im Meer, das sind die noch nicht geschlechtsreifen Tiere, haben runde schwarze Tupfen auf dem Kopf und silbrige Flanken. Während des Laichaufstiegs in die Flüsse wird die Haut zäh und dick, sie bekommt rote und schwarze Flecken. Bei den Männchen wird die Bauchseite rot. Bei ihnen bildet sich außerdem ein kräftiger Unterkieferhaken („Hakenlachs"), der sich nach dem Laichen aber zurückbildet. Der Lachs war in den europäischen Küstengewässern, vom Weißmeer und von Island aus, im Nord- und Ostseegebiet bis Nordportugal in großen Mengen verbreitet. Außerdem im Norden der USA und vor allem in Kanada, wo er heute noch in nennenswerten Mengen vorkommt. Ansonsten sind durch Verschmutzung und Verbauung der Laichgewässer die Bestände stark zurückgegangen, zum Teil erloschen. Die überaus erfolgreiche Lachszucht hat die dadurch entstandene Marktlücke wieder geschlossen.

Unter normalen Bedingungen zieht der Lachs zum Laichen weit flußaufwärts. Die Eiablage erfolgt zwischen November und Februar. Nach etwa 1–5 Jahren, je nach Standort, im Süßwasser wandern die Junglachse ins Meer ab und ernähren sich von Fischen und vor allem von Krebstieren, die letztlich den Geschmack und das Rot des Lachsfleisches bestimmen. Im Meer nehmen die Lachse dann sehr schnell an Gewicht zu. Es wurden schon Fische von 1,50 m Länge und 36 kg Gewicht gefangen. Das Durchschnittsgewicht aber sind 3–4 kg.

Adriatischer Lachs
Salmothymus obstusirostris

Ein kleiner Verwandter des Atlantischen Lachses, mit max. 50 cm Länge. Der langgestreckte, etwas hochrückige, seitlich abgeflachte Körper ist mit kleinen Schuppen besetzt und hat einen kleinen Kopf mit stumpfer Schnauze und breitem, kurzem Oberkiefer. Färbung grünlich bis bräunlich, Flanken heller mit dunkleren, auch kleinen roten Punkten, Bauchseite weißlich. Kommt in kühlen, sauerstoffreichen Fließgewässern in Jugoslawien an der dalmatinischen Küste vor.

Die pazifischen Lachse, zu denen 5 Arten gehören, unterscheiden sich vom europäischen Lachs durch eine wesentlich längere Afterflosse. Als Wanderfische steigen sie in die Zuflüsse des nördlichen Pazifiks und des Eismeers auf. Absoluter Spitzenreiter der pazifischen Lachse in Qualität und Preis ist der

Königslachs
Oncorhynchus tschawytscha
engl. king salmon, chinook salmon, quinnat salmon (neuseel.);

Sogenannte Babylachse, kleine Exemplare von 400 bis 500 g Gewicht, sind zur Zeit besonders begehrte Speisefische. Es sind natürlich Zuchtlachse, die zwar im Vergleich zum ausgewachsenen Fisch etwas fade im Geschmack sind, dafür aber sehr zartes Fleisch haben.

Der atlantische Lachs ist auch in Kanada ein begehrter Sportfisch. Ganz anders als in den europäischen, gibt es diesen besten aller Lachse in den kanadischen Flüssen noch reichlich. Ein Favorit der Ureinwohner, der Indianer, war er – wie man denken könnte – nicht; sie bevorzugten den Striped Bass und den Maifisch (American Shad).

76

franz. saumon royal; ital. salmone reale; span. salmon chinook. Er ist der größte unter den pazifischen Lachsen, mit einer Durchschnittsgröße von etwa 4–10 kg. Sein relativ hoher Körper hat einen sehr kleinen Kopf, einen gepunkteten Rücken und eine große, kräftige Schwanzflosse. Mit dem Coho Salmon liegt er zwar am Ende der quantitativen Wer-

Der King Salmon oder Chinook ist der absolute Favorit an der amerikanischen Westküste. Er wird auch nach Europa exportiert. Mit seinem Fettgehalt von 11,6 Prozent ist er zwar etwa magerer als der atlantische Lachs, doch ist sein muskulöses Fleisch in der Regel von so ausgewogenem Geschmack, daß ihn Kenner dem atlantischen Lachs vorziehen. Der geringere Fettgehalt wirkt sich vor allem beim Dämpfen und Pochieren positiv aus. Sein Filet schmeckt in der Folie gegart besonders fein.

Die Indianer Amerikas machen heute einen großen Teil derer aus, die die Schätze der Westküste und der großen Flüsse verarbeiten – die King Salmons, die Cohos und die anderen aus der Lachs-Familie. Sie besitzen aber auch noch verbriefte Rechte zum Fischen der Lachse in den Flüssen und wissen diesen begehrten Fisch in der Küche entsprechend zu würdigen.

„Frozen Salmon" ist ein wichtiges Produkt an der amerikanischen Pazifikküste. Alle fünf Pazifik-Lachse werden dort verarbeitet – zu Filets, in Tranchen geschnitten oder gleich zu Fertiggerichten. Favoriten sind natürlich die fettreichen Arten, wie der King Salmon. Der Lachs gehört in den USA zu den begehrten Edelfischen, und die Kennzeichnung „Frozen" ist dort kein Makel.

tung, aber er ist mit weitem Abstand der feinste und der beliebteste Pazifiklachs, und das schlägt sich natürlich im Preis nieder. Er kommt im gesamten Westpazifik vor. Auf dem amerikanischen Kontinent wird er von Alaska bis Kalifornien gefangen. Er wurde auch mit Erfolg in neuseeländischen Gewässern eingebürgert. Sogar in nordeuropäischen Gewässern (vor Island und Norwegen) kann man zwei der pazifischen Arten antreffen, den Keta- und den Buckellachs; sie wurden von der UdSSR mit Erfolg im Weißmeer eingesetzt.

Keta-Lachs

Oncorhynchus keta
engl. chum salmon, dog salmon; franz. saumon chien, saumon keta; ital. salmone keta.

◀ **Welcher der bessere ist,** darüber ließe sich wohl streiten. Sicher der muskulöse Wildlachs (*Salmo salar*, oben), mit all den Stärken und Schwächen eines echten Naturprodukts. Die absolut gleichbleibende, wenn auch nicht bessere Qualität garantiert heutzutage der Zuchtlachs (unten). Durch modernste Fütterungsmethoden können Geschmack und Farbe seines Fleisches praktisch im voraus festgelegt werden.

Vorkommen in den Küstengewässern des Eismeers, des Nordpazifiks, entlang der asiatischen Küste von der Lenamündung bis Korea und Nordjapan, an der amerikanischen Küste bis San Francisco. Der als Wanderfisch lebende Keta-Lachs kann 1 m lang und 6 kg schwer werden.
Ein wichtiger Konsumfisch aus der pazifischen Lachsgruppe ist der **Sockeye Salmon** (*Oncorhynchus nerka*), der zwar nicht gerade von überragender Qualität, aber in großen Mengen gefangen wird und als „Industriefisch" recht begehrt ist. Er hat einen relativ schlanken Körper und kommt von Alaska bis etwa Oregon vor.

Buckellachs

Oncorhynchus gorbuscha
engl. pink salmon, humpback salmon; franz. saumon rose; ital. salmone rosa; span. salmón pink (rosado).

Der gedrungene, im Alter sehr hochrückige Körper mit schlankem Schwanzstiel ist von ganz kleinen Schuppen besetzt. Seitenlinie gut sichtbar. Vorkommen in den Küstengewässern des Eismeers, besonders an der asiatischen Küste des Nordpazifiks

von der Lenamündung bis Korea und an der amerikanischen Küste bis Kalifornien, auch im Weißmeer. Lebt als Wanderfisch. Laichzeit in den Flüssen von August bis Oktober. Der Buckellachs ist der kleinste der Pazifiklachse und wird im Durchschnitt etwa 2 kg schwer.

Silberlachs, Coho-Lachs

Oncorhynchus kisutch
engl. coho salmon, silver salmon; franz. saumon argenté; ital. salmone argentato; span. salmón coho, salmón silver.

Kulinarisch wohl der zweitbeste unter den Pazifiklachsen. Durchschnittsgewicht etwa 3,5 kg. Vorkommen im nördlichen Eismeer und an der asiatischen und amerikanischen Pazifikküste. Auch die Bestände des Silberlachses sind durch Überfischen und Verbauung der Laichgründe (Wehre etc.) stark zurückgegangen. Daher werden allein in British Columbia in Zuchtanstalten jährlich bis zu 30 Millionen Coho-Lachse herangezogen. Außerdem werden Laichkanäle und Laichbuchten gebaut, um die Fische wieder in die Nähe ihrer alten Plätze zu ziehen. In Europa wird der Coho-Lachs seit einigen Jahren in Teichwirtschaften gehalten.

Die geschützten Fjorde Norwegens, mit dem vom Golfstrom temperierten Wasser des Atlantiks, bieten alle Voraussetzungen für eine erfolgreiche Fischzucht. Die Haltung der Lachse in schwimmenden Netzgehegen hat sich dort als besonders effektiv erwiesen. Sie macht auch das Abfischen relativ einfach: Der Netzboden des Geheges wird angehoben, und die an die Wasseroberfläche gedrängten Lachse werden mit Keschern herausgeholt.

Fishfarming – Fischerei mit Zukunft

Die Bedeutung der Fischzucht für die gesamte Fischerei ist weltweit nicht hoch genug einzuschätzen. Bislang steht dabei die Lachszucht unangefochten an erster Stelle. Mit keinem anderen Fisch wurden so große Erfolge erzielt. Man kann geradezu von einem Lachs-Boom sprechen, der sich inzwischen auch auf die Preise ausgewirkt hat. Lachs wurde wieder erschwinglich.
Von Gourmets wird allerdings beklagt, der edle Lachs sei zum Massenprodukt verkommen. Je stärker der Farmlachs den Markt beherrscht, um so größeres Ansehen genießt daher der „frische Wildlachs" im Feinkosthandel und auf Speisekarten. Meist zwar mit einer seriösen Herkunftsbezeichnung („Schottisch" oder „Irisch") versehen, doch das oft genug – wie peinlich – auch außerhalb der Fangzeiten.
Man sollte den Lachs ruhig beim Namen nennen. Denn Farmlachs muß keineswegs zweite Qualität bedeuten. Schon deshalb nicht, weil nicht jeder Wildlachs unbedingt erste Qualität sein muß. Und nicht sein kann. Schließlich ist der Wildlachs ein echtes Naturprodukt, seine Qualität ist Schwankungen unterworfen. Da kauft man sozusagen das Risiko mit. Und da kommt das entscheidende Plus vom Farmlachs ins Spiel: Konstant bleibende Qualität und ständige Verfügbarkeit.
Gezüchtet wird in Europa der Atlantische Lachs *(Salmo salar)*. Produzent Nummer eins in Europa ist, mit weitem Vorsprung, Norwegen.

Gefüttert wird überwiegend mit Fertigfutter aus Fischmehl und pflanzlichen Rohstoffen. Die Zusammensetzung des Futters ist von ausschlaggebender Bedeutung für die „Fischmast", denn bereits nach 18 Monaten sollen die Lachse schlachtreif sein. Daß sich dieses Tempo auch auf die Qualität auswirkt, dürfte unbestritten sein. Doch für den Handel und die Industrie hat die konstante Qualität Vorrang.

Seite für Seite gleich groß und von gleicher Farbe. Für die verarbeitende Industrie, wie die Räuchereien, sind die Farmlachse mit ihren gleichbleibenden Eigenschaften von unschätzbarem Vorteil.

Mit seiner langen Küste, den geschützten Fjorden und dem vom Golfstrom temperierten Atlantik hat es die idealen natürlichen Voraussetzungen für eine erfolgreiche Fischzucht. Die norwegischen Fachleute haben mittlerweile die größte Erfahrung und Praxis in der Lachszucht. Doch auch an der amerikanischen Pazifikküste ist man mit der Lachszucht längst über das Versuchsstadium hinaus. Dort wird vor allem der King Salmon *(Oncorhynchus tschawytscha),* der größte der fünf nordamerikanischen Lachsarten, gezüchtet.

Das Schlüsselproblem bei der künstlichen Zucht des atlantischen Lachses besteht vor allem in der natürlichen Anpassung der Lachse an einen meist zwei- bis vierjährigen Aufenthalt im Süßwasser, bevor sie in das Meer abwandern. Erst im Meerwasser beschleunigt sich das Wachstum beträchtlich. Für die Zucht kommt es also darauf an, die Dauer des natürlichen Aufenthalts im Süßwasser zu verkürzen, bevor man die jungen Lachse in die marinen Zuchtanlagen einsetzt. Das gelingt dadurch, daß man die Jungfische unter künstlich veränderter Lichtintensität, Tageslänge und Wassertemperatur in abgekürzten Jahreszeiten aufwachsen läßt. So können sie bereits nach ein bis zwei Jahren in den Gehegen als Speisefische verkauft werden.

Konstante Qualität wird garantiert. Nicht nur beim frischen ganzen Lachs, auch filetierte Fische werden versandt. Die geschlachteten Lachse werden von Fachkräften sorgfältig zerlegt und küchenfertig vorbereitet. So können die frischen Lachsseiten in der Küche nach den unterschiedlichsten Garmethoden zubereitet oder von Großverbrauchern in Räucherlachs verwandelt werden.

Wohlverpackt auf Eis gelangen die frischen Lachse zum Versand. Und zwar auf dem schnellsten und kürzesten Weg: per Lkw im europäischen Raum, nach USA und Japan mit dem Flugzeug. Der frisch geschlachtete Lachs ist dann nach längstens 2–3 Tagen beim Verbraucher. Eine Zeitspanne, die der Fisch ohnehin zum Reifen und Entfalten seines vollen Aromas braucht.

SÜSSWASSERFISCHE

Forelle, Europäische Forelle
Salmo trutta
engl. trout; franz. truite; ital. trota; span. trucha común.
Die zu den Lachsfischen gehörende Forelle unterscheidet sich vom Lachs durch die weniger schlanke Körperform, den höheren Schwanzstiel mit fast gerader Schwanzflosse und den mehr stumpfen Kopf. Von der Forelle werden heute 3 Standortformen unterschieden:
Die schwarzgefleckte **Meer-** oder **Lachsforelle** (*Salmo trutta trutta*), ein Wanderfisch, der vom Weißmeer bis Nordspanien vorkommt. Der Laichaufstieg erfolgt von Dezember bis März. Die Jungfische bleiben bis zu 5 Jahren im Süßwasser, bei einer Länge von 15–25 cm wandern sie ins Meer ab. Dort bleiben sie wiederum etwa 5 Jahre, bis sie zum Laichen wieder in die Flüsse aufsteigen. In Norwegen wird die Meerforelle in Aquakulturen gezüchtet. Die **Seeforelle** (*Salmo trutta lacustris*) wird bis 1,40 m lang und bewohnt große, tiefe Seen, und zwar des Voralpen- und Alpengebiets (bis in 1800 m Höhe), aber auch in Skandinavien, Schottland, Wales und Irland. Das Ablaichen erfolgt in den Zuflüssen, in Kiesgruben und in den Seen selbst. Die **Bachforelle** (*Salmo trutta fario*) wird bis zu 40 cm lang und ist eine standorttreue Zwergform, die kühle und sauerstoffreiche Fließgewässer in ganz Europa bis zum Ural und in Kleinasien bewohnt. Auch in außereuropäischen Flüssen wurde sie mit Erfolg eingebürgert. Die Bestände aller 3 Forellenformen in den natürlichen Gewässern sind heute stark zurückgegangen. In den meisten Fällen können sie nur durch Besatz, der in Aquafarmen gezüchtet wird, aufrechterhalten werden.

Regenbogenforelle
Salmo gairdneri
engl. rainbow trout; franz. truite-arc-en-ciel; ital. trota iridea; span. trucha arco iris.

In der Farbe des Fleisches muß eine Zuchtforelle dem Lachs nicht nachstehen, wie dieses Exemplar aus einer norwegischen Zucht beweist, das nach der Lachsmethode gezüchtet wurde. In Süß- und Salzwasser gehalten und mit entsprechendem Futter versorgt, werden mit Forellen dem Lachs entsprechende Zuchterfolge erzielt.

Der Huchen ist nicht nur der Eleganteste unter den Salmoniden. Er wird von Gourmets auch als der Beste der Familie geschätzt. Man muß allerdings schon großes Glück haben, einen Huchen zu erstehen, denn die Bestände haben durch Flußverbauungen und Wasserverschmutzung erheblich abgenommen.

Wanderfisch mit langgestrecktem, seitlich etwas abgeflachtem Körper, mit stumpfschnauzigem Kopf. Ein breites rötliches Längsband entlang der Flanken; Kopf, Körper, Rücken-, Fett- und Schwanzflosse sind mit vielen kleinen schwarzen Punkten besetzt. Vorkommen an der nordamerikanischen Pazifikküste und deren Zuflüssen. Seit 1880 gibt es in Europa zwei aus Nordamerika eingeführte Formen: die Stammform, die als Wanderfisch die Küstengewässer bewohnt, und eine Süßwasserform. Die Regenbogenforelle ernährt sich von Insekten und kleinen Fischen. Höchstlänge 70 cm, bei 7 kg Gewicht. Diese Forelle ist in allen Formen heute einer der wirtschaftlich wichtigsten Fische.
Zwei weitere Forellenarten, die aus dem Westen der USA stammen, sind in europäischen Gewässern bekannt: Die **Cutthroat-Forelle** (*Salmo clarki*), mit einem

Die Forellen sind dank intensiver Zuchtmethoden zum „Chicken" der Süßwasserfische geworden. Einmal von der Quantität her, denn es werden ungeheure Mengen auf den Markt gebracht, teils aber auch von der Qualität her. In jedem Fall sind sie preislich zum billigen Konsumfisch abgerutscht. Doch sind sie weiterhin ein gefragter, weil bestens distribuierter Süßwasserfisch, vor allem tiefgefroren. Von oben: Regenbogenforelle (Zuchtfisch von etwa 50 cm); Goldforelle (eine besonders schön gefärbte Regenbogenforelle) und Bachforelle (Portionsfisch von etwa 350 g); sie gehört, auch als Zuchtfisch, zu den besseren Forellen und wird vorwiegend frisch angeboten. Als Tiefkühlfisch kommt vor allem die Regenbogenforelle auf den Markt.

Einen Bachsaibling kann man heutzutage auch von Teichwirtschaften beziehen. Dieser feine Salmonide wurde Ende des letzten Jahrhunderts aus seiner Heimat Nordamerika in europäische Gewässer gebracht. Er stellt hohe Ansprüche an die Wasserqualität und ist deshalb stark rückläufig. Er wird daher verstärkt in Aquakulturen gezüchtet.

langen roten Streifen beiderseits der Kehle, und die goldglänzende **Golden Trout** (Salmo aguabonita).

Huchen, Donaulachs
Hucho hucho
engl. river char, Danube salmon; franz. saumon du Danube; ital. salmone del Danubio; span. salmon.
Langgestreckter, im Querschnitt fast runder Körper, mit langem flachem Kopf und weitem Mund. Große Fettflosse. Färbung am Rücken bräunlich oder grünlichgrau. Flanken heller mit metallisch-rötlichem Glanz, von zahlreichen kleinen schwarzen Flecken übersät. Vorkommen in den oberen Donau-, Rhein- und Rhônegebieten. Der Huchen liebt kühle, schnellfließende Gewässer mit Kiesgrund. Er ist ein typischer, standorttreuer Einzelgänger, der sein Revier verteidigt. Er ernährt sich von Fischen aller Art und kann bis zu 1,50 m lang werden. Leider haben die Bestände dieses begehrten Speisefisches stark abgenommen.
Der dem Huchen verwandte **Taimen** (*Hucho taimen*) ist in der UdSSR von wirtschaftlicher Bedeutung. Er lebt in den Stromgebieten der oberen Wolga, des Urals, in den Zuflüssen des Eismeers von Ob bis Lena und besonders im Einzugsgebiet des Amur. Er wird bis 1,60 m lang.

Bachsaibling
Salvelinus fontinalis
engl. brook trout, brook char; franz. omble de fontaine; ital. salmerino di fontana; span. salvelino.
Langgestreckter Körper mit flachem Kopf und sehr weiter Mundspalte. Die Schwanzflosse ist etwas eingebuchtet. Die Heimat des Bachsaiblings sind die kalten, sauerstoffreichen Seen und Flüsse im Norden der USA und Kanadas. Von hier wurde er ab 1884 auch in Europa in geeignete Gewässer gesetzt. Bastarde zwischen Bachsaibling und Bachforelle werden „Tigerfische", zwischen Bachsaibling und Seesaibling „Elsässer Saiblinge" genannt. Nur in wenigen Teichwirtschaften gibt es noch den Bachsaibling, da er weitgehend von der unempfindlichen, ertragreichen Regenbogenforelle verdrängt wurde. Er hat feines, schmackhaftes Fleisch.
Auch den **Amerikanischen Seesaibling** oder **Namaycush** (*Salvelinus namaycush*, amerikan. lake trout), der über 1 m lang und bis 8 kg schwer wird, hat man mit Erfolg in verschiedenen europäischen Seen (Schweiz, Schweden) eingesetzt. Er stammt aus den tiefen, großen kanadischen Seen bis Labrador und den Neu-England-Staaten. Der olivgrün gefärbte Fisch ist mit unregelmäßigen, hellen Flecken übersät. Im nordpazifischen Raum ist die Saiblingsart **Dolly Varden** (*Salvelinus malma*) von wirtschaftlicher Bedeutung.

Wandersaibling
Salvelinus alpinus
engl. Arctic char; franz. omble chevalier; ital. salmerino alpino; span. salvelino.
Langgestreckter Körper mit flachem Kopf. Der Vorderrand der paarigen Flossen und der Afterflosse ist leuchtend weiß gesäumt. Rücken grau bis grünlich mit gelben Tupfen, Bauchseite, vor allem zur Laichzeit, rötlich gefärbt. Vorkommen in den Küstengewässern und Zuflüssen des nördlichen Eismeers. Kann bis zu 60 cm lang und 3 kg schwer werden. Der Wandersaibling bildet zahlreiche Unter- und Zwergformen aus. So auch stationäre Seepopulationen, die meist in kalten Gebirgsseen leben. In den arktischen Gewässern ist der Wandersaibling ein wichtiger Nutzfisch. Hier tritt er nur in Wanderformen auf.
Die wirtschaftlich wichtigste Unterart ist der **Seesaibling** (*Salvelinus alpinus salvelinus*), ein Standfisch. Je nach Wohnort sehr unterschiedlich gefärbt und auch unterschiedlich groß. Er kommt in tiefen, kalten Seen der Britischen Inseln vor, in den Alpenländern (bis in 2000 m Höhe), in Skandinavien, Island, im Norden Rußlands, Japans und Nordamerikas. Wegen seines feinen, lachsfarbenen Fleisches ist er überall sehr geschätzt.

Renken, Felchen oder Maränen (Familie *Coregonidae*) sind schlanke, silberglänzende Fische mit seitlich etwas abgeflachtem Körper, größeren Schuppen (als bei Forellen und Saiblingen), einer Fettflosse und tiefeingeschnittener Schwanzflosse. Eine Unterscheidung der Arten ist aufgrund des übergroßen Formenreichtums und der vielen regional entstandenen Formen äußerst schwierig. Generell unterscheidet man Schwebrenken, das sind Freiwasserfische, die sich von Plankton ernähren, und Bodenrenken, die dicht über dem Boden der Gewässer leben und sich von kleinen Bodentieren ernähren. Wie auch bei den Lachsfischen gibt es Wanderformen (vom Brackwasser der Küsten in

Der Seesaibling ist, wie seine Verwandten, zu Recht ein hochbegehrter Speisefisch. Saiblinge brauchen kaltes und sauerstoffreiches, also sauberes Wasser, um gut gedeihen zu können. Entsprechend fein ist auch ihr festes, zart lachsfarbenes Fleisch. Ein Fisch, für den die feinste Garmethode gerade gut genug ist. Er verträgt sich, wenn er pochiert oder gedünstet wurde, besonders gut mit zarten, anspruchsvollen Saucen. In Butter gebratener Rötel – so heißt der Saibling in der Schweiz – ist eine Delikatesse aus der Gegend von Zug.

SÜSSWASSERFISCHE

die Flüsse) und stationäre Fluß- und Seenbestände. Als Süßwasserfische sind sie im mittleren und nördlichen Europa, über Rußland, Sibirien (bis zur asiatischen Küste) und im gesamten Norden des nordamerikanischen Kontinents in reichem Maß vertreten.

Kleine Maräne, Zwergmaräne
Coregonus albula
engl. vendace, whitefish; franz. corégone blanc; ital. coregone bianco; span. corégono blanco.
Schlanker Körper, spitze Schnauze, sehr große Augen und die Fettflosse sind ihre Kennzeichen. Sie ist im ganzen nördlichen Europa beheimatet. Durch Besatz auch in süddeutschen, französischen und südrussischen Seen. Lebt im Norden als Wanderfisch, in südlicheren Seen und Flüssen standorttreu als Schwarmfisch. Ernährt sich von Plankton und wird bis zu 45 cm lang.
Eng verwandt ist die **Kleine Bodenrenke** (*Coregonus pidschian*, amerikan. humpback whitefish), die entlang der arktischen Grenze in Sibirien, Nordrußland, Finnland und Norwegen bis Alaska vorkommt, aber auch in Mittelschweden und in Seen des Alpengebiets.

Felchen und Renken, überhaupt alle Coregonen, gehören zu den wichtigsten Speisefischen in den Ländern auf der nördlichen Halbkugel. Sie werden bevorzugt gebraten und geräuchert, doch auch als Grillfisch liebt man diese Lachsverwandten. Die Kleine oder Zwergmaräne (Bild links) wird in Rußland auch häufig mariniert, wie ein Hering, mit saurer Sahne und Zwiebeln.

Die Große Maräne, wie sie in den holsteinischen Seen, in der DDR und in Polen gefangen wird, ist von ebenso guter Qualität wie ihre Verwandten.

Die Äsche erscheint zwar kaum auf dem Markt, doch sie gehört zum Feinsten, was unsere Flüsse zu bieten haben. Ihr festes, mageres und weißes Fleisch duftet und schmeckt tatsächlich nach frischem Thymian (daher ihre lateinische Bezeichnung *Thymallus*). Gedämpft oder pochiert entfaltet das feine Äschenfilet sein Aroma am besten.

Große Schwebrenke, Blaufelchen
Coregonus lavaretus
engl. powan, whitefish; amerikan. lavaret, houting, shelly; franz. lavaret; ital. coregone lavarello; span. corégono.
Vorkommen auf den Britischen Inseln, im Ostseegebiet („Ostseeschnäpel"), in den Seen des Voralpen- und Alpengebiets, in Skandinavien, Nordrußland, Sibirien, bis zur Beringstraße, und in Alaska. Es gibt sowohl Wander- als auch standorttreue Formen. Nahrung sind überwiegend Planktonkrebschen. Länge bis zu 60 cm.
Eng verwandt ist die **Große Bodenrenke, Sandfelchen, Große Maräne** (*Coregonus nasus*, amerikan. lake whitefish, russ. tschir). Sie kommt von Neu-England nach Norden bis zur kanadischen Arktis, in Skandinavien und in allen Flüssen und Seen Nordrußlands und Sibiriens, auch in zahlreichen Seen der Alpengebiete vor. Lebt im arktischen Einzugsgebiet als Wanderfisch, sonst standorttreu. Wird bis zu 80 cm (Sibirien) lang.

Kleine Schwebrenke, Nordseeschnäpel, Edelmaräne

Coregonus oxyrhynchus
engl. shelly, gwyniad; franz. corégone; ital. coregona bondella; span. corégono.
Besonderes Kennzeichen ist die dunkelblaue bis schwärzliche, nasenförmig verlängerte Schnauze („Schnäpelnase"). Beheimatet von Alaska über Sibirien bis Nordeuropa. Typisch für den Schnäpel ist die Wanderform. Standorttreue Formen wie in alpenländischen Seen sind Kreuzungen.
Wichtige nordamerikanische Renken sind die aus der Gruppe der **Cisco** (Coregoniden, ähnlich der Großen Bodenrenke, aber kleiner), der **Mountain** oder **Rocky Mountain Whitefish** (*Prosopium williamsoni*), der von den Rocky Mountains bis zum Missouri und den kanadischen Seen vorkommt, und der **Round Whitefish** oder **Menominee Whitefish** (*Prosopium cylindraceum*), der von den Great Lakes bis Alaska beheimatet ist.

Die Äschen (Thymallidae) kommen in Europa nur mit einer Art vor, im Gegensatz zu den übrigen Verbreitungsgebieten, wie Eurasien und Nordamerika.

Äsche
Thymallus thymallus
engl. grayling; franz. ombre; ital. temolo; span. tímalo.
Körper mäßig gestreckt mit auffallend hoher Rückenflosse, kleiner Kopf mit großen Augen und kleinem Mund. Fettflosse. Färbung am Rücken graugrün, Flanken und Bauch silbrig-weiß bis messingfarben. Die europäische Äsche ist in West-, Mittel- und Osteuropa verbreitet, in Skandinavien und Nordrußland. Sie lebt als Standfisch in schnellfließenden, klaren Gewässern. Wird je nach Nahrungsbedingungen bis zu 60 cm groß.

Zur Familie der Stinte (Osmeridae) gehören 4 Gattungen mit 6 Arten. Es gibt Wander- und Standformen.

Stint, Binnenstint
Osmerus eperlanus spirinchus
engl. smelt; franz. éperlan; ital. sperlano; span. eperlano.
Schlanker Körper mit langem Kopf und spitzer Schnauze, zar-

Ein frischer Hecht ist in der Küche immer willkommen. Besonders die kleineren Exemplare von 1–3 kg sind begehrt. Sie haben festes, mageres, weißes und aromatisches Fleisch, aber leider auch unangenehme Gräten. Wenn man einen ganzen Hecht zum Füllen vorbereitet oder ihn filetiert, müssen diese Gabelgräten einzeln herausgezogen werden. Große Hechte haben meist etwas trockenes Fleisch, das sich aber bestens für Farcen (z. B. Hechtklößchen) eignet.

te, leicht abfallende Schuppen, Fettflosse und ein gurkenähnlicher Geruch sind seine Kennzeichen. Rücken graugrün gefärbt, Flanken und Bauch silberweiß. Der Binnenstint ist beheimatet in tiefen Seen Englands, Norddeutschlands, Schwedens, Finnlands und Nordwestrußlands. Er ernährt sich von Plankton und kleinen Fischen und wird bis 20 cm groß.

Die Hechte (Familie *Esocidae*) haben als besonderes Kennzeichen eine lange Schnauze, die einem Entenschnabel ähnlich ist.

Hecht
Esox lucius
engl. pike; franz. brochet, luceau; ital. luccio; span. lucio.
Dieser typische Raubfisch hat eine kurze, sehr weit nach hinten versetzte Rücken- und Afterflosse. Färbung je nach Standort bläulich oder grünlich, Flanken und Bauch heller, der ganze Körper samt Flossen von unregelmäßigen helleren Flecken bedeckt. Einjährige Hechte sind meist hellgrün („Grashecht"). Vorkommen in Seen und Flüssen der gemäßigten Klimazonen Europas, Asiens und Nordamerikas, in Gebirgsregionen bis in 1500 m Höhe. Liebt als Standfisch ruhige, klare Gewässer mit Kiesgrund. Ernährt sich von Fischen, auch Artgenossen. Kann bis 1,50 m lang und 35 kg schwer werden.

Die Familie der Karpfen- oder Weißfische (*Cyprinidae*) ist eine der artenreichsten Fischfamilien überhaupt. Zusätzlich bildet jede Art noch weitere, regionale Unterarten. Die Plötze kann als die Familie kennzeichnender Fisch betrachtet werden.

Plötze oder Rotauge
Rutilus rutilus
engl. roach; franz. gardon blanc, vangeron; ital. triotto; span. rutilo común, bermejuela.
Körper je nach Alter und Standort mehr oder weniger hochrückig, seitlich abgeflacht. Kleiner Mund, große rote Augen. Vorkommen in stehenden und langsam fließenden Gewässern Europas, nördlich der Pyrenäen und der Alpen, bis zum Ural und nach Sibirien. Die Plötze ernährt sich von Kleintieren und Pflanzen. Sie wird bis 30 cm lang und 200 g schwer. Sie bildet eine Reihe von Unterformen, teils Stand-, teils Wanderformen. Eng verwandt sind der **Pigo** (*Rutilus pigus*) in oberitalienischen Seen und der **Frauennerfling** (*Rutilus pigus virgo*) im Donaugebiet. Die **Südeuropäische Plötze** (*Rutilus rubilio*) ist in Dalmatien bis Griechenland beheimatet, die **Schwarzmeerplötze** (*Rutilus frisii*) lebt als Wanderfisch in den Brackwassergebieten des nordwestlichen Schwarzen Meeres. Der **Perl-** oder **Frauenfisch** (*Rutilus frisii meidingeri*) ist ein bayrisch-österreichischer Seenstandfisch.

Moderlieschen
Leucaspius delineatus
engl. moderlieschen; franz. able de Heckel.

Ein kleines Fischchen mit spindelförmigem Körper, mit großen silbrigen Schuppen und einem blaugrünen Längsstreifen auf dem Rücken. Es wird zwar nur bis 12 cm lang, läßt sich aber, wie Sardinen, ganz hervorragend fritieren oder ganz in der Pfanne braten. Vorkommen in kleinen stehenden Gewässern, von Nord- und Ostseeküste, Rhein und Donau bis zum Ural und zum Kaspischen Meer.

Döbel, Aitel
Leuciscus cephalus
engl. chub; franz. chevaine commune, meunier; ital. cavedano; span. cacho.
Der im Alter sehr gefräßige Raubfisch ist in ganz Europa bis zum Ural und in Vorderasien weitverbreitet. Gern lebt er auch in schnellfließenden Bächen und Flüssen. Ernährt sich anfangs von Würmern, Kleinkrebsen, Insekten, greift später Fische, Frösche und Mäuse an. Er kann 60 cm lang und 4 kg schwer werden. Sein festes, weißes Fleisch ist sehr fein und taugt vor allem zum Braten, Grillen und Fritieren.

Rotaugen können recht delikat schmecken, wenn man sie paniert und in der Pfanne brät oder fritiert. Man sollte sie aber dazu filetieren und die hauchfeinen Gräten durch mehrmaliges Einschneiden der Filets genießbar machen. Das Entfernen der zudem festsitzenden Gräten wäre zu mühsam.

SÜSSWASSERFISCHE

Hasel

Leuciscus leuciscus
engl. dace; franz. vandoise.
Kommt in Europa nördlich der Pyrenäen und Alpen vor, über den Ural bis Sibirien. Der gesellige Fisch liebt kühle, schnellströmende Gewässer mit festem Grund oder klare Seen. Er ernährt sich von Plankton, Würmern und Schnecken. Wird bis zu 30 cm lang.
Eng verwandt sind der **Danilewski-Hasel** (*Leuciscus danilewski*) in Südrußland und der **Adriatische Hasel** (*Leuciscus svallize*) in Dalmatien.

Orfe, Aland, Nerfling

Leuciscus idus
engl. ide; franz. véron, orfe, ide mélanote.
Kommt in Europa vom Rheingebiet bis zum Ural vor. In Westeuropa wurde dieser Fisch mit Erfolg ausgesetzt, im Süden fehlt er aber. Lebt gesellig in größeren Flüssen und Seen. Ernährt sich von Plankton, Kleinkrebsen und Weichtieren. Kann bis zu 60 cm lang und 4 kg schwer werden.

Rotfeder

Scardinius erythrophthalmus
engl. rudd; franz. rotangle, gardon rouge; ital. scardola.
Körper hochrückig, alle Flossen orange- oder blutrot. Vorkommen in Europa, ausgenommen Spanien, Schweden, Norwegen, Finnland. Ansonsten vom Atlantik bis zum Ural und zum Kaspischen Meer. Ernährt sich von Pflanzen und Kleintieren, wird etwa 30 cm lang.
Etwas schlanker ist die **Griechische Rotfeder** (*Scardinius graecus*), die auf dem Peloponnes vorkommt.

Rapfen, Schied

Aspius aspius
engl. chrub, asp; frz. able, aspe.
Vorkommen von Mitteleuropa bis zum Ural und zum Kaspischen Meer. Lebt gesellig in fließenden Gewässern und größeren Seen. Ernährt sich anfangs von Kleintieren, wird später zum Raubfisch, der Fische, Frösche und kleine Wasservögel angreift. Kann bis 1,20 m lang und 12 kg schwer werden.

Nase

Chondrostoma nasus
engl. nase; franz. alonge, hotu.
Schlanker Körper mit weit vorstehender Schnauze, Lippen hornig und kantig (zum Abweiden der Algen von Steinen). Kommt vom Rhône-, Rhein- und Donaugebiet bis zum Kaspischen Meer vor. Lebt als Schwarmfisch meist in Bodennähe in fließenden Gewässern und ernährt sich von Algen und kleinen Bodentieren. Kann 50 cm lang und 1,5 kg schwer werden.
Verwandte Arten sind u. a. der **Italienische Näsling** (*Chondrostoma soetta*) aus den Flüssen der Poebene; der **Gründling** (*Gobio gobio*), der in ganz Europa bis Sibirien verbreitet ist (außer Spanien und Nordskandinavien), und der **Barbengründling** (*Aulopyge hügeli*) im südwestlichen Jugoslawien.

Laube, Ukelei

Alburnus alburnus
engl. bleak; franz. ablette.
Vorkommen nördlich der Pyrenäen und der Alpen bis zum Ural. Fehlt in Irland, Schottland, Nordskandinavien. Lebt in ruhigen oder langsam fließenden Gewässern und ernährt sich von Plankton und Insektenlarven. Wird bis zu 25 cm lang. Nah verwandt ist die **Mairenke** (*Chalcalburnus chalcoides*), auch **Schiedling** oder **Seelaube** genannt, aus dem Donaugebiet.

Hasel, Nase, Orfe (von oben nach unten) gehören zu den Weißfischen, die ihrer Gräten wegen gar nicht beliebt sind. Es macht zwar Mühe, die Gräten zu entfernen, aber dann hat man dafür auch sehr schmackhafte Fische, die vor allem gebraten oder gegrillt gut schmecken.

Döbel, Rotfeder und Rapfen (von oben nach unten) sind echte „Freizeit-Fische", die man am besten als „Steckerlfisch" grillt. Wenn man die Gräten sorgfältig entfernt, sind sie auch für alle anderen Garmethoden empfehlenswert. Ganz besonders der Rapfen ist ein Geheimtip unter Gourmets.

SÜSSWASSERFISCHE

Schleien schmecken am besten bei einem Gewicht von 1 bis 2 kg. Mit dem kräftigen Aroma ihres Fleisches taugen sie vor allem für deftige Rezepte, wie Suppen, Eintöpfe und Ragouts. Aber natürlich auch zum Braten und Grillen. Wenn sie aus schlammigen Teichen kommen, sollte man sie vor dem Verbrauch einige Tage in frischem Wasser hältern.

Schleie
Tinca tinca
engl. tench; franz. tanche; ital. tince; span. tenca.
Kräftiger Körper mit hohem Schwanzstiel, kleine Augen, kleiner Mund, schleimige Haut. Färbung meist dunkelgrün oder braun. Kommt in ganz Europa bis weit nach Sibirien vor, ausgenommen Island, Schottland und Nordskandinavien, Dalmatien und Griechenland. Der lichtscheue Einzelgänger liebt stehende oder langsam fließende Gewässer mit Pflanzenbeständen und Schlammgrund, in den er sich im Winter einwühlt. Ernährt sich von Plankton und kleinen Bodentieren. Wird bis zu 60 cm lang und 7 kg schwer. Wird oft als Nebenfisch in Karpfenteichen gehalten.

Barbe
Barbus barbus
engl. barbel; franz. barbeau; ital. barbo; span. barbo.
Kennzeichnend ist die rüsselartig verlängerte Schnauze mit 4 Bartfäden an der Oberlippe. Vorkommen in Kontinentaleuropa bis zum Schwarzen Meer. Der schlanke Fisch lebt gesellig, dicht über dem Boden klarer, fließender Gewässer mit Kiesgrund. Ernährt sich von kleinen Bodentieren und Fischlaich. Er kann bis zu 90 cm lang und 8 kg schwer werden.
Eng verwandt sind die **Südbarbe** (*Barbus barbus plebejus*), eine Unterart aus Italien und Dalmatien; die **Forellen-** oder **Hundsbarbe** (*Barbus meridionalis*) aus Süd- und Osteuropa, und die **Iberische Barbe** (*Barbus comiza*) aus dem Südwesten Spaniens.

Ein feiner Speisefisch ist die Barbe. Aber das wissen nur Insider, denn sie erscheint selten auf dem Markt. Auch sie eignet sich für alle Garmethoden; ihr besonderes Aroma entfaltet sie am besten, wenn die Filets in Butter gebraten werden. Vorsicht ist bei Barben während der Laichzeit geboten; ihr Rogen kann starke Vergiftungserscheinungen hervorrufen.

Laube oder Ukelei, ein kleiner Fisch mit eher bescheidenen kulinarischen Eigenschaften, aber bestens geeignet als „Frittier-Fischchen". Gut gewürzt und paniert, dann in Fett ausgebacken – so schmecken sie sehr gut. Kopf und Gräten sollte man vorher, so wie beim Hering, entfernen.

Güster und Brachsen (oben und rechts) gehören nicht eben zu den edelsten Süßwasserfischen, aber sie taugen, trotz ihrer vielen und teilweise starken Gräten, als Brat- oder Grillfische. Besonders der Brachsen eignet sich auch zum Räuchern, vor allem, wenn dabei Wacholder verwendet wird.

Güster, Blicke
Blicca bjoerkna
engl. white bream; franz. brème bordelière; ital. blicca.
Der hochrückige Körper ist seitlich stark abgeflacht. Färbung grau bis schwarzgrün, Brust- und Bauchflossen mit rötlichem Ansatz. Vorkommen nördlich der Pyrenäen und Alpen bis zum Ural und zum Kaspischen Meer. Der Schwarmfisch liebt flache Seen und langsam fließende Gewässer mit Pflanzenwuchs. Er wird bis zu 35 cm lang.

Blei, Brachsen
Abramis brama
engl. common bream; franz. brème commune.
Sehr hochrückiger, seitlich abgeflachter Körper, bleifarben mit Grünglanz, ältere Tiere golden schimmernd. Vorkommen nördlich der Pyrenäen und Alpen bis zum Ural und Kaspischen Meer, nicht in Südeuropa und Nordskandinavien. Lebt in nährstoffreichen Seen und langsam fließenden Gewässern und ernährt sich von kleinen Bodentieren.
Verwandte Arten sind der **Zobel** (*Abramis sapa*), der von der Donau bis zum Ural vorkommt, und die **Zope** (*Abramis ballerus*), die im Einzugsgebiet der Nord- und Ostsee, von der Donau bis zum Ural, dem nördlichen Schwarzen Meer und dem Kaspischen Meer vorkommt.

85

SÜSSWASSERFISCHE

Zährte, Rußnase

Vimba vimba
engl. zanthe, vimba; ital. vimba.
Der spindelförmige, seitlich abgeflachte Körper hat einen kleinen Kopf mit nasenartig vorgestrecktem Oberkiefer und kleinem Mund. Während der Laichzeit sind Schnauze, Kopf und Rücken schwarz-rußig mit Samtglanz. Vorkommen (mit zahlreichen Unterarten) vom Einzugsgebiet der Nord- und Ostsee bis nach Süden zum Schwarzen und Kaspischen Meer. Die Zährte liebt langsam fließende Gewässer mit Sand- oder Schlammgrund; sie ernährt sich von kleinen Bodentieren. Kann 50 cm lang werden.
Die verwandte Art **Ziege** oder **Sichling** *(Pelecus cultratus)* kommt von der Ostsee bis zu den südrussischen Meeren, auch ab der mittleren Donau, vor.

Karausche

Carassius carassius
engl. crucian carp, bronze carp; franz. cyprin; ital. carassio; span. carpín.
Sehr hochrückiger, gedrungener Körper; keine Bartfäden, hohe Rückenflosse. Vorkommen von England bis Ostrußland in flachen, pflanzenreichen Tümpeln und Seen. An vielen Stellen eingesetzt, da er der genügsamste, zählebigste und anpassungsfähig-

Rußnase oder Zährte, ein Fisch, der meist nur Berufs- und Sportfischern bekannt ist und daher nicht allzu häufig auf dem Markt erscheint. Wenn er aber angeboten wird, sollte man unbedingt zugreifen. Sein Fleisch ist sehr fein und von angenehmer Konsistenz, wenn auch grätenreich.

ste Fisch überhaupt ist. Verträgt noch hohen Verschmutzungsgrad und Sauerstoffmangel. Ernährt sich von kleinen Bodentieren, Insektenlarven und Pflanzen. Wirtschaftliche Bedeutung vor allem in Osteuropa.
Große Ähnlichkeit, auch was Nahrungswahl, Lebensraum und Widerstandsfähigkeit betreffen, hat die **Silberkarausche** *(Carassius auratus gibelio),* auch **Giebel** genannt. Bauch und Seiten weisen einen silbrigen Glanz auf. Sie wird selten über 20 cm lang.

Karauschen werden von Kennern als Speisefisch oft höher eingestuft als der verwandte Karpfen. Besonders populär sind sie in Osteuropa. Je nach Herkunft, ist vor dem Schlachten eine Hälterung in Frischwasser empfehlenswert. Oben: Karausche oder Goldkarausche, unten: Silberkarausche oder Giebel.

Karpfen

Cyprinus carpio
engl. carp; franz. carpe; ital. carpa; span. carpa.
Kennzeichen: auf jeder Seite des Mundes je ein kürzerer und ein längerer Bartfaden. Die Stammform, der Schuppenkarpfen, hat einen relativ gestreckten, seitlich abgeflachten Körper, mit großem Kopf und dicker stumpfer

Schnauze. Färbung je nach Standort von goldfarben bis dunkel-olivgrün oder braun. Nach Art der Beschuppung werden unterschieden: Der **Spiegelkarpfen** mit wenigen, unregelmäßig verteilten, großen Schuppen (spiegelartig); der **Zeilkarpfen** mit einer Reihe großer Schuppen entlang der Seitenlinie; der **Nackt-** oder **Lederkarpfen** ohne oder mit nur ganz wenigen Schuppen, dafür mit einer dicken ledrigen Haut; der **Schuppenkarpfen,** die Stammform, mit regelmäßigem Schuppenkleid.
Der Karpfen ist ursprünglich ein asiatischer Fisch. Schon vor unserer Zeitrechnung wurde er in China in Teichen gezüchtet. In der Zeit des römischen Altertums kam er bis Italien und wurde seit

Der Schuppenkarpfen, die Stammform des Karpfens, unterscheidet sich, was seine Fleischqualität betrifft, nicht oder nur unwesentlich von dem bei uns beliebten Spiegelkarpfen. Wegen der kräftigen Schuppen ist es allerdings etwas mühsam, ihn vorzubereiten. Kleine Exemplare von etwa 1 kg lassen sich samt Schuppen hervorragend grillen.

Als Weihnachts- oder Silvesterkarpfen hat der Spiegelkarpfen bei uns Tradition. In vielen europäischen Ländern entstanden im Laufe der Jahrhunderte interessante Rezepte für den Karpfen, die zu einem großen Teil zu Standard-Zubereitungen wurden. Wie zum Beispiel „Karpfen polnisch" oder der gebackene Karpfen nach fränkischer Art.

SÜSSWASSERFISCHE

Die Karpfenzucht hat in China eine lange Tradition, und der Karpfen ist eine der Säulen der chinesischen Küche. Für keinen anderen Süßwasserfisch kennt man so viele unterschiedliche Zubereitungsmethoden wie für die diversen chinesischen Karpfen.

dem 13. bis ins 15. Jahrhundert in ganz Europa als wichtigster Teichfisch eingeführt. Heute trifft man ihn weltweit an. In Osteuropa ist er auch mit verschiedenen Unterarten vertreten. Der Karpfen bevorzugt warme, langsam fließende, am besten stehende Gewässer mit Schlammgrund und reichem Pflanzenwuchs. Er ernährt sich von kleinen Bodentieren und Pflanzen. Ein wildlebender Karpfen kann 40 Jahre alt, 1 m lang und bis 30 kg schwer werden. Wirtschaftlich am rentabelsten und geschmacklich am besten sind die gezüchteten, 25 bis 30 cm langen und 1 bis 2 kg schweren, dreijährigen Exemplare. Innerhalb der Teichwirtschaften wurden auch die verschiedensten Karpfenformen herausgezüchtet, zum Beispiel hochrückige Karpfen wie der Aischgründer oder der Galizische Karpfen, breitrückige wie der Böhmische oder Lausitzer Karpfen. Weltweit sind Karpfen die wichtigsten und ergiebigsten Zuchtfische.
Drei wichtige und sehr gute Karpfenfische stammen aus China und dem Amurgebiet. Dort bringen sie seit langer Zeit als Nutzfische die höchsten Erträge. Seit mehreren Jahren werden sie auch in Europa als Teichfische gehalten.

Der Graskarpfen wird zwar inzwischen fast weltweit in Polykulturen gezüchtet, hat sich aber, wie die anderen chinesischen Karpfen, noch nicht überall durchsetzen können. Obwohl er ein recht wohlschmeckendes Fleisch hat. Allerdings auch reichlich Gräten. Sehr gut eignet er sich für die Zubereitung von Farcen.

Beim Algen-Amur, auch Silberkarpfen, sagt schon der Name, daß er sich vorwiegend von pflanzlichem Plankton ernährt. Zusammen mit dem Graskarpfen wird er in Polykulturen gehalten. Sein Fleisch ist blütenweiß und von angenehmem Geschmack. In Asien wird er meist fritiert verzehrt.

Der Marmorkarpfen wird unter den drei Chinakarpfen von Kennern am höchsten eingeschätzt. Er hat äußerst schmackhaftes Fleisch und gewinnt auch in Europa immer mehr an Bedeutung, wenngleich er, gemessen an seiner Fleischqualität, immer noch unterbewertet wird. Die Filets in Butter gebraten sind eine Delikatesse.

Graskarpfen, Weißer Amur
Ctenopharyngodon idella
Der langgestreckte Körper hat einen großen Kopf mit eingedellter Schnauze, keine Bartfäden, große Schuppen. Färbung oben dunkelgrün bis grün-schwarz, Flanken heller grünlich, Bauch weißlich. Stammt aus ruhigen tiefen Seen und langsam strömenden Flüssen Chinas und dem Gebiet des Amur (Grenzfluß). Wird seit dem 10. Jahrhundert in Teichen gehalten. Seit einigen Jahrzehnten in Europa durch Besatz verbreitet. Liebt Wärme. Er ernährt sich fast ausschließlich von Pflanzen. Er kann bis zu 1,20 m lang werden.

Silberkarpfen, Algen-Amur, Tolstolob
Hypophthalmichthys molitrix
Gestreckter, etwas hochrückiger, seitlich abgeflachter, kräftiger Körper mit breitem, doch zugespitztem Kopf. Keine Bartfäden, kleiner Mund, sehr kleine Schuppen. Färbung am Rücken gräulich dunkel, Flanken und Bauch silbrig. Vorkommen in tiefen, fließenden Gewässern und Seen Chinas und des Amurgebietes. Neueingebürgert in Taiwan und Siam, auch in Mittel- und Osteuropa durch Besatz verbreitet. Wärmeliebend. Ernährt sich von pflanzlichem Plankton. Kann bis zu 1 m lang werden.

Marmorkarpfen, Gefleckter Silberkarpfen
Hypophthalmichthys nobilis
Der gestreckte, etwas hochrückige, seitlich abgeflachte Körper hat einen großen Kopf mit seitlich stark nach unten gerutschten Augen, dazu einen schräg nach oben gerichteten Mund. Färbung silbrig mit dunkler, bräunlicher Marmorierung. Stammt aus warmen Flüssen und Seen Südchinas. Heute auch in Mittel- und Osteuropa eingeführt und als „Breitkopf" oder „Großköpfiger Karpfen" bezeichnet. Ernährt sich von tierischem Plankton, Weichtieren, kleinen Krebsen und Fischen. Kann bis zu 1,80 m lang werden. Gewinnt auch bei uns als Speisefisch immer mehr an Bedeutung.

87

SÜSSWASSERFISCHE

Die Sauger *(Catostomidae)* oder Sucker, wie sie in Amerika heißen, sind die in den USA häufigsten und populärsten Süßwasserfische. Sie haben Ähnlichkeit mit den Karpfen und werden dort auch ersatzweise für die einheimischen, relativ kleinen Karpfenfische verwendet. Ihren Namen haben sie aufgrund ihrer Lippen, die bei der Nahrungsaufnahme eine Saugscheibe bilden. Die wichtigsten der insgesamt 57 Arten dieser in den USA und Kanada beliebten Speisefische sind: Der **Blue Sucker** *(Cycleptus elongatus)*, der vom Missouri bis Pennsylvania und bis zum Golf von Mexiko vorkommt; der **Buffalofish**, der mit drei Arten der Gattung *Ictiobus* im Mississippigebiet verbreitet ist; der **Longnose Sucker** *(Catostomus catostomus)*, von den Rocky Mountains und Alaska bis Maine verbreitet; der **Redhorse Sucker** *(Moxostoma sp.)*, von dem es 10 Arten vom St. Lorenzstrom bis zum Golf von Mexiko gibt; und

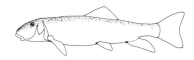

der **White Sucker** *(Catostomus commersoni)*, der vom nördlichen Kanada bis Florida vorkommt. Er hat von allen das beste Fleisch.

Nur eine einzige Art von den Dorschfischen *(Gadidae)* lebt im Süßwasser: die Quappe. Alle anderen Dorschfische sind Meeresbewohner.

Quappe, Rutte, Trüsche

Lota lota
engl. burbot; franz. lotte de rivière; ital. bottatrice; span. lota.
Langgestreckter, walzenförmiger Körper, hinten etwas zusammengedrückt, winzige Schuppen. Der breite, flache Kopf hat 3 Bartfäden, einen sehr langen am Kinn, 2 sehr kurze an den Nasenlöchern. Die 2. Rücken- und die Afterflosse sind, wie beim Aal, sehr lang; daher auch der Name „Aalrutte". Färbung variabel, meist gelb und braun marmoriert. Vorkommen in Europa, mit verschiedenen Unterarten bis Nordasien (besonders im Amur- und Baikalseegebiet) und in Nordamerika. Bevorzugt kühle, klare Fließgewässer, in Gebirgsregionen bis in 1200 m Höhe. Ernährt sich von Bodentieren, Fischlaich und Fischbrut. Kann bis 1,20 m lang werden. Ihr Durchschnittsgewicht liegt jedoch bei 500 g.

Welse (Familie *Siluridae*) haben einen langgestreckten Körper ohne Schuppen, jedoch mit einer schleimigen Haut. Der Kopf ist breit und abgeplattet und hat mehrere, verschieden lange Bartfäden. Die Rückenflosse ist sehr klein, die Afterflosse dagegen sehr lang.

Das Fleisch vom Wels ist fast grätenlos und weiß. Zumindest das der kleinen Exemplare (unter 3 kg) kann man in der Konsistenz und auch im Geschmack mit dem des marinen Seeteufels (Lotte) vergleichen. Es ist, mit mehr als 11 Prozent, jedoch ungleich fetter. Aber gerade deswegen eignet sich das Welsfleisch besonders gut zum Braten und Grillen. Es verträgt auch kräftige Gewürze, ohne gleich seinen Eigengeschmack zu verlieren. Besonders gut schmeckt es geräuchert. Auch in Speck gewickelte und dann gebratene Wallerscheiben sind eine Delikatesse.

Die übergroße Leber ist bei der Trüsche (wie beim Stör der Kaviar) die eigentliche Delikatesse. Obwohl auch das Fleisch von ausgezeichneter Qualität ist – weiß, zart und sehr aromatisch. Beim Ausnehmen sollte darauf geachtet werden, daß die Leber nicht verletzt wird. Sie schmeckt besonders delikat, wenn sie in Butter gebraten wird. Da die Quappe von Parasiten befallen sein kann, sollte man ihr Fleisch und vor allem die Leber völlig durchgaren.

SÜSSWASSERFISCHE

Wels oder Waller
Silurus glanis
engl. wels catfish; franz. silure glane; ital. siluro; span. siluro.
Walzenähnlicher, seitlich etwas abgeplatteter Körper mit breitem Kopf. Auf dem Oberkiefer 2 sehr lange, am Unterkiefer 4 kürzere Bartfäden. Färbung insgesamt schwärzlich-grau, blau oder braun, je nach Alter und Standort, an den Seiten heller, mit dunkler Marmorierung, Bauchseite schmutzig-weiß. Vorkommen in Mittel- und Osteuropa, im Einzugsbereich der Ostsee und des Schwarzen Meers auch im Brackwasser. Liebt ansonsten warme Seen und große Flüsse mit weichem Boden (in Süddeutschland bekannt und beliebt der „Donauwaller"). Ein ausgeprägter Bodenfisch. Ernährt sich als gefräßiger Raubfisch von Fischen aller Art, Fröschen, greift auch Wasservögel und Kleinsäuger an. Im Winter stellt er die Nahrungsaufnahme ein und hält Winterruhe. Er kann bis zu 3 m lang und 150 kg schwer werden. Teilweise wird er auch als Teichfisch gehalten. Freilebend ist er jedoch unwirtschaftlich, da der gefräßige Räuber unter den Nutzfischen in Flüssen und Seen oft großen Schaden anrichtet und zudem nur schwer zu fangen ist. Bei Sportfischern ist er jedoch sehr beliebt. Sein fast grätenloses Fleisch, vor allem das jüngerer Exemplare, ist sehr delikat, wenn auch etwas fett. In Südrußland wird sein Rogen zu Kaviar verarbeitet. Ansonsten wird der Wels getrocknet, gesalzen, geräuchert und frisch angeboten.
Ein enger Verwandter aus Griechenland ist der **Aristoteleswels** (*Silurus aristotelis*), mit max. 2 m Länge etwas kleiner als der Wels. Seinen Namen bekam er, weil der altgriechische Philosoph und Naturforscher Aristoteles (384–322 v. Chr.) die Brutpflege dieser Welsart genau beschrieben hat.

Zwergwelse gehören zur Familie der Ictaluridae. Sie stammen aus Nordamerika.

Zwergwels
Ictalurus nebulosus
engl. American catfish; amerikan. brown bullhead; franz. poisson-chat; ital. pesce gatto.
Der gestreckte, schuppenlose Körper ist nur hinten seitlich abgeflacht. Breiter, platter Kopf mit 8 Bartfäden: 2 sehr lange am Oberkiefer, 4 kürzere am Unterkiefer, je einer an den Nasenlöchern. Wie die Salmoniden hat er eine Fettflosse. Färbung am Rücken dunkel olivbraun, am Bauch gelblich bis weißlich. Vorkommen ursprünglich in Nordamerika, von den Rocky Mountains und dem Kanadischen Seengebiet bis zum Golf von Mexiko. Seit 1885 ist er in Europa eingeführt und stellenweise eingebürgert, vor allem in Schlesien und Südrußland. Er bevorzugt ruhige, warme Gewässer und stellt nur geringe Ansprüche an die Wasserqualität.
Alle Zwergwelsarten, die in Europa inzwischen heimisch geworden sind, stammen aus dem nordamerikanischen Kontinent. Der **Schwarze Zwergwels, Black Bullhead** (*Ictalurus melas*), eine kleine Art, wurde in Mittel- und Süditalien ausgesetzt. Der **Channel Catfish** bzw. **Kanalwels** (*Ictalurus punctatus*), der von den Great Lakes bis Virginia und Mexiko vorkommt, wurde in Südostengland heimisch gemacht. Er ist ein exzellenter Speisefisch und wird in den USA intensiv gezüch-

tet. Mit ihm zusammen wird in Südrußland der **Blue Catfish** (*Ictalurus furcatus*) in Farmen gehalten; er kommt von Minnesota bis Ohio und bis zum nördlichen Mexiko vor. Dieser große Fisch wird auch in den USA in Fischfarmen gezüchtet. Sein festes, weißes Fleisch ist hervorragend und eignet sich bestens zu Steaks und Filets. Ebenso gut ist der **White Catfish** (*Ictalurus catus*), von der Chesapeake Bay bis Texas heimisch, der auch in den USA in vielen anderen Flüssen eingesetzt wurde. Weitere amerikanische Verwandte mit wirtschaftlicher Bedeutung sind der **Flathead Catfish** (*Pylodictis olivaris*), auch **Goujon** oder **Yellow Cat** genannt, aus dem Einzugsgebiet des Mississippi bis Pennsylvania und südlich bis Mexiko, und der **Yellow Bullhead** (*Ictalurus natalis*), der von New York bis North Dacota und im Süden bis Florida verbreitet ist.

Zwergwelse haben sich in Amerika zu äußerst erfolgreichen Zuchtfischen entwickelt. Dieser widerstandsfähige Fisch wird inzwischen auch bei uns gezüchtet, wegen seiner Robustheit und Gefräßigkeit teilweise aber auch als Plage empfunden, wenn er andere Zuchtfischarten verdrängt. Er wird höchstens 50 cm lang, seine Durchschnittslänge liegt bei etwa 35 cm.

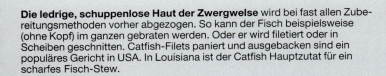

Die ledrige, schuppenlose Haut der Zwergwelse wird bei fast allen Zubereitungsmethoden vorher abgezogen. So kann der Fisch beispielsweise (ohne Kopf) im ganzen gebraten werden. Oder er wird filetiert oder in Scheiben geschnitten. Catfish-Filets paniert und ausgebacken sind ein populäres Gericht in USA. In Louisiana ist der Catfish Hauptzutat für ein scharfes Fisch-Stew.

SÜSSWASSERFISCHE

Die Echten Barsche (Familie *Percidae*) sind Süßwasserfische; einige wenige halten sich auch zeitweise in Brackwasser auf. Es gibt über 100 Arten, von denen etwa 12 in Europa und Kleinasien bis Sibirien leben, die anderen in Nordamerika. Bei allen ist von den beiden Rückenflossen jeweils die erste mit starken Stachelstrahlen besetzt.

Flußbarsch

Perca fluviatilis

engl. perch; franz. perche fluviatile; ital. pesce persico; span. perca de río.

Mehr oder weniger hochrückiger Körper. Stumpfe Schnauze mit weitem Mund und spitz ausgezogene Kiemendeckel. Rückenflossen hoch und stachelstrahlig. Färbung am Rücken dunkelgrau bis olivgrün mit 5 bis 9 dunklen Querbinden. Bauch weißlich rosa mit Silberglanz. Vorkommen in Europa (nicht Südeuropa, Schottland und Norwegen), über Sibirien bis weit ins nördliche Asien. Der Flußbarsch lebt in fließenden und stehenden Gewässern bis in 1000 m Höhe. Ernährt sich von wirbellosen Tieren, Fischlaich und kleinen Fischen. Wird etwa 40 cm lang und 3 kg schwer. In Seen kann man oft, je nach ihrem Wohngebiet, drei Barschformen unterscheiden: den „Krautbarsch", der sich vorwiegend zwischen Pflanzenbewuchs aufhält, der „Jagebarsch", der sich im Freiwasser aufhält, und den „Tiefenbarsch", der in Tiefen von 50 m lebt.

Nah verwandt sind die Barsche Nordamerikas. Der kommerziell wichtigste ist der

Yellow Perch

Perca flavescens

deutsch Gelber Barsch; franz. perche canadienne.

Er ist dem europäischen Barsch sehr ähnlich, deutlich mit gelben und schwarzbraunen Querbinden gezeichnet, aber etwas kleiner. Seine Durchschnittsgröße liegt bei 15 cm Länge und 220 g Gewicht. Die Fleischqualität ist mit der des europäischen Barschs vergleichbar.

Der Flußbarsch wird als Speisefisch sicher nicht hoch genug eingeschätzt. Vielleicht, weil er nicht gerade selten ist und auch kein attraktives Gewicht auf die Waage bringt. Tatsächlich aber gehört er zu den feinsten Süßwasserfischen. Er eignet sich gut für alle Garmethoden. Die Filets (mit der Haut) in Butter gebraten sind – so pur genossen – ein kulinarisches Erlebnis.

Zander, Schill

Stizostedion lucioperca

engl. pike perch; franz. sandre; ital. lucioperca; span. lucioperca.
Der Zander hat einen langen, hechtähnlichen Körper, einen schmalen Kopf mit spitzer Schnauze und weitem Mund. Die Kiemendeckel tragen einen kleinen Dorn. Färbung dunkelgrünlich bis silbergrau am Rücken. Flanken heller, Bauch weißlich. Vorkommen in Mittel- und Osteuropa bis zum Kaspischen Meer. Wird heute durch Besatz auch in anderen Ländern verbreitet. Lebt in wärmeren großen Flüssen, Stauseen und Seen mit hartem Grund, ernährt sich von Kleinfischen (Raubfisch). Wird meist bis 70 cm lang. Der Zander ist ein wichtiger Nutzfisch. Er wird auch in Teichen gehalten, zum Teil als Nebenfisch beim Karpfen. Das Fleisch ist weiß, zart und von sehr gutem Geschmack, dem Hecht ähnlich.

Der ihm verwandte **Seezander** (*Stizostedion marina*) hat nur regionale Bedeutung.

Kaulbarsch

Gymnocephalus cernua

engl. ruffe, pope; franz. grémille; ital. acerina; span. acerina.
Kennzeichen sind ein gedrungener Körper, dicker Kopf, stumpfe Schnauze mit Schleimgruben an der Unterseite, Kiemendeckel mit langem Dorn, ungeteilte Rückenflosse. Vorkommen nördlich der Pyrenäen und der Alpen in Europa, in Rußland bis Sibirien und zu

▼**Der Kaulbarsch** ist unter dem Süßwasserfisch-Angebot eine kleine Delikatesse. Klein deshalb, weil er meist mit einer Durchschnittslänge von 15 cm auf den Markt kommt. Leider aber viel zu selten, wohl wegen seiner unwirtschaftlichen Größe. Im ganzen gebraten schmeckt er übrigens am besten.

Ein Zuchtfisch für die Zukunft

Die Familie der Buntbarsche (*Cichlidae*) ist überaus groß. Sie ist mit etwa 600 Arten in den Gewässern der tropischen und subtropischen Gebiete von Afrika, Madagaskar und Südamerika sowie mit einer Gattung auch in Asien vertreten. Die Körperformen variieren von hechtähnlich bis scheibenförmig. Die meisten, ob größer oder kleiner, sind Raubfische. Aufgrund ihrer hohen Intelligenz werden sie oft in Instituten für Verhaltensforschung gehalten. Viele von ihnen betreiben ausgeprägte Brutpflege.
Als Speisefische Verwendung finden nur die größer werdenden Arten der Gattung *Tilapia*, die heute aufgeteilt wird in die Bodenbrüter (Gattung *Tilapia*) und die Maulbrüter (Gattung *Sarotherodon*). Diese Buntbarsche werden in Aquakulturen gezüchtet. Sie gehören zu den erfolgreichsten Zuchtfischen der letzten Jahrzehnte. Als Fische der tropischen und subtropischen Gewässer wurden sie vor allem in den Ländern der Dritten Welt gezüchtet, aber auch in vielen anderen Ländern. Besonders erfolgreich lassen sich Tilapien auch im Kühlwasser von Industrieanlagen, zum Beispiel Atomkraftwerken, halten. Ihr kulinarischer Wert hält sich zwar in Grenzen, aber die meisten Tilapia-Arten sind recht gute Speisefische mit mittlerer Fleischqualität.

SÜSSWASSERFISCHE

den südrussischen Meeren. Fehlt auf dem Balkan, in Irland, Schottland und Norwegen. Der Kaulbarsch ist sehr widerstandsfähig gegen verschmutzte Gewässer. Er lebt in großen Flüssen, in Seen und Haffen. Ernährt sich von Kleintieren und Insektenlarven, Weichtieren und Fischlaich. Wird maximal 25 cm lang.

Schrätzer

Gymnocephalus schraetzer
engl. schraetzer, Danube ruffe; franz. grémille du Danube; span. acerina Danubiana.

Langgestreckter Körper mit großem Kopf, langer Schnauze, großen Augen und ein Dorn am Kiemendeckel sind die Kennzeichen. Rückenflosse stachelstrahlig und ungeteilt. Färbung: Rükken und Oberkopf bläulich bis grünlich, Seiten zitronen- bis sonnengelb, mit jeweils 3 bis 4 schwarzen, zum Teil in Punkte und Striche aufgelösten Längslinien. Auch die Flossen sind zum Teil mit Punkten besetzt. Der Schrätzer kommt nur im Einzugsbereich der Donau, von Süddeutschland bis zur Mündung vor. Der seltene Bodenfisch lebt an tiefen Stellen mit Kiesgrund. Ernährt sich von Würmern, Kleinkrebsen, Weichtieren und Fischlaich.

Die Sonnenfische oder Sonnenbarsche (Centrarchidae) sind eng mit den Echten Barschen verwandt. Sie bevölkern die Flüsse und Seen Nordamerikas. Einige Arten sind auch in Europa eingebürgert worden, etliche Arten sind als beliebte Aquarienfische bekannt.

Forellenbarsch

Micropterus salmoides
engl. black bass, largemouth bass; franz. perche d'Amerique à grande bouche; ital. persico trota.

Der gestreckte Körper hat einen sehr großen, seitlich zusammengedrückten Kopf mit sehr großen

Der Zander genießt als Speisefisch regional höchstes Ansehen. Vor allem in Österreich und Ungarn (da heißt er Fogosch) ist er äußerst beliebt, dort kennt man auch viele spezielle Zubereitungsarten für ihn. Im allgemeinen ist er ein feiner, magerer Speisefisch mit sehr festem, weißem Fleisch. Mit einem mittleren Gewicht von 1 bis 1,5 kg eignet er sich gut zum Füllen. Sehr fein schmeckt er, wenn er unter einer Salzkruste im Ofen gegart wird.

Augen und sehr großem Mund. Am Rücken olivgrün, an den Flanken heller und am Bauch weißlich gefärbt, dazu ein dunkles Längsband entlang der Seitenlinie. Am Kopf befinden sich mehrere dunkle Schrägstreifen. Der Forellenbarsch wurde ab 1883 an einigen Stellen in Europa (Süddeutschland, Südrußland) eingebürgert. Beheimatet ist er in den Gebieten der Kanadischen Seenplatte bis Florida und Texas. Er bevorzugt ruhige Gewässer und ernährt sich von kleinen Bodentieren. Kann bis zu 60 cm lang werden.
Ebenfalls in Europa eingebürgert wurde der **Schwarzbarsch** (*Micropterus dolomieui*), mit einem etwas spindelförmigen Körper und gelblich-grünlicher Grundfärbung mit dunklen Querbinden. Er wird maximal 50 cm lang. Wurde mit Erfolg in den Niederlanden, in Dänemark, Südfinnland und Süddeutschland ausgesetzt.
Weitere amerikanische Sunfishes, die für die dortige Sportfischerei größere Bedeutung haben, sind: der **Bluegill** (*Lepomis macrochirus*), der aus den östlichen und zentralen Regionen der USA stammt, heute aber fast überall vorkommt; der **Black Crappie** (*Pomoxis nigromaculatus*) und der **White Crappie** (*Pomoxis annularis*), zwei Arten, die im Frühjahr bei der Bevölkerung in Texas, Missouri, Mississippi und Florida das reinste Fisch- und Anglerfieber auslösen. „Crappie-Fishing" ist dort zum Volkssport geworden; und der **Flier** (*Centrarchus macropterus*), ein ebenfalls sehr guter Speisefisch, der vor Virginia bis Texas und vom Mississippi bis Illinois vorkommt. Ein guter, aber recht kleiner Sonnenfisch ist der **Longear Sunfish** (*Lepomis megalotis*), der in den zentralen und südlichen Gebieten vorkommt. Der **Redbreast Sunfish** (*Lepomis auritus*), auch **Sun Perch** oder **Yellow Belly Sunfish** genannt, ist vom St.-Lorenzstrom und den Great Lakes bis Florida verbreitet. Der **Redear Sunfish** (*Lepomis microlophus*), auch **Shellcracker** genannt, ist ein besonders begehrter, hervorragender Speisefisch, da er sich vorwiegend von Muscheln ernährt. Er stammt aus dem Süden der USA, heute ist er fast in allen Gewässern zu finden. Wie auch der **Rock Bass** (*Ambloplites rupestris*), der aus den Gewässern des südlichen Kanada stammt, aber bis heute fast überall ausgesetzt worden ist.

Die Sonnenfische sind eng verwandt mit den Barschen und gehören in den USA mit zu den beliebtesten Süßwasserfischen, vor allem auch bei Sportfischern. Kulinarisch erreichen sie vielleicht nicht ganz die Qualität eines Barsches, aber sie haben ein ganz spezielles Aroma, das etwas süßlich ist und an frischen Staudensellerie erinnert. Beim Bluegill ist dieses Sunfish-Aroma besonders ausgeprägt.

NAHRUNGSMITTEL FISCH

Fischprodukte und ihre Herstellung

Für die Verarbeitung in „Fischfabriken" wird sowohl Frischfisch als auch Frostfisch verwendet. Die hohe Qualität des Frostfisches bleibt am besten erhalten, wenn der tiefgefrorene Fisch in Kühlräumen bei hoher Luftfeuchtigkeit und Temperaturen bis 8 °C relativ langsam aufgetaut wird. Zum schnelleren Auftauen kann auch kaltes Wasser verwendet werden. Um ein Auslaugen des Fleisches zu vermeiden, sollte dann die Wassermenge das Vierfache des Fischgewichtes nicht überschreiten. Eine Verarbeitung der Fische zu speziellen Produkten kann durch Trocknen, Salzen, Säuern, Räuchern und, zu Vollkonserven, durch Hitzesterilisierung erfolgen. Mit der Verarbeitung ist eine Verlängerung der Haltbarkeit verbunden. Die ist am längsten, wenn die Produkte nach der Verarbeitung eingedost werden. Dabei werden Fischhalbkonserven bei Temperaturen unter 100 °C pasteurisiert, Fischvollkonserven durch Erhitzen über 100 °C sterilisiert. Bei Fischprodukten, die nicht zu den Halb- oder Vollkonserven zählen, kann eine Verlängerung der Haltbarkeit durch Zusatz von Konservierungsstoffen erreicht werden. Die hierfür zugelassenen Stoffe sind durch Verordnung festgelegt. Erlaubt sind für Fischerzeugnisse:

Sorbinsäure – Kennzeichnung E 200 – 203
Benzoesäure – Kennzeichnung E 210 – 213
PHB-Ester – Kennzeichnung E 214 – 219
Ameisensäure – Kennzeichnung E 236 – 238

Getrocknete Fische

Die bekanntesten Produkte sind „Stockfisch" und „Klippfisch". Dazu nimmt man Kabeljau, Seelachs, Schellfisch, Leng oder Lumb (Brosme). Nach dem Köpfen und Ausnehmen werden die Fische an der Luft getrocknet. Stockfisch ist ungesalzen. Der Klippfisch wird nach Herausschneiden der Wirbelsäule und oft auch der seitlichen Gräten gesalzen und erst nach Erlangen der Salzgare getrocknet. Das Fleisch des Stockfischs soll trocken und hart sein. Das Fleisch des Klippfischs ist wasserreicher als das des Stockfischs, aber trotzdem fest. Zu beanstanden sind Fische, deren Fleisch nicht einheitlich hellgelb bis weißlich ist, sondern rötliche oder rote Stellen aufweist.

Gesalzene Fische

Beim Salzen wird dem Fisch Wasser entzogen. Der Fisch schrumpft, und mit der Aufnahme einer gewissen Salzmenge gerinnt das Fischeiweiß. Durch fischeigene und Bakterienenzyme können sich im Salzfisch typische Aromastoffe entwickeln. Dies ist besonders bei fettreichen Fischen der Fall. Aus diesem Grund gehören Heringe, Sardellen, Makrelen und Lachse zu den bevorzugten Fischen für die Salzung. Magere Fische, zum Beispiel die stark gesalzenen Sardellen, sind nach Salzung mehrere Jahre haltbar, besonders wenn sie kühl und unter Luftabschluß gelagert werden. Nicht sehr stark gesalzene Fettfische, wie die Heringe, können aber schon nach einigen Monaten weich werden und beginnen dann tranig oder auch „süßlich" zu schmecken. **Heringe** werden vor dem Salzen für die meisten Produkte gekehlt, wobei die Eingeweide, einschließlich Herz und Kiemen, entfernt werden. Milch und Rogen bleiben beim Kehlen im Fisch. Die höchste Qualität haben seegekehlte und seegesalzene Heringe. Die meisten Salzheringe werden jedoch an Land gekehlt und gesalzen. Im Gegensatz zur Trockensalzung bei Magerfischen mit abwechselnden Lagen von Fisch und Salz, bevorzugt man bei Fettfischen die Naßsalzung in Fässern oder Bassins. Salzheringe kommen unter verschiede-

Das Trocknen von Fischen ist eine uralte Konservierungsmethode. In Asien wird eine Vielzahl von Fischen auf diese Weise konserviert, auch sehr kleine Arten, die in zermahlenem Zustand als Gewürz verwendet werden. Dazu gehören auch die Crevally und Trevally aus der Familie der *Carangidae* (oberes Bild), die in großen Mengen gefangen und getrocknet werden. Eine hochbezahlte Spezialität in Asien sind die getrockneten Haifischflossen (kleines Bild).

NAHRUNGSMITTEL FISCH

nen Namen in den Handel: Für **Matjesheringe** sind jugendliche Heringe oder solche, die zumindest keinen äußerlich erkennbaren Ansatz von Milch oder Rogen aufweisen, das Rohprodukt. Matjesheringe sind daher besonders fettreich. Der Hering wird in Fässern, vor allem aus Eichenholz, „mildgesalzen". Der Salzgehalt im Gewebewasser sollte zwischen 6 und 21 Prozent liegen. Beim **Fettherring** handelt es sich, wie der Name sagt, um einen fetten Hering. Er hat ebenfalls keinen erkennbaren Ansatz von Milch oder Rogen. Im Gegensatz zum Matjesheringe ist er aber „hartgesalzen", das heißt, sein Salzgehalt liegt erheblich höher als beim Matjes. Auch **Vollheringe** sind hartgesalzen und oft ungekehlt. Milch und Rogen sind bei ihnen gut erkennbar. **Yhlenhering** ist die Bezeichnung für einen abgelaichten Hering. Auch Yhlenheringe sind hartgesalzen. Eine Spezialität aus Skandinavien sind die **Kräuterheringe.** Zu ihrer Herstellung sind fette und große Heringe, wie die „Isländer" und „Norweger", besonders geeignet. Dem Salz werden Gewürze, oft auch Zucker zugegeben.

Anchosen: Auch der Kräuterhering gehört zu den Anchosen. In weiterem Sinne werden aber Produkte aus anderen Fischarten, vor allem aus Sprotten, als Anchosen bezeichnet, wenn sie mildgesalzen und gekräutert sind. Besonderer Beliebtheit erfreuen sich die süß-sauren Anchosen aus Skandinavien, zu deren Herstellung gewürzter Essig verwendet wird. Der Name **Anchovis** wird unterschiedlich verwendet, in romanischen Ländern generell für sardellenartige Fische, in Deutschland für kräutergesalzene Sprotten. Die Filets der Sprotten sind als „Appetitsild" bekannt. Gesalzene Sardellen kommen hauptsächlich aus Holland, Portugal und Spanien. Nach dem Entfernen von Kopf und Eingeweiden werden die Sardellen unter Zugabe großer Mengen von Salz in Eichenfässer gepackt. Alle zwei Wochen wird die sich bildende fettreiche Lake über den Fischen abgeschöpft. Das typische Aroma für echten Anchovis aus gesalzenen Sardellen braucht 1 bis 2 Jahre zur vollen Entfaltung. Die Reifung von Anchovis aus Sprotten dauert etwa 3 Monate.

Lachs, Seelachs und Makrelen: Mild gesalzener Lachs ist das Ausgangsprodukt für den Räucherlachs. Die beste Qualität mit der Bezeichnung „prime" stammt von besonders fettreichen, möglichst rotfleischigen Lachsen. Lachs mit der Bezeichnung (T) ist mager, mit der Bezeichnung (TT) sehr mager. Die filetierten Seiten des Lachses werden in große Fässer gepackt und jeweils mit einer Lage Salz bedeckt.

Zur Herstellung von geräuchertem „Seelachs" in Scheiben, meist in Öl, wird wie beim Räucherlachs vom Salzfisch ausgegangen. Die lachsähnliche Farbe erhält der Seelachs durch Zugabe von Farbstoffen. „Seelachs" als Lachsersatz sollte grätenfrei sein.

Für gesalzene Makrelen besteht in den USA ein großer Bedarf. Trotz beträchtlicher Makrelenanlandungen reicht die eigene Produktion der USA an Salzmakrelen nicht aus, so daß größere Mengen, vor allem aus Norwegen, importiert werden müssen.

Gesäuerte Fische

Besonderer Beliebtheit erfreuen sich die „Marinaden". Die Bezeichnung Marinaden ist heute auf gesäuerte Produkte beschränkt, die vorher weder gekocht noch gebraten wurden. Marinaden werden vor allem aus Heringen hergestellt. Aber auch andere Fischarten können zu Marinaden verarbeitet werden. Die filetierte Rohware wird zunächst für 4 bis 6 Tage zum Garen in ein Essig-Salzbad gelegt. Hierfür benutzt man Fässer oder größere Becken. Durch das Salz wird das Fischeiweiß „denaturiert", das heißt, von dem rohen in den genußfertigen Zustand gebracht. Während das Salz dem Fleisch Wasser entzieht und es fester macht, hat die Essigsäure einen entgegengesetzten Effekt: sie macht das Fischfleisch zarter.

Die Menge des Salzes und die Essigkonzentration hängen wesentlich von der Rohware, besonders von ihrem Fettgehalt, ab und müssen daher sorgfältig aufeinander abgestimmt sein, um eine gute Qualität der Marinade zu erreichen. Danach kommen die Heringe in ein neues Garbad. Für die Herstellung von „Feinmarinaden" werden diesem Bad Gewürze und Zucker zugegeben.

Marinaden sollen bei guter Qualität von heller, weißgrauer Farbe, fest im Fleisch, saftig und nicht zäh sein. Die Produktpalette aus Marinaden ist besonders reichhaltig:

Gesalzene Heringe in jeder Form, darauf verstehen sich die Schweden besonders gut. Die verschiedenen Marinaden enthalten, neben Gewürzen und Kräutern, relativ viel Zucker. Reifen läßt man die Heringe in Holzfässern, die in weit in die Berge getriebenen Stollen lagern. Bevor sie wieder ans Tageslicht kommen, werden sie noch einmal geprüft.

Marinierte Heringe sind ausgenommene, nicht entgrätete Heringe ohne Kopf. **Bismarckheringe** sind, im Gegensatz zum marinierten Hering, entgrätet. **Kronsild** oder **Kronsardinen** sind keine Sardinen, sondern kleine, entgrätete Heringe ohne Kopf. Für die Herstellung von **Rollmöpsen** werden entgrätete Heringe ohne Kopf und Schwanzflosse verwendet. Den besonderen Geschmack erhalten Rollmöpse durch eingelegte Gewürze. Auch Koch- und Bratfische werden für verschiedene Produkte gesäuert, gelegentlich unter Gewürzzugabe zum Essig. Das ist zum Beispiel beim Bratrollmops der Fall.

Surimi – oder „gewaschene Fischmasse"

Ein Fischprodukt, das in Japan auf eine jahrhundertealte Tradition zurückgeht. Reines Fischfleisch, ohne Haut und Gräten, wurde durch Kneten und wiederholtes Auswaschen zu einer glatten, weißen Masse verarbeitet, die nach Würzung und Stärkezugabe geformt und dann gekocht oder gebacken wurde. Dieses Traditionsprodukt ist von der Tiefkühlindustrie entdeckt worden. Den beim Tiefkühlen eintretenden Qualitätsverlust versuchte sie, durch Zugabe von Salz, Zucker, Polyphosphat und Sorbitol wettzumachen. Das moderne Surimi ist eine fast völlig geruchs- und geschmacksfreie, dazu blütenweiße Masse. Ein Grundprodukt, so manipulierbar, wie sich's die Industrie nur wünschen kann. Es ist zum Beispiel die Grundlage von sogenanntem „Fisch-Crabmeat", das mittlerweile auch in Europa angeboten wird. Über den Anteil an Krebsfleisch wird der Verbraucher allerdings im unklaren gelassen. Nach Deklarationsvorschrift erfährt er aber immerhin, daß auch Hühnereiweiß, Wasser, Stärke, Sorbit und pflanzliches Eiweiß mit dabei sind. Dieses Produkt wird in Form von Stäbchen, kleinen Stücken oder gar zu Krabbenscheren geformt (Bild oben) angepriesen. Selbst von einer sehr seriösen Restaurant-Kette in Deutschland wird es – als „neue Seafood-Spezialität aus Japan".

Zu Surimi wird vorwiegend der Alaska-Pollack verarbeitet, zum großen Teil direkt auf Fabrikschiffen. Keineswegs mehr nur von Japan, auch die USA sind unterdessen zu einem bedeutenden Produzenten und Verbraucher der schockgefrosteten Fischmasse geworden. Welche Auswirkungen das auf die bereits zurückgegangenen Bestände des Alaska-Pollacks hat (die Ausbeute für Surimi beträgt 25–30 Prozent, der Rest ist Abfall), bleibt abzuwarten.

Die ideale Verpackung für frischen Kaviar ist immer noch die innen beschichtete Stülpdeckeldose von 1,8 kg Inhalt. Mit dem Deckel wird die überschüssige Lake herausgedrückt. Verschlossen wird sie mit einem breiten Gummiring, so daß keine Luft in die Dose kommt. In der ungeöffneten Dose bleibt der Kaviar bei bester Qualität bis zu einem Jahr genießbar.

Osietra-Kaviar – der Favorit der Kaviar-Kenner. Das Korn ist deutlich kleiner als das vom Beluga, auch hartschaliger und unempfindlicher. Man sagt ihm einen nußartigen Geschmack nach, und tatsächlich ist sein sehr spezielles Aroma mit keinem der anderen Kaviarsorten vergleichbar. Der Osietra-Stör kann 200 kg schwer werden, sein Durchschnittsgewicht liegt jedoch bei etwa 70 kg.

Beluga – der Kaviar der Superlative: der feinste, der teuerste und, mit 3,5 mm Durchmesser pro Korn, der größte. Auch ist der seltene Beluga-Stör der größte seiner Familie. Er erreicht eine Länge von 4 m und kann bis zu 1200 kg schwer werden. Etwa 12 Prozent davon sind Kaviar, eine stattliche Ausbeute.

Sevruga-Kaviar kommt vom kleinsten Mitglied der Stör-Familie. Der Sevruga oder Sternhausen wird bis zu 1,50 m lang und wiegt selten mehr als 25 kg. Das Gewicht des Rogens liegt zwischen 1 und 3 kg pro Fisch. Der Kaviar ist sehr dünnschalig und entsprechend empfindlich, doch Kenner loben sein besonders kräftiges und würziges Aroma. Er ist mittel- bis stahlgrau; die Farbe hat jedoch keinerlei Einfluß auf den Geschmack des Kaviars.

NAHRUNGSMITTEL FISCH

Kaviar – der Inbegriff des Luxus

Über Kaviar zu informieren, sollte bedeuten, so objektiv und „cool" wie möglich alle Fakten aufzuzählen. Denn diese Luxus-Delikatesse ist mit so viel Mythos befrachtet, daß alles andere zur Polemik geriete. Zwischen den unbeirrbaren Verehrern, für die es einfach Kaviar sein muß – koste es (und das tut's), was es wolle –, und denen, die ihn (ob nun Beluga oder der gefärbte „Ersatz" vom Seehasen) höchstens als Dekoration für Russische Eier tolerieren, ist jedenfalls kein Konsens herzustellen. Sicher ist, daß beim „Echten Caviar" nicht allein der reale Wert zählt (und bezahlt wird), sondern auch – und keineswegs zuletzt – sein Symbolwert.

Wenn man es jedoch ganz nüchtern betrachtet, dann ist Kaviar nichts anderes als präparierter Fischrogen. Der kann, rein theoretisch, von jedem Fisch sein, sofern er nicht giftig ist – wie zum Beispiel die Keulenfische, zu denen der berühmt-berüchtigte Fugu zählt. Im Laufe der Jahrhunderte hat sich jedoch herausgestellt, daß der Rogen vom Stör aber doch der feinste ist. Und daß sich die Russen und die Perser – mit ihren inzwischen zwar dezimierten, aber doch immer noch reichlichen Stör-Vorkommen im Kaspischen Meer – am besten auf die Zubereitung dieses Luxusprodukts verstehen.

Natürlich produzieren auch andere Länder Kaviar. Wie zum Beispiel China, wo die Störe in den großen Flüssen der Kaviar-Lieferant sind. Und in Kalifornien produziert ein Schwede recht erfolgreich einen sehr feinen „russischen Kaviar" von amerikanischen Stören.

Die Russen nehmen allerdings, und wohl mit Recht, für sich in Anspruch, den feinsten Kaviar zu produzieren. Die größte Erfahrung haben sie jedenfalls – schließlich sitzen sie an der Quelle. Denn nur vom lebend-frischen Stör gibt es guten Kaviar. Wenn die Stör-Weibchen zum Ablaichen aus dem Kaspischen Meer in die Flußarme des Wolga-Deltas aufsteigen, werden sie gefangen, in großen Aquarien an Bord der Boote gehältert und in die Verarbeitungsfabriken am Wolga-Ufer oder zu Fabriksschiffen gebracht. Zur Entnahme des Rogens werden die Fische betäubt. Von der Entnahme des Rogens bis zur Verpackung des fertigen Kaviars in Dosen vergehen nur etwa 10 Minuten. Frischer geht's nicht!

Die Qualität des Kaviars bestimmen aber nicht allein Frische, Geschmack und Beschaffenheit des Rogens, sondern vor allem auch der Gehalt an Salz, das den frischen Kaviar haltbar macht. Die für den russischen Kaviar berühmte Bezeichnung „Malossol" steht für „wenig Salz"; die besten Qualitäten werden gerade nur so viel gesalzen, wie es für die ohnehin begrenzte Haltbarkeit notwendig ist. Moderne Kühl- und Transportmöglichkeiten machen es dennoch möglich, frischen Kaviar an jeden beliebigen Ort der Welt zu schaffen.

Angeboten wird der frische Kaviar immer noch in den bekannten, innen beschichteten Blechdosen von je etwa 1,8 kg Inhalt, die mit einem roten Gummiband verschlossen werden. Aus diesen Dosen werden dann die gewünschten Portionen abgefüllt.

Frischer Kaviar ist empfindlich. Er sollte stets bei einer Temperatur von −2 °C gelagert werden. Keinesfalls sollten −4 °C unterschritten werden, dann würden Geschmack und Konsistenz der Körner völlig verloren gehen. In einem normalen Haushalt ist eine so vorschriftsmäßige Lagerung sicher nicht ganz einfach. Wohl schon deshalb hat sich der pasteurisierte Kaviar in Gläsern durchgesetzt – von Kaviar-Verehrern schlicht als Konserve abgelehnt. Die Technik des Pasteurisierens wurde inzwischen aber so perfektioniert, daß die Qualität wesentlich verbessert werden konnte. Das soll heißen, besser ein gut pasteurisierter Kaviar aus Gläsern als unbedingt frischer Kaviar, der vielleicht durch unsachgemäße Lagerung nicht mehr so ganz frisch ist. Serviert wird Kaviar jedenfalls immer kalt, möglichst auf einem Eissockel.

Übrigens ist die Luxus-Delikatesse, mit 16 Prozent Fettgehalt und etwa 270 Kalorien pro 100 g, nicht eben mager zu nennen. Der Eiweißgehalt liegt zwischen 25 und 30 Prozent.

Neben dem echten Kaviar – von dem es drei Sorten gibt, benannt nach den Störarten, von denen sie stammen – wird heutzutage schon recht feiner Ersatz angeboten. Man muß dabei nicht gleich an die pechschwarzen Seehaseneier denken. Denn es gibt ja auch den Keta-Kaviar vom Lachs oder den Forellen-Rogen. Besonders letzterer wird immer beliebter; er schmeckt angenehm kräftig und sieht zudem sehr appetitlich aus. Der Keta-Kaviar mit seinen roten Perlen hat schon seit Jahren einen hohen Marktanteil. Unter dieser Bezeichnung kommt übrigens aller Lachsrogen – gleichgültig, von welchem Lachs er stammt – auf den Markt. Die größten Produzenten sind die Sowjetunion und die USA, wo er an der Westküste produziert wird. Der wichtigste Lieferant ist der Chum Salmon oder Keta-Lachs. Sein Rogen ist zwar von leicht blasserer Farbe als der vom Pink Salmon und vom Coho, wird aber von Kennern bevorzugt; vor allem die Ware aus der Sowjetunion. Die Rogenkörner vom Pink Salmon oder Buckellachs und vom Coho sind etwas kleiner, haben aber eine dunklere Färbung. Der Rogen vom Chinook oder King Salmon ist wegen seiner geringen Haltbarkeit zumindest für den Export nicht gefragt.

In ungleich größeren Mengen wird jedoch der Seehasen-Rogen gehandelt, der im Urzustand rosa bis gelblich ist, dann aber rot oder schwarz eingefärbt wird. Er ist zwar ohne kulinarischen Wert, wird aber in großen Mengen für Dekorationszwecke in der kalten Küche verwendet.

Keta-Kaviar wird der appetitlichrote Rogen vom Keta-Lachs oder Chum Salmon aus dem Pazifik genannt. Das Keta-Korn ist besonders groß, aber auch äußerst empfindlich. Kulinarisch und preislich gesehen ist Keta-Kaviar ein guter Kompromiß zwischen echtem Kaviar und Kaviar-Ersatz. Zwar ist er teurer als der Seehasenrogen, aber doch viel billiger als der echte vom Stör.

Forellen-Kaviar wird immer populärer. Der präparierte Rogen der Forellen, vor allem der großen Exemplare, ist dem Lachs-Kaviar geschmacklich durchaus ebenbürtig. Man kann ihn auch genauso verwenden. Wie beim echten Kaviar, schmeckt der frische, nur leicht gesalzene und nicht konservierte Forellen-Kaviar am besten.

Kaviar vom Seehasen, die billigste aller Kaviarsorten, wird unter verschiedenen Bezeichnungen gehandelt. So zum Beispiel als „Deutscher Kaviar". Der Rogen des Seehasen (Cyclopterus lumpus) ist feinkörnig und fest. Er kommt, stark eingesalzen, aus Island, Norwegen oder Dänemark, wird dann schwarz oder rot eingefärbt und gewürzt. Der Seehasen-Kaviar wird vor allem als Dekorationsmittel in der kalten Küche verwendet.

Niemals mit Silber an den Kaviar gehen! Denn Silber oxydiert und verleiht dem Kaviar einen fischigen Geschmack. Auch mit Edelstahl sollte er nicht in Berührung kommen. Auf dem Markt sind geschmacksneutrale Bestecke aus Perlmutt, aber auch Löffel aus Horn, Schildpatt und sogar Holz taugen zum Verzehr der teuren Körner. Wer's ganz stilvoll wünscht, der verwende einen Löffel aus Gold.

NAHRUNGSMITTEL FISCH

Geräucherte Fische

Das Räucherverfahren wird weitgehend von der Rohware bestimmt. Das übliche Verfahren für gefrostete und frische Fische ist die „Heißräucherung", für Salzfische die „Kalträucherung". Der Unterschied zwischen beiden besteht vor allem in der Temperatur beim Räuchern und in der Räucherdauer. Bei beiden Verfahren muß der Fisch vor dem Räuchern in bewegter Luft vorgetrocknet werden, um ein festes Fleisch, appetitliches Aussehen und eine möglichst lange Haltbarkeit zu erreichen.

Die relativ lange Haltbarkeit von Räucherfischen ist vor allem darauf zurückzuführen, daß das Fischfleisch aus dem Rauch Stoffe mit baktericider Wirkung aufnimmt. Generell sind kaltgeräucherte Fischwaren länger haltbar als heißgeräucherte. Bei sachgemäßer, kühler Lagerung kann man davon ausgehen, daß die Haltbarkeit bei kaltgeräucherten

Salzfischen wenigstens 14 Tage, bei heißgeräucherten, frischen Fischen 4 bis 8 Tage beträgt. Vakuumverpackte Produkte sind bis zu 6 Wochen haltbar.

Farbe und Aroma des geräucherten Fisches werden besonders von der Art des verwendeten Holzes bestimmt. Für das Räuchern von Fischen nimmt man Scheite, Briketts oder Sägespäne aus Laubholz.

Kalträucherung: Salzfische müssen vor dem Räuchern gewässert werden, am besten in fließendem Wasser. Die Temperatur in den Öfen wird so geregelt, daß sie im Bereich des Räuchergutes möglichst zwischen 15 und 20 °C liegt. Der Räuchervorgang erstreckt sich, abhängig von der Fischart, über einen Zeitraum von 1 bis 6 Tagen. Bevorzugte Fische für die Kalträucherung sind Lachs und Meerforelle.

Unter der Bezeichnung **Räucherlachs** kommen sowohl Produkte aus Lachsen als auch solche aus Meerforellen in den Handel. Die zarteste Qualität wird erzielt, wenn man frischen Lachs verwendet, der direkt vor dem Räuchern für etwa 12 Stunden in eine milde Salzlake eingelegt wurde. Allerdings ist dieser Räucherlachs nicht so lange haltbar wie ein Produkt aus gewässertem Salzfisch.

Auch aus Heringen und Makrelen können schmackhafte, kaltgeräucherte Produkte hergestellt werden: Für **Lachshering** werden große und möglichst fette, unausgenommene Salzheringe mit Kopf geräuchert. Die Rohware für **Lachsbückling** entspricht der für Lachshering. Er wird jedoch vor dem Räuchern ausgenommen und für einzelne Produkte nachträglich geköpft (Delikateßlachsbückling) und filetiert (Lachsbücklingsfilet). **Kipper** (auch **englische Kipper** genannt) sind kaltgeräucherte, frische Fettheringe. Vor dem Einlegen in Salzlake werden die geköpften Heringe vom Rücken her gespalten. Die beiden Hälften hängen dann nur noch an den Bauchseiten zusammen. Dieser „gefleckte" Hering wird nur wenige Stunden, längstens einen Tag geräuchert und ist daher nur kurze Zeit haltbar. Zum Verzehr wird der Kipper in der Regel gebraten.

Heißräucherung: Vor der Heißräucherung werden die gewaschenen und von Schuppen befreiten Fische für etwa eine Stunde in eine milde Salzlake eingelegt. Die Gare erhalten sie aber erst im Räucherofen bei einer Temperatur über 60 °C. Meist liegt die Temperatur im Ofen bei 70 bis 90 °C. Das appetitliche, goldgelbe Aussehen und das besondere Raucharoma erhält der Fisch vor allem gegen Ende des Räucherprozesses in der „Dämpfphase", in der die Luftzufuhr gedrosselt und das bis dahin brennende Räuchermaterial mit feuchten Spänen zugedeckt wird, so daß ein dichter, schwelender und feuchter Rauch entsteht. Die Heißräucherung dauert maximal 4 Stunden, die Dauer ist abhängig von der Fischart und Größe der Räucherstücke.

Zur Heißräucherung eignet sich unter den Seefischen vor allem der Hering. Besonders geschätzt beim Verbraucher ist der **Bückling.** Rohware sind traditionsgemäß vor allem Nord- und Ostseeheringe. Sie werden zum Räuchern nicht ausgenommen und haben als Räucherfisch besonders im Sommer eine hervorragende Qualität, weil sie dann besonders fettreich sind. In zunehmendem Maße deckt aber jetzt die deutsche Fischindustrie ihren Heringsbedarf aus Importen von Dänemark, den Niederlanden, Norwegen und Kanada. Aus-

NAHRUNGSMITTEL FISCH

Frisch aus dem Rauch wird ein Ostseehering (Bild linke Seite oben), nur mit Salz und Brot genossen, zur Delikatesse. Beim Lachs setzt man den delikaten Geschmack voraus. Die professionellen Lachs-Räucherer, wie hier die Firma Friedrichs in Hamburg, tun ihr Bestes, diesem Anspruch gerecht zu werden. Da wird nichts dem Zufall überlassen. Vom Zerlegen übers Salzen bis zum Räuchern – jeder Handgriff sitzt.

gangsprodukt für **Kipper auf norwegische Art** ist ein „gefleckter", das ist ein vom Rücken her gespaltener Hering, wie er auch zur Kalträucherung verwendet wird. Im Gegensatz zum englischen Kipper wird er jedoch schwach heißgeräuchert. Besonders große Heringe, wie die atlantischen Heringe von Norwegen und Island, kommen bei entsprechender Verarbeitung auch als **Fleckheringe** in den Handel. **Räucherrollmops** wird aus gerolltem Heringsfilet unter Zugabe von Gewürzen hergestellt.

Neben den Heringen werden in der Fischindustrie zahlreiche andere Seefischarten zu heißgeräucherten Produkten verarbeitet. Eine Spezialität sind geräucherte **Ostseesprotten.** Im Gegensatz zu den Heringen haben Sprotten die beste Qualität zum Räuchern in den Herbst- und Wintermonaten. Sprotten werden vor dem Räuchern nicht ausgenommen. **Makrelen** vertranen wegen ihres hohen Fettgehaltes besonders leicht, vor allem dann, wenn die Rohware nicht ganz fangfrisch war. **Fleckmakrelen** sind wie Fleckheringe vom Rücken her gespalten, ausgenommen und geräuchert.

Einige geräucherte Produkte aus Seefischen haben einen speziellen und oft auch irreführenden Namen. Dazu gehören die **Schillerlocken.** Das sind enthäutete und in Streifen geschnittene Stücke vom Dornhai. Geräucherte Rückenstücke des Dornhais kommen als **Seeaal** in den Handel. Vom Heringshai stammt der **Kalbfisch,** der meist in scheibenförmigen Stücken angeboten wird. Knorpelfreie, geräucherte Stücke vom Grauhai liefern den **Speckfisch.** Ein leichter Geruch nach Ammoniak ist für Haifischfleisch nicht ungewöhnlich. Er entsteht bei einer chemischen Umsetzung des Harnstoffes, der typisch ist für das Fleisch der Haie und Rochen.

Auch fettreiche Süßwasserfische eignen sich vorzüglich zum Räuchern. Dabei denkt man an erster Stelle an den **Aal.** Der zum Räuchern bestimmte Aal wird heute vielfach durch elektrischen Stromschlag getötet, anschließend durch Abreiben mit Salz vom Schleim befreit und dann ausgenommen. Das Räuchern dauert 1 bis 3 Stunden. Die **Maräne** (Renke, Felchen) ist besonders im Sommer außerordentlich fettreich und dann vorzüglich zum Räuchern geeignet. Der Fisch wird vor dem Räuchern ausgenommen. **Geräucherte Forellen** erfreuen sich zunehmender Beliebtheit, vielleicht deshalb, weil sie nicht so kalorienreich sind wie die meisten anderen Räucherfischprodukte. Verarbeitet werden ausgenommene Regenbogenforellen aus Teichwirtschaften. Das Filet wird nach dem Räuchern von der Haut gelöst, aber im zusammengeklappten Fisch belassen. Eine Spezialität vor allem im norddeutschen Raum sind wacholdergeräucherte Forellen.

Gebratene und gekochte Fische, Fischvollkonserven

Als Rohware finden sowohl frische als auch gefrorene Fische, vor allem Heringe, Verwendung. Die Gare wird bei diesen Produkten durch Erhitzen erzielt. Gebratene Fische werden meist eingedost und bei einer Temperatur unter 100°C pasteurisiert. Diese „Halbkonserven" sollten ohne besondere Kühlung mindestens sechs Monate haltbar sein. Beim „Kochen" bleibt die Temperatur mit 80 bis 90°C unter dem Siedepunkt des Wassers. Der Gewichtsverlust der Rohware beträgt etwa 15 bis 20 Prozent. Gekochte Fischprodukte werden, oft mit einer Geleeschicht überdeckt, zur Verlängerung der Haltbarkeit in Dosen oder anderen Behältnissen pasteurisiert. Vollkonserven werden in luftdicht verschlossene Dosen verpackt und bei 100 und 120°C sterilisiert. Sie enthalten keine Zusätze von Konservierungs- oder Farbstoffen und müssen mindestens ein Jahr haltbar sein.

Große Auswahl an Räucherlachs. Der Verbraucher kann heute unter mindestens fünf Räucherlachssorten wählen – wenn auch nur theoretisch. Denn inzwischen beherrscht der Farmlachs (Zuchtlachs) aus Norwegen, Schottland oder Kanada den Markt fast total. Die fünf Sorten Räucherlachs, die sich hier präsentieren, stammen von folgenden Lachsarten (von links nach rechts): Den beiden pazifischen Arten Coho (Silver Salmon) und Chum Salmon, mit relativ niedrigem Fettgehalt und entsprechend geringer Qualität; dem King Salmon, von mittlerem Fettgehalt (etwa 11%) und sehr gutem, kräftigem Geschmack; dem atlantischen Wildlachs, mit 13–14% Fett, dem begehrtesten und feinsten aller Lachse; und dem norwegischen Farmlachs, inzwischen ein Massen-Markenartikel mit weiter steigenden Produktionszahlen. Das große Angebot hält den Preis erfreulich niedrig.

97

FISCH
KÜCHENPRAXIS

Für die gute Fischküche sind Frische und beste Qualität der Produkte ebenso notwendig wie das Wissen um die richtige Zubereitung. Und frischer Fisch, so er nicht bereits fein säuberlich in Filets zerlegt vom Händler erworben wird, muß erst einmal richtig vorbereitet werden. Dafür ist eine gewisse Praxis notwendig. Das fängt an beim fachgerechten Ausnehmen frischer Fische und gilt weiter für das Zerlegen und Filetieren der Fische. Wobei für die unterschiedlichen Fischarten, wie Rundfisch oder Plattfisch, verschiedene Methoden angewandt werden müssen. Auch ist es beispielsweise nicht gleichgültig, wie die Gräten ausgelöst werden, wenn ein Fisch zum Füllen vorbereitet wird. Und genauso verlangen auch die verschiedenen Garmethoden nach unterschiedlichen Vorbereitungen.
Die detaillierten Bildfolgen in diesem Kapitel sollen helfen, die dazu nötigen Handgriffe leicht zu erkennen und zu beherrschen.

FISCH KÜCHENPRAXIS

Qualität und Frische

Zwei Voraussetzungen, ohne die eine gute Fischküche unmöglich wäre. Frische, bei Süßwasserfischen sicher kein Thema, weil sie beim Fischhändler in Bassins gehältert werden, ist das entscheidende Kriterium beim Meeresfisch. Gleichgültig, ob er in Küstenregionen angeboten wird oder weite Wege ins Binnenland zurücklegen muß. Er wird in jedem Fall in totem Zustand gehandelt, und es kann Stunden oder Tage dauern, bis er zum Verbraucher kommt. Grund genug, beim Einkauf auf die hier beschriebenen Frischemerkmale zu achten, also Haut, Augen, Flossen und Geruch genau zu prüfen. Aus diesen Einzelergebnissen kann man dann eine Entscheidung treffen. Im Zweifelsfall sollte man sich für die Frische entscheiden, also lieber einem wirklich frischen, weniger edlen Fisch den Vorzug geben, als einem Prestige-Fisch, der schon leicht duftet.

Topfrisch – oder der optimale Geschmack

Der Fisch macht nach dem Fang oder Schlachten eine Totenstarre durch. Dabei entsteht durch den Abbau von Blutzucker Milchsäure. Die Totenstarre beginnt in der Kopfregion und dehnt sich von dort über den ganzen Körper aus. Die typischen Merkmale der Totenstarre – hartes Fleisch, schwer beweglicher Körper, abgespreizte Kiemendeckel – dauern bei den einzelnen Arten unterschiedlich lange an und gehen in der Regel nach einigen Stunden zurück. Nach der Totenstarre wird das Fleisch wieder elastisch. Mit zunehmender Dauer der Lagerung – auch auf Eis – wird das Fischfleisch dann immer weicher.

Geschmacklich ist das Fleisch am besten nach der Totenstarre, während der sich durch Abbau des ATP (Adenosintriphosphat) noch Aromastoffe bilden. Bei Fischen, die auf Eis gelagert sind, ist das am zweiten bis dritten Tag nach dem Fang der Fall. Die Verarbeitung zu Filet an Bord der Fang- und Fabrikschiffe erfolgt

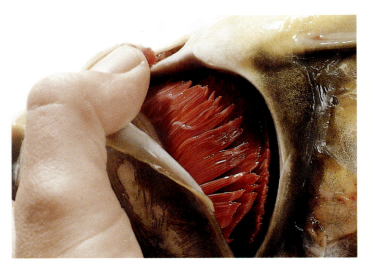

Leuchtend rote Kiemen gehören zu den wichtigsten und eindeutigsten Frische-Kriterien. Die einzelnen Kiemenblättchen müssen klar und deutlich zu erkennen sein. Sie dürfen weder fleckig noch verschleimt aussehen.

Sozusagen ein Gütesiegel stellt dieser verplombte Plastikring dar. So werden in den USA teilweise die Striped Basses, hochpreisige Wanderfische, mit laufender Nummer und Fangtag versehen. Für den Kunden eine gewisse Garantie für Qualität und Frische. Diese Art der Kennzeichnung könnte Vorbild für die Vermarktung anderer Edelfische werden.

Klare Augen gehören zu den untrüglichsten Kennzeichen eines frischen Fisches. Das Beispiel eines fangfrischen Stöckers (engl. Horse Mackerel, Bild oben) zeigt es deutlich. Das Auge ist prall und glasklar. Ganz im Gegensatz zu dem trüben und verschleierten Auge eines Stöckers, der nicht mehr die gewünschte Frische zeigt (Bild unten). Wenn er entsprechend kühl gelagert wurde dann kann er aber durchaus noch angenehm riechen. Man sollte also einen Fisch immer auf alle Kriterien hin prüfen.

meist noch vor der Totenstarre und den mit ihr verbundenen Reifeprozessen für den Geschmack des Fleisches. Das ist die Ursache dafür, daß tiefgefrorene Ware im Vergleich zu auf Eis gelagerten Fischen fade schmecken kann.

Die Haut soll natürlichen Glanz und Farbe aufweisen, nicht verblaßt, ohne Druckstellen und ohne Beschädigung und, entsprechend der Fischart und der Fangmethode, normal beschuppt sein. Hering, Makrele und andere pelagische Schwarmfische verlieren beim Fang fast stets die meisten Schuppen. Das ist bei

FISCH KÜCHENPRAXIS

diesen Fischarten „normal". Bei Fischen guter Qualität ist der Schleim auf der Haut klar und durchsichtig.

Das Aussehen der Haut wird beanstandet, wenn sie unnatürlich gelb oder grau verfärbt, trüb oder gar schmierig und blutig ist. Trockene Haut ist ein Zeichen dafür, daß der Fisch bereits längere Zeit an der Luft gelegen hat.

Die Flossen sollten gut erhalten sein. Beschädigungen sind häufig die Folge langer Schleppdauer und sehr voller Netze. Bei starkem Schleimen, was besonders bei unsachgemäßer Lagerung der Fische auftritt, können die Flossen verkleben.

Die Augen fangfrischer Fische sind prall und klar, nicht eingesunken oder trüb.

Das Aussehen der Kiemen ist für die Beurteilung des Frischegrades ein besonders wichtiges Kriterium. Am frischesten ist der Fisch, wenn die Kiemen leuchtend rot, die einzelnen Kiemenblättchen klar und deutlich zu erkennen, nicht verschleimt und nicht verklebt sind. Grauweiße, hellgelbliche, braune, verklebte oder schleimige Kiemen weisen darauf hin, daß der Fisch seit längerer Zeit tot oder, zum Beispiel als Folge einer Unterbrechung der Kühlkette, schlecht gelagert ist. Diese Symptome können aber auch bei kranken Fischen auftreten, was gelegentlich bei Fischen aus Zuchtanstalten der Fall sein kann.

Die Bauchhöhle bei ausgenommenen Fischen sollte sauber ausgeweidet und weitgehend geruchlos sein. Blutreste müssen leuchtend rot sein.

Die Eingeweide bei nicht ausgenommenen Fischen weisen scharfe Konturen auf. Je länger der Fisch tot ist, um so undeutlicher sind die Umrisse zu erkennen, bis sie sich schließlich mit zunehmend breiiger Konsistenz der Eingeweide ganz auflösen. Der bei frischen Fischen nicht unangenehme Geruch der Eingeweide wird dabei mehr und mehr faulig.

Der Geruch des Fisches läßt sich besonders gut hinter dem abgespreizten Kiemendeckel wahrnehmen. Ein frischer Fisch hat keinen sehr ausgeprägten Geruch. Der charakteristische Fischgeruch entsteht erst durch chemische Umwandlung von Trimethylaminoxid, das im Fleisch von Seefischen in erheblichen Mengen vorhanden ist, in Trimethylamin und dessen Verbindung mit Fettsäuren aus dem biologischen Abbau der Fette und Fischöle. Der „typische Fischgeruch" ist daher nicht typisch für fangfrischen Fisch. Auf keinen Fall darf der Fisch faulig, säuerlich oder gar tranig riechen.

Fisch auf Vorrat tiefgefroren

Daß frischer Fisch, und um ihn geht es in diesem Buch in erster Linie, auch durch den feinsten tiefgefrorenen Fisch nicht zu ersetzen ist, dürfte bekannt sein. Doch wird es immer wieder mal passieren, daß man von dieser, übrigens besten Konservierungsmethode für Fisch Gebrauch machen muß. Selten wird dies bei Meeresfischen der Fall sein, denn zum Einfrieren eignen sich

nur wirklich frische, also fangfrische Fische. Daß man aber mehr Süßwasserfische bekommt, als man momentan verbrauchen kann, wird schon eher einmal vorkommen, und da empfiehlt es sich, sie so schnell wie möglich einzufrieren. Dabei hängt es bei großen Fischen von der möglichen späteren Verwendung ab, ob man sie im ganzen oder gleich in Portionen einfriert. Auf jeden Fall sollten die Fische vorher ausgenommen und die Bauchhöhle unter fließendem Wasser gereinigt werden.

Je nach Fischart, können sie auch vorher geschuppt werden. Die Fische können nun, wie in der Bildfolge gezeigt, zuerst glaciert werden. In jedem Fall aber müssen sie korrekt verpackt werden, wenn sie die Lagerzeit ohne Mängel überstehen sollen. Kleine Fische (wie Sardinen) werden erst einzeln vorgefroren, bevor man sie zusammen verpackt.

Als Verpackungsmaterial für Fische eignet sich sowohl Kunststoff- als auch Alufolie. Wenn Fischstücke, zum Beispiel Filets, eingefroren werden, sollten sie durch Folienblätter voneinander getrennt werden.

Übrigens: die maximale Lagerzeit für Frischfisch wird vom Deutschen Tiefkühlinstitut mit 3–8 Monaten angegeben – natürlich ausschließlich bei −18°C und darunter.

Tiefgefrorene Kleinfische oder Filets muß man vor der Verwendung nicht unbedingt auftauen lassen, aber antau-

Glacierte Fische halten besser. Diese Methode, Fische vor dem Einfrieren mit einer dünnen Eisschicht zu überziehen, schützt die Fische während der Lagerung noch zusätzlich. Die vorbereiteten Fische auf Alufolie und lose abgedeckt vorfrieren. Dann in eiskaltes Wasser tauchen und, sobald sie mit einer Eisschicht überzogen sind, den Vorgang wiederholen. Die so präparierten Fische in Alufolie wickeln und im Tiefkühlgerät lagern.

en, wenn sie gewürzt oder paniert werden sollen, damit die Panade haften bleibt. Große Fische sollte man im Kühlschrank oder Mikrowellenherd auftauen, bevor man sie verwendet. Halb aufgetaut lassen sie sich oft besser portionieren, zum Beispiel mit einem Fischsägemesser in Scheiben bzw. Tranchen schneiden.

101

FISCH-KÜCHENPRAXIS

Einen Rundfisch vorbereiten

Am Beispiel eines Zanders wird hier genau gezeigt, wie man einen lebend-frisch gekauften, nicht ausgenommenen Fisch küchenfertig vorbereitet. Das Ergebnis: zwei sauber ausgelöste Filets einerseits, Kopf, Skelett, Flossen und Haut andererseits. Skelett und Abschnitte (Parüren) sind die Grundlage für einen würzigen Fischfond.

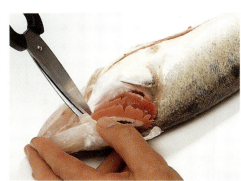

Zum Ausnehmen vorbereiten. Den Fisch mit einem Tuch am Schwanzende festhalten und, in Richtung Kopf, die Flossen abschneiden; sie stellen sich dabei wie von selbst auf. Dann den Fisch schuppen. Mit einem speziellen Fischschupper oder einem großen Messer die Schuppen in Richtung Kopf abschaben. Jetzt den Fisch in die linke Hand nehmen und mit einem spitzen Messer von der Afteröffnung zum Kopf hin die Bauchhöhle vorsichtig aufschneiden. Das Messer möglichst flach führen, damit keine Eingeweide verletzt werden.

Den Fisch ausnehmen. Das letzte feste Stück vor dem Kopf mit einer Schere aufschneiden. Zieht man jetzt die Bauchseiten etwas auseinander, sind deutlich die weiße Schwimmblase und die Innereien zu erkennen. Mit den Fingern die Eingeweide an der Afteröffnung lösen und vorsichtig nach vorn herausziehen. Die an der Wirbelsäule entlanglaufende, unter einer dünnen Haut liegende schlauchartige, dunkelrote Niere wird jetzt sichtbar. Sie wird zum Schluß herausgeschabt und -gewaschen.

Die Kiemen entfernen. Die Eingeweide am Schlund vorsichtig mit der Schere abschneiden und herausnehmen. Deutlich ist die an der Leber hängende schwarzgrüne Galle zu sehen. Aufpassen, daß sie nicht verletzt wird! Die Gallenflüssigkeit kann den Fisch ungenießbar machen. Schnell und gründlich auswaschen, falls es doch einmal passiert. Jetzt die Kiemen an den Ansatzstellen abschneiden und herausziehen. Die Bauchhöhle unter fließendem Wasser gründlich säubern. Dabei die Niere mit dem Daumennagel herausschaben.

FISCH-KÜCHENPRAXIS

Den Kopf abschneiden. Mit einem scharfen Messer direkt hinter der Kiemenöffnung schräg zum Kopf hin bis auf die Mittelgräte einschneiden. Den gleichen Schnitt auf der anderen Seite wiederholen. Dann das Messer – es muß recht stabil sein – in den Schnitt auf die Mittelgräte setzen und diese mit kräftigem Druck durchtrennen. Jetzt muß noch die Mittelgräte entfernt werden. Mit einem dünnen, sehr scharfen Messer den Rücken direkt neben der Rückenflosse der Länge nach einschneiden.

Die Mittelgräte auslösen. Den Schnitt am Rücken von Kopfende bis Schwanz und bis auf die Mittelgräte fortführen. Den Fisch wieder flach auf die Seite legen, das Messer quer am Kopfende unter das obere Filet schieben und dieses in Richtung Schwanz direkt über der Mittelgräte abschneiden. Das geht im vorderen Teil nicht ganz leicht, weil dabei die Bauchhöhlengräten mit durchtrennt werden müssen. Nun auf der anderen Seite des Flossenansatzes den Rücken einschneiden, die Mittelgräte freilegen und abheben.

Die Filets parieren. Zuerst die Bauchhöhlengräten entfernen. Ein Messer in der Mitte des Filets unter die Gräten führen und die Gräten zum Rand hin ganz flach über dem Filet wegschneiden. Die verbliebenen kleinen Fleischgräten mit Pinzette oder Grätenzange entfernen. Jetzt noch die Haut ablösen. Am Ende des Filets etwas Fleisch über der Haut wegschneiden. Das nun freiliegende Hautende festhalten, ein Messer zwischen Haut und Fleisch führen und das Filet direkt auf der Haut in Richtung Kopfende abschneiden. Das andere Filet ebenso enthäuten.

FISCH KÜCHENPRAXIS

Die Niere entfernen.
Wenn ein Fisch ausgenommen wird, bleibt die Niere zunächst immer in der Bauchhöhle. Denn sie liegt schlauchartig direkt unter der Wirbelsäule und ist durch ein weißes Häutchen geschützt. Es gibt zwar keinen kulinarischen Grund, die Niere zu entfernen, doch aus ästhetischen Gründen ist dies meist erwünscht. Bei durch die Bauchhöhle ausgenommenen Fischen geht das ganz einfach: Mit einem spitzen Messer die weiße Haut aufritzen und die darunter liegende Niere mit einem Teelöffel, besser noch mit dem Daumennagel, herauskratzen. Unter fließendem Wasser alle Reste herausspülen.

Den Karpfen flach hinlegen und mit der linken Hand am Kopf festhalten. Von der Bauchseite her, direkt hinter dem Kopf, ein spitzes Sägemesser bis zur Wirbelsäule führen und diese durchstechen. In einem einzigen Schnitt den Fisch der Länge nach bis zum Schwanz durchtrennen. Dann den Karpfen mit dem Maul auf eine rutschfeste Unterlage stellen, eine Hälfte festhalten und mit dem Schlagmesser auch den Kopf durchtrennen.

Einen Karpfen spalten

Wer gern geräucherten Karpfen ißt, ihn in Bierteig oder paniert fritieren möchte, wer ihn vielleicht auch – ganz rustikal – in größeren Stücken mit Haut und Gräten in Eintöpfen zubereiten möchte, sollte den Karpfen spalten. So ist er leicht zu handhaben. Für's Räuchern ist diese Portioniermethode ohnehin unerläßlich. Dazu muß der Karpfen zunächst geschuppt, ausgenommen und abgespült werden. Dann teilt man ihn in zwei Hälften, wie in der Bildfolge gezeigt. Das ist einfacher, als es vielleicht auf den ersten Blick aussieht. Die Wirbelsäule läßt sich relativ leicht durchtrennen. Ja, sie dient geradezu als Führung für den langen, vertikalen Schnitt, wenn man mit etwas Fingerspitzengefühl vorgeht.
Die beiden Karpfenhälften müssen, bevor sie weiterverarbeitet werden, sorgfältig von allen Blutresten befreit werden. Am besten unter kaltem Wasser gut abspülen und trockentupfen.

FISCH KÜCHENPRAXIS

Wieviel verwertbares Fleisch hat ein Fisch?

Beim Einkauf von Fisch ist es wichtig, einen Anhaltspunkt darüber zu haben, wie das Verhältnis von verwertbarem Fleisch zu den Abfällen ist. Das kann bei den verschiedenen Fischarten sehr unterschiedlich sein.
Die in der nachfolgenden Tabelle aufgeführten Fische haben alle handelsübliche Größen. Mit der Größe ändern sich natürlich diese Relationen. So hat zum Beispiel ein kleiner Steinbutt von etwa 1 kg, prozentual gesehen, einen geringeren Filetanteil als ein großer von 4—5 kg. Die Tabelle kann daher nur Richtwerte geben.

Fisch, Bruttogewicht	Fisch, küchenfertig Nettogewicht	Nicht verwertbare Abfälle	Verwertbare Abgänge z.B. für Fonds (wie Kopf, Haut, Gräten, Flossen)	Filet-Gewicht (ohne Haut, sauber pariert)
Zander, 1 000 g	900 g/90 %	100 g	460 g/46 %	440 g/44 %
Aal, 670 g	450 g/67,2 %	220 g	70 g/10,5 %	380 g/56,7 %
Wildlachs, 2 674 g	2 500 g/93,5 %	174 g	1 000 g/37,4 %	1 500 g/56,1 %
Karpfen, 986 g	810 g/82,2 %	176 g	480 g/48,7 %	330 g/33,5 %
Tilapia, 800 g	630 g/78,8 %	170 g	390 g/48,8 %	140 g/30 %
Loup de mer/ Wolfsbarsch, 860 g	815 g/94,8 %	45 g	425 g/49,4 %	390 g/45,3 %
Dorade rosé/Brassen, 388 g	350 g/90,2 %	38 g	190 g/48,9 %	160 g/41,3 %
Lotte/Seeteufel, 732 g (ohne Kopf)	470 g/64,2 % (enthäutet)	–––	362 g/49,4 %	370 g/50,6 %
Petersfisch/St. Pierre, 650 g	500 g/77 %	150 g	330 g/50,8 %	170 g/26,2 %
Seezunge, 524 g	494 g/94,2 %	30 g	282 g/53,8 %	212 g/40,4 %
Steinbutt, 2 700 g	2 640 g/97,8 %	60 g	1 792 g/66,4 %	848 g/31,4 %
Ganzer Rochen, 7 000 g	6 650 g/95 %	350 g	4 900 g/70 %	1 750 g/25 %
Rochenflügel, 2 320 g	–––	–––	1 310 g/56,5 %	1 010 g/43,5 %

FISCH-KÜCHENPRAXIS

Einen Rundfisch durch den Rücken entgräten

Der Wunsch nach besserer Optik stand vielleicht Pate, als zum ersten Mal – sicher von einem Profi – ein Fisch durch den Rücken entgrätet wurde und sich so appetitlich und dekorativ darbot, wie es auf dem letzten Foto unserer Bildfolge zu sehen ist. Am Beispiel eines Loup de mer (Wolfsbarsch) wird gezeigt, wie man es macht, daß die beiden entgräteten Filets nur noch von Kopf und Schwanz zusammengehalten werden. Für diese Methode bieten sich Fische an, die ihrer Größe nach für ein Zwei-Personen-Gericht geeignet sind, wie hier der Loup de mer. Der entscheidende Vorteil ist, daß der relativ große, aber eben ganz ausgelöste Fisch in kürzester Zeit und gleichmäßig gar wird. Man kann den Fisch dämpfen und füllen, zum Beispiel mit einem feinen Ragout. Er kann aber auch roh, mit Butterbröseln bestrichen, unterm Grill gratiniert werden. Im übrigen sind so entgrätete Fische ideal zum Räuchern.

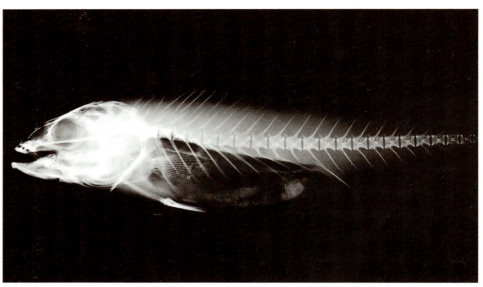

Loup de mer – durchleuchtet. Die Röntgenaufnahme verdeutlicht den beschriebenen Arbeitsgang. In der Mitte die fest mit dem Kopf verbundene Wirbelsäule („Mittelgräte"), deren einzelne Wirbel wie eine Sanduhr geformt sind, mit den oben und im Schwanzteil auch unten fest verbundenen Knochen oder Dornfortsätzen („Gräten"). Die „Bauchgräten", das sind die Rippen, sind so gewölbt, daß sie die Bauchhöhle mit den Eingeweiden schützend umschließen. Die eigentlichen Gräten, die mit dem Skelett nichts zu tun haben, sondern feine Verknöcherungen im Muskelfleisch sind, kann man auf dem Röntgenbild nicht erkennen.

Das erste Filet lösen. Den geschuppten, ausgenommenen und von Kiemen und Flossen befreiten Fisch flach auf die Arbeitsfläche legen. Mit einem kurzen, scharfen Messer am Rücken direkt neben dem Rückenflossen-Ansatz einschneiden. Und zwar so tief, daß das Messer auf die Mittelgräte stößt. Diesen Schnitt der Länge nach von Kopf bis Schwanz führen. Dann mit einem scharfen Sägemesser ganz dicht am Rückgrat die gewölbten Bauchgräten (Rippen) durchtrennen. Da der Fisch bereits ausgenommen ist, besteht keine Gefahr, empfindliche Eingeweide zu verletzen.

Das zweite Filet freilegen. An der unten liegenden Seite auf der anderen Seite des Rückenflossen-Ansatzes wieder bis zur Mittelgräte einschneiden, ebenfalls von Kopf bis Schwanz. Auch auf dieser Seite die gewölbten Bauchgräten mit dem Sägemesser direkt an der Mittelgräte durchtrennen. Die Gräten bleiben zunächst im Fleisch. Die Mittelgräte mit dem im Schwanzteil noch daran befindlichen Knochen liegt jetzt frei zwischen den beiden Filets.

Das Rückgrat entfernen. Wenn man die beiden Filets etwas auseinanderdrückt, kann man die Mittelgräte festhalten und etwas herausziehen. Sie wird so nah wie möglich am Kopf mit einer kräftigen Schere abgeschnitten. Vom Kopf her zieht man das lose Ende heraus und schneidet die Mittelgräte direkt vor dem Schwanz ebenfalls ab.

FISCH-KÜCHENPRAXIS

Das Rückgrat freilegen. Mit einem kurzen, scharfen Messer den Rücken beiderseits des Rückenflossen-Ansatzes der Länge nach tief einschneiden – direkt neben der Wirbelsäule und den daran befindlichen Gräten. Die gewölbten Bauchhöhlengräten dabei nicht durchtrennen.

Das Rückgrat entfernen. Zuerst den Schnitt über der Wölbung der Bauchgräten (Rippen) weiterführen, bis das ganze Skelett mit Knochen und Rippen freiliegt. Das Rückgrat hinter dem Kopf und vor dem Schwanz abschneiden und herausnehmen. Vorsicht, damit keine Eingeweide verletzt werden!

Den Fisch ausnehmen. Die jetzt freiliegenden Eingeweide werden vorsichtig herausgehoben und hinter dem Kopf abgeschnitten. Jetzt müssen noch die in den Filets verbliebenen kleinen Fleischgräten entfernt werden. Das geht am besten mit einer Pinzette oder einer Grätenzange.

Den Fisch füllen. Die vorbereitete Füllung kann jetzt ganz einfach mit Hilfe eines Löffels in die Öffnung gestrichen werden. Damit der Fisch beim Garen seine Form behält und die Füllung nicht austritt, wird er mehrere Male in kurzen Abständen mit Fäden umwickelt, die man über dem Rücken verknotet.

Einen Rundfisch zum Füllen vorbereiten: Durch den Rücken entgräten und ausnehmen

Wer einen Fisch füllen möchte, kauft ihn am besten ganz, also nicht ausgenommen. Dann kann man ihn durch den Rücken entgräten und ausnehmen. Zum Füllen ist das ideal, denn der Bauch bleibt geschlossen, und es entsteht eine schöne große Öffnung, die viel Farce aufnehmen kann – viel mehr als die relativ kleine Bauchhöhle.
Hier wurde ein Graubarsch oder Pagre verwendet. Seine eher rund-mollige Körperform bietet besonders viel Platz für eine reiche Füllung. Vor dem Entgräten muß man den Fisch natürlich schuppen und die Flossen abschneiden.

Den Fisch sauber parieren. Die festen, knochigen Teile zwischen Bauch und Unterseite des Kopfes bis hinter die Kiemendeckel wegschneiden. Das geht am besten mit einer Schere. Jetzt den Fisch auf den Rücken legen und die Filets auseinander klappen. An der innen liegenden Seite des Filets ein Sägemesser ganz flach unter die Gräten schieben und nach außen hin wegschneiden. Beim zweiten Filet ebenso verfahren. Kleine zurückgebliebene Gräten mit der Pinzette herauszupfen. Den Fisch wieder umdrehen.

FISCH-KÜCHENPRAXIS

Einen Rochenflügel filetieren

Nur kleine Rochen werden in der Regel im ganzen angeboten. Von größeren Exemplaren kommen – schon der hohen Frachtkosten wegen – nur die „Flügel", das sind die stark vergrößerten und mit dem Körper verwachsenen Brustflossen, in den Handel. Sie haben keine Gräten, sondern ein knorpeliges Skelett.

Die Sehnen entfernen. Sie befinden sich an der dicken Seite des Filets und müssen vor dem Zubereiten weggeschnitten werden. Deutlich ist nun die für das Fleisch der Rochenflügel charakteristische Struktur zu erkennen. Die einzelnen Muskelstränge werden von feinem Bindegewebe gehalten.

Mit einem stabilen, spitzen Messer die zähe, ledrige Haut und das Fleisch einschneiden. Und zwar unmittelbar hinter der hohen, dicken Seite, wo der „Flügel" mit dem Körper verwachsen war. Nun das Filet mit einem scharfen Messer flach von dem knorpeligen Skelett lösen (Bild unten).

Das Filet rundum lösen, bis zum knorpeligen Rand. Den Rochenflügel umdrehen und das untere Filet – es ist etwas dünner – genauso auslösen. Zum Enthäuten die Filets flach hinlegen, an einer Stelle die Haut etwas lösen und mit einem Tuch gut festhalten. Mit einem langen, biegsamen Messer das Filet von der Haut schneiden.

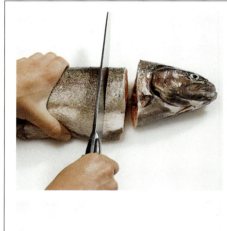

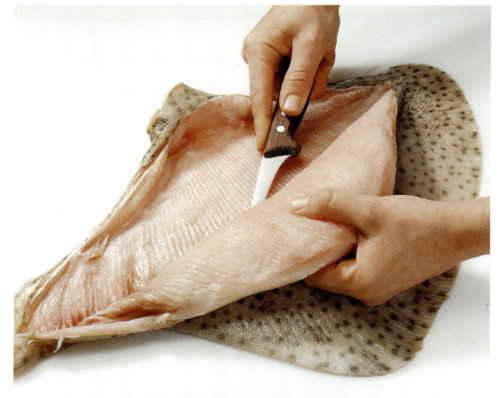

Einen Rundfisch portionieren

Zuerst den Kopf abtrennen. Den Darm an der Afteröffnung lösen (wie bei der Forelle rechts) und mit den Eingeweiden vorn herausziehen. Mit einem kräftigen Messer dann Scheiben von 2,5–3 cm Dicke schneiden, am Kopfende beginnend bis zum Ende der Bauchhöhle. Bis dahin werden die Scheiben fachmännisch korrekt als „Darnes" bezeichnet. Das Schwanzstück wird anderweitig verwendet. Die Nierenteile aus den „Darnes" lassen sich leicht entfernen.

FISCH-KÜCHENPRAXIS

Durch die Kiemen ausnehmen

Allgemein ist es üblich, einen Fisch durch die Bauchhöhle auszunehmen. Das ist einfach und in vielen Fällen auch praktisch. Will man aber einen ganzen Fisch mit einer aromatisierenden Füllung versehen, dann ist es in jedem Falle besser, wenn die Bauchhöhle geschlossen bleibt. Der Fisch wird dann am besten durch die Kiemen ausgenommen. Diese nicht sehr verbreitete Methode sollte viel öfter praktiziert werden. Eine so vorbereitete Lachsforelle beispielsweise, mit frischen Kräutern und einem Stück Butter gefüllt und dann auf dem Grill gegart, wird zu einem unvergleichlichen Genuß. Denn in der geschlossenen Bauchhöhle, aus der nichts entweichen kann, gehen die feinen Aromen von Fisch, Kräutern und Butter eine köstlich-duftende Verbindung ein. Die Geschmacksstoffe werden nicht nur voll erhalten, sondern intensiviert.

Will man so ausgenommene Fische allerdings mit einer Farce füllen, dann sollten es nur Portionsfische sein. Im ganzen serviert, tranchiert sie sich jeder bei Tisch selbst. Bei einem großen Fisch ergäben sich Probleme. Denn der durch die Kiemen ausgenommene Fisch enthält ja noch alle Gräten, kann also nicht in saubere Portionen geteilt werden.

Empfehlenswert dagegen ist das Ausnehmen durch die Kiemen auch bei großen Fischen dann, wenn man vom Mittelstück Scheiben (Darnes) schneiden will, die – zum Beispiel für eine Füllung – an der Bauchseite noch geschlossen sind (siehe linke Seite unten).

Am Beispiel einer Regenbogenforelle wird in der nebenstehenden Bildfolge demonstriert, wie das Ausnehmen über die Kiemen am besten geht.

1 Den Darm lösen. Mit einem spitzen, scharfen Messer am After rundum vom Muskelfleisch trennen. Dadurch wird verhindert, daß der Darm beim Herausziehen durch die Kiemenöffnung abreißt. Darauf achten, daß der Schnitt nicht zu groß gerät. Eine Lachsforelle wie diese muß vorher geschuppt werden.

2 Die Kiemen freilegen. Die Kiemendeckel wegklappen. Mit einer Schere die nun freiliegenden Kiemen zuerst am oberen Ende abschneiden, dort, wo sie festgewachsen sind. Bei den verschiedenen Fischarten unterscheiden sich die Kiemen kaum, und auch für Ungeübte gibt es bei dieser Prozedur keine Probleme.

3 Die Kiemen vollkommen entfernen. Auch das untere Ende abschneiden und die Kiemen herausziehen. Auf dem Bild sind deutlich die roten, mit Blut durchflossenen Kiemenblättchen, die weißen Kiemenreusen und die knorpeligen Kiemenbögen, an denen beide befestigt sind, zu erkennen.

4 Die Eingeweide herausziehen. Mit Daumen und Zeigefinger in die Kiemenöffnung greifen. Den Schlund mit den daranhängenden Innereien packen und herausziehen. Und zwar vorsichtig, damit der Darm nicht reißt. Durch leichtes Ziehen zunächst also feststellen, ob der Darm am After richtig gelöst wurde.

5 Richtig ausgenommen. So, ohne Risse und Verletzungen, sollten die herausgezogenen Eingeweide aussehen. Sobald beim Herausziehen die Leber sichtbar wird, vorsichtig weiterarbeiten, damit die anhängende Galle nicht verletzt wird. Ihre Flüssigkeit kann das Fleisch ungenießbar machen.

FISCH-KÜCHENPRAXIS

Einen Plattfisch filetieren – am Beispiel eines Steinbutts

Steinbutt und Seezunge – köstlich und kostbar, nämlich wohlschmeckend und hochpreisig zugleich – sind begehrte Delikatessen. Ihr edles, würziges Fleisch hat „Biß", ist aber gleichzeitig zart und saftig. In der gehobenen Gastronomie spielen beide eine wichtige Rolle. Kleine Plattfische wie Seezunge, Rotzunge, Flunder und Scholle können sowohl im ganzen als auch filetiert zubereitet werden. Bei großen Exemplaren wie Steinbutt, Heilbutt und Glattbutt ist es meist unerläßlich, sie zu filetieren. In der nebenstehenden Bildfolge ist es ein Steinbutt. Genauso wird mit allen anderen Plattfischen – großen wie kleinen – verfahren. Nur: Kleine Fische werden erst gehäutet und dann filetiert, bei großen Fischen häutet man die ausgelösten Filets.

Das Steinbutt-Röntgenbild macht den nachfolgenden Arbeitsgang anschaulich. Deutlich zu erkennen sind die Kopfkapsel, die Wirbelsäule (Mittelgräte) mit den Dornfortsätzen und den Rippen (Gräten) sowie die Flossenträger. Die hellen Punkte sind die steinartigen Verknöcherungen auf der dunklen, schuppenlosen Augenseite, die dem Steinbutt seinen Namen gegeben haben.

Das Fleisch einschneiden. Mit der farblosen sogenannten Blindseite liegt der Steinbutt auf der Arbeitsfläche. Der erste Schnitt – mit einem spitzen, stabilen und scharfen Messer – setzt direkt über den Augen am Rand des Kopfes an, genau da, wo der Flossensaum beginnt, und führt am Kopf entlang zur Mitte. Auf der sichtbaren sogenannten Seitenlinie, also direkt auf der Mittelgräte bzw. der Wirbelsäule, wird er bis zum Schwanz weitergeführt. Der Schnitt durchtrennt Haut und Fleisch bis zum Knochen.

Das obere Filet lösen. Bevor man damit beginnt, müssen Haut und Fleisch entlang des Flossensaums eingeschnitten werden, sonst läßt sich das Filet samt Haut nicht abheben. Dann hebt man an der Einschnittlinie in der Mitte mit der linken Hand zunächst das obere (Rücken-) Filet etwas an und führt mit der rechten Hand das Messer unter dem Fleisch ganz flach direkt auf den Gräten zum Rand, bis das ganze Filet abgelöst ist. Das Filet bei diesem Vorgang mit der linken Hand nach oben wegziehen und halten. Bei dem unteren Filet beginnt man genauso.

FISCH-KÜCHENPRAXIS

Große Plattfische portionieren

Am Beispiel eines Glattbutts wird gezeigt, wie man größere Plattfische in Stücke teilt. So ganz einfach, wie es aussieht, ist das nicht. Denn die Mittelgräten großer Fische sind stark. Man muß also mit „Nachdruck" arbeiten. Und immer darauf achten, gleichmäßig dicke Scheiben zu schneiden. Das Fleisch am Kopf- und Schwanzende ist für Farcen gut geeignet.

Die anderen Filets herausschneiden. Beim Lösen des unteren, über der Bauchhöhle liegenden Filets kann – wenn der Fisch in der entsprechenden Jahreszeit gefangen worden ist – ein Rogensack zum Vorschein kommen. Deshalb Vorsicht beim Schneiden; er sollte nicht verletzt werden. Den Fisch umdrehen und auf der Blindseite die Filets genauso wie auf der dunklen Seite herauslösen. Danach läßt sich auch der Rogensack leicht ganz herausziehen. Nicht wegwerfen – man kann daraus leckere Appetithappen zubereiten.

Die Filets parieren. Das Filet mit der Haut nach unten auf die Arbeitsfläche legen. Am hinteren Ende zwischen Haut und Fleisch einschneiden, jedoch so, daß die Haut nicht verletzt wird. Das freiliegende Hautende festhalten, mit der anderen Hand das Messer ganz flach unter das Fleisch führen. Das Filet vorsichtig von der Haut trennen. Nun noch den fransigen Flossenrand und eventuell vorhandenes braunes Gewebe wegschneiden; es ist fettig und schmeckt streng.

Den Glattbutt in Tranchen schneiden. Den ausgenommenen und geschuppten Fisch am Schwanz festhalten und mit einer Schere die Flossen abschneiden. Wie immer in Richtung Kopf, also gegen den Strich. Dann den Fisch quer mit einem stabilen, scharfen Messer in gleichmäßig dicke Scheiben schneiden. Da die Tranchen aus der Mitte des Butts sehr groß sind, werden sie noch einmal in der Mitte geteilt. Dazu die Tranche flach hinlegen, ein stabiles großes Messer auf den Knochen setzen und die Scheibe mit kräftigem Druck halbieren.

111

FISCH-KÜCHENPRAXIS

Die Bäckchen vom Steinbutt

Nicht bei allen Fischen, aber doch bei den meisten lohnt es sich, nach den Bäckchen zu forschen, die vor den Kiemendeckeln versteckt sind. Wohlvertraut sind uns die Bäckchen der Forellen, die dem gegarten Fisch leicht entnommen werden können. Beim rohen Fisch, wie hier beim Steinbutt, macht es schon etwas Mühe, sie herauszuschneiden. Man wird dafür aber mit einem ganz hervorragenden Stückchen Fisch entschädigt, das man dämpfen, pochieren oder ganz kurz in Butter braten kann. Übrigens eine ideale Vorspeise, so man genügend Bäckchen hat.

Einen Aal vorbereiten

Wenn es darum geht, einen Aal für Topf oder Pfanne vorzubereiten, dann ist es unbedingt erforderlich, die Haut abzuziehen. Denn sie ist dick, glatt und ziemlich schleimig. Nur bei jungen Aalen und zum Räuchern bestimmten Exemplaren kann sie dranbleiben. Dann wiederum muß unbedingt der Schleim entfernt werden. Und zwar sehr sorgfältig. Auf der Haut verbleibende Schleimreste sehen nämlich, vor allem nach dem Räuchern, grau und unansehnlich aus.
Frische Aale kommen fast immer lebend in den Handel und werden in Tanks gehältert. Hierzulande verkauft man sie unter der Bezeichnung „grüne Aale". Wie man einen frischen Aal enthäutet und entschleimt, wird ausführlich in den Bildfolgen beschrieben. Genauso werden übrigens auch Neunaugen (Lamprete) vorbereitet, die mit dem Aal die dicke, schleimige Haut gemein haben.

Einen Aal mit Salz abreiben. Den gesamten Aal rundum mit grobkörnigem Meersalz einreiben, 2–3 Minuten einwirken lassen, und dann das Salz mit dem daranhaftenden Schleim gründlich abstreifen. Darauf achten, daß keine Schleimreste auf der Haut zurückbleiben. Anschließend den Aal gründlich unter fließendem Wasser abwaschen. Die noch ziemlich verbreitete Methode des Entschleimens mit Salmiaklösung ist recht aggressiv und kann den Geschmack beeinträchtigen, wenn der Aal an einer Stelle verletzt ist oder gar schon ausgenommen wurde. Daher soll sie hier unberücksichtigt bleiben.

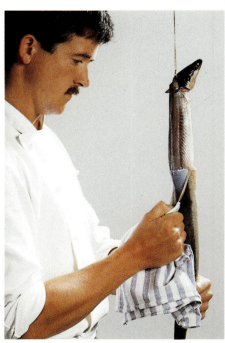

Auch so kann man einen Aal abziehen. Eine Methode, die ebenso gebräuchlich ist wie die in der Bildfolge rechts gezeigt. Hierbei wird die Haut hinter dem Kopf und den Brustflossen rundum eingeschnitten und vorsichtig etwas vom Fleisch gelöst. An der Einschnittstelle wird um den Aal ein kräftiger Bindfaden gebunden und gut verknotet. Am langen Ende der Schnur wird der Aal aufgehängt. Das kann an einem kräftigen Haken in der Wand sein, oder aber einfach an einem Fenstergriff. Die an der Schnittstelle bereits etwas abgelöste Haut mit Hilfe eines Tuchs fest zwischen Zeigefinger und Daumen fassen und mit Kraft nach unten wegziehen. Mit der linken Hand dabei den Aal am Schwanz festhalten.

FISCH-KÜCHENPRAXIS

Den Aal aufschneiden. Mit dem Bauch nach oben in die linke Hand nehmen. Ein kurzes spitzes Messer an der Afteröffnung einstechen und die Bauchdecke in Richtung Kopf aufschneiden. Das Messer möglichst flach führen, damit keine Eingeweide verletzt werden. Den Aal umdrehen und den Schnitt in Richtung Schwanz noch 4–5 cm weiterführen. Beim Aal liegt hier der letzte Teil der Niere, die sogenannte Schwanzniere. Die Eingeweide (Herz, Leber, Darm) liegen jetzt frei.

Den Aal ausnehmen. Die Eingeweide mit dem Daumen vorsichtig lösen, zum Kopf hin herausziehen und direkt hinter den Kiemen abschneiden. Nun die unter der Bauchhaut direkt am Rückgrat liegende, schlauchartige Niere entfernen. Dazu die Haut einritzen und unter fließendem Wasser, am besten mit dem Daumennagel, Haut und Niere herausschaben. Darauf achten, daß die Schwanzniere mit entfernt wird. Jetzt wird die Haut abgezogen. Zuerst ein Stück Haut seitlich hinter dem Kopf etwas lösen.

Den Aal enthäuten. Mit dem Daumen der rechten Hand an der gelösten Stelle unter die Haut fahren und bis zur anderen Seite lösen. So entsteht eine Schlaufe oder ein „Griff", den man gut festhalten kann. Zuerst die Haut nach vorn über den Kopf wegziehen. Das jetzt lose Hautende mit Hilfe eines Tuchs festhalten und nach hinten über den Schwanz ganz abziehen. Haut und Fleisch sind fest genug – sie reißen nicht. Zum Schluß mit einer Schere die Flossen in Richtung Kopf, also gegen den Strich, abschneiden.

FONDS
UND SAUCEN

Edler Fisch, sanft und schonend auf den Punkt gegart, wäre ein unvollkommener Genuß ohne die harmonisch abgestimmte, feine Sauce. Hier im Bild, zum zart gedämpften Filet vom Loup de mer, ist es eine Sauce vin blanc, mit Champagner abgeschmeckt und mit kostbarem Kaviar veredelt. Doch schon die pure Weißweinsauce ist ein Genuß. Sie ist die in der feinen Fischküche wichtigste Sauce überhaupt. Aber sie wäre nichts, wenn ihr die Basis fehlen würde, nämlich der fein-würzige Fischfond. So ist es auch mit den anderen Saucen, die in der modernen, leichten Fischküche ihren festen Platz haben. Ohne Fischfond keine Rotwein- oder Hummersauce, keine Beurre blanc. Eine Ausnahme macht da lediglich die Hollandaise.
Würziger Fischfond ist zudem auch die unerläßliche Grundlage für Suppen, von der feinen Consommé bis zur rustikalen Fischsuppe. Und im übrigen der ideale Pochierfond für zarte Fischfilets. Für weniger empfindliche Fischstücke und für ganze Fische ist das vorzugsweise eine Court-bouillon, je nach Fischart und Zubereitung mit Gemüse, Wein, Essig oder Milch und Zitrone zubereitet.

FONDS UND SAUCEN

FISCHFOND
FUMET DE POISSON

Ob nun ein Fisch garziehen soll oder ob Fischsaucen und -suppen gekocht werden, in der Fischküche ist der Fond, das Fumet de poisson, unentbehrlich. Fischfond ist die unverzichtbare Ausgangsbasis für edle Kreationen. Im Grunde handelt es sich beim Zubereiten um einfache Arbeitsvorgänge. Doch sollte sich niemand täuschen: Nur wer sich die Mühe gibt, genau zu arbeiten, wird ein gutes Ergebnis erzielen. Das beginnt mit der Auswahl der Fischkarkassen: Nur magere Weißfische von äußerster Frische sind gefragt. Das endet beim Weißwein, der vom Besten sein darf. Soll aber der Fond wirklich Klasse haben, dann muß auch darauf geachtet werden, daß Gemüse und Kräuter frisch und saftig und die Gewürze nicht zu alt sind.

Zutaten für den Fond:

1 kg Karkassen (Gräten und Köpfe) von mageren Weißfischen, wie z. B. Steinbutt, Zander, Trüsche, Scholle, Glattbutt, Seezunge oder Petersfisch
60 g Butter
3–4 Schalotten
2–3 Stangen Lauch (nur das Weiße)
1/2 Fenchelknolle
2–3 Petersilienwurzeln
1 Stange Staudensellerie
1/2 l trockener Weißwein
2 l kaltes Wasser
1 Lorbeerblatt
2–3 Stengel Thymian
1/2 TL weiße Pfefferkörner

2 In Butter andünsten. Karkassen sorgfältig in einem Sieb abtropfen lassen. Butter in einem weiten Topf schmelzen und die Karkassen darin langsam und unter Wenden in 3–4 Minuten anziehen lassen, ohne daß sie Farbe annehmen. So entwickeln sich Geschmacks- und Aromastoffe.

3 Das Gemüse zugeben. Es wird vorher geputzt und in gleichmäßig kleine Stücke geschnitten, die Schalotten fein gewürfelt. Hier wurde bewußt auf Möhren verzichtet, um den Fond möglichst hell zu halten. Ihre geschmackliche Aufgabe übernehmen die fast weißen Petersilienwurzeln.

4 Den Weißwein angießen. Es empfiehlt sich, einen trockenen, recht jungen, spritzigen Wein zu verwenden, der noch genug Säure hat und einen klaren, aber nicht zu ausgeprägten Geschmack. Den Wein angießen, sobald die Gemüsemischung köchelt. Ein mildaromatischer Fond entsteht.

1 Fischkarkassen vorbereiten. Zuerst die Kiemen aus den Köpfen entfernen; sie würden den Fond bitter machen. Die Karkassen grob zerkleinern, in einer Schüssel unter fließendes Wasser stellen und etwa 20 Minuten gründlich abspülen. So lange, bis das Wasser glasklar, frei von Trübstoffen, bleibt.

5 Mit kaltem Wasser aufgießen. Ob Wein oder Wasser, beides muß beim Zugießen kalt sein. Wird nämlich die Flüssigkeit langsam warm, werden Geschmacks- und Aromastoffe besser aufgeschlossen. Denn beim Fond kommt es darauf an, daß sie in die Flüssigkeit abgegeben werden.

FONDS UND SAUCEN

6 **Die Gewürze zugeben.** Hier sind es nur ein Lorbeerblatt, 2 oder 3 Stengel Thymian und einige weiße Pfefferkörner. Doch mehr an zusätzlicher Würze ist nicht nötig. Denn die Aromaten sollen den Fond nur abrunden, sie dürfen auf gar keinen Fall alles überdecken und vorschmecken.

7 **Mit der Schaumkelle abschäumen.** Zuvor wird die Brühe aufgekocht. Dabei bindet geronnenes Eiweiß Trübstoffe und Schwebepartikel und steigt als grauweißer Schaum an die Oberfläche. Dieser Schaum muß während des Kochens mehrmals abgeschöpft werden, damit der Fond klar wird.

8 **Die Brühe abseihen.** Nach 20–30 Minuten leisem Köcheln ist der Fond fertig. Nicht länger kochen lassen, sonst wird er leimig. Ein Spitzsieb in einen Topf hängen, mit einem Passiertuch auslegen und den Fond hineinschöpfen. Gut ablaufen lassen, die im Sieb bleibenden festen Teile aber nicht ausdrücken.

Fischfond auf Vorrat

Nicht immer sind in der Fischküche Karkassen zur Hand, um den unentbehrlichen Fond jedesmal frisch kochen zu können. Zumal der Fischhändler nur an bestimmten Tagen wirkliche Frische bieten kann. Wer diese Tage herausfindet, kann sich Karkassen von fangfrischen Fischen besorgen – für einen Fischfond auf Vorrat. Denn er läßt sich hervorragend einfrieren. Fischfond kann man zwar auch einige Tage – sorgsam abgedeckt – im Kühlschrank aufbewahren. Sicherer aber ist das Gefriergerät. Darin bleibt er absolut frisch und hält sich, ohne Qualität einzubüßen, bis zu drei Monaten (bei längerer Lagerung kann sich der Geschmack unangenehm verändern).

Zwei Einfrier-Methoden sind praktisch:
1. Man legt rechteckige Gefrierdosen mit Gefrierbeuteln aus, füllt sie mit dem abgekühlten Fond, schließt die Beutel und friert in den Dosen ein. Danach nimmt man die Beutel heraus und lagert sie im Gefriergerät; die „Quader" lassen sich gut stapeln, und die Dosen sind für anderweitigen Gebrauch frei. Nimmt man Dosen von 1/2 l Inhalt, dann entspricht der gefrorene Beutel-Inhalt (400 ml) genau der Menge, die für die Sauce au vin blanc, (Rezept Seite 118), eine der wichtigsten Saucen der Fischküche, benötigt wird. Es empfiehlt sich aber, auch einen Vorrat in Dosen von 1/4 l Inhalt einzufrieren, denn bei vielen Rezepten sind kleinere Mengen Fischfond gefragt.
2. Man reduziert zunächst den Fischfond, indem man ihn auf etwa 1/4 der ursprünglichen Menge einkocht. Diese sogenannte „Glace de poisson" füllt

Gefrierbeutel, die während des Einfrierens in rechteckige Gefrierdosen gestellt werden, sind ideal zum Einfrieren größerer Mengen Fischfond. Die „Quader" lassen sich im Gefriergerät gut stapeln.

Eiswürfelschalen mit ausreichend großen Fächern nehmen kleine Portionen von reduziertem Fond auf. Die konzentrierten Würfel sind ideal zum Nachwürzen.

man in Eiswürfelschalen, friert sie – abgedeckt – ein, löst die Würfel heraus und lagert sie, möglichst einzeln verpackt, im Gefriergerät. Mit den konzentrierten Würfeln kann man hervorragend Saucen zubereiten oder abschmecken und dünne Brühen verbessern.

FONDS UND SAUCEN

Auf Vorrat gekochte Weißweinsauce hält sich im Kühlschrank 2–3 Tage, ohne daß sie an Geschmack einbüßt. Beim Lagern kann sich der gelierte Fischfond zwar am Boden absetzen, doch beim erneuten Erhitzen verbindet sich alles wieder zur feinen Sauce. Ein Eßlöffel steif geschlagener Sahne, zum Schluß unter die erhitzte Sauce gezogen, verleiht ihr mit Sicherheit wieder die sämig-luftige Leichtigkeit.

WEISSWEINSAUCE
SAUCE AU VIN BLANC

Die klassische Sauce au vin blanc ist die in der Fischküche wichtigste Sauce überhaupt. Mit ihrem mildwürzigen, feinen Aroma paßt sie ideal zum zarten Fischfleisch. Zudem ist sie sehr verwandlungsfähig. Durch Zugabe von beispielsweise Garnelen- oder Krebsbutter oder mit Kräutern kann man ihr verschiedene Geschmacksrichtungen geben. Die Basis der Weißweinsauce ist der Fischfond. Ein guter Wermut, am besten Noilly Prat, und Weißwein verleihen ihr das feine Aroma, Sahne und Butter die zarte Konsistenz.

Zutaten für 4–6 Portionen:
1 Schalotte
100 ml trockener, spritziger Weißwein
2 EL Noilly Prat
400 ml Fischfond
250 ml Sahne
20 g Butter
Salz, Cayennepfeffer
einige Tropfen Zitronensaft

Die Zutaten nacheinander in den Topf geben. Zuerst die Schalottenscheibchen, darauf den Weißwein gießen. Dann den Noilly Prat angießen und die Mischung aufkochen. Jetzt kommt der Fischfond dazu. Die gesamte Flüssigkeit wird nun bei mittlerer Hitze auf 1/3 reduziert. Die Sahne, für die feine, samtige Konsistenz sorgend, wird nun hinzugefügt und alles vorsichtig aufgekocht. Dabei häufig umrühren und die Hitzezufuhr möglichst niedrig halten.

Auf die richtige Konsistenz einkochen. So lange kochen, bis die Sauce sämig ist und die gewünschte Konsistenz hat. Vorsicht dabei – Sahne kocht leicht über! Die störenden Schalottenstücke werden entfernt, indem man die Sauce durch ein feines Sieb passiert. Jetzt wird noch die in Stücke geteilte Butter eingerührt und die Sauce dann mit dem Stabmixer sorgfältig aufgemixt – sie wird so „luftiger". Zum Schluß vorsichtig mit Salz, Cayennepfeffer und Zitronensaft abschmecken.

Die geschälte Schalotte wird in feine Scheibchen geschnitten. Das Zwiebelaroma wird mild und delikat, wenn man die Scheibchen kurz unter fließendem Wasser abspült. Wie's weitergeht, zeigt die nebenstehende Bildfolge.
Das ist noch wichtig: Der verwendete Wein sollte nur von allerbester Qualität sein – am besten der gleiche, der auch zum Essen serviert wird.

FONDS UND SAUCEN

HUMMERSAUCE
SAUCE HOMARD

Auch die Hummersauce ist eine klassische Begleitung zu feinen Fischgerichten. Sie paßt, wie die Weißweinsauce, zu allen gedünsteten, gedämpften, pochierten oder braisierten Fischen. Wegen ihres ausgeprägten Eigengeschmacks ist sie zwar nicht so vielseitig zu variieren. Doch gerade der charakteristische, fast ein bißchen nußartige Röstgeschmack verleiht feinen Fischgerichten eine überaus edle Würze.

Zutaten für 4–6 Portionen:
Karkassen von 2 gekochten Hummern
1 EL Olivenöl, 30 g Butter
2 Schalotten, 80 g Möhren
10 g Knollensellerie
1 Knoblauchzehe, ungeschält
2 EL Cognac oder Weinbrand
1 EL Tomatenmark
je 1 Stengel Petersilie, Thymian und Estragon
1 Msp. Kümmelsamen
5 EL Weißwein
150 ml Wasser, 150 ml Fischfond
150 ml Crème fraîche
Salz, eventuell Pfeffer

Von den Hummerkarkassen müssen Gewebe- und weißgelbliche Chitinteile sorgfältig entfernt werden. Auch das nicht zu grobe Zerkleinern ist wichtig. Die Karkassenstücke werden dann in dem heißen Olivenöl kräftig angebraten, bis sich am Boden ein hellbrauner Satz bildet und die Stücke trocken knistern. So entwickeln sie Aroma.

So wird die Hummersauce zubereitet. Jeweils von links nach rechts: Die Butter zu den angerösteten Karkassenstücken geben. Darauf das kleingeschnittene Gemüse und die mit der Schale zerdrückte Knoblauchzehe, sanft anbraten und mit Cognac oder Weinbrand ablöschen. ● Das Tomatenmark unterrühren, Kräuter und Kümmel zugeben, mit dem Weißwein ablöschen. Das Ganze mit Wasser und Fischfond auffüllen, aufkochen und 20 Minuten bei geringer Hitze köcheln lassen. ● Die Crème fraîche zugeben, unterrühren und 2–3 Minuten durchköcheln lassen. Alles durch ein feines Sieb passieren, die zurückbleibenden Karkassenstücke gut ausdrücken. Die Sauce mit dem Stabmixer aufschlagen, das gibt ihr die schaumig-cremige Konsistenz. Zum Schluß mit Salz abschmecken. Pfeffer ist meist nicht nötig, da die Hummerschalen bereits ein leicht pfeffriges Aroma vermitteln.

Filet vom St. Pierre, zart gedünstet, und luftig-cremige, würzige Hummersauce sind eine delikate Kombination.

FONDS UND SAUCEN

WEISSE BUTTERSAUCE
SAUCE BEURRE BLANC

Wer Beurre blanc sagt, weiß, wovon er spricht. Nämlich von einer köstlichen Sauce, die raffiniert einfache Gerichte zum vollendeten Genuß macht. Ihre zarte Konsistenz, ihre samtige Fülle verdankt sie dem reichlichen Anteil an frischer Butter mit dem feinen Eigengeschmack, der andere Aromen aufzunehmen und glücklich zu integrieren imstande ist. Wie gut, daß sich die weiße Buttersauce geschmacklich so fabelhaft variieren läßt. Ideal sind frische Kräuter wie Sauerampfer, Schnittlauch, Basilikum, aber auch Knoblauch, Rosmarin oder Thymian.

Zutaten für 4–6 Portionen:

2 Schalotten, fein gewürfelt
150 ml trockener Weißwein
100 ml Fischfond, 2 EL feinster Essig
160 g eiskalte Butter in Scheiben
einige Tropfen Essig, Salz, Pfeffer
1 EL steifgeschlagene Sahne

Die Sahne unterziehen. Zuerst die Sauce mit einigen Tropfen Essig, Salz und Pfeffer abschmecken und mit dem Stabmixer aufschlagen. Zum Schluß die geschlagene Sahne unterziehen; sie macht die Sauce noch stabiler.

Weißwein, Fischfond und Essig angießen. Zuvor die Schalottenwürfel in den Topf geben. Der zugegossene trockene Weißwein, der aromatische Fischfond und der Essig gehen mit dem Schalottengeschmack eine würzige Verbindung ein, die der Sauce die Geschmacksgrundlage gibt. Die braucht sie zur späteren Vollendung. Man läßt die Mischung bei relativ starker Hitze rasch aufkochen und reduziert dann die Flüssigkeit. Und zwar so stark, daß nur noch 4 Eßlöffel voll davon übrig bleiben.

Die Butter einmontieren. Zunächst läßt man die Reduktion durch ein Sieb in eine Kasserolle ablaufen, damit die Schalottenwürfel zurückbleiben. Die Reduktion wieder erhitzen und die eiskalten Butterscheiben nacheinander mit dem Schneebesen einrühren. So lange rühren, bis die Butter geschmolzen und eine homogene Verbindung mit der Reduktion eingegangen ist. Nicht mehr kochen lassen!

120

FONDS UND SAUCEN

Im nachfolgenden Rezept ist der Möhrenanteil relativ groß. Aus gutem Grund. Denn der Zuckergehalt der Wurzeln mildert den Einfluß der im Rotwein enthaltenen Gerbsäure auf den Geschmack der Sauce. Im übrigen sollte man sehr genau darauf achten, daß der Fond nicht länger als 25 Minuten simmert. Andernfalls kochen die Gräten zu sehr aus, und der Fond wird leimig.

Zutaten für 4–6 Portionen:
20 g Butter
50 g Möhren, 30 g Schalotten, 30 g Lauch, 30 g Petersilienwurzel und 10 g Fenchelknolle, alles in Scheiben geschnitten
1/4 Lorbeerblatt
120 g eiskalte Butter
350 g Gräten von Magerfischen
400 ml nicht zu herber Rotwein
400 ml Wasser
1 Stengel Thymian

ROTE BUTTERSAUCE
SAUCE BEURRE ROUGE

Butter gehört natürlich in jedem Fall in die Sauce beurre rouge. Aber man kann sie auf zweierlei Weise in die Reduktion geben. Einmal pur und feinaromatisch, wie sie von Natur aus ist. Oder aber in Form einer exzellenten Sauce hollandaise, und zwar in gleicher Menge wie die Butter. Beides macht die Beurre rouge vorzüglich, doch Kenner sagen: Mit der Hollandaise ist sie eine Offenbarung!

Das Gemüse anziehen lassen. Die Butter in einem Topf erhitzen, Gemüse und Lorbeerblatt hineingeben, anziehen lassen. Dann die gut gewässerten Gräten (am besten in einem Topf, der unter dem fließenden Kaltwasserhahn steht) dazugeben und ebenfalls anziehen lassen. Dabei bildet sich Flüssigkeit, die vollkommen eingekocht werden muß. Gemüse und Gräten also so lange schmoren, bis sie zu braten beginnen; Farbe dürfen sie jedoch nicht annehmen.

Mit dem Rotwein ablöschen, sobald Gemüse und Gräten braten. Dann Wasser zugießen, alles aufkochen und mit einer Schöpfkelle häufig abschäumen. Hitze reduzieren und den Fond etwa 25 Minuten lang simmern lassen, auf keinen Fall länger! Danach durch ein feines Sieb in eine Kasserolle ablaufen lassen. Thymian zugeben und den Fond auf etwa 100 ml reduzieren. Thymian wieder entfernen und, zum Schluß, die in Scheiben geschnittene Butter mit dem Schneebesen einrühren. Nicht aufmixen! Die Beurre rouge verliert sonst ihre appetitliche Farbe.

FONDS UND SAUCEN

Tintenfisch-Gemüse-Mischung anbraten.
Die gut durchgezogene Mischung aus dem Kühlschrank nehmen, in ein Sieb geben und gut abtropfen lassen. Das Öl in einem Topf erhitzen, die Mischung kräftig darin anbraten. Dabei bildet sich schnell eine ganze Menge Flüssigkeit, die bei starker Hitze eingekocht wird, bis die Stücke wieder braten. Bei niedriger Hitze leicht bräunen lassen, dann mit dem Rotwein ablöschen. Noch etwas reduzieren, damit der Alkohol verfliegt. Den Fischfond zugeben und bei geringer Hitze langsam zum Kochen bringen.

Die Sauce vollenden. Die Saucen-Mischung muß noch etwa 25–30 Minuten köcheln. Zwischendurch den sich auf der Oberfläche bildenden Schaum immer wieder abschöpfen. Nun die dunkle rotbraune Sauce von den Gemüse- und Tintenfischstücken trennen, indem man sie durch ein feines Sieb in eine Kasserolle ablaufen läßt. Jetzt die Butter in Stücken zugeben und mit dem Schneebesen gut einmontieren. Vorsichtig mit Salz und Pfeffer abschmecken – fertig ist die Sauce seiche.

ROTWEIN-TINTENFISCH-SAUCE

SAUCE SEICHE

Zutaten für 4–5 Portionen:

250 g Tintenfische
je 30 g Möhren- und Schalottenwürfel
30 g Lauch, grob geschnitten
1/4 Lorbeerblatt
1 Stengel Thymian
150 ml Rotwein
2 EL Öl
1/4 l Rotwein
150 ml Fischfond (Rezept Seite 116)
40 g Butter
Salz, Pfeffer

Zuerst den Tintensack aus den Tintenfischen entfernen, dann die Tintenfische sorgfältig auswaschen und in Stücke schneiden. Zusammen mit dem Gemüse, dem Lorbeerblatt und dem Thymian in eine Schüssel geben, mischen und mit dem Rotwein übergießen. Die Mischung abgedeckt im Kühlschrank mindestens 4 Stunden, am besten über Nacht, durchziehen lassen. Weiterverfahren, wie in der Bildfolge beschrieben.
Die kräftige Sauce eignet sich vor allem für geschmacksintensive Fische. Zum Beispiel für gegrillte Rotbarben, wie in unserem Rezeptbeispiel oben. Dazu 4 ausgenommene Rotbarben zu je 350 g durch den Rücken entgräten (siehe Seite 106). Mit Öl einstreichen, salzen, pfeffern und auf geölter Alufolie unterm Grill in 4–5 Minuten garen. Dazu die Sauce seiche servieren.

FONDS UND SAUCEN

SEEIGEL-CREME
CRÈME D'OURSIN

Die feincremige Sauce mit ihrem ausgeprägten Seeigel-Aroma ist ein hervorragender Begleiter zu pochierten oder gedämpften Edelfischen, wie Seezunge, Steinbutt oder Petersfisch. Sie paßt auch sehr gut zu feinen Klößchen, Timbales oder Soufflés.

Zutaten für 4–6 Portionen:
4 frische Seeigel
1 Schalotte, 10 g Butter
150 ml trockener Weißwein oder Champagner
250 ml Fischfond (Rezept Seite 116)
2 EL Crème fraîche
2 Eigelb
Salz, Pfeffer

Die Seeigel aufschneiden, wie in der Bildfolge beschrieben. Der aufgefangene Seeigelsaft und die vom Fachmann als Zungen bezeichneten Gonaden (Keimdrüsen) geben der Sauce das besondere Aroma.
Auch die Sauce nach der Bildfolge zubereiten. Die legierte Sauce darf auf keinen Fall mehr kochen, damit das Eigelb nicht gerinnt. Beim vorsichtigen Erhitzen darum ständig aufschlagen. Abschmecken, und erst kurz vorm Servieren die Seeigelzungen unterheben.

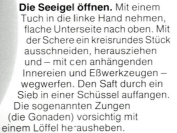

Die Seeigel öffnen. Mit einem Tuch in die linke Hand nehmen, flache Unterseite nach oben. Mit der Schere ein kreisrundes Stück ausschneiden, herausziehen und – mit den anhängenden Innereien und Eßwerkzeugen – wegwerfen. Den Saft durch ein Sieb in einer Schüssel auffangen. Die sogenannten Zungen (die Gonaden) vorsichtig mit einem Löffel herausheben.

Die Sauce zubereiten. Die Butter in einer Kasserolle erhitzen, die Schalottenwürfel darin anziehen lassen. Wein oder Champagner zugießen, auf die Hälfte reduzieren. Dann den Fischfond und den Seeigelsaft angießen, wieder auf die Hälfte reduzieren. Die mit den Eigelben glattgerührte Crème fraîche unter Rühren in die warme Reduktion mischen. Die legierte Sauce durch ein Sieb passieren und zum Schluß mit dem Stabmixer aufschlagen. Unmittelbar vor dem Servieren die Seeigelzungen in die Sauce geben.

FONDS UND SAUCEN

Eine Hollandaise fachgerecht zubereiten. Jeweils von links nach rechts: Zutaten und Geräte bereitstellen. Die Zutaten für die Reduktion in eine Kasserolle geben, den Weißwein zugießen. Aufkochen, auf 1/4 reduzieren • Für das Wasserbad einen Topf zu 1/4 mit Wasser füllen, ein Förmchen hineinstellen, auf dem die Schüssel stehen kann und so vor direkter Herdhitze geschützt ist. Die Reduktion durch ein feines Sieb in eine Schüssel gießen und diese ins Wasserbad stellen. Sofort die Eigelbe zugeben • Mit dem Schneebesen aufschlagen, bis die Creme die Konsistenz einer gut angeschlagenen Sahne hat. Die Schüssel häufig dabei drehen, damit die Sauce nicht ausflockt. Schüssel aus dem Wasserbad nehmen und auf ein feuchtes Tuch stellen. Leicht abkühlen lassen, dabei ständig schlagen. Die flüssige Butter erst tropfenweise, dann in dünnem Strahl zugeben und einrühren. Zum Schluß abschmecken.

SAUCE HOLLANDAISE

Kaum eine andere Sauce hat einen so überragenden internationalen Ruf wie die Hollandaise. Kaum eine ist so beliebt, aber auch kaum eine von so natürlicher Schlichtheit und gleichzeitig vorzüglichem Geschmack. Sie ist der ideale Partner zart-aromatischer Speisen, wie zum Beispiel pochierter Fisch. Wegen ihres äußerst hohen Anteils an Butter entspricht die Hollandaise zwar nicht unbedingt den Grundsätzen moderner Ernährungslehre, ihr Wohlgeschmack aber ist unbestritten.

Zutaten für 4–6 Portionen:
Für die Reduktion
1 feingewürfelte Schalotte
1 Stengel Petersilie
1 Stengel Estragon
1/4 Lorbeerblatt
4–5 weiße Pfefferkörner, zerdrückt
2 EL Essig, 2 EL Wasser
8 EL Weißwein
Außerdem:
180 g Butter, 3 Eigelb
Salz, Cayennepfeffer, Zitronensaft

Alle Zutaten vorher bereitstellen. Denn während der Zubereitung ist keine Zeit mehr, vom Herd wegzugehen.
Die Basis der Sauce ist die Reduktion. Die Zutaten dafür werden in einer Kasserolle aufgekocht, die Flüssigkeit dann auf 1/4 reduziert. Die fertige Reduktion wird durch ein feines Sieb in eine Schüssel gegossen.
Die Butter für die Bindung sollte man zu gleicher Zeit schmelzen und so lange bei sanfter Hitze köcheln lassen, bis sich die Molke absetzt, größtenteils verdampft ist und hellbraune „Grieben" entstanden sind. Wenn sie zum Schluß eingerührt wird, muß die Butter die gleiche Temperatur wie die Eigelb-Creme haben.
Die fertige Sauce wird mit Salz, Cayennepfeffer und einigen Tropfen Zitronensaft abgeschmeckt.

Aromatische Fonds zum Garen: Court-bouillons

Puristen und elitäre Feinschmecker, die in den Gourmet-Tempeln dieser Welt zu Hause sind, könnten in einen grundsätzlichen Streit darüber geraten, ob nun pures Meerwasser oder ein Fumet de poisson beim Pochieren dem zarten Aroma des Fisches am meisten entgegenkommt. Das wird jedoch nicht zu klären sein, weil beide Gruppen immer ihre Methoden bis aufs Fischmesser verteidigen werden. Uns geht es deshalb hier nur darum aufzuzeigen, welche Pochierflüssigkeiten generell für Fische geeignet sind. Da mag jeder durch Probieren entscheiden, was er bevorzugt – Meerwasser, Courtbouillon oder Fischfond.
Was das Meerwasser angeht, so entspricht die darin enthaltene Salzmenge perfekt der Salzdosis, die der Fisch als Würze braucht. Die Schwierigkeit ist nur, an hygienisch einwandfreies Meerwasser zu kommen und auch noch sicher zu sein, daß es von keinem Umweltgift getrübt ist. Die Franzosen haben's da gut. In und um Paris herum können sie seit neuestem bretonisches Meerwasser in Supermärkten kaufen. Anderswo muß man sich mit normalem Trinkwasser behelfen, das mit echtem Meersalz (gibt's in Apotheken und Reformhäusern) gesalzen wird.
Nun kann man ein übriges tun und diesen Fond mit ausgewählten Gemüsesorten anreichern, ihn damit abrunden und geschmacklich an begleitende Speisen anpassen. Das Gemüse muß jedoch von der Menge her genau aufeinander abgestimmt sein, damit keine Sorte als Solist hervortritt. So entsteht ein guter Gemüsefond, der landläufig als Court-bouillon bezeichnet wird.
Fischen von kräftigerem Geschmack tut oft noch ein Schuß feiner Weinessig gut, dessen zurückhaltende Säure zum Beispiel dem eher deftigen Karpfen einen Hauch von Eleganz geben kann. Beim Blaukochen verstärkt Essig außerdem die Farbintensität. Allerdings muß er bei Forellen, besonders bei Zuchtforellen, vorsichtig dosiert werden, weil ihr zartes Aroma von der Säure leicht übertönt werden kann.
Wer nun aber ganze Filets oder Filetstücke pochieren möchte, sollte das in gesättigter Garflüssigkeit tun, nämlich im Fischfond (Rezept Seite 116), so daß dem Fisch keinerlei Geschmacksstoffe entzogen werden können.
Die drei wichtigsten Court-bouillons in der Fischküche sollen hier vorgestellt werden.

FONDS UND SAUCEN

Nr. 1: COURT-BOUILLON MIT GEMÜSE

1 mittelgroße Möhre, 1 Stange Lauch
1 Schalotte, 1 Petersilienwurzel
3 l Wasser, 50 g Salz
1 Stengel Petersilie
2 Stengel Thymian
1 Lorbeerblatt, 2 Wacholderbeeren
15 weiße Pfefferkörner

Nur die Zugabe von Weinessig unterscheidet den Fond zum Blaukochen vom Gemüsefond. Sonst sind die Zutaten identisch. Feiner Weinessig gibt gerade den Fischen, die nicht zur Edel-Küche gehören, eine interessante Note. Außerdem verfärbt sich die den Fischen anhaftende Schleimschicht dadurch intensiv blau und macht sie so besonders appetitlich.

Milch und Zitronenscheiben kommen in den Pochierfond, der zum Garziehen von Fischkoteletts oder -tranchen bestimmt ist. Beide Zutaten halten das Fischfleisch schön weiß. Außerdem sorgt die Milch noch für geschmacklich angenehme Milde. Fischportionen sollte man immer ungehäutet garen. Die Haut schützt das zarte Fleisch vorm Auslaugen.

Das geputzte Gemüse kleinschneiden und in einen großen, flachen Fischkessel geben. Das Wasser zugießen. Salz, Petersilie, Thymian, Lorbeerblatt und Wacholderbeeren zufügen und alles eine gute halbe Stunde kochen lassen. Zum Schluß die angedrückten Pfefferkörner hineingeben. Zu lange mitgekocht, würden sie die Brühe bitter machen. Diesem Fond können Sie durch die Zugabe von Weißwein eine besondere Geschmacksnuance geben.

Nr. 2: FOND ZUM BLAUKOCHEN

Zutaten wie beim Gemüsefond, zusätzlich 100 ml feiner Weinessig

Genauso wie den Gemüsefond, jedoch mit Zugabe von Weinessig zubereiten. Ob Forellen oder Karpfen, also Fische, deren Haut von glasklarem Schleim überzogen ist, sie färben sich zwar auch im Gemüsefond blau, werden aber durch die Zugabe von etwas Essig wesentlich farbintensiver.
Je frischer die Fische sind, umso schöner wird übrigens ihre Farbe. Wichtig beim Blaukochen ist auch, daß die Haut der Fische nicht verletzt wird. Man faßt sie deshalb so wenig wie möglich an, beläßt ihnen aus diesem Grund auch die Kiemen und nimmt sie nur vorsichtig aus.

Die mild-würzige Gemüse-Courtbouillon ist ein idealer Garsud für alle Arten von Fisch. Sie muß mindestens 30 Minuten lang köcheln, damit sich die Aromen der Gemüse und Gewürze der Brühe ganz mitteilen können.

Nr. 3: POCHIERFOND FÜR PORTIONEN

3 l Wasser
1/2 l Milch
60 g Salz
1 unbehandelte Zitrone, in Scheiben geschnitten

Diesen Fond verwendet man vor allem zum Pochieren von Fischportionen wie Tranchen und Darnes.

Alle Zutaten in einem großen, flachen Topf aufkochen. Nicht mehr als jeweils zwei Fischstücke auf einmal einlegen, damit der Fond nicht zu stark abkühlt. Die Energiezufuhr muß so gehalten werden, daß der Fond stets simmert.

POCHIEREN UND DÄMPFEN

Wenn es um die sanftesten Garmethoden für Fisch geht, dann kann nur vom Pochieren und vom Dämpfen die Rede sein. Fischliebhaber, die den puren Geschmack schätzen, werden diesen schonenden Zubereitungsarten den Vorzug geben.
Für's Pochieren sind vor allem ganze Fische, noch geschützt durch ihre Haut, prädestiniert. Denn beim Garen in Fischfond, Court-bouillon oder einfach Salzwasser werden Aromastoffe, Vitamine und Mineralstoffe an den Pochierfond abgegeben – Geschmack und Nährwert also, wenn auch gering, beeinträchtigt.
Dämpfen ist daher die bessere Methode, wenn es um zarte Fischfilets oder nicht mehr von Haut umschlossene andere Fischportionen geht. Da machen uns die Chinesen schon seit Jahrhunderten etwas vor. Sie haben das Dämpfen – in den typischen Bambuskörben, oft in mehreren Etagen übereinander – zur Perfektion gebracht. Doch auch mit unseren Dämpfmethoden lassen sich perfekte Ergebnisse erzielen. Wie, darüber gibt – unter anderem – dieses Kapitel Aufschluß.

POCHIEREN UND DÄMPFEN

1 **Die Kiemen entfernen.** Dazu den Kiemendeckel anheben und mit einer Schere die Kiemen rundum lösen. Wo sie fest verwachsen sind, mit einem kräftigen Schnitt abtrennen, dann sauber entfernen; mitgegarte Kiemenreste sehen unappetitlich aus. An der Unterseite ebenso verfahren.

2 **Die Flossen abschneiden.** Das geht am besten und am einfachsten, wenn man am Schwanzende beginnt und in Richtung Kopf schneidet. Die stacheligen Flossen richten sich wie von selbst auf und lassen sich ohne Mühe abschneiden. Auf diese Weise Rücken- und Bauchflossen entfernen.

3 **Der zurechtge**schnittene Fisch. Die herausgeschnittenen Kiemen und die Flossen kommen in den Abfall – sie eignen sich nicht besonders gut für ein Fumet. Soll der Fisch im ganzen serviert werden, macht es sich gut, wenn auch die Schwanzflosse ausgeschnitten wird.

4 **Die Bauchhöhle säubern.** Dazu die Bauchhöhle etwas einschneiden, mit einem spitzen Messer das dünne Häutchen entlang der Mittelgräte einritzen und mit Hilfe des Daumennagels die braunrote, schlauchartige Niere herauskratzen. Unter fließendem Wasser gründlich ausspülen.

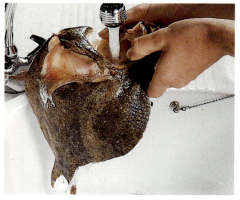

5 **Die Kiemenöffnungen ausspülen.** Falls jetzt noch Kiemenreste oder sonstige Reste von Innereien sichtbar werden, diese sorgfältig herausschneiden und entfernen. Den Fisch innen nochmals gut unter fließendem Wasser ausspülen. Nun ist der Babysteinbutt fertig zum Pochieren.

Pochieren
am Beispiel eines Babysteinbutts
Zwar ist Pochieren die einfachste, nicht aber gleichzeitig die problemloseste Methode, Fische zu garen. Was man dazu unbedingt braucht, ist allerdings rasch aufgezählt: einen Topf, siedendes Wasser und natürlich Salz. Denn ohne Salzzugabe würde der Fisch im Wasser auslaugen.
In einem solchen Sud läßt man vorzugsweise ganze Fische – ungehäutet – garziehen. Mit Haut deshalb, weil sie das Fleisch vorm Auslaugen schützt und durch die darunterliegende Fettschicht zugleich für ein geschmacklich gutes Ergebnis sorgt. Ein gutes Ergebnis hängt aber auch davon ab, daß der Fisch gleichmäßig und auf den Punkt gegart wird. Das ist das Problem beim Pochieren, das aber durchaus zu lösen ist. Und zwar so: Kleine Portionsfische, wie der hier verwendete Babysteinbutt, werden immer in die bereits heiße Flüssigkeit gelegt. Darin garen sie innerhalb weniger Minuten. Soll jedoch ein größerer Fisch pochiert werden, dann setzt man ihn in kalter Flüssigkeit an und erhitzt bei geringer Energiezufuhr. Würde man den großen Fisch in den heißen Sud legen, dann wären die äußeren Schichten zerkocht, bevor der Fisch innen gar ist.
Wichtig in jedem Fall ist: Der Fisch darf niemals kochen! Denn dabei würden nicht nur die äußeren Zellschichten zerfallen und trocken werden, sondern auch ein großer Teil der Geschmacksstoffe an den Sud abgegeben werden. Also immer sanft, eben unter dem Siedepunkt garziehen lassen.
Das alles beweist: Ganze Fische sind am besten geeignet, pochiert zu werden. Will man aber zum Beispiel Fischkoteletts oder gar eine „Darne de saumon" (Mittelstück vom Lachs) pochieren, dann ist wichtig, daß an den Fischstücken noch die Haut dran ist; je kleiner die ungeschützte Fläche ist, desto saftiger und geschmackvoller bleibt das zarte Fischfleisch. Das ist auch der Grund, daß man Filets möglichst nicht pochieren sollte.
Übrigens ist die Garflüssigkeit in den seltensten Fällen nur einfach Salzwasser. Meist wird eine mit Gemüse und Kräutern gewürzte Court-bouillon, oft auch mit Wein oder etwas Essig, verwendet. Allerdings: Zu viele Geschmacksgeber sollten nicht verwendet werden – sonst geht der feine Eigengeschmack des Fisches in der Fülle der Aromen unter.

POCHIEREN UND DÄMPFEN

6 Die Court-bouillon kochen. In einen breiten, möglichst niedrigen Topf (der Fisch läßt sich dann leichter herausheben) Wasser, Gemüse, Aromaten und Salz geben und eine Court-bouillon Nr. 1 kochen, wie auf Seite 125 beschrieben. 8–10 Minuten leise köcheln, dann leicht abkühlen lassen.

7 Den Fisch einlegen. Und zwar immer so, wie man ihn später servieren möchte. Der gegarte Fisch läßt sich nämlich beim Herausnehmen nur schwer umdrehen, ohne daß er beschädigt wird. Im Fall des hier verwendeten Babysteinbutts kommt die dunkle Oberseite nach oben.

8 Den Fisch pochieren. Die Court-bouillon mit dem Fisch bis zum Siedepunkt erhitzen, ganz kurz aufwallen lassen und die Hitze sofort zurücknehmen. Ist der Fisch nicht ganz von der Bouillon bedeckt, den Topf mit einem Leintuch abdecken. In wenigen Minuten langsam garziehen lassen.

9 Die Garprobe machen. Nach 4–5 Minuten (je nach Größe des Fisches etwas länger oder kürzer) den Fisch etwas aus dem Sud heben und versuchen, eine Gräte aus dem Rücken zu ziehen. Läßt sie sich ohne Widerstand herausziehen, ist der Fisch gar. Sofort anrichten und servieren.

> Die Garzeit vieler Fische ist erheblich kürzer als die Zeit, die für die Zubereitung der begleitenden Sauce benötigt wird – ganz besonders beim Pochieren und Dämpfen. Darum empfiehlt es sich, die Zubereitungszeiten aufeinander abzustimmen. Also so rechtzeitig mit der Sauce zu beginnen, daß sie zusammen mit dem Fisch fertig wird und beides gleichzeitig und heiß serviert werden kann.

POCHIEREN UND DÄMPFEN

Den Garfond zubereiten. Eine Court-bouillon Nr. 2 (Rezept Seite 125) ist jetzt der richtige Sud. Der zugesetzte Essig sollte mindestens von mittlerer Güte sein; minderwertiger Essig würde mit seiner stechenden Säure jede feine Geschmacksnuance regelrecht erschlagen.

Die Forelle binden. Mit Hilfe einer kräftigen Nähnadel oder einer Dressiernadel einen doppelten Faden durch Schwanz und Kiemendeckel ziehen. Zunächst ein Ende mit einem Zahnstocher, der zwischen die zusammengeknoteten Fadenenden gelegt wird, sichern, dann Kopf und Schwanz zusammenziehen und das zweite Fadenende mit einem Zahnstocher befestigen. Die Zahnstocher verhindern, daß der Faden beim Garen ausreißt.

Ein untrügliches Zeichen für Frische! Die Forelle im oberen Bild ist nach dem Blaukochen gebogen und an den Seiten leicht aufgerissen – beides Zeichen dafür, daß sie erst unmittelbar vor dem Zubereiten aus dem Bassin geholt wurde. Die Forelle im unteren Bild wurde mit Sicherheit Stunden vor dem Zubereiten getötet. Sie biegt sich dann beim Garen nicht. Bei der Zubereitung „nach Müllerin Art" (also in der Pfanne gebraten) ist das allerdings ein Vorteil: Der Fisch liegt flach in der Pfanne und wird gleichmäßig braun.

Blaukochen

Auch wenn sich der Begriff „Blaukochen" so eingebürgert hat – gekocht wird kein Fisch. Blaukochen ist eine der Möglichkeiten, Fisch zu pochieren, ihn schonend in einem Sud garziehen zu lassen. Hier geht es allerdings um ganz spezielle Fische. Nämlich solche, deren Haut von einer glasklaren Schleimschicht umgeben ist, wie etwa bei der Forelle, dem klassischen Fisch „au bleu", aber auch bei Schleien, Welsen, Karpfen, jungen Hechten, Felchen und Saiblingen. Beim Garziehen im Sud, meist einer Court-bouillon, wird die Schleimschicht leicht blau. Diese Blaufärbung wird noch intensiver, wenn man der Court-bouillon etwas Essig zusetzt. Es versteht sich von selbst, daß man nicht irgendeinen Essig, sondern möglichst den besten verwendet. Minderwertige Essige sind ohne Aroma und eigentlich nur imstande, auch den derbsten Fisch mit Leichtigkeit absolut sauer zu machen.

Um eine schöne, gleichmäßige Färbung zu erreichen, ist es wichtig, daß die empfindliche Schleimschicht intakt bleibt. Das bedeutet: Man darf den Fisch beim Vorbereiten nur so wenig wie unbedingt nötig und so vorsichtig wie möglich anfassen. Das ist auch der Grund, warum beispielsweise Forellen nur vorsichtig ausgenommen, die Kiemen aber dabei nicht entfernt werden. Nun kann man den Fisch, so wie er gewachsen ist, in die Court-bouillon zum

POCHIEREN UND DÄMPFEN

Garen geben. Man kann ihn aber auch zu einem Ring binden – bei Forellen eine nicht selten angewandte Technik. Das geschieht zum einen, um sie in eine zum Servieren ansprechende Form zu bringen. Zum anderen aber einfach deshalb, weil kein Fischkessel zur Hand ist und der Fisch in einem kleineren, runden Topf gegart werden muß. Doch Vorsicht: Manchmal soll auf diese Weise Frische vorgetäuscht werden. Denn es ist eine Tatsache, daß sich nur ganz frische Fische, die erst kurz vor der Zubereitung getötet wurden, im heißen Sud biegen. Köchen, die durchs Dressieren den Gast täuschen wollen, kommt man aber sofort auf die Schliche. Denn die Löcher, die beim Durchziehen des Fadens durch Schwanz und Kiemendeckel entstehen, bleiben beim servierten Fisch sichtbar. Zudem gibt es ein weiteres untrügliches Zeichen für Frische: Die Fische reißen beim Garziehen, während sie sich biegen, an den Seiten leicht auf.

PETERSFISCH IM EIGENEN SUD
ST. PIERRE À LA NAGE

Ausnahmen bestätigen die Regel. In diesem Falle die, daß Fischfilets möglichst nicht pochiert werden sollten, weil sie – ohne schützende Haut – im heißen Sud leicht auslaugen.

Wenn man jedoch, wie im folgenden Rezept, einen besonders kräftigen Fischfond zum Garen nimmt und die Filets auch noch im würzigen Sud schwimmend serviert, dann kann man schon mal eine Ausnahme machen.

| 1 l Fischfond |
| 4 Filets vom Petersfisch à 80–100 g (von 2 Fischen à etwa 600 g) |
| 80 g Möhren |
| 60 g Navets (weiße Rübchen) |
| 80 g Staudensellerie |
| 20 g Butter |
| Salz, Pfeffer |
| 2 Stengel glatte Petersilie |
| 60 g Erbsenschoten |

Zuerst den Fischfond auf 600 ml reduzieren, damit er schön kräftig wird. Dann die Fischfilets sauber parieren. Möhren und Navets in Scheibchen, Staudensellerie in feine Julienne schneiden. Die Butter in einem Topf zergehen lassen, die Gemüse darin kurz andünsten. Mit dem Fischfond auffüllen und kochen, bis die Gemüse gar sind, aber noch Biß haben. Mit Salz und Pfeffer abschmecken. Nun die Fischfilets, die gewaschene Petersilie und die Erbsenschoten einlegen und die Filets auf den Punkt garziehen lassen. Das dauert etwa 2–3 Minuten, je nachdem, wie dick die Filets sind.

Die Filets auf Tellern anrichten, das Gemüse darauf verteilen und alles mit der Brühe umgießen.

Im Fond schwimmend, also à la nage, fein abgerundet durch zartes Gemüse und Kräuter, präsentieren sich die Filets vom Petersfisch oder Heringskönig, wie er auch genannt wird. Noch vor 15 Jahren verkannt und ungeschätzt, gehört er heutzutage zu den hochbezahlten Edlen in der großen Fischfamilie. Mit seinem mageren, festen Fleisch ist er in der feinen Fischküche sehr begehrt.

POCHIEREN UND DÄMPFEN

HECHTKLÖSSCHEN IN DILLSAUCE
QUENELLES DE BROCHET À L'ANETH

Von der fachgerechten Zubereitung der Farce für die Klößchen soll hier zuerst die Rede sein. Ihre Bindung stammt ausschließlich vom fischeigenen Eiweiß. Daher muß soviel Eiweiß wie möglich freigelegt werden. Und das wiederum erreicht man, indem man das Fischfleisch durch den Wolf treibt, also stark zerkleinert.

Das ist eine der beiden Voraussetzungen dafür, daß die Farce gelingt. Die zweite ist eine ausreichende Kühlung. Und zwar aller Zutaten und Geräte. Denn: Eiweiß ist extrem wärmeempfindlich. Beim Herstellen der Farce entsteht jedoch Reibungswärme. Schon, wenn das Fleisch durch den Wolf getrieben wird und auch, wenn die Farce später gerührt wird. Das empfindliche Eiweiß kann bereits bei geringer Wärme ausflocken und damit seine Bindekraft verlieren. Wenn aber der Fleischwolf, die Geräte und die Zutaten gut gekühlt sind und in einer Schüssel auf gestoßenem Eis gearbeitet wird, dann ist die zarte Konsistenz der Farce garantiert.

Zutaten für 8–10 Portionen als Hauptgericht oder 12–14 Portionen als Vorspeise:
Für die Sauce:
1/2 l Sauce vin blanc (doppeltes Rezept Seite 118)
1 kleines Bund Dill
2 EL geschlagene Sahne

Das Fischfilet durch den Wolf treiben. Vorher muß es etwa 1 Stunde lang abgedeckt gekühlt werden. Das gilt auch für das Schneidgerät des Fleischwolfs: Schnecke, Messer, Ring und Scheibe müssen vorher in den Kühlschrank. Wichtig ist außerdem, daß nur einwandfrei arbeitende Geräte mit scharfen Messern verwendet werden – egal, ob mit Fleischwolf, Mixer oder Cutter gearbeitet wird. Denn das Fischfleisch muß zerschnitten, es darf nicht gequetscht werden. Das gekühlte und dann mit Salz und Pfeffer gewürzte Fleisch wird durch die mittlere Scheibe des Fleischwolfs getrieben.

Die Farce zubereiten. Das so zerkleinerte Hechtfleisch in einer Schüssel auf gestoßenes Eis stellen, damit es während der weiteren Verarbeitung ausreichend kühl bleibt. Die Hälfte der gekühlten flüssigen Sahne hinzugießen, mit einem Löffel unterrühren. Die Masse portionsweise im Mixer fein pürieren. Zurück in die Schüssel geben, auf Eis stellen und wieder kalt werden lassen. Dann mit einem Spatel durch ein feines Sieb streichen. So kann man sicher sein, daß grobe Bestandteile oder Grätenreste entfernt werden.

Der Farce die richtige Konsistenz geben. Mit Salz und frisch gemahlenem weißem Pfeffer abschmecken und die restliche flüssige Sahne unterrühren. Jetzt die leicht angeschlagene Sahne unterziehen; sie macht die Farce besonders locker. Sie darf allerdings nicht steif geschlagen sein, sonst würde die Farce körnig. Während aller Arbeitsphasen bleibt die Schüssel auf Eis. Die Farce ist jetzt von luftig-cremiger Beschaffenheit und fast blütenweiß. Nun können die Klößchen geformt werden, am besten mit zwei in kaltes Wasser getauchten Eßlöffeln.

POCHIEREN UND DÄMPFEN

Für die Farce:
2 Hechte à 800–900 g oder
1 Hecht von 1,6 kg
(800 g schieres Hechtfleisch)
12 g Salz
1/2 TL weißer Pfeffer aus der Mühle
800 ml flüssige Sahne, gekühlt
100 ml angeschlagene Sahne, gekühlt
Für den Pochierfond:
1 1/2 l Fischfond (Rezept Seite 116)
1/2 l Weißwein, 2 l Wasser, 60 g Salz
1 Dillstengel
Außerdem:
Dillsträußchen zum Garnieren

Zuerst die Sauce vin blanc zubereiten, wie auf Seite 118 beschrieben, jedoch mit der doppelten Menge der Zutaten. Warm stellen. Den Fisch schuppen, ausnehmen und die Filets auslösen. In kleine Stücke geschnitten, werden sie abgedeckt in den Kühlschrank gestellt. Das ist noch wichtig: Zum Kühlen während der Zubereitung der Farce muß eine ausreichende Menge Eiswürfel zur Verfügung stehen.

Das gutgekühlte Hechtfleisch mit Salz und Pfeffer würzen und durch den Fleischwolf treiben. Die Farce herstellen, wie in der Bildfolge beschrieben, und daraus die Klößchen formen. Bei großen Mengen, wie in diesem Rezept, läßt man die geformten Klößchen auf ein geöltes Pergamentpapier gleiten, damit dann alle zusammen zum Garziehen fertig sind. Bei kleineren Mengen (wenn man das Re-

Probeklößchen. Um Konsistenz und Geschmack der Farce prüfen und – wenn nötig – korrigieren zu können, werden Probeklößchen gegart. Dazu nimmt man etwas Farce auf einen Teelöffel, streicht sie glatt und streift sie mit dem Zeigefinger vom Löffel in siedendes Wasser. Nach 3–4 Minuten sind die Probeklößchen gar. Jetzt können Sie prüfen, ob sie zart genug sind oder ob sie durch Beigabe von mehr Sahne lockerer gemacht werden müssen.

zept beispielsweise halbiert) läßt man die Klößchen direkt vom Löffel in den Pochierfond gleiten.

Die Zutaten für den Pochierfond in einem flachen Topf aufkochen und die Hechtklößchen nacheinander darin garziehen lassen. Die Sauce erhitzen, den feingeschnittenen Dill einstreuen und die geschlagene Sahne unterziehen. Die Hechtklößchen portionsweise mit der Sauce anrichten.

Die Klößchen formen und garen. Farce portionsweise mit einem Löffel herausnehmen und mit Hilfe eines zweiten Eßlöffels zu Klößchen formen. Die Löffel immer wieder ins kalte Wasser tauchen. Die Klößchen auf ein geöltes Pergamentpapier setzen und erst garen, wenn alle fertig sind, oder – bei kleineren Mengen – direkt vom Löffel in den Pochierfond gleiten lassen. In 8–10 Minuten garziehen lassen.

POCHIEREN UND DÄMPFEN

Eine Fischfarce mit Panade

Bei der puren Fischfarce wird, wie jeder weiß, Sahne als Lockerungsmittel eingesetzt. Es gibt aber noch einige andere Zutaten, die Fischfarcen – und nicht nur sie – lockern können. Davon ist eingeweichtes Weißbrot so einfach, wie es Eier sind, die zugleich binden und lockern. Aufwendiger aber geht es mit der Panade. Eine Mischung aus Milch, Butter und Mehl wird zum Kloß gekocht, den man zunächst abbrennt; danach werden noch Ei und Eigelb untergearbeitet.

Es handelt sich also um einen Brandteig. Er lockert die Farce angenehm auf, bindet durch den Mehlanteil aber stärker. Wird also zu viel Panade verwendet, dann können Klößchen oder Füllungen leicht klebrig werden. Sparsam damit umgegangen, hat Panade einen anerkannten Platz in der Farcenzubereitung. Eines ist gewiß: Die Panade gibt auch dem Ungeübten die Garantie, daß seine Farce gelingt. Hier die Zutaten für eine Hechtfarce:

Für die Panade:
1/8 l Milch, 30 g Butter, 5 g Salz
weißer Pfeffer aus der Mühle
60 g Mehl
1 Ei, 1 Eigelb
Außerdem:
1 Hecht von etwa 700 g (350 g schieres Hechtfleisch)
Salz, weißer Pfeffer
350 ml Sahne, gekühlt

So wird die Panade gekocht. Jeweils von links nach rechts: Milch, Butter und Salz in einem Topf zusammen aufkochen. Pfeffer frisch aus der Mühle in die Mischung mahlen. Das Mehl auf einen Bogen Pergamentpapier sieben, die Seiten des Papiers zusammennehmen und das Mehl unter Rühren auf einmal in die kochende Flüssigkeit schütten. Kräftig weiterrühren ● Es bildet sich ein Kloß, den man abbrennt, also bei starker Hitze ständig umrührt, bis er sich vom Topfboden löst und eine weiße Schicht den Topfboden überzieht. Den Kloß in eine Schüssel geben und leicht abkühlen lassen. Ei und Eigelb zugeben und so lange rühren, bis die Masse das Ei vollständig aufgenommen hat und geschmeidig ist.

Panade und Fisch mischen. Vorher das kleingeschnittene Hechtfleisch salzen, kühlen, durch den Wolf treiben, mit 175 ml Sahne mischen und fein pürieren. Von der Panade 70 g abwiegen und, gut gekühlt, in die Schüssel geben, die auf gestoßenem Eis kühl gehalten wird. Immer darauf achten: Zutaten und Geräte müssen stets gekühlt werden.

So entsteht die Lachsroulade mit Hechtfarce. Jeweils von links nach rechts: Panade und Hechtfleisch sorgfältig verrühren, dann durch ein feines Sieb streichen. Die restliche Sahne einarbeiten, abschmecken und Probeklößchen kochen ● Aus den blanchierten Salatblättern die dicken Rippen bis zur Mitte herausschneiden, die anderen mit einem Löffel flachklopfen. Salatblätter übereinanderlappend flach hinlegen, mit Hechtfarce bestreichen ● 40 g von der Hechtfarce mit dem gehackten Spinat und dem gehackten Austernfleisch mischen, das eingeschnittene Lachsfilet damit füllen. Das Filet auf die Blätter mit der Hechtfarce legen und mit der restlichen Farce bestreichen. Die Blätter einschlagen, so daß eine schöne Roulade entsteht.

POCHIEREN UND DÄMPFEN

LACHSROULADE MIT AUSTERNCREME
PAUPIETTE DE SAUMON

Zutaten für 4 Portionen als Vorspeise:

Für die Roulade:

3–4 große, schöne Blätter Römischer Salat, Salz

200 g Hechtfarce mit Panade

1 EL blanchierter, grobgehackter Spinat

4 Austern

1 Lachsfilet von 200 g aus der Mitte

Für die Sauce:

20 g Lauch, gewürfelt

20 g Butter, Salz, 1 feste, reife Tomate

4 Austern

Sauce vin blanc (1/2 Rezept Seite 118)

1 EL geschlagene Sahne

1 TL Schnittlauch, feingeschnitten

Die Salatblätter blanchieren, in Eiswasser abschrecken und trockentupfen. Das Lachsfilet flach hinlegen und der Länge nach an der Seite auf-, jedoch nicht ganz durchschneiden. Wie in der Bildfolge gezeigt weiterarbeiten. Die fertige Roulade im Dampftopf in 8–10 Minuten garen. Für die Sauce die Lauchwürfel in der heißen Butter anziehen lassen, salzen und mit Wasser bedeckt garen. Die gehäutete Tomate vierteln, entkernen und würfeln, zum Lauch geben. Austern öffnen. 2 EL vom Austernwasser mit der Sauce vin blanc in die Gemüsemischung rühren, die grobgehackten Austern zugeben. Erhitzen, aber nicht kochen. Sahne und Schnittlauch unterziehen, abschmecken. Die Lachsroulade in Scheiben schneiden und mit der Sauce anrichten.

SOUFFLIERTER STEINBUTT MIT HUMMERSAUCE

Für den Nudelteig:

50 g blanchierter Spinat

8 g Salz, 1 TL Öl, 2 Eier

210 g Mehl

Außerdem:

80 g gekochtes Hummerfleisch

200 g Lachsfarce mit Panade (wie die Hechtfarce, aber mit Lachs zubereitet)

4 Steinbuttfilets à 80 g, Salz

Hummersauce (1/2 Rezept Seite 119)

Spinat kräftig ausdrücken. Mit Salz, Öl und Eiern im Mixer fein pürieren. 5 Minuten ruhen lassen. Nochmals kurz aufmixen und in eine Schüssel geben. Nach und nach das gesiebte Mehl einrühren, kräftig einkneten. Abgedeckt 1 Stunde ruhen lassen. Nochmals durchkneten. 4 Teigrechtecke von 12–15 cm Länge und 6–8 cm Breite ausrollen. (Das Rezept ergibt das Dreifache der benötigten Menge. Zu kleine Mengen würden sich im Mixer verlieren. Rest einfrieren.) Hummerfleisch feinhacken, mit der Lachsfarce mischen. Auf die Teigbahnen streichen. Jeweils auf ein Ende ein Steinbuttfilet legen und mit den anderen Enden einschlagen. Ränder zusammendrücken. Im sorgfältig mit Butter eingefetteten Siebeinsatz über leicht gesalzenem Wasser 5–6 Minuten dämpfen. Mit der Hummersauce anrichten.

Mit feiner Farce gefüllt. Statt Hecht- oder Lachsfleisch, wie in diesen beiden Gerichten, kann für die Farce ebensogut Forelle, Zander, Merlan oder anderer Fisch von zartem Aroma verwendet werden. Nicht geeignet sind die Deftigen: Hering und Makrele.

POCHIEREN UND DÄMPFEN

Dämpfen nach chinesischer Art

Man könnte meinen, diese Garmethode sei extra für Fisch erfunden worden. Denn sie ist wie für ihn geschaffen. Beim Dämpfen wird der Fisch wirklich geschont, er laugt nicht aus, und das Aroma bleibt im Fisch konzentriert erhalten. Die chinesische Küche hat diese sanfte Garmethode perfektioniert und dafür die feinsten und zugleich einfachsten Gerichte entwickelt.

Die besten Ergebnisse erzielt man mit ganzen Portionsfischen, weil die Haut den Fisch schützt, sollte er etwas zu lange im Dampf bleiben. Bei Tranchen und Filets muß man dagegen sehr sorgfältig auf die Garzeit achten. Dennoch: eine Minute mehr oder weniger ist beim Dämpfen nicht so entscheidend wie beispielsweise beim Braten in der Pfanne. Abstimmen muß man auch die eventuell unterschiedlichen Garzeiten von Fisch und übrigen Zutaten. Während 15–20 Minuten, das ist in etwa die Garzeit für einen ganzen Fisch von 600–700 g Gewicht, wird auch feingeschnittenes Gemüse gar. Bei kleinen Fischtranchen oder Filets, die manchmal nur 5–6 Minuten zum Garen brauchen, sollte man das Gemüse vorgaren, es sei denn, man wünscht es besonders knackig.

DORADE AUF FENCHELGEMÜSE

(Abb. Seite 126/127)

2 Goldbrassen (Dorade royale) zu je etwa 600 g
Salz, schwarzer Pfeffer aus der Mühle
4 Zweige Thymian
2 Zweige Petersilie
1 Fenchelknolle (etwa 150 g)
40 g Karotte
50 g Lauch
Salz, Pfeffer
1/2 TL Ingwerpulver
60 g Butter

Die vorbereiteten Brassen auf beiden Seiten einschneiden, innen und außen salzen und ganz leicht pfeffern. Jeweils einen Thymian- und Petersilienzweig in die Bauchhöhlen legen und die Oberseite der Fische mit einem Thymianzweig spikken. Die vorbereiteten Gemüse in feine Streifen schneiden und auf dem Dämpfrost verteilen. Mit Salz, Pfeffer und Ingwerpulver würzen und die präparierten Fische daraufauflegen. Die eiskalte Butter in kleine Würfelchen schneiden und auf den Fischen verteilen. Dämpfzeit etwa 15–20 Minuten.

GEDÄMPFTE POMFRETS MIT AUSTERNPILZEN

Silver Pomfrets sind hochbezahlte Speisefische in den Ländern des indopazifischen Raums. Hierzulande könnte man sie durch See- oder Rotzunge ersetzen.

4 Silver Pomfrets zu je 400–500 g
etwas Salz
Cilantro- (Koriander) und Pfefferminzblättchen
150 g Austernpilze
1 kleine Paprikaschote
60 g Bambusschößlinge
1 Tomate
30 g frische Ingwerknolle
1 frische Chilischote
2 EL dunkle Sojasauce
2 EL feines Pflanzenöl

Die vorbereiteten Pomfrets an der Oberseite einige Male einschneiden und innen und außen sehr sparsam salzen. In die Bauchhöhle einige Blättchen Cilantro und Pfefferminz geben und die Fische auf den Dämpfrost legen. Die gewaschenen Austernpilze, die vorbereitete Paprikaschote und die Bambusschößlinge in feine Streifen schneiden und über den Fischen verteilen. Die Tomate in heißes Wasser tauchen und enthäuten, das Fruchtfleisch in Würfel schneiden und ebenfalls über den Fischen verteilen. Den

POCHIEREN UND DÄMPFEN

Ingwer schälen und feinhacken, ebenfalls die (vorher entkernte) Chilischote, beides über die Fische streuen. Mit der Sojasauce und dem Öl beträufeln. Die Fische 15–20 Minuten dämpfen. Wenn nötig, nachsalzen.

FILET VOM GLATTBUTT AUF FEINEM GEMÜSE GEDÄMPFT

4 Glattbutt-Filets von je etwa 200 g

etwas Salz und weißer Pfeffer

40 ml trockener Sherry

200 g Gemüse (zu gleichen Teilen Karotten, Lauch und Staudensellerie)

4 Zweige frische Petersilie

Die Filets parieren und auf eine Platte mit Rand legen. Leicht mit Salz und feingemahlenem weißem Pfeffer würzen und mit dem Sherry beträufeln. Mit Folie bedeckt 1 Stunde durchziehen lassen. Das vorbereitete Gemüse in feine Stifte schneiden und auf dem Dämpfgitter verteilen. Die gewürzten Filets darauflegen, die auf der Platte entstandene Würzflüssigkeit darübergießen. Etwa 5–6 Minuten dämpfen. Wünscht man das Gemüse weicher, muß es 5–6 Minuten vorgegart werden. Sofort servieren. Dazu paßt sehr gut eine Sauce vin blanc oder eine Hollandaise.

DÜNSTEN UND SCHMOREN

Zarter, aromatischer Fisch – wie dieser Rouget, der sich hier in einer duftig-leichten Safransauce präsentiert – wird mit Vorliebe gedünstet. Das heißt, fast ganz im eigenen Saft, unter Zugabe von nur wenig Fett und Flüssigkeit, äußerst schonend gegart. Und das in kürzester Zeit. Denn hier wird die Hitze auf zweierlei Weise gleichzeitig wirksam: Von unten gart der Fisch sanft in dem sich bildenden Fond, von oben in dem Dampf, der sich im geschlossenen Topf bildet. Und bei alldem nicht zu vergessen: Der würzige Fond, der beim Dünsten entsteht, ist zugleich die ideale Grundlage für die feine Sauce, die gedünsteten Fisch immer begleiten sollte. Beim Schmoren sind es gar drei Methoden, die zusammenwirken. Denn erst wird der Fisch im offenen Geschirr angebraten, bevor er dann im geschlossenen Topf gardünstet. Allzu schonend ist das allerdings nicht. Weshalb man das Schmoren auch den deftigeren Fischen vorbehält.

DÜNSTEN UND SCHMOREN

Dünsten

Feinschmecker haben allen Grund, als Garmethode für feinen Fisch das Dünsten vorzuziehen. Weil das zarte Fischfleisch dadurch äußerst schonend gegart und sein Geschmack voll erhalten, ja sogar intensiviert wird. Denn beim Dünsten wird nur wenig Flüssigkeit und etwas Fett verwendet und bei nur 100°C gegart. Und zwar immer im abgedeckten Geschirr (am vorteilhaftesten mit gebuttertem Pergamentpapier), was – ein Zusatzeffekt – die Garzeit verkürzt. Im eben den Boden des Geschirrs bedeckenden Sud bleibt der Fisch an der Unterseite saftig. Für die saftige Konsistenz auf der Oberseite sorgt der Dampf im abgedeckten Gefäß. Der Unterschied zum Dämpfen besteht also wesentlich darin, daß sowohl Flüssigkeit als auch Dampf ihre Hitze auf den Fisch übertragen und ihn dadurch gemeinsam garen. Was aber besonders wichtig ist: Beim Dünsten bildet sich ein würziger Fond, der die ideale Grundlage für die feine Sauce ist, die den Fisch begleiten soll. Wenn die verwendete Garflüssigkeit zudem noch ein aus der Karkasse und den Abschnitten des zu dünstenden Fisches zubereitetes Fumet ist, ergänzt die aus dem Dünstfond zubereitete Sauce den Eigengeschmack des Fisches in geradezu perfekter Harmonie. Der gesundheitliche Aspekt ist aber auch nicht außer acht zu lassen. Denn:
– dünsten heißt kurz garen und damit Vitamine erhalten;
– der Dünstfond wird mit verzehrt. Es gehen also weder wasserlösliche Vitamine noch in den Fond übergegangene Mineralstoffe verloren.

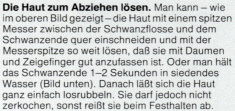

Die Haut zum Abziehen lösen. Man kann – wie im oberen Bild gezeigt – die Haut mit einem spitzen Messer zwischen der Schwanzflosse und dem Schwanzende quer einschneiden und mit der Messerspitze so weit lösen, daß sie mit Daumen und Zeigefinger gut anzufassen ist. Oder man hält das Schwanzende 1–2 Sekunden in siedendes Wasser (Bild unten). Danach läßt sich die Haut ganz einfach losrubbeln. Sie darf jedoch nicht zerkochen, sonst reißt sie beim Festhalten ab.

Eine ideale Garmethode für Filets, empfehlenswert aber auch für ganze Fische. Besonders Plattfische bis etwa 350/400 g eignen sich, schon ihrer Form wegen, gut zum Dünsten. Doch auch kleinen ganzen Rundfischen bekommt diese Methode gut, vor allem, wenn man mehrere zusammen in einer Pfanne gart.

Die Haut abziehen. Mit einem Tuch die Schwanzspitze auf die Arbeitsfläche drücken. Das Hautende anheben, festhalten und mit energischem Ruck abziehen. Die Unterseite genauso häuten. Den Kopf mit einem geraden Schnitt abtrennen. Eventuell vorhandenen Rogen an der Öffnung der Länge nach mit der Schere freilegen und vorsichtig mit dem Messer auslösen. Er kann noch verwertet werden. Dann den Flossensaum in Richtung Kopf abschneiden. Flossen und Kopf für den Fond beiseite legen.

DÜNSTEN UND SCHMOREN

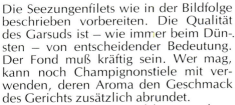

Die Filets herausschneiden. Die Seezunge mit einem spitzen, biegsamen Messer entlang der Mittelgräte vom Kopf zum Schwanz hin einschneiden. Dabei die Messerklinge zwischen Filet und Gräten führen und das Filet vorsichtig herausschneiden. Die drei anderen Filets genauso auslösen. Die Karkasse für den Fond beiseite legen. Die Filets sauber parieren, dann in der Mitte falten. Dazu mit dem dünnen Häutchen nach oben auf die Arbeitsfläche legen. Es zieht sich beim Garen zusammen. Die Faltstelle mit dem Messerrücken klopfen.

SEEZUNGENFILETS IN CHAMPAGNERSAUCE
FILETS DE SOLE AU CHAMPAGNE

Schon der Name dieses klassischen Rezepts zergeht einem sozusagen auf der Zunge. In der gehobenen Fischküche gehört es zum Standard-Repertoire.

Zutaten für 2 Portionen (Vorspeise):

1 Seezunge von etwa 400 g
10 g Schalotte
30 g Butter
10 ml trockener Wermut
50 ml Champagner
150 ml Fischfond (Rezept Seite 116)
Salz, Pfeffer aus der Mühle
80 ml Sahne
20 g eiskalte Butter
1 EL geschlagene Sahne
1 Spritzer Champagner

Die Seezungenfilets wie in der Bildfolge beschrieben vorbereiten. Die Qualität des Garsuds ist – wie immer beim Dünsten – von entscheidender Bedeutung. Der Fond muß kräftig sein. Wer mag, kann noch Champignonstiele mit verwenden, deren Aroma den Geschmack des Gerichts zusätzlich abrundet.

Die sauber parierten, gefalteten und gewürzten Filets in den Fond geben. Mit gebuttertem Pergamentpapier abgedeckt, bei geringster Hitze in 3–4 Minuten auf den Punkt gardünsten. Die Filets vorsichtig mit der Schaumkelle aus dem Geschirr heben und mit dem Pergamentpapier abgedeckt warm stellen. Den Dünstfond durch ein feines Sieb (Teesieb) in eine Stielkasserolle geben, rasch einkochen. Die Sahne zugeben und noch etwas einkochen. Die Butter in Stückchen mit dem Schneebesen einschwenken. Jetzt noch die geschlagene Sahne und den Spritzer Champagner zugeben und die Sauce mit dem Stabmixer aufmontieren. So wird sie leicht und elegant.

Ein Wort noch zur Sauce: Es ist wichtig, den Dünstfond ausreichend zu reduzieren. Geschieht das nicht, dann wird die Sauce wässrig und fade. Würde man nach Zugabe von Sahne und Butter nochmals reduzieren, dann ginge deren frischer Geschmack verloren. Die Sauce würde nur noch fett schmecken.

Sollte es aber doch einmal passieren, daß die fertige Sauce noch reduziert werden muß, dann erreicht man mit einigen Tropfen Zitronensaft und etwas Champagner in den meisten Fällen noch ein respektables Ergebnis. Zum Schluß die Sauce nochmals aufmixen.

Die Garflüssigkeit vorbereiten. Zuerst eine feingeschnittene (nicht gehackte) Schalotte in heißer Butter ohne Farbe anziehen lassen. Mit einem Spritzer trockenem Wermut ablöschen und die Flüssigkeit reduzieren. Wichtig: Der Alkohol muß verdampfen, sonst würde er in der Sauce vorschmecken. Den Champagner angießen. Er gibt der Sauce die entscheidende Geschmacksnuance. Nun wird das aus der Karkasse und den Abschnitten der Seezunge gekochte Fumet angegossen. Diese Mischung kocht man auf und läßt sie dann 2–3 Minuten leise köcheln.

DÜNSTEN UND SCHMOREN

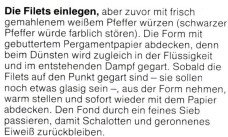

Die Filets einlegen, aber zuvor mit frisch gemahlenem weißem Pfeffer würzen (schwarzer Pfeffer würde farblich stören). Die Form mit gebuttertem Pergamentpapier abdecken, denn beim Dünsten wird zugleich in der Flüssigkeit und im entstehenden Dampf gegart. Sobald die Filets auf den Punkt gegart sind – sie sollen noch etwas glasig sein –, aus der Form nehmen, warm stellen und sofort wieder mit dem Papier abdecken. Den Fond durch ein feines Sieb passieren, damit Schalotten und geronnenes Eiweiß zurückbleiben.

Die Sauce zubereiten. Den passierten Fond in eine Stielkasserolle geben. Reduzieren, falls nötig. Nicht ausreichend reduzierter Fond macht die Sauce wässrig. Die Sahne zugeben und eventuell noch etwas reduzieren (bei Crème double statt Sahne ist das nicht nötig). Die eiskalte Butter in Stückchen in die Sauce geben und mit dem Schneebesen einmontieren. Abschmecken. Jetzt noch die geschlagene Sahne und den Spritzer Champagner dazu und die Sauce mit dem Stabmixer schaumig aufmixen, bevor sie über die angerichteten Filets verteilt wird.

SEEZUNGE GEFÜLLT
SOLE FARÇIE

2 gekochte Taschenkrebse

Krebssauce, nach Rezept „Hummersauce" (Seite 119) zubereitet

4 Seezungen à 300 g

Salz, Pfeffer aus der Mühle

1 Schalotte, 20 g Butter

100 ml Weißwein

400 ml Fischfond (Rezept Seite 116)

Für die Füllung:

1 Schalotte, 20 g Butter

das ausgelöste Krebsfleisch

120 ml Sahne

Salz, Pfeffer aus der Mühle

1 TL frisch gehackte Kräuter, wie Petersilie, Estragon, Basilikum

Für die Beilage:

20 g Butter

320 g blanchierter Blattspinat

Salz, Pfeffer aus der Mühle

Die Taschenkrebse auslösen. Das Fleisch und, falls vorhanden, auch das Corail mischen und grob hacken. Für die Füllung beiseite stellen. Mit den Krebskarkassen die Krebssauce zubereiten und warm stellen.

DÜNSTEN UND SCHMOREN

Die Seezungen, wie in der Bildfolge beschrieben, vorbereiten. Die Schalotte schälen und feinwürfeln. In einem großen flachen Geschirr die Butter erhitzen und die Schalottenwürfel darin anziehen lassen. Den Weißwein angießen, aufkochen, den Fischfond zugießen, ebenfalls aufkochen. Die Seezungen nebeneinander in den Sud legen. Ist ein so großes Geschirr nicht vorhanden, das Ganze in zwei Formen verteilen. Mit gebuttertem Pergamentpapier abdecken und die Seezungen bei geringer Hitze in 4–5 Minuten gardünsten. Vorsichtig herausheben, den Flossensaum entfernen und die Fische auf einem Teller mit dem Pergamentpapier bedeckt warm stellen.

Für die Füllung die geschälte und feingewürfelte Schalotte in der heißen Butter glasig werden lassen. Das Krebsfleisch zugeben und kurz sautieren. Mit der Sahne ablöschen. So lange reduzieren, bis das Ragout bindet. Die gehackten Kräuter zugeben, mit Salz und Pfeffer würzen, warm stellen.

Die Butter hellbraun aufschäumen lassen, den blanchierten Spinat darin erwärmen. Die Krebssauce ebenfalls erwärmen, mit dem Stabmixer schaumig aufschlagen, mit Salz und Pfeffer abschmecken. Die Seezungen auf 4 Teller legen, die Filets in der Mitte etwas auseinanderziehen und in die Öffnung das Ragout füllen. Mit dem Spinat und der Krebssauce anrichten.

Die Seezunge zum Füllen vorbereiten. Die gehäutete, von Kopf und Flossen befreite Seezunge auf der Mittelgräte der Länge nach mit einem kleinen spitzen Messer einschneiden, an Kopf- und Schwanzende jedoch etwa 2 cm geschlossen lassen. Die beiden Filets vorsichtig von den Gräten lösen, bis vor den Flossensaum. Die Mittelgräte mit den angewachsenen Gräten liegt jetzt frei. Die Seezunge in die Hände nehmen und die Mittelgräte mit kräftigem Knick brechen.

Die Gräten entfernen. Ein Messer an der Bruchstelle unter die Mittelgräte führen und diese mit den angewachsenen Gräten anheben. An den Seiten mit der Schere abschneiden. Die Mittelgräte vor dem Kopfende mit der Schere abschneiden und ganz herausheben. In der unteren Hälfte die Gräten genauso entfernen. So ist eine schöne große Öffnung entstanden, in die später die Füllung gestrichen wird. Die ausgelöste Seezunge ist jetzt fertig zum Dünsten.

143

DÜNSTEN UND SCHMOREN

GESCHMORTER AAL MIT KRÄUTERN
ANGUILLE BRAISÉE AUX HERBES

Schmoren ist, genau betrachtet, eine Kombination von Braten und Dünsten. Der Fisch oder die Fischstücke werden zuerst rundum angebraten; der Hitzeschock im heißen Fett sorgt dafür, daß Saft, Aromen und Nährstoffe „eingeschlossen" werden. Dann erst wird Flüssigkeit zugegeben, die das eigentliche Schmoren in Gang setzt. Im geschlossenen Topf (auf dem Herd) oder im Ofen entwickelt sich dabei Dampf, der zusätzlich beim Garen hilft. Übrigens ist der Schmorfond, wie beim Dünsten, immer die Grundlage für die Sauce. Zum Schmoren eignen sich vor allem größere ganze Fische oder größere Fischstücke (Schwanzstücke zum Beispiel). Will man kleinere Stücke schmoren, dann sollten unbedingt festfleischige Fische verwendet werden, wie Wels, Karpfen, Schleie oder Seeteufel. Aal mit seinem festen, fetten Fleisch eignet sich besonders gut:

1 Aal von 1–1,2 kg
10–12 kleine Frühlingszwiebeln
10 g Butter, 1 EL Öl, Salz, Pfeffer
1/4 l Fischfond (Rezept Seite 116)
10 g Mehl, 10 g Butter
1 EL saure Sahne
1 EL frisch geschnittene Kräuter (Petersilie, Dill und etwas Salbei)

Die Aalstücke ins heiße Fett geben. Zunächst den Aal häuten und in 4–5 cm lange Stücke schneiden. Die Frühlingszwiebeln putzen. Die Butter und das Öl in einer schweren Kasserolle aufschäumen lassen. Die Aalstücke dazugeben und unter Wenden kurz anbraten. Die Frühlingszwiebeln zugeben und beides zusammen etwas Farbe annehmen lassen. Mit Salz und Pfeffer kräftig würzen. Gelegentlich mit dem Holzspatel wenden. Die Frühlingszwiebeln besonders gut beobachten. Sie werden leicht zu dunkel und dann bitter.

Den Fischfond angießen und aufkochen. Dann bei verminderter Hitze im geschlossenen Topf 5–6 Minuten leise köcheln lassen. Die Aalstücke mit Fleischgabel oder Schaumkelle aus der Kasserolle heben, auch die Frühlingszwiebeln. Zum Binden der Sauce eine Beurre manié zubereiten. Dazu die Butter und das Mehl verkneten und kurz kaltstellen. Dann stückchenweise in den kochenden Fond geben und mit dem Schneebesen einrühren. 3–4 Minuten köcheln lassen, bis eine glatte, leicht sämige Bindung erreicht ist.

DÜNSTEN UND SCHMOREN

HECHTTRANCHEN MIT ZWIEBELN UND KRÄUTERN
DARNES DE BROCHET AUX OIGNONS ET AUX HERBES

4 Tranchen (Mittelstücke) vom Hecht à 160–180 g
Salz, Pfeffer aus der Mühle
Zitronensaft, Mehl zum Bestauben
2 EL geklärte Butter
1 mittelgroße Zwiebel, feingewürfelt
5 EL Weißwein
150 ml Fischfond (Rezept Seite 116)
25 g Butter
1 EL gehackte Petersilie oder feine Schnittlauchröllchen
25 g Butter
320 g Broccoli, blanchiert

Die gesäuberten und trockengetupften Hechttranchen mit Salz, Pfeffer und Zitronensaft würzen und mit Mehl bestauben. Geklärte Butter in einer schweren Pfanne erhitzen, Hechtstücke darin auf beiden Seiten anbraten. Die Zwiebelwürfel dazugeben und goldgelb anziehen lassen. Mit dem Weißwein ablöschen. Aufkochen und mit dem Fischfond auffüllen. Nochmals aufkochen. Deckel auf die Pfanne legen. Im vorgeheizten Backofen bei 220°C in 5–7 Minuten garen. Pfanne wieder auf den Herd stellen, Hechttranchen herausheben und die Knochenstücke mit den Gräten herauslösen. Den Fisch warm stellen.
Die Butter in Flöckchen in die Pfanne geben. Die Pfanne kreisförmig schwenken und so die Butter in die Sauce montieren. Die Kräuter unterrühren und mit Salz, Pfeffer und Zitronensaft abschmecken. Die Butter für den Broccoli in einem Topf aufschäumen lassen, den blanchierten Broccoli darin bei schwacher Hitze vorsichtig anbraten; sein nussartiges Aroma wird dadurch noch intensiver. Leicht salzen. Alles auf Tellern anrichten.

WALLER MIT PAPRIKASAUCE
SILURE À LA SAUCE AUX POIVRONS ROUGES

8 Koteletts vom Waller (Wels) à 80–90 g
16 kleine Frühlingszwiebeln
1 große rote Paprikaschote
2 Schalotten, 20 g Butter
2 Stengel Thymian, 1 Knoblauchzehe
800 ml Fischfond (Rezept Seite 116)
Salz, Pfeffer aus der Mühle
20 g Butter, 2 EL Öl
40 g Butter für die Sauce

Die Wallerkoteletts säubern und trockentupfen. Frühlingszwiebeln und Paprikaschote putzen. Paprika vierteln, entkernen, waschen und grob würfeln. Die geschälten Schalotten in Scheiben schneiden und in der Butter glasig werden lassen. Paprikawürfel, Thymian und angedrückte Knoblauchzehe zugeben. Mit 3/4 des Fischfonds auffüllen. Aufkochen und bei geringer Hitze in etwa 15 Minuten weich kochen. Knoblauch und Thymian entfernen. Den Paprikafond im Mixer aufschlagen, bis die Paprikawürfel püriert sind. Durch ein feines Sieb in einen Topf gießen und warm stellen.
Die Wallerkoteletts mit Salz und Pfeffer würzen. In einer schweren Pfanne die Butter aufschäumen lassen, das Öl zugeben, erhitzen und die Fischkoteletts darin auf beiden Seiten goldbraun anbraten. Die Frühlingszwiebeln zugeben, etwas anziehen lassen, leicht salzen und pfeffern. Etwas vom restlichen Fond angießen. Reduzieren, bis alles wieder zu braten beginnt. Wieder etwas Fond angießen und vollständig reduzieren. So lange wiederholen, bis der Fond verbraucht ist. Der Fisch ist gar, sobald er und die Zwiebeln glänzen. Die Paprikasauce erwärmen. Die Butter in Scheiben dazugeben und mit dem Stabmixer einmontieren. Abschmecken. Alles auf Tellern anrichten.

Die Sauce vollenden. Falls sie zu dick ist, noch etwas Fischfond angießen. Nun die Sauce durch ein feines Sieb in einen Topf passieren und wieder aufkochen. Die saure Sahne mit dem Schneebesen kräftig einrühren und die Sauce abschmecken. Dann die Aalstücke mit den Frühlingszwiebeln – auch den Saft, der sich inzwischen gebildet hat – hineingeben und alles vorsichtig erhitzen. Direkt vor dem Servieren die frischen Kräuter untermischen.

DÜNSTEN UND SCHMOREN

Im Ofen geschmort

Mit Fisch, der im Ofen geschmort wird, hat es seine besondere Bewandtnis. Er wird nicht, wie bei der klassischen Schmormethode auf dem Herd, stark, sondern allenfalls leicht angebraten. Oder auch gar nicht. Flüssigkeit gehört aber auf jeden Fall dazu. Dabei kann es sich um Wein, Fischfond oder Sahne handeln.

Nun kommt es darauf an, ob man einen stärkeren Bräunungsgrad und eine stärkere Flüssigkeitsreduktion erzielen möchte. Soll der Fisch, fertig gegart, goldbraun sein, dann kommt er im offenen Geschirr in den Ofen. Beim offenen Garen wird zugleich auch die Flüssigkeit stark reduziert. Wünscht man den Fisch nur leicht gebräunt, dann deckt man ihn während der Hälfte der Garzeit mit Alufolie ab. Und für den Fall, daß er gar nicht bräunen soll, bleibt der Fisch während der gesamten Garzeit im abgedeckten Geschirr.

Genaugenommen handelt es sich bei den folgenden Rezepten – mit Ausnahme des Donauwallers – um eine Kombinationsmethode: Auf dem Herd beginnen, im Ofen garen. Sie zeigt verschiedene Möglichkeiten auf, im Backofen zu schmoren. Wie man Fisch außerdem noch im Backofen zubereiten kann, dafür gibt es im nachfolgenden Kapitel eine Menge Anregungen.

WALLER IN ROTWEIN

Zutaten für 4–6 Portionen:
100 g Hahnenkämme
150 g Austernpilze
100 g Winterchanterelles (Eierschwämme)
8 Stücke vom Waller à 80 g
60 g Butter
100 g ganze, geschälte Schalotten
Salz, Pfeffer aus der Mühle
1/2 l Rotwein
20 g Pfeilwurzelstärke
4 Stengel Thymian
12 tournierte Kartoffeln

Die gesäuberten Hahnenkämme in kochendem Wasser 3 Minuten blanchieren, die Haut abrubbeln. Die beiden Pilzsorten putzen. Die Wallerstücke mit Küchenkrepp trockentupfen. Eine passende Auflaufform mit Butter einstreichen. Hahnenkämme, Pilze, Wallerstücke und Schalotten leicht mit Salz und Pfeffer würzen, locker gemischt in die Form schichten. Den Rotwein in einem Topf erhitzen, mit der angerührten Pfeilwurzelstärke binden. Thymian zufügen, mit Salz und Pfeffer abschmecken. In die Auflaufform gießen und mit Alufolie abdecken. In den vorgeheizten Backofen stellen und bei 200°C 15–20 Minuten schmoren.

Inzwischen die tournierten Kartoffeln in der restlichen Butter braten und salzen. Aufs fertige Fischgericht verteilen und sofort servieren.

LACHS IN SAHNE

4 Lachsfiletstücke à 150–180 g
1 Knoblauchzehe
30 g Butter
1 feingewürfelte Schalotte
1 Tomate, gehäutet, entkernt und fein gewürfelt
Salz, weißer Pfeffer
1/4 l Sahne
1 Msp. Kümmelpulver

Die Lachsfiletstücke sauber parieren und mit Küchenkrepp abtupfen. Eine passende Auflaufform leicht mit der Knoblauchzehe einreiben. Die Butter in der Form zerlassen, die Schalottenwürfel zugeben und bei schwacher Hitze andünsten. Die Tomatenwürfel zugeben.
Lachsfiletstücke mit Salz und Pfeffer würzen und in die Form legen. Die Sahne mit Salz und Kümmelpulver würzen und die Lachsstücke damit übergießen. Die Form, mit Alufolie abgedeckt, in den auf 220°C vorgeheizten Backofen stellen. 6–10 Minuten schmoren. Nach der Hälfte der Garzeit die Folie entfernen. Nach Wunsch auch während der gesamten Garzeit offen lassen.
Die ideale Beilage: Blattspinat.

Für den Waller in Rotwein die Hahnenkämme, Pilze und Wallerstücke mit Schalotten in eine Form schichten. Darauf gibt man gebundenen Rotwein und Thymian und gart alles in der geschlossenen Auflaufform. Die tournierten Kartoffeln werden auf dem Herd in Butter gebraten und aufs fertige Gericht gegeben.

DÜNSTEN UND SCHMOREN

SEELACHSFILET IM REISBLATT

4 Reisblätter von mindestens 22 cm Ø
120 g Möhrenstifte, 80 g Lauchstreifen
80 g Butter, Salz, Pfeffer aus der Mühle
1/2 TL Haselnußöl
400 g Seelachsfilet
20 g flüssige Butter
1 Knoblauchzehe, 250 ml Fischfond

Die Reisblätter (aus einem Asien-Shop) einzeln zwischen angefeuchtete Küchentücher legen, bis sie weich und gut formbar sind.
Inzwischen die Hälfte der Möhrenstifte und Lauchstreifen in 30 g Butter und wenig Wasser etwa 3 Minuten dünsten. Mit Salz, Pfeffer und Haselnußöl abschmecken. Das Seelachsfilet in etwa 1,5 cm kleine Würfel schneiden, leicht salzen und pfeffern und zu dem Gemüse geben. 2–3 Minuten mit dem Gemüse erhitzen. Die Mischung etwas auskühlen lassen, dann auf die Reisblätter verteilen. Sorgfältig einwickeln, mit der flüssigen Butter bestreichen. Eine Auflaufform mit der angedrückten Knoblauchzehe ausreiben. Das restliche Gemüse darin verteilen, den Fischfond angießen, die Rollen aufs Gemüse legen. Die restliche feste Butter in Flöckchen darauf verteilen.
Mit Alufolie abgedeckt in den vorgeheizten Backofen stellen. Bei 220°C in 8–10 Minuten garen, nach der Hälfte der Garzeit die Folie entfernen.

THUNFISCH IN ROTWEIN MARINIERT

4 Thunfischkoteletts à 180–200 g
1/2 l guter Rotwein
1 Schalotte, 1 Stengel Rosmarin
2 Stengel Thymian, 4 Blättchen Salbei
2 Lorbeerblätter, 4 Knoblauchzehen
je 80 g feine Würfel von roter, grüner und gelber Paprikaschote, Zucchini, Aubergine und Schalotten
4 EL Olivenöl, Salz, Pfeffer
1/2 Bund Petersilie
2 EL Olivenöl, 250 ml Fischfond
30 g Butter

Die Thunfischkoteletts in der aus den angegebenen Zutaten bereiteten Marinade mindestens 6 Stunden zugedeckt in den Kühlschrank stellen. Das Gemüse in dem Olivenöl anbraten. Salzen und pfeffern, die Kräuter und den Knoblauch aus der Marinade zugeben. Zugedeckt in etwa 10 Minuten weichdünsten. Die feingehackte Petersilie zugeben, abschmecken. Die trockengetupften Thunfischkoteletts mit Salz und Pfeffer würzen und in dem Öl anbraten. Den Fischfond angießen. Mit Alufolie abdecken und im vorgeheizten Backofen bei 220°C 6–8 Minuten schmoren. Nach halber Garzeit die Folie entfernen. Fisch aus der Form nehmen und warm stellen. Den Schmorfond mit der Butter binden, abschmecken.

KABELJAU GESCHMORT

Zutaten für 3–4 Portionen:
1 Schwanzstück vom Kabeljau (etwa 1000 g)
2 TL feiner Tafelsenf
Salz, Pfeffer aus der Mühle
20 g Butter
1/4 l Fischfond (Rezept Seite 116)
Saft von 1/2 Zitrone
30 g Semmelbrösel
60 g Butter
1 Petersilienstengel

Das Schwanzstück schuppen, abspülen, trockentupfen und auf beiden Seiten mit Senf bestreichen. Mehrmals einschneiden (ziselieren). Mit Salz und Peffer würzen. In einer Auflaufform die Butter erhitzen und den Fisch etwa 5 Minuten bei schwacher Hitze sanft anbraten. Mit dem Fischfond und dem Zitronensaft übergießen, mit Semmelbröseln bestreuen. Die Butter in Flöckchen darauf verteilen und die Petersilie zugeben. Mit Alufolie abdecken und im vorgeheizten Ofen bei 180°C in 20–25 Minuten garen. Nach halber Garzeit die Folie entfernen.
Passende Saucen dazu: Zerlassene Butter, Sauce hollandaise, Senfbutter oder Sauce vin blanc mit Kräutern. Oder einfach den Garfond mit Eigelb und Sahne legieren.

FISCH AUS DEM BACKOFEN

Ob von einer schützenden Hülle umgeben oder selbst delikate Hülle für eine feine Füllung – zum Garen im Backofen eignen sich vor allem ganze Fische. Wie beispielsweise der Seewolf, der sich hier, „en papillote" und mit frischen Kräutern, appetitanregend darbietet. Oder die gefüllte Dorade von Seite 150, in deren Bauchhöhle eine mit Gemüsen und Kräutern zubereitete Füllung ihr köstliches Aroma entfaltet.
Eine äußere Hülle – sei es eine knackige Semmelbrösel-Mandelmischung, zart-knuspriger Blätterteig oder eine Salzkruste – bewirkt, daß der Fisch saftig bleibt und sein Aroma durch die rundum einwirkende trockene Hitze des Backofens intensiviert wird. Wo die Hülle eßbar ist, wie bei Blätterteig, Mürb- oder Hefeteig, ist das doppelte Geschmackserlebnis gewährleistet: Saftig-frischer Fisch, kombiniert mit dem feinen Geschmack von goldbraun gebackenem, auf der Zunge zergehendem Teig. Ganz besonders saftig und intensiv aromatisch aber wird Fisch, der in der Salzkruste im Ofen gebacken wird. Der so zubereitete Babylachs in diesem Kapitel ist ein besonders gutes Beispiel dafür.

FISCH AUS DEM BACKOFEN

So wird die Dorade vorbereitet. Die Flossen bis auf die Schwanzflosse abschneiden. Die Dorade schuppen, ausnehmen, gut abspülen und trockentupfen. An der dicksten Stelle ziselieren, also einige Male quer einschneiden. Dadurch gart der Fisch gleichmäßiger und etwas kürzer. Die Dorade innen und außen mit Salz und Pfeffer würzen. Die gehäuteten und entkernten Tomaten, die Oliven, die geschälten Schalotten und Knoblauchzehen und die Sardellenfilets würfeln. 1 EL Öl in der Form erhitzen, Gemüse und Kräuter dazugeben und anziehen lassen.

Die Dorade im Ofen garen. Die Dorade auf das Gemüsebett legen, mit dem restlichen Öl einstreichen. Fischfond bis zu 1/3 der Fischhöhe angießen, auf dem Herd aufkochen. Dann im vorgeheizten Backofen bei 225°C in 15–20 Minuten garen, dabei häufig mit Fond übergießen. Den Fisch aus dem Ofen nehmen und auf einer Servierplatte anrichten. Den Schmorfond durch ein Sieb in einen Topf laufen lassen, aufkochen. Die Butter mit dem Schneebesen einrühren. Abschmecken und das Basilikum zugeben. Oder die Dorade so servieren, wie sie aus dem Ofen kommt.

DORADE AUS DEM OFEN

Sehr schmackhaft und saftig zubereiten kann man ganze, größere Fische, wenn man sie in den Ofen schiebt. Ob man den Fisch dabei – um ihn vor dem Austrocknen zu schützen – „nur" in Butter langsam brät und dabei öfter mit derselben übergießt, oder ob man ihn mit etwas zugefügtem Fischfond von Zeit zu Zeit beschöpft – das Ergebnis ist in jedem Fall ausgezeichnet. Wie die mit frischen Kräutern gefüllte Dorade royale:

1 Goldbrassen (Dorade royale) von 800–1000 g
Salz, Pfeffer aus der Mühle
3 Tomaten
je 3 grüne und schwarze Oliven, entkernt
2 Schalotten, 3 Knoblauchzehen
2 Sardellenfilets
3 gehackte Basilikumblätter
1 Stengel gehackter Thymian
feingeschnittenes Kraut von 1 Fenchelknolle
2 EL Olivenöl
300 ml Fischfond (Rezept Seite 116)
30 g Butter
etwas kleingeschnittenes Basilikum

Prall gefüllt, umgeben von würzigem Gemüse, bietet sich die aufgeschnittene Dorade an. Die Brötchenfülle mit Ei bezieht ihr köstliches Aroma aus Zwiebel, Staudensellerie, Möhre, Petersilie, Salbei und Basilikum und nicht zuletzt aus einer Knoblauchzehe. Auf Gemüse mit Fischfond gegart, wird aus der gefüllten Dorade ein Leckerbissen.

GEFÜLLTE DORADE

1 Dorade (Brassen) von 1,2 kg
Für die Füllung:
1 Brötchen, 1/8 l Milch
1 Zwiebel
50 g Staudensellerie
50 g Möhre
20 g Butter
1 Knoblauchzehe
1 Msp. abgeriebene Schale einer unbehandelten Zitrone
2 TL gehackte Petersilie
je 1 Salbei- und Basilikumblatt, gehackt
1 Ei
Salz, Pfeffer aus der Mühle
Außerdem:
50 g Zwiebeln
50 g Staudensellerie
50 g Möhre
20 g Butter
50 ml Fischfond (Rezept Seite 116)
Salz, Pfeffer aus der Mühle

Die Dorade, wie auf Seite 107 beschrieben, durch den Rücken entgräten und ausnehmen.
Für die Füllung das Brötchen entrinden, in Scheiben schneiden und diese in der Milch einweichen.
Zwiebel, Staudensellerie und Möhre putzen und feinwürfeln, in der heißen Butter anziehen lassen. Die ungeschälte Knoblauchzehe andrücken und zugeben. Im geschlossenen Topf fast weich dünsten, nach Bedarf etwas Wasser angießen. Vom Herd nehmen und auskühlen lassen. Die Knoblauchzehe entfernen. Zitronenschale und Kräuter untermischen. Das Ei in einer Schüssel verquirlen. Das ausgedrückte Brötchen und die Kräuter-Gemüse-Mischung zugeben. Mischen, mit Salz und Pfeffer abschmecken. Die Dorade damit füllen und zubinden, wie auf Seite 107 beschrieben.
Die Zwiebeln und den Staudensellerie feinwürfeln. Die geschälte, gewaschene Möhre in feine Stifte schneiden. Dieses Gemüse, die Butter und den Fischfond in einen flachen Schmortopf geben. Die Dorade leicht mit Salz und Pfeffer würzen und aufs Gemüse legen. Mit gebuttertem Pergamentpapier bedecken und im vorgeheizten Backofen bei 180°C in 20 Minuten garen.
Die gefüllte Dorade aus dem Topf heben, die Bindfäden entfernen und den Fisch in dicke Scheiben schneiden. Mit Gemüse und Fond auf Tellern anrichten.

FISCH AUS DEM BACKOFEN

TRÜSCHEN MIT THYMIAN GEBRATEN

4 Trüschen (auch Quappen oder Rutten genannt) à 350–400 g
2 Tomaten
40 g Butter
4 Knoblauchzehen
2 Sardellenfilets
1 kleines Bund Thymian
Salz, Pfeffer aus der Mühle
Mehl zum Bestauben
Zitronensaft

Die Trüschen vorsichtig ausnehmen. Ihre große, cremefarbene Leber ist eine Delikatesse für sich. Daher sorgfältig von den anderen Innereien trennen, unter fließendem kalten Wasser säubern und beiseite legen. Entweder zum Schluß für dieses Gericht mitbraten oder anderweitig verwenden (für Saucen, Suppen, Farcen, Appetithäppchen).
Die Fische innen und außen gut abspülen und trockentupfen. Die Köpfe mit einem stabilen Messer abtrennen. An der Schnittstelle die zähe, lederne Haut etwas vom Fleisch lösen und – ganz ähnlich wie beim Aal – mit einem kräftigen Zug vom Körper ziehen. Die Flossensäume abschneiden. Die Tomaten enthäuten, entkernen und in Würfel schneiden. Die Butter in einer Pfanne aufschäumen lassen. Die in der Schale angedrückten Knoblauchzehen mit den Tomatenwürfeln hineingeben, dazu die grob gehackten Sardellenfilets und den grob zerkleinerten Thymian.
Die Trüschen mit Salz und Pfeffer würzen, mit Mehl bestauben, leicht abklopfen, in die Pfanne geben. Mit einigen Tropfen Zitronensaft würzen und im vorgeheizten Backofen bei 220°C in 12–15 Minuten garen.

ZANDER MIT POLENTAKRUSTE

300 g grober Maisgrieß (Polenta)
40 g Butter
200 g gut gewässertes Schweinenetz
1 Ei, 1 TL frischer Majoran
4 Zanderfiletstücke à 150 g
4 Scheiben Gänsestopfleber à 40–50 g
Salz, Pfeffer aus der Mühle
50 g Schalotten, 1/8 l Weißwein
Für die Sauce:
60 g Möhren
je 30 g Lauch und rote Paprika
30 g Butter
1/8 l Sahne
1/8 l Hühnerbrühe

Den Maisgrieß in der zerlassenen Butter kurz anziehen lassen, mit 3/4 l Wasser ablöschen. Aufkochen, leicht salzen und bei geringer Hitze in 15–20 Minuten ausquellen lassen. Vom Herd nehmen und auskühlen lassen. Das Schweinenetz auf einem trockenen Tuch ausbreiten und trockentupfen. In 4 Teile schneiden und diese mit dem verquirlten Ei bestreichen. Den Majoran darauf verteilen, die Polenta darüberstreichen.
Die Fischfilets und die Leber leicht mit Salz und Pfeffer würzen, auf die Polentaflächen legen und darin einschlagen. In eine feuerfeste Form setzen, Schalotten und Weißwein zugeben. Im vorgeheizten Backofen bei 220°C in 20–25 Minuten garen.
Für die Sauce die geputzten und in kleine

Ganz eingehüllt in eine Kruste aus Polenta.
So bleibt das Zanderfilet nicht nur schön saftig und zart, auch sein Aroma bleibt voll erhalten. Mit Schweinsnetz geht das Umhüllen ganz problemlos.

Würfel geschnittenen Gemüse in der heißen Butter anziehen lassen. Den Fond aus der Form, die Sahne und die Hühnerbrühe zugeben, durchkochen, aufmixen und mit Salz und Pfeffer abschmecken.
Die Polentapäckchen auf vorgewärmten Tellern anrichten und mit der Sauce servieren.

Nicht nur ihr wohlschmeckendes Fleisch, sondern im besonderen auch ihre äußerst delikate Leber machen die Trüsche – weithin auch als Aalquappe bekannt – zu einem hochgeschätzten Speisefisch. Eine ideale Zubereitungsart ist das Garen im Ofen, wie es in diesem Rezept beschrieben wird.

Unter knuspriger Kruste

Fisch unter eine feste, knusprige Kruste zu stecken und im Ofen zu garen, ist eine beliebte und viel praktizierte Technik, die nicht zuletzt dem Fisch gut bekommt. Er bleibt auf diese Weise schön saftig. Und je nachdem, wie die Hülle beschaffen ist, kann sie auch zur geschmacklichen Ergänzung beitragen. Brösel und reichlich Butter sind wohl die einfachsten Zutaten für eine knusprige Kruste, doch das Ergebnis ist hervorragend, vor allem, wenn der Fisch mit der Haut verwendet wird. Den Bröseln kann man aber noch (wie in nebenstehendem Rezept) würzende Zutaten wie geriebene Nüsse, Mandeln oder ganze Pinienkerne beimischen. Eine sehr feine Kruste erhält man auch mit Cornflakes, wenn sie ganz leicht mit Ei gebunden und entsprechend fein gewürzt werden. Bei alledem nicht zu vergessen: Frische Kräuter, die, feingehackt unter die Brösel gemischt, der Kru-

Ein wohlschmeckender Trick sind die geriebenen Mandeln in der Bröselmischung. Sie harmonieren geschmacklich bestens mit den zarten Rotbarben. Der Kontrast von knuspriger Kruste und saftigem Fischfleisch sorgt für ein vollkommenes Geschmackserlebnis. Wenn's paßt, kann man auch andere würzende Zutaten, wie Walnüsse, Paranüsse, vor allem aber Pinienkerne für solche Kombinationen verwenden.

Den feinen Filets vom St. Pierre bekommt die schützende Kruste besonders gut. Während die Brösel schön braun und knusprig werden und die Kräuter ihren Duft entfalten, gart das Filet darunter genau auf den Punkt.

ste zusätzliches Aroma verleihen. Das kann eine Handvoll gemischter Kräuter sein oder zum Beispiel nur Thymian, wie in dem nachfolgenden Rezept.

PETERSFISCH MIT THYMIANKRUSTE

Zutaten für 4 Portionen:
4 Filets vom Petersfisch à 160 g
Salz
60 g weiche Butter
1 EL gehackte Petersilie
1 Stengel Thymian, feingehackt
60 g Weißbrotbrösel
Pfeffer aus der Mühle
Zitronensaft
400 ml Fischfond (Rezept Seite 116)

Für die Sauce:
1 Tomate
1 kleine Zucchini
10 g Butter
Weiße Buttersauce (Rezept Seite 120)

Die Fischfilets mit Küchenkrepp trockentupfen und leicht salzen. Die Butter mit der Petersilie, dem Thymian und den Weißbrotbröseln mischen, mit Salz, Pfeffer und Zitronensaft abschmecken. Die Fischfilets damit bestreichen.
Den Fischfond in einer flachen Auflaufform aufkochen. Die Fischfilets hineinlegen und im Backofen unter dem vorgeheizten Grill in 4–5 Minuten garen. Der Fond darf während des Garens auf keinen Fall kochen, sonst wird der Fisch fest.
Die Weiße Buttersauce zubereiten. Die gehäutete, entkernte Tomate und die geputzte Zucchini in kleine Würfel schneiden, in der Butter kurz andünsten und in die Buttersauce geben. Die Fischfilets kurz auf ein Küchentuch legen, damit überschüssiger Fond aufgesogen wird. Auf vorgewärmten Tellern anrichten, mit der Sauce umgießen.

ROUGETS MIT MANDELKRUSTE

Zutaten für 2 Portionen:
2 Rotbarben (Rougets) à 350 g
60 g weiche Butter
40 g Weißbrotbrösel
20 g ungeschälte, geriebene Mandeln
1 TL feingehackte Petersilie
Salz, Pfeffer aus der Mühle
1 Spritzer Zitronensaft
2 Tomaten
1 Stengel Zitronenthymian
20 g Butter
50 ml Fischfond (Rezept Seite 116)

Die Rotbarben schuppen, ausnehmen, kalt abspülen und trockentupfen. Leicht mit Salz und Pfeffer würzen. Die Butter mit den Weißbrotbröseln, den geriebenen Mandeln und der Petersilie mischen, mit Salz, Pfeffer und Zitronensaft abschmecken. Diese Mischung auf die Rotbarben streichen.
Die Tomaten enthäuten, entkernen und feinwürfeln. In eine feuerfeste Form geben, dazu den Zitronenthymian, die Butter und den Fischfond.
Die Rotbarben in die Form legen. Im Backofen unter dem vorgeheizten Grill in 8–10 Minuten garen.

153

GRATINIERTE LACHSSCHEIBEN
FILET DE SAUMON AU GRATIN

*200 ml Weißweinsauce
(Rezept Seite 118, jedoch mit
1/2 l Fischfond, dafür stärker reduziert,
und mit nur 150 ml Sahne zubereitet)*

20 g Butter

Salz, Pfeffer aus der Mühle

480 g Lachsfilet ohne Haut

24 Krebsschwänze, frisch gekocht

1 kleines Bund Dill

6–8 EL geschlagene Sahne

Die Weißweinsauce zubereiten. 4 gekühlte Teller in der Mitte mit der Butter einstreichen, mit Salz und Pfeffer würzen. Lachsfilet senkrecht in 7–8 mm dikke, gleichmäßige Scheiben schneiden. Flach auf die gebutterten Tellerflächen legen. Jeweils 6 Krebsschwänze anlegen. Mit dem geschnittenen Dill bestreuen.

Die steifgeschlagene Sahne unter die lauwarme Sauce heben. Die Sauce darf nicht heiß sein, weil sie sonst im Ofen sofort kochen würde, ohne zu bräunen. Lachs und Krebsschwänze mit der Sauce überziehen und sofort im vorgeheizten Backofen übergrillen oder bei Oberhitze gratinieren. Der Fisch ist gar, sobald die Sauce goldbraun ist.
Für die Zubereitung der Sauce braucht man Erfahrung. Ist sie gelungen, dann läßt sie sich auch gut gratinieren. Wer sich seiner Sauce aber nicht sicher ist, mischt in die kalte Sauce ein Eigelb. So hat man die Garantie, daß sie beim Gratinieren bindet.

Eine große Vorspeise zum Verwöhnen sind die gratinierten Lachsscheiben. Zarte rohe Filets und feine gekochte Krebsschwänze werden mit frischem Dill auf gebutterten Tellern mit einer speziell zubereiteten Weißweinsauce überzogen und übergrillt oder im Ofen gratiniert. Das feine Gericht eignet sich auch dazu, als kleiner Hauptgang serviert zu werden.

ZANDER IN TRÜFFELBUTTER
VIENNOISE DE SANDRE AU BEURRE DE TRUFFE

1 Schalotte, 20 g Butter

4 EL Portwein

600 ml Fischfond (Rezept Seite 116)

40 g Butter für die Teller

Salz, Pfeffer aus der Mühle

600 g Zanderfilet

60 g geklärte Butter

200 g frische Weißbrotbrösel ohne Rinde

20 g Perigord-Trüffel, grob gehackt

20 g Butter

Zitronensaft

Die feingewürfelte Schalotte im Topf in der Butter anziehen lassen, ohne Farbe zu geben. Mit dem Portwein ablöschen, auf 2 EL reduzieren. Den Fischfond angießen und auf 1/4 einkochen. Passieren und zurück in den Topf geben.
4 Teller in der Mitte mit Butter einfetten. Salzen und pfeffern. Zanderfilet in etwa 6 mm dicke, gleichmäßige Scheiben schneiden. Kreisförmig auf den Tellern anrichten. Die geklärte Butter darauf verteilen; so kann der Fisch beim Garen

Das Zanderfilet kreisförmig auflegen. Zunächst die Teller vorkühlen und mit je 10 g Butter einstreichen. Dann werden die Zanderfilets in 6 mm dicke, gleichmäßige Scheibchen geschnitten und von außen nach innen im Kreis auf die Teller gelegt (Foto oben und unten), mit geklärter Butter überzogen, gewürzt und mit Weißbrotbröseln bestreut. Dann übergrillt man das Gericht zu schöner Farbe, so daß das Filet unten am Teller noch etwas glasig ist und damit äußerst saftig. Dazu gibt es eine Trüffelbutter, mit der man die Viennoise umgießt. Vorzüglich!

nicht austrocknen. Leicht mit Salz und Pfeffer würzen, mit den Weißbrotbröseln bestreuen. Daneben gefallene Brösel entfernen. Dem Gericht unterm vorgeheizten Grill eine schöne Farbe geben. So gart das Filet auf den Punkt und bleibt unten am Teller noch etwas glasig. Das ist erwünscht. Aus dem Ofen nehmen und 1 1/2–2 Minuten beiseite stellen.
Während der Fisch im Ofen ist, den Fond mit den Trüffeln verkochen und mit der Butter binden. Dabei die Kasserolle kreisend und schüttelnd bewegen, damit eine gute Bindung entsteht. Mit Salz und ein paar Tropfen Zitronensaft abschmecken. Um den gegarten Fisch gießen und sofort servieren.

FISCH AUS DEM BACKOFEN

Bratfolie – für Fische ideal

Die moderne Technik macht's möglich, größere Fische problemlos in durchsichtiger Bratfolie zu garen und dadurch ein besonders schmackhaftes Ergebnis zu erzielen. Die geruchs- und geschmacksneutrale Folie aus Kunststoff kann bis zu 250°C erhitzt werden. Die durchschnittliche Arbeitstemperatur liegt bei 200–250°C. Bei Fisch sollten jedoch 200°C nicht überschritten werden. Man füllt das Gargut in die einseitig geschlossene Folie, schließt die andere Seite sorgfältig und gibt das Paket in den Backofen, nachdem man mit einer Nadel mehrere Löcher in die Folie gestochen hat. Denn durch zu hohen Druck, der durch den Dampf beim Garen entsteht, kann die Folie im Ofen platzen. Die eingestochenen Löcher aber wirken wie Ventile.
Und das geht beim Garen in der Folie vor sich: Das Gargut ist darin praktisch luftdicht abgeschlossen und schon äußerlich geschützt. Durchs Erhitzen wird Flüssigkeit aus Fisch, Gemüse und Aromaten abgegeben, die praktisch einem Dünstfond gleichkommt. Zugleich entwickelt sich Dampf, der die Folie ballonartig aufbläht, den Fisch umspielt und ihn durch seine Hitze gleichmäßig gart. Er wird also zugleich gedünstet und gedämpft.
Die Pluspunkte beim Garen in Folie: Der bindegewebs- und fettarme Fisch trocknet normalerweise beim Garen leichter aus. Das betrifft vor allem größere Exemplare mit längerer Garzeit. Es gilt also, sie entsprechend zu schützen und saftig zu halten. Die Bratfolie ist dazu ideal. Zusätzlicher Nutzen: In der luftdicht verschlossenen Folie können sich die Geschmacksstoffe von zerkleinertem Gemüse, Kräutern, Butter und Fisch besonders innig verbinden. Was jedes Gericht delikater macht. Und noch ein Vorteil der Bratfolie: Das Gargut kann besonders sparsam gewürzt werden, weil die Geschmacksstoffe aller Zutaten in der Folie voll erhalten bleiben. Das gilt vor allem für Fisch, der möglichst nature, mit Salz, Pfeffer und vielleicht ein paar Kräutchen gegart und anschließend mit einer dezenten Sauce serviert werden sollte.

SCHELLFISCH AUS DER FOLIE

1 Schellfisch von 1,2 kg
1 Möhre, 1 kleine Stange Lauch
2–3 Schalotten
5 Petersilienstengel
1 Lorbeerblatt, 3 Stengel Thymian
1 TL Pfefferkörner
2–3 Wacholderbeeren
40 g Butter
Salz, Pfeffer aus der Mühle

Den Schellfisch ausnehmen. Kopf und Flossen abschneiden. Den Fisch schuppen und sorgfältig innen und außen waschen. Die geschälte Möhre in Scheibchen, den geputzten und gewaschenen Lauch in Stücke schneiden. Die Schalotten schälen. Mit den Petersilienstengeln, dem Lorbeerblatt, dem Thymian, den Pfefferkörnern und den Wacholderbeeren mischen. Vom Bratbeutelschlauch ein Stück in der doppelten Länge des Schellfischs abschneiden. Eine Seite nach Packungsanweisung sorgfältig verschließen. Die vermischten Zutaten und die in Stückchen geteilte Butter einfüllen. Den Schellfisch mit Salz und Pfeffer würzen und aufs Gemüsebett in die Folie legen. Den Folienschlauch schließen und mehrmals oben mit einer Nadel einstechen. Das Paket auf den kalten Grillrost (niemals mit vorheizen!) legen und auf der mittleren Schiene in den vorgeheizten Backofen schieben. In 20–25 Minuten bei 200°C garen. Den Fisch mit den Gemüsen anrichten, Senfbutter und Salzkartoffeln dazu reichen.

In glasklarer Folie für den Backofen bereit. Den an beiden Enden sorgfältig verschlossenen Folienschlauch mehrere Male mit einer Nadel einstechen. So kommt das Paket in den vorgeheizten Backofen. Und zwar immer auf den kalten Rost und so gelagert, daß die Folie nicht die Backofenwände berühren kann. Sonst schmilzt sie oder wird zumindest beschädigt.

FISCH AUS DEM BACKOFEN

HECHT IM SPECKMANTEL

Zutaten für 2–3 Portionen (Hauptgang):

1 fangfrischer Hecht von etwa 800 g

Salz, frisch gemahlener Pfeffer

2 Schalotten

1 Bund frische Kräuter (Petersilie, Koriander und Thymian)

40 g Butter

12 Scheiben Bauchspeck, leicht geräuchert

Den Hecht schuppen, putzen, ausnehmen und abspülen. Die Bauchhöhle sorgfältig auswaschen und trockentupfen. Den Hecht innen mit Salz und Pfeffer würzen. Die abgezogenen Schalotten in Scheiben schneiden. Die Kräuter abspülen und trockenschwenken, einige Stengel beiseite legen. Den Hecht mit den übrigen Kräutern, den Schalottenscheiben und der Butter füllen. Dann hübsch gleichmäßig mit den Speckscheiben umwickeln (siehe Foto). Mit den restlichen gehackten Kräutern bestreut in Alufolie packen und die Folie sorgfältig schließen, damit kein Saft herausfließen kann. In 20–25 Minuten im vorgeheizten Backofen bei 200°C garen. Die vollkommen undurchlässige Alufolie sorgt – zusammen mit dem Speck – dafür, daß der extrem fettarme Hecht im eigenen Saft gart und dadurch saftig bleibt.

FISCH AUS DEM BACKOFEN

RED SNAPPER „EN PAPILLOTE"

Zutaten für 2 Portionen (Hauptgang):

1 Red Snapper oder eine Dorade von etwa 800 g

Salz, Pfeffer aus der Mühle

Öl zum Bestreichen

30 g Butter

3–4 Knoblauchzehen, in der Schale zerdrückt

4 frische Salbeiblätter

Red Snapper oder Dorade schuppen und die Kiemen entfernen. Den Fisch ausnehmen und abspülen. Bauchhöhle sorgfältig auswaschen und trockentupfen. Innen und außen kräftig mit Salz und Pfeffer würzen. Den Fisch an der dicksten Stelle ziselieren, also mit einem scharfen Messer einige Male einschneiden. Eine Garantie dafür, daß er gleichmäßig gart. Ein ausreichend großes Stück Pergamentpapier ausbreiten. Den Fisch mit Öl einstreichen und aufs Papier legen. Die Butter in Stückchen darauf verteilen. Knoblauch und Salbeiblätter zufügen. Zu einem luftdichten Päckchen locker verpacken. Die Papieroberfläche auch mit Öl bestreichen. Dadurch bräunt das Papier nicht so stark. Den Backofen auf 200°C vorheizen. Das Päckchen auf einem Backblech hineinschieben und den Fisch in 20–25 Minuten garen. Aus dem Ofen nehmen. Das Päckchen mit einer breiten Palette auf eine Platte heben und servieren. Es wird erst am Tisch geöffnet. Das poröse Pergamentpapier verwendet man eigentlich für eher fette Fische. In der Papierhülle ist der Fisch gegen zu große Hitze geschützt; da aber ein Großteil des Dampfes entweichen kann, wird er gleichzeitig braun.

FISCH AUS DEM BACKOFEN

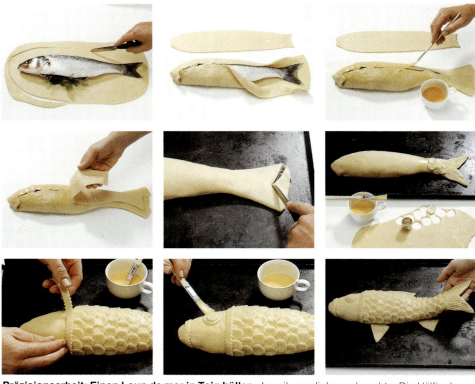

Präzisionsarbeit: Einen Loup de mer in Teig hüllen. Jeweils von links nach rechts: Die Hälfte des Pastetenteigs auf Mehl 2–3 mm dick oval und ausreichend groß ausrollen. Den vorbereiteten Fisch auflegen. Rand mit dem Messer abschneiden, so daß er beim Einschlagen nicht überlappt. Ein Stück Teig schmal ausrollen und in Fischform schneiden. Den Fisch in das große Teigstück einschlagen. Mit verquirltem Eigelb bestreichen • Mit der Teigplatte schließen. Umgedreht auf ein leicht geöltes Backblech legen. Teig am Schwanzende sauber ausschneiden und die Rillen der Schwanzflosse nachmodellieren. Die Oberfläche mit Eigelb bestreichen. Runde „Schuppen" aus dem restlichen Teig ausstechen • Zwei Streifen ausradeln, ein Auge formen und alles wie auf den Fotos gezeigt auflegen. Auch Rücken- und Bauchflossen aus Teig formen und anlegen. Garnierungen mit Eigelb bestreichen.

Fisch im Teig gebacken

Zwar gibt es Fische mit zartem und andere mit festem Fleisch, wie wir wissen. Aber empfindlich sind sie beim Garen alle. Ob durch ihre eigene Haut, durch sanften Dampf, durch schonendes Dünsten oder durch Folie – sie müssen, trotz der kurzen Garzeiten, vor allzu großer und direkter Hitzeeinwirkung geschützt werden.

Da bietet es sich geradezu an, Fische auch mal in Teig einzuschlagen und sie im Ofen regelrecht zu backen. Der Vorteil liegt auf der Hand: Der Fisch ist durch den Teig vollkommen abgeschlossen. Er wird sozusagen im eigenen Saft durch die Hitze der backenden Teighülle sanft gegart. In dieser Umhüllung kann er – gewürzt, gefüllt oder ungefüllt – sein Eigenaroma voll entwickeln und mit dem Aroma der anderen Zutaten eine gute Liaison eingehen. Hinzu kommt, daß der Teig die Aromen in sich aufnimmt. Das Ergebnis: Superzarter Fisch unter würziger, goldbraun-knuspriger Kruste, köstlichen Duft verströmend; das vollkommene Geschmackserlebnis, an dem Gaumen, Augen und Nase gleichermaßen teilhaben.

Geeignet für die Umhüllung sind Hefe- oder Pastetenteig, aber auch Blätterteig. Hier wird das Einhüllen einmal mit Pastetenteig, einmal mit Hefeteig demonstriert.

LOUP DE MER IN PASTETENTEIG

Zutaten für 2 Portionen (Hauptgang):
Für den Teig:
500 g Mehl, 250 g Butter
1 Ei, Salz
2–3 EL kaltes Wasser
Außerdem:
1 Loup de mer (Wolfsbarsch) von etwa 600 g
Salz, Pfeffer aus der Mühle
1 Bund Kräuter (Petersilie, Dill und Thymian)
30 g Butter, 1 Eigelb

Das Mehl auf die Arbeitsfläche sieben, in die Mitte eine Mulde drücken. Die Butter in kleine Stücke schneiden und hineingeben. Dazu das Ei, etwas Salz und zunächst 2 EL Wasser. Rasch nach und nach mit dem Mehl verkneten. Je schneller das geht, um so eher wird verhütet, daß der Teig brandig wird, also keine homogene Masse bildet. Den dritten Eßlöffel Wasser noch unterkneten, falls der Teig zu fest sein sollte. Zur Kugel formen und in Alufolie gepackt 2 Stunden im Kühlschrank ruhen lassen.
Kurz vor Ende der Ruhezeit den Loup de mer vorbereiten. Dazu die Rücken- und Bauchflossen, nicht aber die Schwanzflosse abschneiden. Den Fisch schuppen, ausnehmen, auch die Kiemen entfernen. Abspülen und die Bauchhöhle sorgfältig auswaschen. Trockentupfen. Außen und innen mit Salz und Pfeffer würzen. Die Kräuter waschen und trockenschwenken. In die Bauchhöhle füllen und die Butter in Stückchen hineingeben.
In der Bildfolge zeigen wir, wie der Loup de mer in den Teig gehüllt und garniert wird. Mit Eigelb bestrichen, kommt er in den auf 220°C vorgeheizten Backofen. Bei dieser Temperatur wird er 10 Minuten angebacken und bei 180°C in 20 Minuten fertig gebacken.

RENKEN IN HEFETEIG

Für den Hefeteig:
500 g Mehl
200 ml Milch
60 g Butter, 30 g Hefe
Salz, 1 Ei
Außerdem:
2 Renken von je etwa 350 g
Für die Farce:
2 Saiblinge à 300 g
1 Ei
Salz, weißer Pfeffer aus der Mühle
25 g weiche Butter
1/4 l Sahne
10 g Trüffel
1 Eigelb zum Bestreichen

Das Mehl auf die Arbeitsfläche sieben, in die Mitte eine Mulde drücken. Milch und Butter im Stieltopf lauwarm werden lassen. Die Hefe hineinbröckeln und auflösen. Salz und Ei in die Mulde geben. Die warme Hefemilch zugießen. Mit Mehl zunächst verrühren, dann zum glatten Teig kneten. Zugedeckt an einem warmen Ort 15 Minuten gehen lassen.
Renken und Saiblinge filetieren. Die 4 Renkenfilets abgedeckt im Kühlschrank aufbewahren. Die Saiblingfilets in kleine Stücke schneiden. Mit Ei, Salz und Pfeffer mischen und für kurze Zeit abgedeckt in den Kühlschrank stellen. Dann mit der weichen Butter und der Sahne im Mixer fein pürieren. Den feingehackten Trüffel untermischen, abschmecken.
Den Hefeteig in 4 Stücke teilen und diese 2–3 mm dick ausrollen. Den Teig wie für den Loup de mer zurechtschneiden und die Farce gleichmäßig darauf verteilen. Je ein gewürztes Renkenfilet auflegen und zur Fischform einschlagen. Aus dem restlichen Teig Augen, Mäuler und Streifen für die Trennung von Kopf und Rumpf ausschneiden. Mit verquirltem Eigelb aufkleben. Die Schuppen vorsichtig mit der Küchenschere in den Teig „zwicken". Mit Eigelb bestrichen auf einem leicht gefetteten Backblech im vorgeheizten Backofen bei 200°C 12 Minuten backen.

159

FISCH AUS DEM BACKOFEN

300 g Blätterteig
2 Seezungen à 400 g
100 g frische Champignons
10 g weiche Butter
Salz, Pfeffer aus der Mühle
2 Eigelb zum Bestreichen

Die Seezungenfilets unter Blätterteig. Jeweils von links nach rechts: Die Filets in gleichmäßig große, schräge Streifen schneiden. Den Blätterteig 2–3 mm dick ausrollen, die Form auflegen und mit dem Teigrädchen eine Teigplatte, rundherum etwa 2 cm größer als die Form, ausradeln. Die mit Salz und Pfeffer gewürzten Seezungenfilet-Streifen mit den zerkleinerten Champignons mischen, in die gebutterte Form füllen. Die vorbereitete, abgekühlte Hummersauce angießen ● Den Rand der Form mit verquirltem Eigelb bestreichen. Die Teigplatte aufs Nudelholz rollen und auf die Form abrollen. Den überlappenden Rand fest andrücken. Die Teigplatte mit Eigelb bestreichen. Den restlichen Teig verkneten, ausrollen und Streifen daraus schneiden. Diese als Garnierung kreuzweise auf die Teigplatte legen, am Rand andrücken. Die Streifen ebenfalls mit Eigelb bestreichen. Mit einer Nadel mehrere Löcher in die Blätterteighaube stechen.

Ein luftiger Teig für zarte Fische

Frisch gebackener Blätterteig ist schon pur gegessen ein Genuß. Vor allem der selbstgemachte mit frischer Butter. Da liegt es nahe, ihn mit zartem Fisch zu kombinieren und beispielsweise feine Seezungenfilets unter einer knusprigen Blätterteighaube zu garen. Eine äußerst schonende Garmethode.
Weitaus üblicher ist es, den Fisch nicht nur unter eine Haube zu stecken, sondern ihn ganz in Teig einzuhüllen. Blätterteig ist ideal dafür geeignet, allerdings nur für „kleine Fische"; die großen taugen nicht für diese luftige Hülle. Ist die Füllung nämlich zu schwer, kann der Teig an der Unterseite nicht aufgehen, die Teigschicht bleibt pappig und letztlich ungenießbar. Leider geschieht das noch oft. Also nur kleine Fisch-Portionen in Blätterteig hüllen und für ganze, größere Fische Mürb- oder Hefeteig vorziehen.

SEEZUNGENFILETS UNTER BLÄTTERTEIGHAUBE

Hummersauce (Rezept Seite 119)
1 kleiner Stengel Estragon

Die Hummersauce zubereiten. Den feingeschnittenen Estragon zugeben, aufkochen und abkühlen lassen.
Die Seezungen häuten, filetieren und sauber parieren. Die Filets mit Küchenkrepp sauber abtupfen und dabei eventuelle Blutreste entfernen. In schräge Streifen schneiden und diese abgedeckt in einer Schüssel in den Kühlschrank stellen. Die Champignons putzen und grob zerkleinern.
Den Blätterteig 2–3 mm dick ausrollen. Eine ovale, flache feuerfeste Form mit der Öffnung darauflegen. Mit dem Teigrädchen rundherum 2–2,5 cm größer als die Form ausradeln.
Die Form mit der weichen Butter ausstreichen, damit der Fisch nicht ansetzen kann. Die Filetstreifen leicht salzen und pfeffern. Mit den Champignons mischen und in die Form füllen. Die Hummersauce darüber gießen. Den Rand der Form mit verquirltem Eigelb bestreichen. Die Teigplatte auflegen und den überlappenden Rand fest andrücken. Auch die Teigplatte mit Eigelb bestreichen. Den restlichen Teig kurz zusammenkneten, ausrollen und in Streifen ausradeln. Die Teigplatte damit kreuzweise garnieren. Die Streifen ebenfalls mit Eigelb bestreichen. In die Zwischenräume mit einer dicken Nadel einstechen, damit der Teig beim Backen nicht reißt und der Dampf entweichen kann, der sich beim Garen entwickelt.
1 Stunde im Kühlschrank ruhen lassen. Dann bei 220°C im vorgeheizten Backofen 12–15 Minuten backen.

Unter der Blätterteighaube, goldbraun und äußerst appetitlich, verbirgt sich ein delikates Ragout aus Seezungenfilet und Champignons in feiner Hummersauce. Und da die Sauce mit etwas Estragon gewürzt wird, paßt als Garnierung natürlich auch Estragon. Blätterteig und Ragout ergänzen sich hier geschmacklich perfekt.

BABYLACHS IN DER SALZKRUSTE

2 Babylachse à 600–700 g
3 kg grobes Meersalz
3 Eiweiß
150–200 ml Wasser
Öl fürs Backblech
Kräuter nach Geschmack, zum Beispiel Petersilie, Dill, Estragon oder Basilikum

Die Babylachse ausnehmen, auswaschen und mit Küchenkrepp trockentupfen. Schuppen ist nicht nötig, weil die Haut nicht mit verzehrt wird.
Das Salz mit dem Eiweiß mischen und das Wasser nach und nach hineinrühren. Noch 2 Minuten rühren und etwas ruhen lassen. Dann die Salzmasse halbieren.
Aus mehrfach aufeinandergelegter Alufolie 2 Fischkonturen formen und auf 2 geölte Backbleche legen. Je 1/3 der geteilten Salzmasse in die Form füllen, glattstreichen.
Die Lachse mit den gewaschenen, trockengeschleuderten Kräutern füllen. Einen Teil zurücklassen. Die Lachse auf das Salz legen, die restlichen Kräuter daraufgeben und mit der übrigen Salzmasse abdecken. Diese glattstreichen. Bei 200°C im vorgeheizten Backofen in 15–20 Minuten garen.

Alufolie zur Fischkontur formen. Man muß die Folie mindestens sechsfach aufeinanderlegen, damit sie sich nicht verformt. Und die Kontur muß groß genug sein, damit der Fisch hineinpaßt. Zu dem mit Eiweiß gemischten Salz gießt man nun unter Rühren das Wasser, so daß eine relativ geschmeidige Masse entsteht, die weitere 2 Minuten gerührt werden muß, damit sie zusammenhält. Das wird sowohl durch das Eiweiß als auch durch die Wasserzugabe bewirkt. So ist die Masse beim Einfüllen gut zu handhaben.

Ein Drittel der Salzmasse in die Form füllen, aber vorher halbieren, weil sie für zwei Babylachse ausreichen muß. Die Masse glattstreichen. Den Fisch mit den Kräutern füllen und auf die Salzmasse legen. Mit ein paar zurückgelassenen Kräutern belegen. Dann die restlichen zwei Drittel der Salzmasse darauf verteilen. Diese gleichmäßig glattstreichen, damit der Fisch nicht unter der Salzkruste ungleichmäßig gart. Zum Glattstreichen nimmt man nur ein kleines Messer, damit ist leichter zu arbeiten.

SUPPEN UND EINTÖPFE

Zwischen den deftig-rustikalen, volkstümlichen Suppen und Eintöpfen sind die Grenzen oft fließend. Was so gerade eben noch Suppe ist, kann schon sättigende Mahlzeit aus einem Topf sein. Wo immer in aller Welt Fisch frisch angelandet wird, bieten die Frauen ihren Familien und die Gastronomen ihren Gästen solche Gerichte an. Köstliche Kombinationen aus Fisch, Schal- und Krustentieren. Manchmal mit Kartoffeln oder Reis, fast immer mit Gemüse. Oft auch mit einer Sauce, die zusammen mit Brot als Beilage serviert wird.
Genüsse, die auch den Gaumen des Feinschmeckers streicheln. Da nimmt er sogar die Mühe in Kauf, die darin enthaltenen Fischstücke selbst von den Gräten zu lösen. Denn Fischfilet wird für die kräftigen Gerichte nur selten verwendet.
In dieses Kapitel gehören aber auch die leichten gebundenen Suppen und die edlen Consommés, die nur mit einer Spur von Kräutern oder so feinen Einlagen wie Hechtklößchen oder Ravioli daherkommen.

SUPPEN UND EINTÖPFE

1 Gemüse, Kräuter und Gewürze braucht man, wenn der Fischfond fachmännisch geklärt werden soll. Möhren, Schalotten, Lauch und Bleichsellerie werden in kleine Würfel geschnitten. Mit den Knoblauchzehen, den Kräutern und Gewürzen kommen die Gemüsewürfel in eine Schüssel.

2 Eiweiß und Fisch in die Schüssel geben. Auf keinen Fall darf auch nur eine Spur Eigelb mit hineingelangen, sonst wird der Fond trüb. Das Fischfilet wird zuerst durch die mittlere Scheibe des Fleischwolfs getrieben, bevor es zu den anderen Klärzutaten in die Schüssel kommt.

3 Alle Zutaten gut verrühren, bis sie sich gut vermischt haben. Nur so kann die Masse beim Klären alle Trübstoffe binden. Dabei kräftig rühren, denn das Eiweiß soll leicht schaumig werden und lockere Bläschen bilden, ähnlich wie mit dem Elektroquirl angeschlagenes Eiweiß.

4 Die Klärmasse in einen Topf füllen. Die Eiswürfel zugeben und den kalten, aber flüssigen Fischfond unterrühren, alles 15 Minuten lang durchziehen lassen. Zum Kochen bringen, dabei ständig umrühren, damit das Eiweiß nicht am Topfboden ansetzt. Am besten mit einem Holzspatel.

5 Nicht mehr rühren, sobald die Mischung zu kochen beginnt. Einmal kräftig aufkochen lassen, dann die Hitze reduzieren und die Mischung 12–15 Minuten simmern lassen. Das Eiklar und das Fischeiweiß haben die Trübstoffe gebunden und steigen nun schaumig an die Oberfläche.

6 Den Fond ablaufen lassen. Ein Sieb mit einem Mulltuch auslegen und den Fischfond vorsichtig mit einer Schöpfkelle einfüllen. Von der Klärmasse darf nichts mit in die Consommé gelangen. Ohne nachzudrücken durchlaufen lassen. Das Ergebnis: Eine kristallklare, würzige Consommé.

Fischfond klären

Wie man ein Fumet de poisson fachgerecht zubereitet, wird auf Seite 116 ausführlich erklärt. Hier geht es darum, diesen Fond zu klären, wenn aus ihm eine feine Consommé werden soll. Das Klären bewirkt nicht nur, daß er kristallklar und zartgelb wird, er erhält auch zusätzliches Aroma von den Klärzutaten.
Hier die Zutaten, die etwa 1 l Fischconsommé ergeben:

je 50 g Möhren, Schalotten und Lauch
1 Stange Bleichsellerie
2 Knoblauchzehen
2–3 Stengel Thymian
1 Stengel Petersilie
1/2 Lorbeerblatt
10 weiße Pfefferkörner
2 Wacholderbeeren
200 g Magerfischfilet (wie Merlan, Rotbarsch, Pollack)
4 Eiweiß
5–6 Eiswürfel
1 1/4 l kalter Fischfond

Feine Einlagen

Eine Consommé ist für sich schon ein Genuß, aber noch nicht das, was der Feinschmecker als einfallsreiche Vorspeise bezeichnen würde. Doch schon so einfache Einlagen wie feine Gemüse-Julienne, rohes, in kleine Stücke geschnittenes Fischfleisch oder ausgelöste Muscheln geben einer Fischconsommé Pfiff und zusätzliche Würze. Den Hauch des Besonderen allerdings verleihen ihr erst so feine Einlagen wie die in den nachfolgenden Rezepten vorgestellten.

KLÖSSCHEN MIT GERÄUCHERTEM WALLER

(Ohne Abbildung)

50 g geräuchertes Filet vom Waller (Wels)
2 Scheiben Toastbrot
40 g geklärte Butter
150 g Waller-Filet
150 ml Sahne
Salz, Pfeffer aus der Mühle

Das geräucherte Filet feinwürfeln oder in feine Stückchen zupfen. Das Toastbrot entrinden und in ganz feine Würfel schneiden. In der geklärten Butter goldbraun rösten, auf Küchenkrepp abtropfen lassen. Das rohe Waller-Filet mit 2/3 der

Sahne im Mixer pürieren. Alle Zutaten müssen gut gekühlt sein. Durch ein Sieb streichen und die restliche Sahne unterziehen. Mit Salz und Pfeffer abschmecken. Die Farce mit den geräucherten Filetstückchen und den Croutons mischen, nochmals abschmecken. Ein Probeklößchen kochen, um Konsistenz und Geschmack zu prüfen. Mit einem Teelöffel Klößchen formen und nacheinander in siedendem, mild gesalzenem Wasser garziehen lassen. In der Consommé anrichten. Die Klößchen passen auch gut in kräftigere Suppen.

SEEHECHT-STRUDEL

Für den Teig:
1 Eigelb, 1 Prise Salz

65 ml lauwarmes Wasser

50 g flüssige Butter

135 g Mehl, Type 550

Für die Füllung:
300 g Fischfarce (Rezept Seite 134), mit Seehecht oder anderem Magerfisch zubereitet

250 g Meerbohnen (Salicorne)

Für den Teig Eigelb, Salz und Wasser in einer Schüssel verrühren. Die lauwarme Butter untermischen und das gesiebte Mehl nach und nach einarbeiten. Den Teig so lange kneten, bis er glatt und seidig ist. In eine eingeölte Klarsichtfolie einschlagen und 60 Minuten an einem warmen Ort ruhen lassen.
Inzwischen die Fischfarce zubereiten. Die Meerbohnen in Wasser ohne Salz aufkochen und sofort kalt abschrecken. Abtrocknen und die holzigen Stiele entfernen. Den Strudelteig in 4 gleichgroße Stücke teilen. Die Stücke auf der bemehlten Arbeitsfläche dünn ausrollen, dann auf bemehlte Tücher legen und hauchdünn auseinanderziehen. Die Fischfarce auf die Teigstücke verteilen, darauf die Meerbohnen. Die Teigstücke an den Seiten einschlagen und durch Anheben des Tuches einrollen. Die Strudel bei 200°C im vorgeheizten Backofen 12–15 Minuten backen. In Scheiben schneiden, auf die vorgewärmten Teller verteilen und mit der heißen Fischconsommé auffüllen. Werden nicht alle Strudel benötigt, kann man sie roh, gleich nach dem Zusammenrollen, sehr gut einfrieren.

LACHS-RAVIOLI

Für den Teig:
2 Eier, 1 Prise Salz, 1 TL Öl

200 g Mehl, Type 405

Für die Füllung:
150 g Fischfarce (Rezept Seite 134), mit Lachsfleisch zubereitet

10 g gehackte Kräuter oder getrocknete japanische Algen, in Wasser eingeweicht und feingehackt

40 g ausgelöste Garnelen, feingehackt

Salz, Pfeffer aus der Mühle

Außerdem:
1 Ei zum Bestreichen, Salz

Für den Teig die Eier, Salz und Öl in einer Schüssel glatt verrühren. Das gesiebte Mehl nach und nach einarbeiten. Den Teig mit dem Handballen 3–4 Minuten durchwalken, bis er glatt und seidig ist. In Klarsichtfolie wickeln und an einem warmen Ort 30–50 Minuten ruhen lassen. Die Lachsfarce mit den angegebenen Zutaten gut vermischen und abschmecken. Den Teig in 4 gleichgroße Stücke teilen. Auf bemehlter Fläche dünn in längliche Bahnen ausrollen. Mit einem Lineal die Größe der Ravioli auf zwei der Teigbahnen markieren. Das Ei verquirlen, die Teigbahnen damit bestreichen. Die Füllung mit einem Teelöffel oder dem Spritzbeutel auf die markierten Quadrate setzen. Die beiden übrigen Teigbahnen lose darauflegen, mit dem Zeigefinger zwischen den Füllungen vorsichtig andrücken. Aufpassen, daß keine Luft eingeschlossen wird; sie würde sich beim Kochen ausdehnen und die Ravioli zerreißen. Die Ravioli mit dem Teigrädchen auseinanderschneiden. Für 4 Portionen werden 12 Stück in sprudelnd kochendem Salzwasser in etwa 5 Minuten gegart. Abgetropft in die Consommé geben. Die restlichen Ravioli roh einfrieren.

SUPPEN UND EINTÖPFE

So entsteht die Velouté. Jeweils von links nach rechts: Das gesiebte Mehl unter Rühren in der erhitzten Butter ohne Farbe anschwitzen. Den abgekühlten Forellenfond angießen und die Mischung unter ständigem Rühren mit dem Schneebesen aufkochen. 10 Minuten leicht köcheln lassen. Eigelb und Sahne miteinander verquirlen. Unter Rühren in die Velouté gießen, die nicht mehr kochen darf • Ein Sieb mit einem Tuch auslegen. Die Suppe einfüllen und ablaufen lassen. Mit dem Stabmixer aufschlagen, abschmecken und den in feinste Julienne geschnittenen Sauerampfer zugeben.

Fischvelouté

So manch überzeugter Gourmet tut die Velouté als nicht mehr zeitgemäß ab und verdammt diese „Mehlsuppe" rigoros aus seinem Speiserepertoire. Schade. Denn wir meinen, daß dieser samtig-cremigsahnigen Kreation auch heute noch ein Platz in der guten Küche gebührt. Voraussetzung ist allerdings, daß sie korrekt zubereitet wird. Wozu unabdingbar gehört, daß sie gut durchgekocht und ein ausgezeichneter Fond verwendet wird.

FORELLEN-VELOUTÉ MIT SAUERAMPFER

Für den Fond:
600 g Gräten, Köpfe und Abschnitte von Forellen
15 g Butter
50 g Schalotten
800 ml Wasser
300 ml trockener Riesling
12 g Salz
1 Stengel Thymian
Für die Velouté:
20 g Mehl
30 g Butter
2 Eigelb
200 ml Sahne
Außerdem:
20 g Sauerampfer

Die Forellenabgänge gut wässern. Die Butter in einem halbhohen Topf zerlassen, die feingeschnittenen Schalotten darin glasig werden lassen; sie dürfen keine Farbe bekommen. Die Forellenabgänge zugeben und 2 Minuten anziehen lassen. Wasser und Riesling angießen, Salz und Thymian zugeben. Bei geringer Hitze aufkochen, den dabei aufsteigenden Schaum ständig abschöpfen. Nach 3–4 Minuten Kochzeit die Forellenköpfe herausnehmen, die Bäckchen auslösen und beiseite stellen. Die Fischköpfe wieder in den Topf geben. Nach insgesamt 20 Minuten Kochzeit den Fond durch ein mit einem Tuch ausgelegtes Sieb abseihen. In einen sauberen Topf gießen und auf 3/4 l einkochen. Abkühlen lassen.
Wie in der Bildfolge beschrieben weiterarbeiten. Außer dem Sauerampfer zum Schluß noch die Forellenbäckchen in die Suppe geben. Wer sie noch anreichern möchte, bereitet Forellenklößchen als Einlage zu. Sie werden wie die Hechtklößchen auf Seite 132 hergestellt, natürlich mit Forellenfleisch.

RUSTIKALE FISCHSUPPE

Dies ist das Grundrezept für eine kräftigaromatische Fischsuppe, deren Fisch-Zutaten äußerst variabel sein können. Magerfische machen sie ein bißchen feiner, Fettfische wie Karpfen, Lachs und Aal kalorienreicher und sättigender.

Zutaten für 4–6 Portionen:
1,5 kg Fische wie Drachenkopf, Petermännchen, Knurrhahn, Kleine Brassen, Rotbarbe, Wittling oder Meeraal; ein kleiner Teil davon Krustentiere, wie Taschenkrebse oder Krabben
3 EL Olivenöl, 2 EL Butter
1 mittelgroße Fenchelknolle
8 Schalotten, 4 Möhren
1 Stange Lauch, 2 Tomaten
2 mittelgroße Kartoffeln
3 Knoblauchzehen
1 Lorbeerblatt, 3 Stengel Thymian
2 TL Tomatenmark
1/4 l Weißwein
1 l Fischfond (Rezept Seite 116)
1 l Wasser
1 Prise Safran
1 TL Pernod oder Ricard

Zubereiten, wie in der Bildfolge rechts gezeigt.

SUPPEN UND EINTÖPFE

Die geputzten, zerkleinerten Fische und Krustentiere in einem schweren Bräter in heißem Olivenöl 5 Minuten unter Wenden anbraten. Mit dem Pfannenwender häufig vom Boden lösen. Die Butter zugeben und schmelzen lassen. Das geputzte, gewaschene und kleingeschnittene Gemüse und die geschälten, gewürfelten Kartoffeln, die zerkleinerten Knoblauchzehen, Thymian, Lorbeerblatt und Tomatenmark dazugeben.

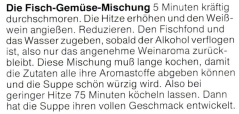

Die Fisch-Gemüse-Mischung 5 Minuten kräftig durchschmoren. Die Hitze erhöhen und den Weißwein angießen. Reduzieren. Den Fischfond und das Wasser zugeben, sobald der Alkohol verflogen ist, also nur das angenehme Weinaroma zurückbleibt. Diese Mischung muß lange kochen, damit die Zutaten alle ihre Aromastoffe abgeben können und die Suppe schön würzig wird. Also bei geringer Hitze 75 Minuten köcheln lassen. Dann hat die Suppe ihren vollen Geschmack entwickelt.

Die Suppe passieren. Das Gemüse ist jetzt ganz weich und die Fischstücke sind zerfallen. Die Suppe durch ein Sieb laufen lassen, die festen Bestandteile mit der Schöpfkelle kräftig auspressen. Dadurch kommen püriertes Gemüse und kräftiger Fischsaft in die Suppe; sie wird sämig und noch geschmacksintensiver. Zum Schluß mit Safran und vorsichtig, tropfenweise, mit Pernod oder Ricard abschmecken. Als Beilage zu dieser gehaltvollen Suppe reicht man geröstetes Knoblauchbrot und Aioli oder Rouille.

SUPPEN UND EINTÖPFE

PROVENZALISCHE FISCHSUPPE
BOUILLABAISSE

Zwar ist nicht nur Frankreich für seine Fischsuppen berühmt – man denke nur an die venezianische Brodino di pesce oder die spanische Mallorquina – doch die Bouillabaisse aus der Provence ist zweifellos die bekannteste unter den Berühmtheiten. Die köstlich würzige Suppe lebt von der beneidenswerten Vielfalt des Fischangebots und der Phantasie der Köche, die immer wieder neue Kombinationen erdenken. Doch meist verwenden sie die möglichst kleinen Fische, die, durch ihren relativ hohen Anteil an Haut und Gräten, in Fonds und Suppen mehr Geschmack ergeben.

Für den Fond:
1 kg kleine Fische wie Rouget, Petermännchen, Drachenkopf, Seeteufel, Meeraal, Knurrhahn
100 g Zwiebeln
2 EL Olivenöl
250 g Tomaten
1 Knoblauchzehe
1 mittelgroße Kartoffel
1/2 Fenchelknolle
2 Stengel Petersilie
2 Stengel Thymian
Salz, Pfeffer aus der Mühle
20 Safranfäden
Für die Einlage:
800 g schöne Stücke von Mittelmeerfischen, wie sie für den Fond verwendet werden; auch Loup de mer darf dabeisein

Die kleinen Fische für den Fond schuppen, ausnehmen, abspülen und in kleine Stücke schneiden. Die Zwiebeln schälen und kleinschneiden. Das Olivenöl in einem breiten Topf erhitzen und die Zwiebelwürfel darin anziehen lassen. Die Fischstücke, die in Stücke geschnittenen Tomaten und die angedrückte Knoblauchzehe dazugeben. Alles bei geringer Hitze 8–10 Minuten dünsten. Die geschälte, zerkleinerte Kartoffel und die geputzte, in Stücke geschnittene Fenchelknolle in den Topf geben. 1 1/2 l kaltes Wasser angießen, aufkochen und abschäumen. 1 Stunde leise köcheln lassen und dabei mehrmals abschäumen. Nach 50 Minuten die Petersilie und den Thymian zugeben, salzen und pfeffern.
In der Zwischenzeit die Fische für die Einlage schuppen, ausnehmen, parieren und abspülen. In große Stücke schneiden. Den Fond durch ein feines Sieb in einen Topf ablaufen lassen, die festen Bestandteile dabei gut ausdrücken. Die Safranfäden zugeben, aufkochen und 5 Minuten ziehen lassen. Nun die Fischstücke in den Fond geben. Zuerst die festen und großen mit etwas längerer Garzeit, danach die kleinen und zarten. In 5–10 Minuten garziehen lassen, je nach Größe und Konsistenz der Fischstücke. Fisch vorsichtig herausheben und auf einer vorgewärmten Platte anrichten. Mit dem Fond servieren, geröstetes Knoblauchbrot und Aioli oder Rouille dazu reichen.

Kalte Saucen für feine Suppen

Eine Bouillabaisse oder eine Bourride (ebenfalls eine provenzalische Fischsuppe) ohne Rouille oder Aioli würden nur den halben Genuß bedeuten. Die Aioli hat ihre Würze ausschließlich von Knoblauch und Salz, sie ist also eher mild. Anders die Rouille. Sie erhält durch rote Pfefferschoten eine gewisse Schärfe und durch Safran ihr spezifisches Aroma.

ROUILLE

Zutaten für 4–6 Portionen:
1 kleine rote Paprikaschote
2 kleine rote Pfefferschoten (scharf)
1/2 TL grobes Meersalz
5–6 Knoblauchzehen
5–6 Safranfäden

SUPPEN UND EINTÖPFE

1 mittelgroße gekochte, mehlige Kartoffel
1 Eigelb
150 ml feines Olivenöl

Die Paprikaschote vierteln, entkernen und von den weißen Rippen befreien. Die Pfefferschoten halbieren und sorgfältig entkernen. Die Knoblauchzehen schälen, die Keime entfernen; sie haben einen ziemlich strengen Geschmack. Weiterverfahren, wie in der Bildfolge beschrieben.

AIOLI

Zutaten für 6–8 Portionen:
6–8 mittelgroße Knoblauchzehen
1/2 TL grobes Meersalz
2 Scheiben Weißbrot ohne Rinde, in Milch eingeweicht
1 Eigelb
1/4 l feines Olivenöl
Zitronensaft

Die Knoblauchzehen schälen, halbieren und von den Keimen befreien. Mit dem Salz im Mörser verreiben. Das ausgedrückte Weißbrot und das Eigelb dazugeben und untermischen. So lange rühren, bis eine glatte Paste entstanden ist. Falls die Paste zu dick wird, kann man sie mit etwas warmem Wasser sämig rühren. Etwas ruhen lassen. Dann kräftig durchrühren und in eine Schüssel umfüllen. Das Olivenöl zunächst tropfenweise, dann in einem dünnen Strahl zugeben und mit dem Schneebesen unterrühren.

So entsteht die Rouille. Jeweils von links nach rechts: Die vorbereitete Paprikaschote blanchieren, dann häuten. Zusammen mit den zerkleinerten Pfefferschoten, dem Salz, den Knoblauchzehen und den Safranfäden im Mörser zu Brei verreiben. Die abgezogene gekochte Kartoffel zugeben und mit dem Stößel sorgfältig unterarbeiten ● Das Eigelb unterrühren und die Masse in eine größere Schüssel umfüllen. Das Olivenöl – wie bei einer Mayonnaise erst tropfenweise, dann in dünnem Strahl – zugeben und mit dem Schneebesen unterrühren. Kräftig rühren, bis die Sauce die Konsistenz einer Mayonnaise hat.

Bei der Aioli genauso vorgehen wie bei der Rouille: Zu den im Mörser zerstoßenen Zutaten kommt das Eigelb und wird gut untergerührt. Die Paste etwas ruhen lassen, damit sich das Salz lösen kann. Dann in eine größere Schüssel umfüllen und das Olivenöl wiederum erst tropfenweise, dann in dünnem Strahl zugeben und das Ganze zu einer dicken Sauce verrühren. Mit einigen Tropfen Zitronensaft abschmecken. Knoblauchliebhaber können der mild-würzigen Aioli nicht widerstehen!

SUPPEN UND EINTÖPFE

TOMATEN-STEINBUTT-SUPPE

| 4 Flaschentomaten |
| 1 Schalotte |
| 2 EL Olivenöl |
| 1 l Fischfond (Rezept Seite 116) |
| 60 g grüne Bandnudeln |
| Salz, Pfeffer aus der Mühle |
| 1 TL Basilikum-Julienne |
| 160 g Steinbuttfilet |

Die Tomaten schälen, entkernen und in Würfel schneiden. Schalen und Kerne auspressen, den Saft auffangen. 1/4 der Tomatenwürfel zunächst beiseite stellen. Die Schalotte schälen und feinwürfeln. Das Olivenöl in einem Topf erhitzen und die Schalottenwürfel darin anziehen lassen. Die Tomatenwürfel zugeben. Mit dem ausgepreßten Tomatensaft ablöschen und mit dem Fischfond auffüllen. Aufkochen und auf 600 ml reduzieren. In der Zwischenzeit die Bandnudeln in Salzwasser bißfest kochen.
Die Suppe mit Salz und Pfeffer abschmecken. Die beiseite gelegten Tomatenwürfel und die Basilikumstreifen in die Suppe geben. Das Steinbuttfilet, in mundgerechte Stücke geschnitten, in etwa 3 Minuten darin garziehen lassen. Zum Schluß die Nudeln dazugeben und die Suppe auf vorgewärmten Tellern anrichten.

SCHARFE SUPPE MIT EDLEN FISCHEN

| 350 g Rouget (etwa 150 g Filet) |
| 1 Dorade von 350 g (etwa 150 g Filet) |
| 1 mittelgroße Seezunge von 400 g (etwa 200 g Filet) |
| 1 l Fischfond (Rezept Seite 116) |
| je 1 EL Brunoise von roten, gelben und grünen Paprikaschoten |
| 2 EL Öl |
| 1 Msp. Safranfäden |
| Salz, Pfeffer aus der Mühle |
| Cayennepfeffer nach Geschmack |

Die Fische filetieren, die Seezungenfilets auch häuten. Alle Filets in mundgerechte Stücke schneiden. Den Fischfond aufkochen und bei mittlerer Hitze auf 1/2 l reduzieren. Gelegentlich abschäumen. Die Paprika-Brunoise in dem erhitzten Öl anschwitzen. Die Safranfäden zugeben, mit dem reduzierten Fond auffüllen. 4–5 Minuten simmern lassen, bis die Paprikastücke weich sind und der Safran genügend Farbe abgegeben hat. Die Suppe mit Salz und Pfeffer abschmecken und eventuell einen Hauch Cayennepfeffer hinzugeben. Die Fischfiletstücke in die Suppe geben und bei schwacher Hitze in etwa 4 Minuten garziehen lassen.

Matelotes

Sie gehören zum Feinsten der französischen Regionalküche und verlangen nach den besten und frischesten Zutaten. Wo immer man sie auf der Speisekarte findet (leider viel zu selten, denn sie gehören zur echten Hausmannskost), schmecken sie anders. Aber alle Matelotes haben zweierlei gemeinsam: Frische Fische und reichlich Wein.

Ohne Wein kommen diese hervorragenden Fischragouts einfach nicht aus. Vielleicht hat sogar ihr Name etwas damit zu tun, denn „matelot" heißt im Französischen nichts anderes als Matrose oder Fischer, und denen sagt man ja eine recht enge Beziehung nicht nur zum Fisch, sondern auch zum Wein nach.

Im gesamten nördlichen Teil Frankreichs, von der Touraine im Westen bis zum Elsaß im Osten werden die Matelotes in ähnlicher Zusammensetzung zubereitet. Was wechselt, sind je nach Region die Fische oder der Wein. In der Normandie zum Beispiel wird der Wein auch durch den landesüblichen Cidre ersetzt. Meist sind es Süßwasserfische, die paradoxerweise für das Matrosengericht verwendet werden. Oft die fettreichen Arten wie Aal und Karpfen, aber auch Barsch, Zander und Hecht. Auch werden Süßwasser- und Meeresfische gemischt, und an der Küste sind Matelotes nur mit Meeresfischen üblich. Wir haben uns hier für eine Matelote aus der Bourgogne entschieden.

MATELOTE MIT BURGUNDER

Zutaten für 4–6 Portionen:

1 Karpfen von etwa 600 g
1 Aal von 500–600 g
Salz, Pfeffer aus der Mühle
50 g durchwachsener, geräucherter Speck
25 g Butter
200 g kleine, junge Zwiebeln
2 Knoblauchzehen
75 g tournierte junge Möhren
1 Kräuterbündel aus Petersilie, Thymian und Lorbeer
25 ml Weinbrand
1 l fruchtiger Burgunder
100 g kleine Champignons
30 g Beurre manié

Den Karpfen schuppen und ausnehmen. Gut auswaschen und mit Küchenkrepp trockentupfen. In nicht zu kleine Stücke schneiden. Den Aal ausnehmen und häuten (siehe Seite 113). In 3–4 cm lange Stücke schneiden.

Die Fischstücke mit Salz und Pfeffer würzen. Den Speck in Streifen schneiden; ist er sehr salzig, vorher kurz blanchieren. Die kleinen, jungen Zwiebeln sorgfältig schälen. Wenn sie mehr als 1 1/2 cm Durchmesser haben, sollten sie halbiert oder geviertelt werden. Die Butter in einem großen, flachen Topf aufschäumen lassen. Wie in der Bildfolge gezeigt weiterarbeiten.

So wird die Matelote zubereitet. Jeweils von links nach rechts: In einem großen, flachen Topf die Butter erhitzen und aufschäumen lassen. Die Speckstreifen mit den vorbereiteten Zwiebeln zugeben und darin leicht bräunen. Die Karpfen- und Aalstücke zusammen mit den Möhren und dem Kräuterbündel zugeben und alles bei starker Hitze, aber unter ständiger Bewegung etwa 1–2 Minuten anziehen lassen, bis die Fischstücke sichtbar hell anlaufen. Den Weinbrand zugießen ● Den Alkohol verdampfen lassen, bevor das Gericht mit dem Rotwein abgelöscht wird. Wieder aufkochen und anschließend etwa 2 Minuten simmern lassen, aber darauf achten, das die Fischstücke nicht zu weich werden. Sie werden nun herausgenommen, am besten mit einem Schaumlöffel. Dabei gut abtropfen lassen, dann beiseite stellen. Die sorgfältig geputzten Champignons zugeben und etwa 5–7 Minuten bei schwacher Hitze garen. Die Beurre manié (Mehlbutter) mit dem Schneebesen unterrühren und das Ganze nochmals kräftig aufkochen lassen. Dann erst die Fischstücke wieder hineingeben. Alles zusammen langsam erhitzen und, wenn nötig, nachwürzen.

SUPPEN UND EINTÖPFE

FISCHBEUSCHELSUPPE

Dieses vorzügliche Gericht aus der Wiener Küche wurde von Manfred Buchinger, Chef des Restaurants „Vier Jahreszeiten" im Vienna Inter-Continental, wiederentdeckt. Mit der ebenso originellen wie delikaten Suppe wird er den Neigungen der Österreicher – und auch der Bayern – gerecht, die Speisen aus Innereien hochschätzen.

Hier geht es um das schlichte Originalrezept. Wer die Suppe noch etwas aufwerten will, der läßt auch das Karpfenfilet ganz zum Schluß kurz im Fond garziehen, teilt es in Stücke und gibt sie als Einlage mit in die Suppe. Sie wird mit in Butter gerösteten Semmelwürfeln bestreut serviert.

1 Karpfen von etwa 1 1/2 kg
200 g Möhren
100 g Knollensellerie
1 l Wasser, Salz
6–8 weiße Pfefferkörner
etwas Thymian, möglichst frisch

Manfred Buchinger gibt den in Weißwein mit einem Spritzer Essig kurz aufgekochten Rogen, der jetzt ganz weiß ist, in die fertige Suppe und rührt ihn mit dem Schneebesen unter. Der Rogen verleiht der Suppe nicht nur zusätzliche Würze, sondern auch eine angenehm-reizvolle, feinkörnige Konsistenz.

So entsteht die Beuschelsuppe. Jeweils von links nach rechts: Zuerst einen kräftigen Fond kochen. Die Karpfenkarkasse, das Beuschel, das grob zerkleinerte Wurzelwerk, die Gewürze und Wasser in einem großen Topf aufwallen und 20–30 Minuten köcheln lassen. Dabei häufig abschäumen. Für die Einbrenne das gesiebte Mehl in das erhitzte Schmalz rühren und hellbraun anschwitzen • Das feingeriebene Wurzelwerk unter Rühren mitrösten. Dann die feingewürfelte Zwiebel zufügen und ebenfalls bräunen. Zunächst etwas von dem Fond durch ein Sieb in den Topf laufen lassen und die Einbrenne unter Rühren ablöschen. Den ganzen Fond in den Topf ablaufen lassen und 20 Minuten reduzieren • Den Rogen – falls vorhanden – in dem Weißwein mit dem Weinessig 1 Minute aufkochen. Herausnehmen und aus der Haut lösen. Er ist jetzt blendend weiß. Nun noch das Fleisch von den Gräten lösen und das Beuschel in kleine Stücke schneiden. Falls der Karpfen ein Milchner war, die Milch ebenfalls in Stücke schneiden. Alles in die Suppe geben. Abschmecken und mit dem glattgerührten Sauerrahm vollenden.

1 Lorbeerblatt	1/8 l Sauerrahm
40 g Mehl	etwas Butter
40 g Schweineschmalz	1 Semmel (Brötchen)
50 g Zwiebel	
etwa 1/8 l Weißwein	
1 Spritzer Weißweinessig	
etwas Majoran, frisch gehackt	

Den Karpfen schuppen und vorsichtig ausnehmen. Die Galle entfernen. Die Eingeweide (Beuschel) gut wässern. Die Filets von den Karpfen lösen und beiseite legen. Als Einlage für die Beuschelsuppe oder anderweitig verwenden.

Die Karpfenkarkasse ebenfalls gut wässern. Den Karpfenrogen oder die Milch säubern.

Die Möhren und den Knollensellerie putzen. Die Hälfte grob zerkleinern, die andere Hälfte zu feinen Streifen reiben. Die beim Reiben zurückbleibenden Reste für den Fond mitverwenden. Das feingeriebene Wurzelgemüse beiseite stellen. Weiterarbeiten, wie in der Bildfolge beschrieben.

SUPPEN UND EINTÖPFE

WATERZOOI AUS GENT

In den flämischen Regionen Belgiens galt Waterzooi früher als Hausmannskost. Im Laufe der Zeit ist das traditionsreiche Gericht jedoch zur kulinarischen Spitze aufgestiegen. Auch galt früher der Grundsatz, nur Süßwasserfische dafür zu verwenden. Heute dürfen es auch Meeresfische sein. Ausschlaggebend ist allein die absolute Frische der verwendeten Fische.

Und die ist bei dem hervorragenden und vielfältigen Fischangebot in Belgien garantiert.
Übersetzt heißt das flämische Wort übrigens Ragout. Doch je nach Rezeptvariante, von denen es im Lande eine Menge gibt, ist es manchmal mehr Suppe als Ragout. In jedem Fall ist die Grundlage eine gebundene Gemüsesuppe, in der die Fischstücke kurz mitgegart werden.

Zutaten für 4–6 Portionen:

| 1 Karpfen von etwa 900 g (300 g Filet) |
| 1 Aal von etwa 600 g (300 g Filet) |
| 1 Schleie von etwa 450 g (150 g Filet) |
| 3/4 l Fischfond (Rezept Seite 116) |
| Salz, Pfeffer aus der Mühle |
| 80 g Butter |
| je 60 g Lauch (nur das Weiße), Staudensellerie und Petersilienwurzel, in streichholzgroße Stifte geschnitten |
| 60 g Zwiebel, halbiert und in Scheiben geschnitten |
| 1/4 l Weißwein |
| 1 Bouquet garni aus Petersilie, Thymian und Lorbeerblatt |
| 3 Eigelb |
| 200 ml Sahne |
| 1 EL gehackte Petersilie |

Die Fische ausnehmen, parieren und filetieren. Den Aal vorher abziehen (siehe Seite 113). Mit den Karkassen und Abschnitten den Fischfond zubereiten. Die Fischfilets in mundgerechte Stücke schneiden und leicht mit Salz und Pfeffer würzen.

Die Butter in einem flachen, etwa 30 cm weiten Topf aufschäumen lassen. Die Gemüsestifte und die Zwiebelscheiben darin andünsten. Mit dem Weißwein ablöschen und 3–4 Minuten köcheln lassen. Den Fischfond zugießen und weitere 3–4 Minuten köcheln, damit das Gemüse gar wird und seine Aromen an den Fond abgeben kann.

Den Fisch und das Bouquet garni in den Fond geben. Aufkochen und 1–2 Minuten bei schwacher Hitze sanft köcheln lassen. Die Fischstücke und das Gemüse mit einer Schaumkelle aus dem Fond heben und warm stellen. Da der Fisch jetzt noch etwas nachgart, ist es wichtig, daß er in dem Fond nicht länger als 1–2 Minuten köchelt.

Den Fond auf die gewünschte Geschmacksintensität reduzieren, eventuell noch etwas nachsalzen. Das Bouquet garni entfernen, die Hitze reduzieren. Die Eigelbe mit der Sahne verquirlen und diese Liaison in den Fond rühren. Langsam und unter ständigem Rühren erhitzen, bis eine gewisse Bindung erreicht ist. Die gehackte Petersilie einstreuen.

Die Fischstücke und das Gemüse in tiefen Tellern anrichten, die legierte Suppe darübergießen. Mit frisch getoasteten Weißbrotscheiben servieren.

So wird Waterzooi zubereitet. Jeweils von links nach rechts: Das in der Butter angedünstete Gemüse mit dem Weißwein ablöschen. 3–4 Minuten köcheln lassen, dann den Fischfond angießen, umrühren und das Gemüse in weiteren 3–4 Minuten garen. Nun kommen die vorbereiteten Fischfiletstücke und das Kräutersträußchen in den Topf ● Man läßt den Fisch bei schwacher Hitze nur kurz, in 1–2 Minuten, garziehen, hebt ihn zusammen mit dem Gemüse aus dem Fond und stellt beides warm. Das Bouquet garni bleibt noch im Fond, während dieser auf die gewünschte Geschmacksintensität eingekocht wird. Schließlich gibt man dem Fond durch eine Liaison aus Eigelb und Sahne die gewünschte cremige Bindung.

FISCH AUS DER PFANNE

Wenn vom Fischbraten in der Pfanne die Rede ist, dann meint man damit eine Garmethode, bei der zwei an und für sich krasse Gegensätze aufeinandertreffen: Das sehr subtile, empfindliche Produkt Fisch einerseits und die starke, aggressive Hitze in der Pfanne andererseits. Dennoch bekommt das Braten in der Pfanne dem Fisch meist recht gut. Die Kunst dabei besteht darin, trotz dieser schwer zu vereinbarenden Gegensätze den Fisch genau auf den Punkt zu garen. Und dafür gibt es natürlich einige wichtige Regeln. Wer sie genau beachtet, kann mit ganz außergewöhnlich guten Ergebnissen belohnt werden.
Die „aggressive" Hitze bewirkt ja zunächst, daß das Eiweiß in den äußeren Schichten des Fischs gerinnt und sich eine schützende Schicht bildet, die Saft und Aroma einschließt und somit bewahrt. Das ist entscheidend für das gute Ergebnis, beim Braten in der Pfanne wie auch beim Fritieren. Das Garen selbst ist dann nur noch eine Sache von wenigen Minuten; hierbei den richtigen Zeitpunkt abzupassen, ist die zweite wichtige Regel.
Ein weiterer entscheidender Punkt sind – wie beim guten Kochen überhaupt – die frischen Zutaten. Beim Braten gehört dazu natürlich vor allem auch das Fett, das – vom Fritieren einmal abgesehen – in der Fischküche vorzugsweise frische Butter ist.
Die beiden Rotbarben links in der Pfanne haben übrigens, mit ihren 350 Gramm pro Stück, das ideale Gewicht für Fische, die im ganzen gebraten werden sollen.

FISCH AUS DER PFANNE

In Mehl gewendet nach Müllerin-Art

Kein Wunder, daß die Müllerin bei allen Rezepten à la meunière – nach Müllerin-Art – Pate gestanden hat. Denn des Müllers Mehl ist bei dieser Zubereitungsart eine unerläßliche Zutat. Es ist verantwortlich für die typische knusprig-braune Kruste. Das klassische Rezept der Gastronomie in aller Welt: Fisch wird in Mehl gewendet, in Butter goldgelb gebraten, angerichtet und mit schäumender brauner Butter übergossen. Das Mehl, die einfachste Panade, die es gibt, umschließt den Fisch und sorgt dafür, daß er beim Braten saftig bleibt. Weltweit bekannt ist die Seezunge nach Müllerin-Art. Man kann aber auch andere weißfleischige Fische auf diese Weise zubereiten.

Zum Braten sollte vorzugsweise geklärte Butter verwendet werden. Nur bei kleinen, flachen Fischen und Fischfilets darf's auch ungeklärte Butter sein; die kurze Garzeit verhindert, daß sie verbrennt und schwarz wird.

MERLAN NACH MÜLLERIN-ART
MERLAN À LA MEUNIÈRE

2 Merlane (Wittlinge) à 600 g
Salz, Pfeffer aus der Mühle
Mehl zum Wenden
100 g Butter
Zitronenscheiben ohne Schale
1 gehäufter EL gehackte Petersilie
50 ml Fischfond (Rezept Seite 116)
Zitronensaft

Die Fische ausnehmen und die Filets von den Gräten lösen, die Haut aber nicht entfernen. Wie in der Bildfolge beschrieben, nach Müllerin-Art zubereiten.

Merlanfilet in Mehl wenden. Beim Auslösen läßt man die Haut an den Filets, die – fertig gebraten – köstlich schmeckt. Bevor man die Filets in gesiebtem Mehl wendet, müssen sie gesalzen und gepfeffert werden. Wichtig: Gesalzenen Fisch nie lange stehen lassen, sondern rasch zubereiten. Denn das Salz entzieht dem Fisch Wasser und macht das Fleisch trocken. Auch in Mehl gewendeten Fisch sofort braten. Denn das Mehl verbindet sich mit dem austretenden Wasser und wird dann kleistrig. Und das würde den Genuß erheblich beeinträchtigen.

FISCH AUS DER PFANNE

Filets in die schäumende Butter geben.
Nachdem die Filets abgeklopft und damit von überschüssigem Mehl befreit wurden, läßt man die Butter in der Pfanne aufschäumen. Filets auf beiden Seiten anbraten, dann auf der Hautseite in 3–5 Minuten auf den Punkt garen. Dabei häufig mit der Butter überschöpfen. Das Filet soll eine goldgelbe Farbe annehmen. So wird es – mit Zitronenscheiben belegt und mit Petersilie bestreut – angerichtet. Jetzt noch den Fischfond in die braune Butter geben, mit Zitronensaft, Salz und Pfeffer abschmecken und die Butter über die angerichteten Filets gießen. Sofort servieren. Dazu reicht man Blattspinat, Möhren und tournierte Kartoffeln.

LACHSTRANCHEN MIT TRÜFFELN

TRANCHES DE SAUMON AUX TRUFFES

Weißweinsauce (Rezept Seite 118)
400 g Mangetout (Zuckerschoten)
Salz
20 g Butter, Pfeffer aus der Mühle
1 EL geklärte Butter
1 EL Öl
8 Lachstranchen à 70 g
8 Scheiben Perigord-Trüffel
2 EL Trüffeljus

Die Weißweinsauce zubereiten. Mangetout putzen, also die Spitzen und Fäden entfernen. In kochendem Salzwasser in 1–2 Minuten nicht zu weich, aber auch nicht zu knackig kochen. Sofort in Eiswasser abschrecken, damit sie ihre Farbe behalten und der Garprozeß gestoppt wird. Im Sieb abtropfen lassen. Schoten auseinanderziehen und die Hälften in feine, schräge Streifen (Julienne) schneiden. In der heißen Butter mit 1 EL Wasser schwenken, mit Salz und Pfeffer abschmecken und auf vorgewärmte Teller verteilen. Gleichzeitig die geklärte Butter und das Öl in einer beschichteten Pfanne erhitzen. Lachstranchen salzen und pfeffern. Vorsichtig ins heiße Fett legen, auf beiden Seiten etwas Farbe geben. Im Backofen bei 200°C in 2–3 Minuten auf den Punkt garen. Auf den Mangetout-Julienne anrichten.
Die Trüffelscheiben mit dem Trüffeljus verkochen, Scheiben auf die Lachstranchen verteilen. Die Weißweinsauce zum Trüffeljus geben. Aufkochen, aufmixen, abschmecken und sofort anrichten.

GLATTBUTT MIT LAUCHSTROH UND BEURRE ROUGE

BARBUE AU BEURRE ROUGE
(Ohne Abbildung)

8 Glattbuttfilets à etwa 90 g
Salz, Pfeffer
16 Scheiben milder Frühstücksspeck, sehr dünn geschnitten
20 g geklärte Butter
1 Stange Lauch
Rote Buttersauce (Rezept Seite 121)
Fritierfett

Die sauber parierten Glattbuttfilets mit Küchenkrepp trockentupfen und ganz leicht salzen und pfeffern. Kreuzweise in je 2 Scheiben Frühstücksspeck einschlagen. In einer beschichteten Pfanne die geklärte Butter erhitzen und die Filets darin bei schwacher Hitze etwa 4 Minuten sanft braten, so daß sie nur wenig Farbe annehmen.
Inzwischen die Lauchstange längs halbieren, in etwa 5 cm lange Stücke und diese in feine Julienne schneiden. In einem Sieb unter fließendem Wasser abspülen, mit Küchenkrepp trockentupfen. Die Sauce erhitzen, mit den Glattbuttfilets auf 4 vorgewärmten Tellern anrichten. Die Lauchjulienne in der Friteuse bei 180°C in 30–40 Sekunden knusprig braun fritieren, kurz auf Küchenkrepp abtropfen lassen, leicht salzen und auf den Tellern verteilen. Sofort servieren.

FISCH AUS DER PFANNE

Auf dem Herd angebraten, im Ofen vollendet

Nicht jeder Fisch, der in die Pfanne kommt, muß darin bis zu seiner Vollendung braten. Er kann auch im vorgeheizten Ofen fertiggaren. Was ihm durchaus guttut. In der Pfanne angebraten, wird er nach kurzer Zeit knusprig, und mit der goldbraunen Kruste entwickeln sich die schmackhaften Röststoffe. Doch die Hitze – oft sehr aggressiv – kann nur punktuell auf das Gargut einwirken. Gibt man den Fisch aber nach dem Anbraten in den Backofen, so verläuft der endgültige Garprozeß unter gleichmäßiger und schonender Rundum-Hitzeeinwirkung. Schonend, wenn, je nach Größe des Fischs, 200–220°C nicht überschritten werden. Hier ein Rezept als Beispiel und Anregung:

SEETEUFEL MIT SARDELLEN

| 4 kleine Seeteufel à 300 g (ausgenommen, ohne Köpfe) |
| 16 Sardellenfilets in Öl |
| je 60 g Möhren, Lauch und Navets (weiße Rübchen) |
| 30 g Butter |
| 250 ml Fischfond (Rezept Seite 116) |
| Salz, Pfeffer aus der Mühle |
| 2 EL Öl |
| 30 g Butter |
| 4 Knoblauchzehen |
| 1 TL gehackte glatte Petersilie |
| 2 mittelgroße Kartoffeln, in streichholzgroße Stifte geschnitten |
| Fett zum Frittieren |
| Salz |
| glatte Petersilie zum Garnieren |

Die Fische sauber parieren und mit je 4 Sardellenfilets (abgetropft) spicken. Möhren, Lauch und Navets in feine Brunoise schneiden. Die Butter in einem kleinen Topf zergehen lassen. Gemüse darin 1–2 Minuten andünsten, ohne ihm Farbe zu geben. Mit dem Fischfond auffüllen und im geschlossenen Topf weichdünsten. Öl in einer schweren Pfanne aus Kupfer oder Gußeisen erhitzen. Fische nur leicht mit Salz und Pfeffer würzen, da auch die Sardellen ihre Würze abgeben, und im heißen Öl anbraten. Hitze reduzieren, die Butter und die angedrückten Knoblauchzehen zugeben. In den vorgeheizten Backofen stellen und bei 200–220°C etwa 8–10 Minuten braten, bis die Butter hellbraun ist. Die Fische aus der Pfanne nehmen und warm stellen.
Das Gemüse mit seinem Fond in den Bratensatz geben. Gut durchrühren und so lange kochen, bis die Flüssigkeit mit der braunen Butter emulgiert und die Mischung eine glatte, sämige Konsistenz hat. Knoblauch entfernen, gehackte Petersilie zugeben und nachschmecken. Die Kartoffelstäbchen – Pommes alumettes – im inzwischen auf 180°C erhitzten Fritierfett knusprig goldbraun ausbacken. Gut schütteln, damit überschüssiges Fett abtropfen kann. Salzen.
Fisch, Sauce und Pommes alumettes auf vier Tellern anrichten. Mit glatter Petersilie garniert sofort servieren.

„Der Hummer des kleinen Mannes" wird der Seeteufel auch genannt. In der Tat erinnert die Konsistenz seines festen, feinen und weißen Fleisches an die von Hummer oder Languste. Wegen seines bizarren Aussehens – der überproportional breite, flache Kopf mit dem von vielen gekrümmten Zähnen bewehrten, halbkreisförmigen Maul wirkt auf viele abstoßend – wird der edle Fisch hierzulande fast nur ohne Kopf und bereits ausgenommen angeboten. Wobei mit Sicherheit auch die Transportkosten eine Rolle spielen, denn der nicht verzehrbare Anteil ist beim Seeteufel unverhältnismäßig groß. In den Atlantik-Anrainerstaaten Portugal, Spanien und Frankreich kommt er natürlich auch ganz auf die Märkte.

SEETEUFEL-MEDAILLONS MIT MUSCHELN

Weißweinsauce (Rezept Seite 118)
2 Seeteufel à 700 g (ausgenommen, ohne Köpfe)
Salz, Pfeffer aus der Mühle
Mehl zum Bestauben
2 EL geklärte Butter
300 g Spinat
30 g Butter
1 Schalotte, feingewürfelt
1 TL Currypulver, mild
30–40 gedämpfte, ausgelöste Miesmuscheln
2 EL steifgeschlagene Sahne
4 Blättchen Basilikum, in Streifen geschnitten

Die Weißweinsauce zubereiten (der Muschelsud kann dabei gut mitverwendet werden) und warm stellen.
Die Seeteufel filetieren, sauber parieren und trockentupfen. In gleichmäßig große Stücke schneiden, diese auf die Schnittfläche legen und leicht flachdrücken. Mit Mehl bestauben, überschüssiges Mehl abklopfen. Die geklärte Butter in einer schweren Pfanne erhitzen. Die Medaillons darin bei starker Hitze auf beiden Seiten je etwa 2 Minuten braten. Dann auf ein trockenes Tuch oder Küchenkrepp legen und warm stellen.
Den Spinat blanchieren und gut ausdrücken. 20 g Butter in einer Kasserolle aufschäumen lassen. Den Spinat darin erwärmen, abschmecken. Die Schalottenwürfel in der restlichen Butter ohne Farbe andünsten. Mit dem Currypulver bestauben, aber nur ganz kurz mit anziehen lassen. Die Weißweinsauce angießen und aufkochen. Den Spinat auf 4 vorgewärmte Teller verteilen, die Seeteufel-Medaillons darauf anrichten. Die Sauce mit dem Stabmixer aufschlagen, die steife Sahne unterziehen, die Basilikumstreifen und die Muscheln unterziehen. Nachschmecken und wieder erwärmen, aber nicht mehr kochen, sonst würden die Muscheln zäh werden. Auf die Teller verteilen.

SEETEUFEL-SCHEIBEN MIT RATATOUILLE

2 Seeteufel à 600 g (ausgenommen, ohne Köpfe)
Salz, Pfeffer aus der Mühle
Mehl zum Bestauben
2 EL geklärte Butter
1 kleine Aubergine
1 Zucchini
1 mittelgroße rote Paprikaschote
2 Schalotten
2 EL Olivenöl
2 Knoblauchzehen
1 Stengel Thymian
100 ml Fischfond (Rezept Seite 116)
4 Stengel Petersilie
4 Blättchen Basilikum
Weiße Buttersauce (Rezept Seite 120)
1 Stengel Thymian

Die Seeteufel sauber parieren und in etwa 2 1/2 cm dicke Scheiben schneiden. Das Rückgrat (die Mittelgräte) läßt sich mit einem schweren Messer leicht durchtrennen.
Das Gemüse putzen, die Schalotten abziehen und alles in feine Würfel schneiden. In dem heißen Olivenöl anbraten. Die abgezogenen und feingewürfelten Knoblauchzehen und den Thymianstengel zugeben. Hitze reduzieren, den Fischfond angießen. Die Ratatouille in 6–7 Minuten garen. Petersilie und Basilikum feinschneiden und zugeben.
Die Fischscheiben mit Salz und Pfeffer würzen und mit Mehl bestauben. Das ist wichtig, weil Seeteufel viel Flüssigkeit enthält, die beim Garen leicht austritt.
Die Seeteufel-Scheiben in der heißen, geklärten Butter scharf anbraten und bei mittlerer Hitze in etwa 3 Minuten fertig braten. Den Fisch aus der Pfanne nehmen und warm stellen. Die Weiße Buttersauce mit dem Thymianstengel erhitzen, den Thymian wieder entfernen. Die Sauce aufmixen. Die Seeteufel-Scheiben mit der Ratatouille und der Sauce auf 4 vorgewärmten Tellern anrichten und sofort servieren.

FISCH AUS DER PFANNE

Rotweinschalotten

Ob sie einer Weißen Buttersauce – einer Beurre blanc –, einer Weißweinsauce oder einer anderen hellen Sauce zusätzlich Würze und Farbtupfer geben sollen, die Rotweinschalotten müssen besonders sorgfältig zubereitet werden. Die roten Tupfer sind zwar erwünscht, doch die Sauce sollen sie keinesfalls rot färben. Um das zu vermeiden, müssen sie genau so zubereitet werden, wie es die Bildfolge (von oben nach unten) zeigt. Für ein 4-Portionen-Rezept braucht man 2 Schalotten und 1/4 l dunklen Rotwein. Die abgezogenen Schalotten feinwürfeln und in eine Kasserolle geben. Den Rotwein angießen und aufkochen. Bei mittlerer Hitze total einkochen (mittleres Foto). Zum Antrocknen 60 Minuten warm stellen. Dabei trocknen sie so ein (unteres Foto), daß sie keinen Rotwein mehr abgeben.

ROCHENFLÜGEL MIT BEURRE BLANC

Zutaten für 4 Portionen (Vorspeise):
2 Schalotten
1/4 l dunkler Rotwein
Weiße Buttersauce (Rezept Seite 120)
1 Rochenflügel von etwa 1 kg
20 g Butter, 1 EL Öl
Salz, Pfeffer aus der Mühle
glatte Petersilie zum Garnieren

Die geschälten, feingewürfelten Schalotten mit dem Wein zu Rotweinschalotten kochen (siehe linke Spalte). Übrigens: Lassen Sie sich nicht dazu verleiten, die Schalotten in Fett angehen zu lassen. Denn Butter und Öl nehmen die Farbe auf, verdampfen aber nicht, und geben sie daher an die Sauce weiter. Die würde rot werden.
Die Buttersauce zubereiten, während die Rotweinschalotten trocknen. Warm halten. Den Rochenflügel vorbereiten, wie auf Seite 108 beschrieben, und in 4 Stükke (à etwa 120 g) teilen. Butter und Öl in einer großen Pfanne aufschäumen lassen. Die Fischstücke mit Salz und Pfeffer würzen. Im heißen Fett braten und dabei leicht Farbe annehmen lassen.
Auf vorgewärmten Tellern anrichten. Die Rotweinschalotten in die Buttersauce geben und die Rochenflügel-Portionen mit der Sauce umgießen. Mit etwas Petersilie garnieren.

FISCH AUS DER PFANNE

Fisch in Butter „gekocht"

Daß der Geschmack frischer Butter vorzüglich mit so gut wie allen Fischen harmoniert, ist bekannt. Für diese Garmethode bedarf es allerdings sehr viel Butter, denn der Fisch wird darin regelrecht „gekocht". Der wohlbekannte Geschmack von brauner Butter, der sich beim Braten in der Pfanne entwickelt, ist hier unerwünscht. Wichtig ist, daß der Fisch in Butter schwimmen kann. Wieviel Butter dazu nötig ist, hängt ganz von der Größe des Gefäßes ab. Je besser der Fisch die Pfanne ausfüllt, desto weniger Butter ist nötig. Doch bei aller Wirtschaftlichkeit, Sparen wäre hier unangebracht. Denn eine große Menge Butter läßt sich gefahrloser erhitzen, ohne zu verbrennen, als ein kleines Stück, das schon beim Zerlaufen am Rand braun wird.

Für das „Kochen" in Butter eignen sich alle ganzen Magerfische. Ganz deshalb, weil die schützende Haut notwendig ist, damit nicht zu viel Butter eindringen kann. Aus diesem Grund sollen die Fische auch nicht zu klein sein, so zwischen 600 g und 1 kg liegt das Idealgewicht. Die Fische können aus dem Süß- oder Salzwasser kommen — nur frisch müssen sie sein, wie auch die Butter; dann ist fast jede Würzung überflüssig.

Für das folgende Rezeptbeispiel haben wir einen „Redfish" von der amerikanischen Ostküste verwendet. Ein Fisch mit weißem Fleisch, exzellentem Aroma und wenig Gräten, der übrigens einen ebenso guten Verwandten in europäischen Gewässern hat: den Maigre, wie er in Frankreich heißt, oder Adlerfisch.

Zutaten für 2 Portionen:
1 Redfish von 800 g
1 TL Zitronensaft, Salz
2 Stengel Petersilie
2–3 Stückchen Peperoni
Butter je nach Größe der Pfanne

Den Redfish schuppen und ausnehmen. Auch die Niere herauskratzen und die Kiemen entfernen. Innen und außen mit kaltem Wasser abspülen und anschließend mit Küchenkrepp trockentupfen. Die Bauchhöhle mit dem Zitronensaft einstreichen und salzen.

Die Butter in einer entsprechend großen Pfanne langsam heiß werden lassen, bis sie aufschäumt. Währenddessen die Peperonistückchen kleinschneiden und zusammen mit der Petersilie in die Bauchhöhle geben. Den Fisch auch außen würzen, dann in die schäumende Butter legen. Er sollte mindestens bis zu 1/3 seiner Höhe, besser noch bis zur Hälfte darin schwimmen. Gleich die Hitze etwas erhöhen, da die Butter durch den kalten Fisch abkühlt. Dann die Hitze konstant auf einer Temperatur halten, bei der die Butter leicht kocht, also Blasen wirft, aber nicht verbrennen kann. Den Redfish auf beiden Seiten in jeweils etwa 6–8 Minuten garen.

Den Fisch anrichten. Die Butter mit Salz abschmecken und als Sauce zum Fisch reichen. Dazu passen mehlige Petersilienkartoffeln.

FISCH AUS DER PFANNE

FISCH IM BIERTEIG

Ein Ausbackteig, egal welcher Art, hat im Grunde die gleiche Funktion wie die Folie beim Braten oder die Salzkruste beim Backen im Ofen. Er schützt das Gargut rundherum, so daß es nicht der direkten Hitze ausgesetzt ist und sanft im eigenen Saft garen kann. Der gewünschte Effekt: Der Fisch bleibt saftig und bewahrt seinen feinen Eigengeschmack. Und der Zusatzeffekt: Durch die goldbraune Teigkruste, die sich beim Ausbacken im heißen Fett bildet, wird er noch schmackhafter. Hier werden Karpfenfilets in Bierteig fritiert. Natürlich eignen sich auch andere Filets dazu, vorzugsweise von festen, weißfleischigen Fischen.

Zutaten für 4–6 Portionen:

2 Schuppenkarpfen à 750 g (ergeben 4 Filets von etwa 125 g)
Zitronensaft oder Sojasauce
Salz, Pfeffer aus der Mühle
Für den Bierteig:
250 g Mehl
200 ml Bier, 2 Eier, Salz
2 Eiweiß, gut gekühlt
Außerdem:
Fett zum Ausbacken
Zitronenscheiben zum Garnieren

Die Karpfen vorbereiten wie den Zander auf den Seiten 102/103. Die ausgelösten Filets in 3–4 cm lange Stücke schneiden. Nach Geschmack mit Zitronensaft oder Sojasauce marinieren.
Für den Bierteig das Mehl in eine Schüssel sieben. Bier, Eier und etwas Salz darin sorgfältig verrühren, bis ein glatter Teig entstanden ist. Die Schüssel mit einem Tuch abdecken und den Teig 15–20 Minuten quellen lassen. Nochmals kräftig durchrühren. Durch ein feines Spitzsieb laufen lassen, damit möglicherweise vorhandene Mehlklümpchen zurückbleiben. Die Eiweiße nicht zu steif schlagen, mit einem Holzlöffel locker unter den Teig ziehen. Weiterarbeiten, wie in der Bildfolge beschrieben.

Karpfenstücke mit Teig umhüllen. Damit er locker und luftig wird, zieht man den Eischnee erst unmittelbar vorm Ausbacken unter den Teig. Immer darauf achten, daß der Teig nicht zu flüssig ist. Er würde sonst beim Fritieren reißen. Die marinierten Fischstücke sorgfältig trockentupfen. Nur so haftet der Teig gut daran. Leicht mit Pfeffer und Salz würzen. Jedes Stück einzeln auf eine Gabel nehmen, in den Teig tauchen und darin wenden, bis die Stücke rundherum von Teig bedeckt sind. Mit der Gabel aus dem Teig heben und etwas abtropfen lassen. Ein Bierteig als Ausbackteig ist ein zusätzlicher Vorteil beim Fritieren von Fisch: Die leicht bittere Würze, die er durch das Bier erhält, paßt sehr gut zum Fischaroma.

Im heißen Fett ausbacken. Die mit der Gabel aufgenommenen Fischstücke ins Fett geben, das auf 180°C erhitzt ist. Wer keine elektrische Friteuse mit Regler hat, kann die Temperatur so prüfen: Etwas Teig oder einen Weißbrotwürfel ins Fett geben. Sprudelt es kräftig auf und bilden sich Bläschen, dann ist die Temperatur von 180°C in etwa erreicht. Karpfenstücke so lange fritieren, bis sie goldgelb und knusprig sind. Fritiersieb hochstellen, Fischstücke auf Küchenkrepp abtropfen lassen. Sofort servieren.

FISCH AUS DER PFANNE

Fritieren

So merkwürdig es klingt: Fritieren wird zu den „trockenen" Garmethoden gezählt. Aber wer im heißen Fett fachgerecht zu garen versteht, hat dennoch als Ergebnis einen besonders saftigen und aromatischen Fisch. Vorausgesetzt, es werden die folgenden Grundregeln beachtet: Nur Fette verwenden, die kein Wasser enthalten und daher einen hohen Rauchpunkt haben. Womit der Erhitzungsgrad benannt wird, bei dem Fett verbrennt. Vorteilhaft sind die im Handel erhältlichen speziellen Öle und Fritierfette, mit denen man in der Regel gute Ergebnisse erzielt. Die Gartemperatur muß natürlich stimmen. Sie darf 180°C nicht übersteigen und nie unter 140°C absinken. Grundsätzlich gilt im Hinblick darauf: Je größer die Fische oder Fischstücke sind, desto niedriger muß die Gartemperatur sein. Wäre sie zu hoch, dann würde das Gargut zwar rasch braun, wäre innen aber nicht gleichzeitig gar. Bei zu niedriger Temperatur saugt sich die schützende Hülle (Ausbackteig, Panade oder Mehl) voll Fett. Kleine Fische, wie Sardinen oder Sprotten, brauchen die höhere Temperatur, weil sie schnell gar werden.
In jedem Fall auch auf die Fischmenge achten, die ins heiße Fett gegeben wird. Zu viele Stücke oder gar ganze Fische – auf einmal hineingegeben – senken die Temperatur drastisch ab. Das Ergebnis wäre wiederum: Die Hülle saugt sich voll Fett, der Fisch kann nicht fachgerecht garen. Richtig ist: Nur wenige Stücke gleichzeitig ins heiße Fett geben.
Zum Fritieren eignen sich besonders gut feste, weißfleischige Fische. Große Fische, wie Kabeljau oder Schellfisch, werden in Koteletts oder Filets geteilt, kleine Fische, wie Sardinen oder Sprotten, im ganzen gelassen. Ohne die schützende Hülle sollte man jedoch Fisch nicht fritieren. Weil das pure Fischfleisch viel zu zart ist. Die Umhüllung sorgt dafür, daß sich schnell eine feine Kruste bildet, die das Fleisch saftig und aromatisch hält. Diese Hülle kann aus einer einfachen, dünnen Schicht Mehl bestehen, einer Panade aus Ei und Semmelbröseln oder aber einem richtigen Teigmantel.
Gewürzt werden Fische oder Fischstücke vorm Fritieren. Oft mariniert man sie auch mit Zitronensaft oder Sojasauce. In jedem Fall müssen sie zuerst trockengetupft und dürfen dann erst paniert oder im Teig gewendet werden. Sonst hält die Panade nicht. Etwas größere Fische, die im ganzen fritiert werden sollen, kann man vorher ziselieren, also an den dicksten Stellen der Seiten leicht einschneiden. Dadurch dringt die Hitze gleichmäßig ein. Die Fische garen insgesamt gleichmäßig.

Panieren. Dazu eignen sich am besten kleinere Fischstücke. Hier wurde Brachsenfilet vorbereitet, in fingerdicke Streifen geschnitten und mit Salz und Pfeffer gewürzt. In Mehl wenden, überschüssiges Mehl abklopfen. In verquirltem Ei wenden, dann in frischen, fein geriebenen Semmelbröseln. Nacheinander ins erhitzte Fett (180°C) geben und in 2–3 Minuten knusprig backen. Mit einem Schaumlöffel aus dem Fett heben und auf Küchenkrepp abtropfen lassen. Sofort servieren. Zitronenspalten und frische, 3–4 Sekunden fritierte Petersilie dazu anbieten.

In Mehl wenden. Kleine Fische, wie diese Ährenfischchen, werden ganz und möglichst „naturel", also in der einfachsten Panade fritiert, die es gibt. Zuerst in leicht gesalzene Milch tauchen und dann etwas abtropfen lassen. Dann die Fischchen in Mehl wenden, bis sie gleichmäßig bedeckt sind. In ein Sieb geben, vorsichtig schütteln und dadurch überschüssiges Mehl entfernen. Jeweils eine Handvoll Fischchen ins heiße Fett (180°C) geben und in 2–3 Minuten goldbraun backen. Auf Küchenkrepp abtropfen lassen und gleich servieren.

FISCH AUS DER PFANNE

SCHOLLENFILETS FRITIERT

4 Schollen
Salz, Pfeffer aus der Mühle
Zitronensaft
Mehl zum Wenden
2 Eier
Fritierfett

Die bereits ausgenommenen Schollen abspülen und trockentupfen. Die Filets auslösen, wie auf Seite 110 beschrieben. Die Filets enthäuten, sauber parieren und mit Küchenkrepp trockentupfen.
Das Mehl auf einen Teller sieben, die Eier mit einigen Tropfen Wasser verquirlen und alles zum Panieren bereitstellen, auch die Friteuse vorbereiten. Denn jetzt muß zügig gearbeitet werden. Zuerst die Filets mit Salz und Pfeffer würzen und mit Zitronensaft beträufeln. Gleich in Mehl wenden, überschüssiges Mehl abklopfen. Danach sofort in dem verquirlten Ei wenden. Blieben die Filets zu lange mit dem Mehl liegen, würde sich das Mehl mit der Flüssigkeit des Fischfleischs verbinden, breiig werden und zu quellen beginnen.
Zügig geht's auch weiter. Die in Ei gewendeten Filets sofort in das auf 180°C erhitzte Fritierfett geben und goldgelb ausbacken. Herausnehmen und auf Küchenkrepp abtropfen lassen – und sofort servieren! Hält man die fertigen Filets nämlich länger warm, weicht die zarte, locker-knusprige Hülle auf, wird weich und pappig, und das Geschmackserlebnis ist dahin.

STINT PANIERT

Der eher unscheinbare und kleine Stint ist ein äußerst wohlschmeckender Fisch. Sein Fleisch ist empfindlich und sehr zart und hat ein feines Aroma, das an frische Gurken erinnert. In der Pfanne gebacken und mit Zitrone oder einer säuerlich abgeschmeckten Dillmayonnaise serviert, ist er ein Genuß.

Zutaten für 1 Portion:

300–350 g Stinte
Salz, Pfeffer aus der Mühle
Mehl zum Bestauben

Schollenfilets in Mehl wenden. Sie werden vorher mit Salz, Pfeffer und Zitronensaft gewürzt. Wichtig: Das Mehl sieben, damit es sich gleichmäßig auf dem Fischfleisch verteilt. Die beiden Eier aufschlagen. Mit ein paar Tropfen Wasser mischen und mit der Gabel verquirlen. Filets nacheinander kurz in das Mehl drücken, abklopfen und in den aufgeschlagenen Eiern wenden. Ins Fritierfett geben, das inzwischen auf 180°C erhitzt worden ist, und goldgelb ausbacken. Wenn der Teig eine schöne goldbraune Farbe hat, sind die Filets in ihrer zarten Hülle gar.

Knusprig aus der Pfanne.
In leichte Panade gehüllt und in der Pfanne goldgelb gebacken, das ist die ideale Zubereitungsart für frische Stinte. Mit etwas Zitronensaft beträufelt, sind sie ein Genuß.

FISCH AUS DER PFANNE

1 Ei, Semmelbrösel
30 g Butter, 15 g Öl

Die Stinte werden vorsichtig geschuppt und ausgenommen, die Kiemen mit einer kleinen Schere entfernt. Sehr kleine Stinte braucht man nicht auszulösen; die Gräten sind so zart, daß sie ohne weiteres mitgegessen werden können. Größere Exemplare, wie hier, werden durch den Rücken entgrätet (wie der Loup de mer auf Seite 106). Die vorbereiteten Fische abspülen, trockentupfen und mit Salz und Pfeffer würzen. Mit gesiebtem Mehl bestäuben, überschüssiges Mehl leicht abklopfen. Durch das aufgeschlagene Ei ziehen, dann in feingesiebten Semmelbröseln wenden. Die Semmelbrösel leicht andrücken. Butter und Öl in einer Pfanne aufschäumen lassen und die Stinte darin auf beiden Seiten goldbraun backen, abtropfen lassen, sofort servieren.

KNUSPRIGE ROTAUGENFILETS
oder wie man feine Gräten genießbar macht

Wenngleich die Rotaugenfilets hier genauso wie andere Fischfilets auch paniert und fritiert werden, so verbirgt sich unter ihrer knusprigen Hülle doch ein Geheimnis: Die Gräten in den Rotaugenfilets sind nämlich äußerst klein und fein. Zudem sitzen sie sehr fest im Fleisch, so daß sie nur mit Schwierigkeiten entfernt werden können. Das macht den Fisch nicht eben beliebt, und er wird daher auch kaum gefangen, obwohl er in vielen Seen in großer Zahl vorhanden ist.
Da es aber Kenner gibt, die den Wohlgeschmack der Rotaugen sehr schätzen und deshalb auf ihren Genuß nicht verzichten wollen, kam es schließlich in der Schweiz zu der Entwicklung einer Maschine, die das Problem löst. Sie funktioniert wie ein „Steaker", der bekanntlich die Fasern im Steakfleisch durchtrennt und es dadurch mürber macht. Bei der Maschine für die Rotaugenfilets funktioniert das so: Viele rasiermesserscharfe Messerchen durchtrennen in einem Abstand von etwa einem halben Zentimeter die im Fleisch sitzenden Gräten in so kleine Stücke, daß sie absolut gefahrlos mitgegessen werden können. Noch besser: Man spürt sie nicht einmal mehr!
Profis mit reichem Fischangebot in ihrem Restaurant könnten nun überlegen, sich eine solche Maschine in ihrer Küche aufzustellen. Im Privathaushalt wäre das natürlich nicht rentabel. Dennoch müßte man auch hier keineswegs auf die schmackhaften Rotaugenfilets verzichten: Man schneidet die Filets in Abständen von 1/2 cm mit einem superscharfen Messer quer ein, und zwar so, daß sie an der unten liegenden Hautseite noch zusammenhängen.
So präpariert, können die Filets zubereitet werden. Die Semmelbrösel wurden hier mit feingehobelten Mandeln gemischt. Das hebt das feine Aroma und macht die Hülle noch knuspriger.

600 g Rotaugenfilets
Salz, Pfeffer aus der Mühle
Zitronensaft, Mehl zum Wenden
3 Eier
250 g Semmelbrösel, feingesiebt
4 EL gehobelte Mandeln
Fritierfett

Die Filets, wie in der Bildfolge beschrieben, zubereiten und anrichten. Eine feinsäuerliche Mayonnaise oder eine Remoulade passen gut dazu.

Die Rotaugenfilets panieren. Deutlich ist zu erkennen, daß die Filets ein-, aber nicht durchgeschnitten sind. So sind die Gräten beim Essen nicht mehr zu spüren. Nach dem Einschneiden die Filets würzen, in Mehl und in verquirltem Ei wenden. Die feingesiebten Semmelbrösel mit den gehobelten Mandeln mischen und die Filets auch darin wenden. Diese Panade gut andrücken, damit sie fest haftet. Die Rotaugenfilets im auf 180°C erhitzten Fett goldbraun ausbacken. Auf Küchenkrepp abtropfen lassen, leicht mit Salz bestreuen.

GRILLEN UND RÄUCHERN

Zwei Garmethoden sind es, nach denen in diesem Kapitel Fisch schmackhaft zubereitet wird. Das Grillen hat dabei Priorität. Schließlich ist es die älteste Garmethode überhaupt. Mit dem Rösten von Fleisch über dem offenen Feuer begann der Mensch, als er in der Lage war, ein Feuer zu entfachen. Und bediente sich dabei eines so einfachen Gerätes, wie es der Spieß ist. Darauf zog er große Fleischstücke und brutzelte sie drehend über dem Feuer. Erst später kam er auf die Idee mit dem Rost, auf dem er nun auch empfindliche, kleine Fleischstücke und zarten Fisch schonend, bekömmlich und wohlschmeckend zubereiten konnte.
An dem Prinzip – Garen durch Strahlungshitze – hat sich bis heute nichts geändert. Nur die Geräte haben sich, dem Stand der Technik entsprechend, weiterentwickelt. Mit ihnen ist heutzutage das Grillen eine problemlose Angelegenheit. Auch über Holzkohlenglut im Freien – für viele ein untrennbar mit dem Sommer verbundener Freizeitspaß.
Den kann man sich aber auch durch das Räuchern verschaffen, die zweite in diesem Kapitel angesprochene Garmethode. Und hier im besonderen durch das Heißräuchern in kleinen, leicht zu bedienenden modernen Geräten. Dabei wird der Fisch in relativ kurzer Zeit gleichzeitig gegart und geräuchert. Frisch aus dem Räucherofen serviert, noch warm und duftend, garantiert ein so zubereiteter Fisch unvergleichlichen Genuß.

Ein herzhafter Genuß: Lachskoteletts vom Grill. Alle größeren Fische schneidet man zweckmäßig zu Koteletts oder grillt die Filets. Kleine Fische, wie zum Beispiel Sardinen, werden im ganzen gegrillt. Wer dem Fisch eine besondere Würze geben möchte, mariniert ihn vorher in Grillöl, das man selbst zubereiten kann.

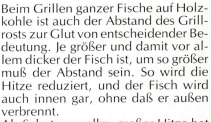

Beim Grillen ganzer Fische auf Holzkohle ist auch der Abstand des Grillrosts zur Glut von entscheidender Bedeutung. Je größer und damit vor allem dicker der Fisch ist, um so größer muß der Abstand sein. So wird die Hitze reduziert, und der Fisch wird auch innen gar, ohne daß er außen verbrennt.
Als Schutz vor allzu großer Hitze hat sich im übrigen Alufolie bewährt. Auf den Rost gelegt, kann man Fisch darauf grillen, ohne daß die Haut, wo sie auf den Stäben aufliegt, verbrennt. Zudem verhindert die Folie, daß Öl in die Glut tropft.

Auf dem Rost grillen

Über die Vorzüge des Elektrogrills gegenüber dem Holzkohlengrill wurde schon viel diskutiert. Im Prinzip ist der Garvorgang bei beiden gleich: Man gibt den Fisch auf den geölten, heißen Rost. Und da die Hitze nur von einer Seite, nämlich von unten, einwirken kann, muß der Fisch während des Grillens gewendet werden.
Der Elektrogrill ist natürlich einfacher zu handhaben. Nämlich durch Regler. Im Gegensatz zum Holzkohlengrill, der zum Anfachen und zur Erhaltung der konstanten Hitze manchen Handgriff und ein bißchen Geschick erfordert. Die Holzkohle muß so lange brennen, bis sich die Stücke mit einer grauen Ascheschicht überzogen haben. Flammen dürfen nicht mehr aufzüngeln. Erst dann ist der Grill betriebsbereit. Zweckmäßig ist, in die Mitte der Glut eine Fettauffangschale zu stellen. Man kann Aromaten wie Fenchel, Thymian oder Knoblauch, Rosmarin oder Wacholder hineingeben, deren aufsteigender Duft dem Fisch zusätzliches Aroma vermittelt.
Der Vorteil des Holzkohlengrills: Der Fisch wird würziger. Auch ohne zusätzliche Aromaspender. Denn schon das Verbrennen der Holzkohle erzeugt Duftstoffe, die dem Grillgut ein ganz spezifisches Aroma verleihen. Der Nachteil: Wenn Holzkohle nachgefüllt werden muß, kann nicht eher wieder gegrillt werden, bis diese mit Asche überzogen ist. Da kommt der Vorteil des Elektrogrills ins Spiel. Mit ihm läßt sich einfacher und auch sauberer arbeiten, weil weder Rauch noch Ruß entstehen.

SCHLEIENFILETS IN ALUFOLIE

Schonendes Garen ist – wie jeder weiß – bei Fisch mit seiner zarten Struktur oberstes Gebot. Da bietet sich die Alufolie geradezu als ideales Hilfsmittel an. Zumal dann, wenn Fisch gegrillt werden soll. Sie schützt ihn vor der direkten, starken Strahlungshitze und bewirkt, daß er im eignen Saft gart. Außerdem sorgt die luftundurchlässige Hülle dafür, daß Geschmacksstoffe voll erhalten bleiben.

2 Schleien à 350 g
Salz, Pfeffer aus der Mühle
80 g Butter
4 Schalotten
4 Knoblauchzehen
4 Lorbeerblätter
4 Thymianstengel
Kraut von 2 Fenchelknollen
Julienne von 1 Möhre

Die Schleien ausnehmen und filetieren, die Filets einmal durchschneiden. Mit Salz und Pfeffer würzen. 4 entsprechend große Stücke Alufolie mit je 10 g Butter bestreichen, je 2 Filetstücke darauflegen. Darauf je 1 ungeschälte, geviertelte Schalotte, 1 geschälte Knoblauchzehe, 1 Lorbeerblatt, 1 Thymianstengel, das Fenchelkraut und die Möhrenjulienne verteilen. Die restliche Butter daraufgeben. Locker in Alufolie einschlagen, aber fest verschließen. Auf vorgeheiztem Grill in 8–12 Minuten garen.

Schützend in Alufolie garen. Das verhilft zu einem genüßlichen Essen. Das Foto oben zeigt die Schleienfilets mit Kräutern, Gewürzen, Butter und Möhrenjulienne, bevor das Paket – fest verschlossen, aber die Zutaten locker umschließend – auf den Grill kommt. Und so saftigappetitlich sieht's aus, wenn der lecker-würzige Fisch, sozusagen im eigenen Saft gegart, vom Grill genommen wird, um serviert zu werden (Foto unten). Der Fisch hat die Aromen der Zutaten aufgenommen. Sein Geschmack: Überzeugend delikat.

GRILLEN UND RÄUCHERN

GEGRILLTE SARDINEN

Wenn es einen kleinen Fisch gibt, der sich besonders gut zum Grillen eignet, dann ist es die Sardine. Da sie so klein ist, hat sie nur eine kurze Garzeit und kann deshalb im ganzen und mit ihrer schützenden Haut zubereitet werden. Außerdem haben Sardinen ein relativ fettreiches Fleisch. Haut und Fett schützen sie vor dem Austrocknen beim Grillen, geben ihnen aber gleichzeitig auch ihren typisch-saftigen Geschmack.

1/2 rote Paprikaschote

2 EL feingehackte Kräuter wie Petersilie, Salbei, Rosmarin

1 Knoblauchzehe, 12 EL Olivenöl

16 Sardinen à 70–80 g

Salz, Pfeffer aus der Mühle

Die geputzte Paprikaschote in feinste Würfelchen (Brunoise) schneiden. Mit den Kräutern in eine Schüssel geben, dazu die angedrückte Knoblauchzehe und das Olivenöl. Durchrühren und abgedeckt 30 Minuten durchziehen lassen. Inzwischen die Sardinen vorsichtig schuppen und die Flossen, ausgenommen die Schwanzflossen, abschneiden. Die Sardinen ausnehmen. Zum Öffnen der Bauchhöhle eine kleine Schere verwenden; wenn man sie mit dem Messer aufschneidet, reißen die dünnen Bauchlappen allzu leicht ein. Die Sardinen unter einem dünnen kalten Wasserstrahl ausspülen und mit Küchenkrepp trockentupfen. Dann in eine flache Schüssel legen, mit dem Würzöl bedecken und zugedeckt 60 Minuten marinieren. Die Sardinen salzen und pfeffern und nacheinander auf dem heißen Rost in 2–3 Minuten pro Seite garen. Heiß mit einer kalten, würzigen Sauce servieren.

Größere Fische, wie hier die Makrelen, werden beim Wenden auf dem Grillrost leicht verletzt oder fallen gar auseinander. Ein Grillkorb verhindert das. In ihm kann der Fisch während des Grillens mehrmals umgedreht werden, ohne daß er Schaden nimmt.

GRILLEN UND RÄUCHERN

GEGRILLTE THUNFISCHKOTELETTS

Beim Grillen wird Fisch durch die Strahlungshitze bekanntlich hohen Temperaturen ausgesetzt. Dabei gerinnt das Eiweiß im äußeren Gewebe praktisch sofort, so daß sich die gewünschte, feste und schmackhafte Röstschicht bildet. Dieser knusprige Schutzschild bewirkt zweierlei: Es haben sich angenehm schmeckende Röststoffe gebildet, und das Grillgut bleibt innen saftig. Das Einhalten der vorgeschriebenen Garzeit ist allerdings dabei wichtig; wird der Fisch nämlich zu lange gegrillt, ist er außen ledrig und innen trocken. Auf Genauigkeit kommt's also an.

Kommt noch hinzu, daß sich festfleischige, fetthaltige Fische zum Grillen besser eignen als solche mit zartem Gewebe und weniger Fett. Denn die kräftigere Struktur und das Fett verhindern, daß der Fisch austrocknet. Wer nun aber gern auch mal einen mageren Fisch grillen möchte, muß nicht unbedingt darauf verzichten. Er kann ihn während des Grillens häufiger mit Öl bestreichen oder ihn vorher in gewürztem Öl marinieren.

Ganz gleich, ob Teilstücke von großen Fischen – wie Thun, Schwertfisch, Marlin (Speerfisch) oder Lachs – oder ganze Fische gegrillt werden sollen, die Haut läßt man zweckmäßigerweise dran. Sie schützt vorm Austrocknen und sorgt im übrigen für das intensivere Geschmackserlebnis. Was nun den festfleischigen und fetthaltigen Thunfisch angeht, so eignet er sich hervorragend zum Grillen. Ob man den Großen oder Roten Thunfisch bevorzugt oder den Albacore Tuna, also den Weißen Thun, auch Germon genannt, – beide werden von Kennern wegen ihres guten Geschmacks geschätzt.

Saftig-appetitlich: das Kotelett vom Roten Thunfisch. Roh muß es 2–3 Stunden in der Marinade durchziehen und häufig gewendet werden, damit die Aromastoffe gleichmäßig das feste Fischfleisch durchziehen können. Einen ganz spezifischen Geschmack vermittelt auch das verwendete Olivenöl, das von Kennern als ausgezeichnete Würze verstanden wird. Aber nur dann, wenn es sich um kaltgepreßtes Öl handelt.

GRILLEN UND RÄUCHERN

200 ml Olivenöl
4 Salbeiblätter, 1 Lorbeerblatt
1 Stengel Rosmarin
2 Knoblauchzehen, 1 Schalotte
1 TL schwarze Pfefferkörner
1 TL Senfkörner
4 Thunfischkoteletts à 200 g, Salz

Olivenöl, Salbeiblätter, Lorbeerblatt, den zerpflückten Rosmarin, die halbierten und angedrückten Knoblauchzehen, die in Scheiben geschnittene Schalotte, die grob zerdrückten Pfefferkörner und die Senfkörner zu einer Marinade mischen. Thunfischkoteletts darin wenden und zugedeckt 2–3 Stunden marinieren. Salzen und sofort auf dem Holzkohlengrill in 8–12 (pro Seite 4–6) Minuten garen.

So werden die gefüllten Weinblätter vorbereitet. Jeweils von links nach rechts: Zunächst den gesäuberten und enthäuteten Aal wie einen Rundfisch filetieren. Mit einem scharfen Messer zuerst das obere Filet von der Mittelgräte lösen, dann die Mittelgräte vom unteren Filet wegschneiden. Alle im Fleisch verbliebenen Gräten entfernen. Die Aalfilets in etwa 3 cm lange Stücke schneiden. Die Weinblätter flach ausbreiten und trockentupfen. Die holzigen Stiele abschneiden. Jedes Blatt mit zunächst einem Aalstück belegen und gewürzte Croutons darauf verteilen, dann mit einem zweiten Aalstück bedecken. In die Blätter wickeln. Zuerst die untere Blatthälfte, dann die beiden Seiten einschlagen und alles nach oben einrollen.

AAL IN WEINBLÄTTERN

Weinblätter eignen sich gut als schützende Hülle beim Grillen. Sie werden meist in gesäuerter Salzlake konserviert und – in Dosen oder Kunststoffbeuteln verpackt – im Handel angeboten. Damit sie sich gut voneinander lösen und nicht reißen, werden sie vorsichtig aus der Verpackung genommen und in eine Schüssel mit viel Wasser gelegt, aus dem man sie dann einzeln herausnimmt. Dabei wird auch die oft sehr salzige Lake abgespült.

1 Aal von 1 kg oder 2 Aale à 600 g
16 große Weinblätter
4 Scheiben Toastbrot, 40 g Butter
4 Salbeiblätter, feingehackt
Salz, Pfeffer aus der Mühle
Saft von 1/2 Zitrone

Aal und Weinblätter, wie in der Bildfolge beschrieben, vorbereiten. Das Toastbrot entrinden und in kleine Würfel schneiden. Butter in einer Pfanne aufschäumen lassen. Die Brotwürfel darin goldbraun rösten, häufig dabei umrühren. Abgekühlt mit dem gehackten Salbei mischen. Mit Salz, Pfeffer und Zitronensaft würzen. Weiterarbeiten, wie in der Bildfolge beschrieben. Die gefüllten Weinblätter auf Spieße stecken und pro Seite 3–4 Minuten grillen.

Grillen im Freien

Über Holzkohlenglut im Freien zu grillen, ist ein beliebter sommerlicher Freizeitspaß. Wer's im eigenen Garten oder gar auf der Terrasse tut, braucht – wegen der Rauchentwicklung – verständnisvolle Nachbarn. Außerdem natürlich besten frischen Fisch und ein Grillgerät.

Bei den meisten Geräten befindet sich der Grillrost über dem Behälter für die Holzkohle. Sehr praktisch sind aber Grillgeräte, bei denen das Grillgut sozusagen vor der Glut gart. Der Rost steht praktisch senkrecht neben der Glut und läßt die Hitze sanft auf das davor plazierte Grillgut einwirken, das mit dem Rost direkt nicht in Berührung kommt.

Wer öfter Fisch auf dem Holzkohlengrill zubereitet, der tut gut daran, sich spezielle Fischkörbe anzuschaffen. Sie haben überzeugende Vorteile: Man kann den Fisch problemlos wenden, ohne daß er dabei verletzt wird. Er bleibt zudem bestens in Form. Und zum Grillen vor der Glut, wie hier bei der Lachsforelle – ist ein solcher Grillkorb sogar unerläßlich.

Neben Grillkörben für einzelne große Fische gibt es Wendebräter, in die in der Regel 6–12 kleinere Fische, wie Sardinen, Sardellen oder Sprotten, passen. Das sind aufklappbare Metallgestelle mit entsprechend großen Mulden für die Fische. Wichtig ist, daß die Fische genau in die Mulden (oder in den Grillkorb) hineinpassen. Bei zu großen Fischen kann man eventuell den Kopf abschneiden. Schließlich gibt es noch Wendebräter ohne Mulden, in denen Koteletts oder Tranchen gegrillt werden können.

Vor dem Grillen müssen Korb oder Wendebräter immer eingeölt werden, damit der Fisch mit seiner empfindlichen, eiweißreichen Haut nicht am Gitter hängenbleibt. Der Fisch wird ebenfalls vor dem Grillen mit Öl bestrichen. Auch während des Grillens empfiehlt es sich, vor allem fettarme Fische öfter mit Öl zu bepinseln. Und regelmäßiges Wenden verhindert, daß die Haut verbrennt und der Fisch nicht gleichmäßig gart.

Ganze Fische werden gewöhnlich vor dem Grillen ausgenommen. Am besten durch die Kiemen, damit sie ihre Form behalten. Bei sehr kleinen Fischen, wie Sardellen oder Sardinen, kann man schon mal eine Ausnahme machen. Voraussetzung ist jedoch, daß die Fische topffrisch sind, am besten vom selben Tag. Der fertig gegrillte Fisch wird vorsichtig aus dem Korb oder dem Wendebräter genommen und sofort, ganz heiß, serviert. Nur dann ist die Haut so herrlich knusprig, wie sie sein soll.

LACHSFORELLE VOM GRILL

Zutaten für 5–6 Portionen:
1 Lachsforelle von 2,4 kg
Salz, Pfeffer aus der Mühle
Öl zum Bestreichen
1 Handvoll frische Kräuter, wie Petersilie, Estragon, Dill und Thymian
einige Pfefferkörner
1 Knoblauchzehe
120–150 g Butter
1 Stückchen Baguette

Die Lachsforelle durch die Kiemen ausnehmen, wie auf Seite 109 beschrieben. Kalt abspülen und ohne Druck trocken-

Die Lachsforelle mit Öl einstreichen. Zuerst an der unteren Seite. Dann in den unteren Teil des – ebenfalls mit Öl bestrichenen – Grillkorbs legen und die Oberseite bestreichen. Den geschlossenen Korb füllt die Forelle prall aus (großes Foto). Das Öl sorgt dafür, daß die Haut nicht am Korb kleben bleibt, gleichmäßig bräunt und knusprig wird.

GRILLEN UND RÄUCHERN

tupfen. Salzen, pfeffern und mit Öl einstreichen. Die Bauchhöhle mit den gewaschenen und trockengetupften Kräutern füllen. Die Pfefferkörner, den feingehackten Knoblauch und die Butter in Stückchen zugeben. Den Schlund mit dem Baguette-Stückchen schließen, damit die Butter beim Grillen nicht herausfließen kann. Die Lachsforelle in den Grillkorb einschließen und in 20–25 Minuten garen.

Zu der Lachsforelle vom Grill paßt als Beilage frisches, knuspriges Weißbrot. Denn beim Servieren fließt die köstlich aromatisierte Butter aus dem Fisch, die mit dem Brot aufgenommen werden kann. Dazu ein spritziger Weißwein – und die Welt des Genießers ist rundherum in Ordnung.

Rückenflosse rausziehen. Wenn das leicht geht, ist die Lachsforelle gar (oberstes Foto). Dieses kapitale Exemplar braucht 20–25 Minuten Garzeit und muß währenddessen ständig vor der Glut gedreht werden. Zum Grillvergnügen gehört also ein bißchen Arbeit und Geduld. Der fertig gegarte Fisch läßt sich zwar sauberer portionieren, wenn man die Haut abzieht (Foto darunter). Aber die meisten werden wohl darauf bestehen, die Forelle mit Haut zu genießen. Auch auf die Gefahr hin, daß die Portionen nicht so exakt tranchiert sind, weil die Haut sich nicht so gut teilen läßt.

Heringsfilets vom Brett

Eine uralte, den Indianern abgeschaute Methode ist es, Fischfilets auf einem Brett festzunageln und dieses senkrecht vor's Feuer zu stellen. Mancher Pfadfinder wird sich vielleicht an ein solch kulinarisches Lagerfeuer-Erlebnis erinnern.

Mit einem Grillgerät, wie es für die Lachsforelle links verwendet wird, geht das auch ohne Lagerfeuer sehr gut. Am besten eignen sich deftige, vor allem fetthaltige Fische, wie Makrele und Hering. Denn durch die relativ lange Garzeit würden weniger fettreiche Fische austrocknen. Darum müssen die Filets, trotz des Eigenfettgehalts, auch während des Garens noch mit Öl bestrichen werden. Hier wurden frische grüne Heringe verwendet. Die Köpfe werden entfernt, Flossen, außer den Schwanzflossen, abgeschnitten. Die ausgenommenen Fische klappt man dann auseinander, entfernt die Mittelgräten und zupft die kleinen Gräten mit einer Pinzette heraus. Gesalzen und gepfeffert, nagelt man sie mit Aluminium- oder Stahlnägeln auf ein geöltes Brett aus Hartholz, wie Eiche oder Buche. Fisch mit Öl einstreichen und das Brett vor die Glut stellen. Nach halber Garzeit (20 Minuten insgesamt) das Brett umdrehen.

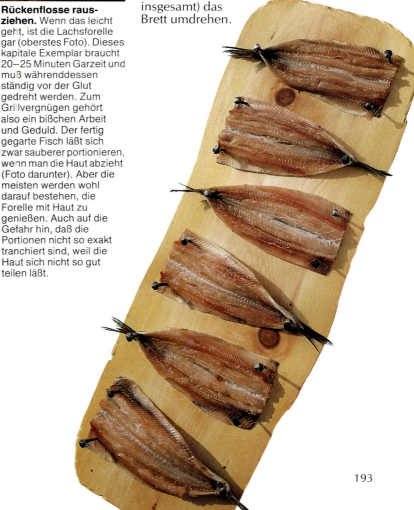

GRILLEN UND RÄUCHERN

Hitze von unten: Grillen auf Stein

Eine uralte Garmethode – in der Mongolei, in China und Japan bis heute praktiziert – setzt sich auch bei uns wieder durch: Das Grillen auf heißem Stein. Es gibt schon eine ganze Reihe von Restaurants, in denen sich die Gäste ihr Essen auf diese Weise selbst brutzeln.
Neben dem Spaß, den das in geselliger Runde bringt, hat diese Art des Garens aber auch echte Vorteile. Besonders bei Fisch. Denn er wird äußerst schonend gegart. Die Hitzeeinwirkung ist sanfter, es entwickelt sich kein unangenehmer Rauch, und das Geschmacksergebnis ist überragend gut.
Natürlich eignet sich nicht jeder Stein. Er muß vor allem hart sein, auf keinen Fall porös (sonst saugt er das Fett auf), und er muß gut Wärme speichern. Mit einer Schieferplatte, wie auf dem Bild unten verwendet, geht's schon recht gut, am besten eignen sich aber Platten aus Granit. Äußerst wichtig ist auch die richtige Pflege: Nur heißes, klares Wasser darf an die (mehrere Zentimeter dicken) Platten, kein Tropfen eines Spülmittels. Dessen Geschmack würde sich dem Stein sofort mitteilen. Dagegen nimmt er das Aroma der gegrillten Lebensmittel nicht an – richtige Pflege vorausgesetzt.
Wer zu Hause auf heißen Steinen grillen möchte, muß sie auf der Herdplatte oder über der Gasflamme erhitzen. Denn die Hitze im häuslichen Backofen reicht dazu nicht aus.
Ideal sind Brassen, Sardinen, Schollen und andere flache und kleine Fische, die schnell durchgaren. Auch Scheiben oder Filets, vor allem von etwas fetteren Fischen wie Makrelen oder Heringen, sind bestens geeignet.

Schonendes Garen auf heißem Stein. Die Hitzegrade sind zwar, zumindest in der Anfangsphase, genauso hoch wie beim Braten in der Pfanne, dennoch ist die Hitzeeinwirkung insgesamt sanfter. Und das bekommt den kleinen, feinen Fischen ausgesprochen gut.

GRILLEN UND RÄUCHERN

ROTBRASSEN AUF STEIN GEGRILLT

Rotbrassen von höchstens 400 g (größere empfehlen sich nicht für's Grillen auf Stein) schuppen, ausnehmen, abspülen, innen und außen salzen. Die Bauchhöhle mit Kräutern nach Geschmack füllen, den Fisch rundherum mit Öl einstreichen. Auf den heißen Stein legen, 10 Minuten grillen, wenden und in weiteren 5–6 Minuten garen. Wer will, kann mit Öl bestrichene Gemüsescheibchen mitgrillen.

HITZE VON OBEN

Moderne Elektro- und Gasherde sind ohne Grillvorrichtung schier undenkbar. Selbst bei preiswerten Modellen wird nicht darauf verzichtet.

Das Prinzip ist dasselbe wie beim Grillen über Holzkohlenglut auf dem Rost: Die Strahlungshitze bewirkt, daß das Eiweiß in den äußeren Schichten gerinnt und Saft, Aroma und Nährstoffe eingeschlossen werden. Denn es bildet sich sofort eine schützende Kruste.

Wenn die Hitze nun von oben einwirkt, kommen noch entscheidende Vorteile hinzu. Das Grillen ist insgesamt schonender. Da kein Fett auf die Hitzequelle heruntertropfen und dort verbrennen kann, entsteht auch nicht das in den Verbrennungsgasen enthaltene schädliche Benzypren. Zudem gibt es keinen überhitzten Grillrost, der dem Fisch ein schwarzes „Muster" einbrennen, die Haut oder die Außenseite also verkohlen könnte. Auf Zugabe von Fett kann fast ganz verzichtet werden. Für die Diätküche ist daher diese Art des Garens geradezu ideal.

Auch unliebsame Reinigungsarbeiten, wie das Entfernen von eingebranntem Fett vom Rost, bleiben einem erspart. Wer zusätzlich den Fisch auf Alufolie legt, geht ganz sicher, daß nichts verbrennt. Gleichzeitig wirkt die Folie wie ein Reflektor und kann dadurch den Garprozeß beschleunigen. Und noch ein Vorteil des Grillens unter Oberhitze im Backofen: Es verhindert starke Geruchsentwicklung.

Von der Energiequelle ist abhängig, wie die Strahlungshitze erzeugt wird. Beim Elektrogrill sind es Heizschlangen, so wie auf dem Bild oben sehr gut zu sehen. Anders beim Gasgrill. Da wird eine Stahlplatte durch Flammen erhitzt, bis diese genügend Strahlungshitze entwickelt.

Wichtig ist, daß der Grill, also die Heizschlangen beim Elektrogrill oder die Stahlplatte beim Gasgrill, voll erhitzt ist, bevor der Fisch darunter plaziert wird. Ist nämlich die Temperatur zu niedrig, der erste Hitzeschock also nicht groß genug, gerinnt das Eiweiß in den äußeren Schichten nicht sofort, es bildet sich keine schützende Kruste, der Fisch verliert Saft und wird trocken. Ähnliches geschieht allerdings auch, wenn der Fisch zu feucht ist. Auch dann kann sich die schützende Kruste nicht sofort bilden, und das Ergebnis wäre ein trockener, fade schmeckender Fisch. Denn das Aroma würde ebenfalls auf der Strecke bleiben.

Eine ideale Grill-Kombination: Frischer Fisch und frische Kräuter. Wer ganze Fische grillen möchte, sollte sie unbedingt einmal mit aromatischen, frischen Kräutern füllen. Geschützt in der Bauchhöhle, in Verbindung mit einem Stück Butter, entfalten sie ihr ganzes Aroma. Das Ergebnis: Unvergleichlicher Hochgenuß!

GRILLEN UND RÄUCHERN

So filetiert Tony Breeze den King Salmon. Zuerst schneidet er das ganze Filet mit einem scharfen Messer von der Mittelgräte. Enthäutet und pariert, wird es dann in Portionsstücke geschnitten (Bild oben Mitte). Für die Vinaigrette verrührt Tony Breeze die in Essig marinierten Himbeeren mit feingehacktem Knoblauch, Senf und Salz (Bild unten Mitte). Zum Schluß wird feinstes Olivenöl zugegossen und mit dem Schneebesen eingerührt (Bild oben rechts). Die Lachsfilet-Stücke werden mit Salz und Pfeffer gewürzt und mit Olivenöl bestrichen, bevor sie unter den vorgeheizten Grill kommen (Bild rechts unten).

Die Himbeeren mit dem Rotweinessig über Nacht zugedeckt marinieren.
Die halbe Knoblauchzehe äußerst fein hacken, mit dem Senf und etwas Salz verrühren. Die marinierten Himbeeren mit dem Essig dazugeben und alles gut verrühren. Das kaltgepreßte Olivenöl zugießen und mit dem Schneebesen einrühren. Mit Salz und Pfeffer abschmecken.
Die Lachsfilet-Stücke mit Salz und Pfeffer würzen und mit Olivenöl einstreichen. Unterm vorgeheizten Grill insgesamt 5–7 Minuten grillen, dabei einmal wenden. Sie sollen außen knusprig-hellbraun, innen auf den Punkt gar sein.
In der Zwischenzeit die Zitronenmelisse feinschneiden und unter die Vinaigrette rühren. Auf 4 Teller verteilen, die Lachsfilets darauflegen. Mit frischen Himbeeren und Melisseblättchen garnieren.

Das folgende Grillrezept ist ein Paradebeispiel für die vollkommene Harmonie von gegrilltem Fisch und einer wohlschmeckenden Sauce, die hier ihre besondere Würze durch die Rouget-Leber in Kombination mit Knoblauch erhält.

GEGRILLTER KING SALMON MIT HIMBEER-VINAIGRETTE

Tony Breeze, Chef de Cuisine des fashionablen Hotel-Restaurants im San Francisco Inter-Continental "The Mark Hopkins", ist Spezialist für Pazifik-Lachse. Für seine Lachs-Kreation mit Himbeer-Vinaigrette hat er sich den größten und teuersten aller Lachse, den King Salmon, erwählt.

Für die Vinaigrette:
60 g frische oder tiefgekühlte Himbeeren
100 ml feinster Rotweinessig
1/2 Knoblauchzehe
1 TL Dijon-Senf, Salz
200 ml Olivenöl, extra vergine
Pfeffer aus der Mühle
Außerdem:
4 Filetstücke vom King Salmon à 180 g
Olivenöl
Salz, Pfeffer aus der Mühle
15 g Zitronenmelisse
Himbeeren und Melisseblättchen zum Garnieren

ROUGET MIT THYMIAN UND LEBER

Zutaten für 2 Portionen:
1 große oder 2 kleine Rotbarben (Rougets)
1 Tomate
3 Stengel Thymian, 1 Knoblauchzehe
20 g Butter
200 ml Fischfond (Rezept Seite 116)
40 g knetweiche Butter
Öl für die Folie, Salz

Fisch ausnehmen, Leber beiseite legen. Die Filets von den Gräten schneiden, die kleinen Gräten mit der Pinzette herausziehen. Kopf und Gräten aufbewahren. Die Tomate abziehen und entkernen. Schale und Kerne aufbewahren, das Fruchtfleisch feinwürfeln.
Die Fischabfälle mit 2 Stengeln Thymian

GRILLEN UND RÄUCHERN

und der angedrückten Knoblauchzehe in 10 g Butter anziehen lassen. Tomatenreste und Fischfond zugeben. Aufkochen, abschäumen und etwa 15 Minuten simmern lassen. Abseihen und auf 1/4 der ursprünglichen Menge einkochen.
Inzwischen die Leber mit dem restlichen Thymianstengel in 10 g Butter kurz anbraten und sofort aus der Pfanne nehmen. Den Thymian entfernen, die Leber mit 30 g knetweicher Butter mixen und – in Folie gewickelt – kalt stellen.
Die Rotbarben-Filets auf geölte Alufolie legen, Hautseite nach oben. Mit der restlichen Butter bestreichen. Unterm vorgeheizten Grill in 3–6 Minuten garen. Salzen. Den reduzierten Fond erwärmen, die Leber-Butter-Mischung einschwenken. Die Sauce aufmixen, aber nicht kochen, und die Tomatenwürfel hineingeben. Nachschmecken.

FLUSSBARBEN MIT KRÄUTERN GEFÜLLT

| 4 Barben à 300–350 g |
| je 1 Bund Petersilie, Thymian und Rosmarin |
| Salz, Pfeffer aus der Mühle |
| 80 g weiche Butter |
| Zitronensaft |
| Kräuteröl zum Bestreichen |
| 2 Zitronen, unbehandelt |

Die Barben schuppen und ausnehmen. Gründlich ausspülen und sorgfältig trockentupfen. Auf beiden Seiten an der dicksten Stelle mehrmals mit einem scharfen Messer einschneiden (ziselieren). Innen und außen kräftig mit Salz und Pfeffer würzen.
Die abgespülten und trockengeschwenkten Kräuter grob hacken und mit der weichen Butter mischen, mit etwas Zitronensaft würzen. In die Bauchhöhlen der Fische verteilen.
Eine ausreichend große Gratinform mit Kräuteröl einfetten. Die Fische einlegen und mit Kräuteröl einstreichen. Unterm vorgeheizten Grill im Backofen 8–12 Minuten grillen und dabei einmal wenden. Mit Zitronenhälften servieren.

Aitel und Flußbarbe gehören zwar zu den weniger beliebten Süßwasserfischen, weil nämlich ihr Fleisch recht grätenreich ist. Doch tut man ihnen damit Unrecht, denn sie schmecken, vor allem gegrillt oder gebraten, vorzüglich.

AITELFILETS MIT TOMATEN

| 4 Aitel (Döbel) à 350 g |
| 1 Knoblauchzehe |
| 4 EL feines Kräuteröl |
| 2 mittelgroße Tomaten |
| 1 EL feingeschnittene Petersilie |
| Salz, Pfeffer aus der Mühle |
| 4 schöne, mittelgroße Tomaten |
| Kräuteröl für die Form und zum Bestreichen |
| 2 EL Weißbrotbrösel |
| 30 g Butter |

Die Aitel (auch Döbel genannt) schuppen, ausnehmen und die Filets von den Gräten schneiden. Die Knoblauchzehe halbieren, eine ausreichend große Gratinform damit ausreiben. Das Kräuteröl hineingeben. Die beiden Tomaten häuten, entkernen und in gleichmäßige kleine Würfel schneiden. Mit der feingeschnittenen Petersilie mischen, mit Salz und Pfeffer abschmecken. In die Gratinform geben.

Die Tomaten waschen, abtrocknen und oben kreuzweise einschneiden. Eine kleine Gratinform mit Kräuteröl einstreichen. Die Tomaten mit den Weißbrotbröseln bestreuen, mit Salz und Pfeffer würzen und in die Form stellen. Die Butter in Flöckchen darauf verteilen. Auf dem Boden des Backofens unterm vorgeheizten Grill in 12–15 Minuten garen.
Die Fischfilets auf der Hautseite mehrmals mit einem scharfen Messer einschneiden. Mit Salz und Pfeffer würzen und auf die Tomatenwürfel legen. Mit etwas Kräuteröl einstreichen und – sobald die Tomaten gar sind (warmstellen!) – in 5–6 Minuten unterm Grill garen. Mit den Tomaten anrichten und sofort servieren.

GRILLEN UND RÄUCHERN

Frisch geräuchert

Räuchern kann man heutzutage natürlich in hochmodernen, leicht zu bedienenden Elektrogeräten. Ein gleichgutes Ergebnis erzielt man aber auch mit ganz einfachen Geräten – wenn man es richtig macht. Statt des früher üblichen Holzfeuers bedient man sich heute der Energiequellen Gas, Öl oder Strom. Es gibt aber auch mit Spiritus betriebene Geräte, die man – unabhängig von fest installierter Energie – überall, beispielsweise im Garten, betreiben kann.

Für den Privatbedarf genügen die in verschiedener Ausführung angebotenen Kleingeräte, die es in unterschiedlichen Größen für 2 bis 12 Portionsfische gibt. Sie funktionieren alle nach dem gleichen Prinzip: Im Sockel befindet sich die Hitzequelle, darüber der Räuchertopf für das Räuchermehl. Über dem Räuchertopf liegt meist ein Abtropfblech. Darauf setzt man den Rost für das Räuchergut. Ein Deckel verschließt das Gerät.

Und so wird geräuchert: Das Räuchermehl, eventuell mit Gewürzen angereichert, kommt in den Räuchertopf. Die vorbereiteten Fische werden auf den Rost gelegt, das Gerät mit dem Deckel verschlossen. Nun die Heizquelle einschalten oder anzünden, nach Vorschrift des Herstellers regulieren. Durch die Hitze verkohlt das Räuchermehl. Durch die Wärmeeinwirkung und in dem sich entwickelnden Rauch gart der Fisch und erhält zugleich seine goldene Farbe und den unverwechselbaren Geschmack.

Nun kann man heiß oder kalt räuchern. Der Unterschied besteht in der Höhe der Hitzegrade und in der Dauer des Räuchervorgangs: Heißgeräuchert wird bei über 60°C, kaltgeräuchert bei unter 30°C. Kaltgeräucherte Fische sind, bedingt durch die längere Räucherdauer, länger haltbar.

Als Räuchermittel für Fisch eignet sich nur harzfreies Holz wie Buche, Eiche, Ahorn und ganz besonders Erle, aber auch das Holz von Obstbäumen. Besondere Würze vermittelt Wacholder- und Rebenholz. Welches Holz auch immer verwendet wird, jedes verleiht dem Räucherfisch sein typisches Aroma. Im Handel und von Versendern gibt's fertige Räuchermehle aus einer Holzsorte oder aus mehreren Sorten zusammengestellt. In der modernen Küche wird man stets das Heißräuchern bevorzugen. Weil man in relativ kurzer Zeit über unvergleichlich wohlschmeckenden Fisch verfügen kann. Gut geeignete Portionsfische sind Renken, wie hier gezeigt. Aber auch Forellen, Saiblinge, Loup de mer (kleine Exemplare), Makrelen und Aale. Letztere sind, wegen ihres hohen Fettgehalts, für's Räuchern geradezu prädestiniert. Das heißt aber nicht, daß fettärmere Fische nicht genauso schmackhaft geraten. Voraussetzung ist nur, daß sie vorher mit Butter oder Öl bestrichen werden.

Ob Renken, Saiblinge oder Brachsen, die selbstgeräucherten, frischen Fische schmecken am besten, wenn sie noch leicht warm serviert werden. Puristen (und die haben sicherlich nicht Unrecht) werden den frisch geräucherten Fisch – besonders, wenn er von einer edlen Sorte ist – nur mit Weißbrot und frischer Butter genießen wollen. Vielleicht noch mit einer dezenten Meerrettichsahne, mit der Betonung auf Sahne. Doch harmonieren frisch geräucherte Fische auch mit einer ganzen Palette kalter Saucen, angefan-

Renken mit Öl einstreichen. Dazu am besten einen Pinsel verwenden. Die Fische müssen gleichmäßig mit Öl überzogen sein, sonst wird die Haut beim Räuchern fleckig. Die Renken dann außen und innen mit Salz und frisch gemahlenem Pfeffer würzen. Mit ihrer Bauchöffnung nach oben versetzt in das Haltegitter (oder auf den Rost) legen. Mit je 4 Stengeln Thymian und Petersilie füllen. Die Butter in die Bauchöffnungen verteilen. Die Wacholderbeeren ins Sägemehl geben. Nach Anweisung des Geräteherstellers räuchern.

Ein frisch geräuchertes Saiblingsfilet gehört zum Besten unter den Räucherfisch-Delikatessen. Die Frische sollte sich aber ausnahmsweise in Grenzen halten. Denn erst nach einer gewissen Lagerung lassen sich Saiblinge optimal räuchern. Die geschlachteten Fische also sofort ausnehmen, auswaschen und abtrocknen, ihnen dann aber mindestens 5 Stunden Ruhezeit geben. So behalten sie beim Räuchern ihre schöne Form. Und, was noch wichtiger ist, erst durch die Lagerung entwickeln sie ihren ausgezeichneten Geschmack.

gen vom mageren Kräuterjoghurt bis zur kräftigen Mayonnaise mit mehr oder weniger würzenden und scharfen Zutaten.

GERÄUCHERTE RENKEN

4 Renken, 4 EL Öl
Salz, Pfeffer aus der Mühle
je 4 Stengel Thymian und Petersilie
60 g Butter
1 TL Wacholderbeeren für den Rauch

Die Renken sorgfältig schuppen, ausnehmen und ausspülen. Innen und außen mit Küchenkrepp trockentupfen. Wie in der Bildfolge links gezeigt zubereiten. Da Renken zu den Magerfischen zählen, ist die Butter in der Bauchhöhle der Fische wichtig. Sie gibt den Filets nicht nur die nötige Feuchtigkeit, sondern auch ein besonders delikates Aroma.

HORNHECHT

2 Hornhechte von etwa 500 g
Öl zum Bestreichen
Salz, Pfeffer aus der Mühle
Für die Gemüsevinaigrette:
je 1 EL Möhren, Teltower Rübchen und Lauch, in feine Würfel (Brunoise) geschnitten
2 EL feiner Weißweinessig
Salz, Pfeffer aus der Mühle
6 EL Öl
1 EL Schnittlauchröllchen
1 TL frisch geriebener Meerrettich
Außerdem:
Blattsalat nach Saison
Meerrettichspäne

Die Hornhechte ausnehmen, außen und innen kalt abspülen und mit Küchenkrepp trockentupfen. In 6–7 cm lange Stücke schneiden und diese einölen. Mit Salz und Pfeffer würzen und nach Anweisung räuchern. Möhren- und Rübchenwürfel in 100 ml Wasser etwa 5 Minuten kochen. Schalotten- und Lauchwürfel zugeben und noch 5 Minuten weiterkochen. Im Sieb abschrecken und auskühlen lassen.
Für die Vinaigrette Essig mit Salz und Pfeffer würzen. Das Öl unterrühren. Gemüsewürfel, Schnittlauchröllchen und geriebenen Meerrettich hineingeben. Abschmecken.
Salat putzen, waschen und trockenschleudern. In der Vinaigrette mischen und auf 4 Teller verteilen. Die geräucherten, noch warmen Hornhechtstücke häuten. Auf dem Salat anrichten und mit Meerrettichspänen bestreuen.

Brachsen gehören zu den weniger beliebten Fischen – wohl der vielen Gräten wegen. Ihr Fleisch aber wird geräuchert zur Delikatesse. Die Fische dafür spalten, wie auf Seite 104 (Karpfen) beschrieben. Dann salzen, pikant würzen und direkt vor dem Räuchern mit flüssiger Butter bepinseln.

FISCH REGIONAL

Eigentlich sind sie alle regionale Spezialitäten, die berühmten, traditionsreichen Fischgerichte. Zumindest die mit Meeresfischen, denn deren leichte Verderblichkeit setzte schon von vornherein Grenzen. Mal abgesehen von den Fischen, die getrocknet oder gesalzen über größere Entfernungen transportiert werden konnten, mußten früher die „Frischfische" an Ort und Stelle konsumiert werden, also an den Küsten. Und diese Landstriche, vor allem in den Mittelmeerländern, waren zugleich reich an ergänzenden landwirtschaftlichen Produkten, wie Öl, Getreide, Gemüse und Wein. Kein Wunder, daß sich unter solchen Bedingungen eine Fisch-Kochkunst entwickeln konnte, die immer noch Gültigkeit hat.
Heute allerdings kann sich jeder der frischen Produkte bedienen, und damit der traditionellen Rezepte. Die Anhänger der neuen, reformierten Küche haben kräftig davon Gebrauch gemacht — zum Wohl der Fischliebhaber auch im tiefsten Binnenland. Ein so delikates Gericht wie die nebenstehend abgebildeten gefüllten Sardinen bleibt heute nicht mehr nur den Sizilianern vorbehalten. Man kann es überall dort zubereiten, wo es frische Sardinen gibt. Und die sind fast schon so weit verbreitet wie ihre berühmten Vettern in Öl aus der Dose.

Ein variabler Genuß kann dieser Hecht auf badische Art sein. Man kann ihn vor dem Garen noch mit Semmelbröseln oder geriebenem Parmesan bestreuen, oder auch mit beidem. Solche regionalen Spezialitäten überzeugen meist durch die einfache Art ihrer Zubereitung. Voraussetzung aber sind gute und frische Zutaten.

HECHT BADISCHE ART

1 fangfrischer Hecht von etwa 1,3 kg
Salz, Pfeffer aus der Mühle
Mehl zum Bestauben
100 g Butter
4 Schalotten, feingewürfelt
Saft einer halben Zitrone
100 ml trockener, badischer Weißwein
400 ml Sahne
1 EL gehackte glatte Petersilie
eventuell etwas Fischfond oder Wasser

Den Hecht schuppen, ausnehmen und die Kiemen entfernen. Innen und außen gründlich mit kaltem Wasser abspülen und mit Küchenkrepp trockentupfen. Mit Salz und Pfeffer aus der Mühle würzen. Mit dem Mehl bestauben, überschüssiges Mehl abklopfen.
Die Butter in einem Bräter aus Edelstahl oder Gußeisen aufschäumen lassen. Den Hecht darin wenden, dann auf den Bauch legen. Im vorgeheizten Backofen bei 180°C etwa 10 Minuten vorgaren. Auf der Herdplatte weiterarbeiten. Die Schalottenwürfel in der nunmehr braunen Butter glasig braten, ohne Farbe zu geben. Mit Zitronensaft und Weißwein ablöschen. Gut durchköcheln lassen, Sahne zugießen und umrühren. Wieder in den Backofen stellen und in etwa 20–25 Minuten fertig garen. Dabei mehrmals überschöpfen.
Den Hecht anrichten. Die Sauce abschmecken und die Petersilie unterheben. Sollte die Sauce zu dick sein, kann man ihr mit Fischfond oder Wasser die gewünschte Konsistenz geben. Die Sauce über den Fisch gießen. Die klassische Beilage sind Nudeln.

FISKEBOLLER

SKANDINAVISCHE FISCHKLÖSSCHEN

In Skandinavien werden die Fischklößchen oder -bällchen auf zweierlei Art angerichtet: Mal als Suppeneinlage, mal als Tellergericht mit einer Sauce. Und was die Sauce angeht, so sind die Skandinavier variabel. Oft bevorzugen sie eine Meerrettichsauce auf der Basis einer samtigen Velouté. Das schließt aber nicht aus, daß Fischklößchen hier und da auch mit Tomaten-, Paprika-, Petersilien- oder Dillsauce serviert werden. Dazu gibt es dann meistens Salzkartoffeln. Eine weitere Variante: Gebratene Fiskeboller mit Tomatensauce oder brauner Butter.

etwa 3/8 l Weißweinsauce (Rezept Seite 118)
500 g Fischfilet, vorzugsweise von Kabeljau oder Schellfisch
Salz, Pfeffer aus der Mühle
2 EL Butter
2 EL Speisestärke
1 Ei, 1/4 l Sahne
Zitronensaft, Weißwein
Kapernlake
1 EL Kapern

Die Weißweinsauce zubereiten. Das Fischfilet sauber parieren, in Streifen schneiden, leicht salzen und pfeffern. Abgedeckt für 30 Minuten in den Kühlschrank stellen. Die Butter schaumig rühren und die Speisestärke untermischen. Die Fischstreifen durch den Wolf (mittlere Scheibe) treiben und dabei nach und nach die Buttermischung in Flöckchen zugeben. Durchkühlen lassen und noch einmal durch den Wolf treiben. Die Masse in eine Rührschüssel füllen. Ei und Sahne unterziehen und mit Salz und Pfeffer abschmecken. Einen Probekloß in Salzwasser garziehen lassen. Eventuell noch eine Spur Speisestärke unter die Kloßmasse ziehen, falls sie zu weich ist. Jetzt kann man sie auch noch, wenn nötig, nachwürzen.
Hände mit kaltem Wasser benetzen und Klößchen von 4–5 cm Durchmesser formen. In siedendes Salzwasser gleiten lassen und in 8–12 Minuten bei verminderter Hitze garziehen lassen.
Die Weißweinsauce aufkochen. Mit Zitronensaft, Weißwein und Kapernlake nachschmecken. Vom Herd nehmen. Mit dem Mixstab aufmixen und die Kapern darin erwärmen.
Die Klößchen mit dem Schaumlöffel aus dem Sud heben und abtropfen lassen. Auf Tellern anrichten und mit der Sauce überziehen. Salzkartoffeln dazu reichen.

Eine skandinavische Spezialität sind die Fischklößchen oder Fiskeboller. Ihr Ursprung wird zwar in der dänischen Küche vermutet, jedoch gehören sie seit langem auch zu den Leibgerichten der Schweden und Norweger. Wir servieren sie mit Weißweinsauce, die mit Kapern angereichert wurde. Eine wohlschmeckende Kombination.

FISCH REGIONAL

KARPFENPÖRKÖLT

Mit Karpfen verstehen die Ungarn umzugehen. Mit seinem fettreichen und kräftig schmeckenden Fleisch kommt er der deftigen Küche dieses Landes entgegen. Bei dem klassischen Schmorgericht, dem Pörkölt, darf natürlich Paprika nicht fehlen.

Zutaten für 4–6 Portionen:

1 Spiegelkarpfen von 2,4 kg

Für den Fond:

1 Knoblauchzehe

1 Tomate

1/2 Fenchelknolle mit Grün

1/2 Stange Lauch (das weiße Stück)

1 mittelgroße Zwiebel

je 1 Stengel Thymian und Petersilie

1 Lorbeerblatt

1/2 TL Kümmel

Außerdem:

1 Zwiebel (100 g), feingewürfelt

30 g Butter

1 gehäufter EL Paprikapulver, edelsüß

4 reife, feste Flaschentomaten

1 rote Paprikaschote

Salz, Pfeffer aus der Mühle

Zitronensaft

Die Zutaten für den Fond 30 Minuten köcheln lassen, durch ein Sieb passieren und den Fond auf die Hälfte reduzieren. Zwiebelwürfel in der Butter anschwitzen, Paprikapulver unterrühren • Fischfond angießen und auf etwa 1/2 Liter reduzieren. Die Tomaten- und Paprikastreifen darin bis zur Bindung kochen, die Karpfenfiletstücke zugeben und garziehen lassen. Das Pörkölt kräftig abschmecken.

Die wenigen Schuppen vom Spiegelkarpfen entfernen und den Karpfen ausnehmen. Die Kiemen herausschneiden, den Karpfen innen und außen kalt abspülen. Dann die Filets von den Gräten lösen. Die Abgänge – ausgenommen die Innereien und die Kiemen – in einen Topf geben und mit kaltem Wasser bedecken. Die Knoblauchzehe andrücken. Tomate, Fenchelknolle, Lauch und die geschälte Zwiebel kleinschneiden. Alles in den Topf geben, dazu Thymian, Petersilie, Lorbeerblatt und Kümmel. Aufkochen, abschäumen und 30 Minuten köcheln lassen. Durch ein Sieb den Fond in einen Topf ablaufen lassen, wieder aufkochen und auf die Hälfte reduzieren. Die Zwiebelwürfel in der heißen Butter goldgelb anziehen lassen. Das Paprikapulver zugeben und unterrühren. 1–2 Minuten dünsten, dann den Fischfond zugießen. Nochmals um 1/4 auf etwa 1/2 l reduzieren.
Inzwischen die Flaschentomaten häuten, vierteln und entkernen. Die Paprikaschote vierteln, entkernen, die weißen Rippen entfernen und die Viertel 2 Minuten in kochendem Wasser blanchieren. Jetzt lassen sie sich mühelos häuten. Tomaten und Paprikaschote in Streifen schneiden. In dem reduzierten Fond 5 Minuten köcheln lassen, so daß eine leichte Bindung entsteht.
Die Karpfenfilets in größere Stücke schneiden. Salzen, pfeffern und in den kochenden Fond geben. Umrühren. Halb zugedeckt in 4–5 Minuten garen. Mit Salz, Pfeffer und einigen Tropfen Zitronensaft abschmecken und servieren. Dazu schmeckt am besten kräftiges Landbrot.

ROUGETS KORSISCHE ART

Wie überall in den Küchen der Mittelmeerländer, werden auch auf Korsika – neben den anderen Produkten des Landes – reichlich Knoblauch, mit Vorliebe Sardellenfilets und fast immer Olivenöl verwendet. Diese Zutaten ergeben die spezifische Würze, auf die Einheimische nicht verzichten mögen und die von Urlaubern mit der Zunge für Originalität so hoch geschätzt sind. Der Fischküche kommt in diesen Regionen eine besondere Bedeutung zu. Auf Korsika überhaupt kein Wunder. Denn die Insel liegt sozusagen mitten in den Fischfanggründen, die Fisch-Frische und -Vielfalt garantieren. Hier ein typisches Rezept.

4 Rougets (Rotbarben) à 250–300 g
4 feste, reife Tomaten
2 Sardellenfilets
2 EL Olivenöl
2 Knoblauchzehen
1 EL feingeschnittene glatte Petersilie
Salz, Pfeffer aus der Mühle
4 EL frisch geriebene Weißbrotbrösel
20 g Butter

Von den Rougets nur die Kiemen und die Flossen entfernen, Ausnehmen ist nicht notwendig. Die auch „Schnepfen des Meeres" genannten Rougets haben nämlich keine Galle; deshalb können – genau wie bei der Schnepfe – die Innereien mitgegessen werden.
Die Tomaten abziehen, halbieren und entkernen, das Fruchtfleisch feinwürfeln. Die Sardellenfilets feinschneiden. Das Olivenöl in einer flachen, großen ofenfesten Form erhitzen. Die Sardellen und die angedrückten Knoblauchzehen darin kurz angehen lassen, die Tomatenwürfel zugeben. Die Petersilie untermischen, salzen und pfeffern.
Die Rougets mit Salz und Pfeffer würzen und in die Form legen. Mit den Weißbrotbröseln bestreuen. Die Butter in Flöckchen darauf verteilen. Im vorgeheizten Backofen bei 220°C in 12–15 Minuten garen.

FISCH REGIONAL

BURGUNDERKARPFEN

1 ausgenommener Karpfen von 1200 g, in 4 Stücke geteilt
Für die Marinade:
1/2 TL Salz
Pfeffer aus der Mühle
1/2 Lorbeerblatt
1/2 TL getrockneter Thymian
Saft einer halben Zitrone
3/8 l Burgunder Rotwein
Außerdem:
50 g Schalotten, feingehackt
3 EL feines Pflanzenöl
250 g Zucchini, in dünne Scheiben geschnitten
Salz, Pfeffer aus der Mühle
50 g Semmelbrösel
50 g Butter

Karpfenstücke in eine große Schüssel geben. Die Zutaten für die Marinade mischen. Auf die Karpfenstücke verteilen und 2–3 Stunden abgedeckt durchziehen lassen.
Die gehackten Schalotten in dem heißen Öl in einer großen Auflaufform hell anlaufen lassen. Die Zucchinischeiben dazugeben, mit wenig Salz und Pfeffer würzen und auf dem Herd erhitzen, bis das Fett brodelt. Die Karpfenstücke in der ursprünglichen Reihenfolge in die Form legen, mit der Marinade übergießen. Die Semmelbrösel darüberstreuen. Auf die untere Schiene in den auf 220°C vorgeheizten Backofen stellen. Die Butter schmelzen und den Fisch nach 10 Minuten damit bestreichen. Weitere 10 Minuten backen. Die restliche Butter darauf verteilen und in etwa 20 Minuten fertiggaren.

MEERÄSCHE MIT FENCHEL

Dieses Gericht gehört zu den typischen Speisen der griechischen Küstenregionen. Der Fisch aus dem Mittelmeer wird auf gelungene Weise mit den Erzeugnissen des Landes kombiniert, ohne die eine griechische Küche nicht denkbar ist.

6 Meeräschenkoteletts à 125 g
1 EL Zitronensaft
2 Fenchelknollen (250 g), Salz
1 Knoblauchzehe
4 mittelgroße Tomaten
4 EL Öl, Pfeffer aus der Mühle
1/4 l trockener Weißwein
40 g Butter
2 EL gehackte Kräuter (Petersilie, Rosmarin und Zitronenmelisse)

Die Fischkoteletts unter kaltem Wasser abspülen und mit Küchenkrepp trockentupfen. Mit Zitronensaft beträufeln. Abgedeckt in einer Schüssel in den Kühlschrank stellen.
Die Fenchelknollen putzen, waschen und vierteln. In kochendem Salzwasser in 10 Minuten garen. Im Sieb ablaufen lassen. Die Knoblauchzehe schälen und feinhacken. Die Tomaten häuten, entkernen und vierteln.
Das Öl in einer großen Pfanne erhitzen. Fenchel, Knoblauch und Tomaten darin bei großer Hitze anbraten. Salzen und pfeffern und mit dem Weißwein ablöschen.
Die Fischstücke salzen. Eine Ofenpfanne mit etwas Butter einfetten, Fisch und Gemüse hineingeben und mit den Kräutern bestreuen. Die restliche Butter in Flöckchen darauf verteilen. Die Ofenpfanne auf die mittlere Schiene des auf 200°C vorgeheizten Backofens stellen und den Fisch in 15–20 Minuten garen.

BRETONISCHE DORADEN

Zwar kann man für dieses Gericht auch 4 große Doraden verwenden. Aber die Bretonen wissen, warum sie kleine Exemplare nehmen. Nur die schmecken richtig gut. Vorausgesetzt natürlich, sie werden einfallsreich gewürzt und nur kurz gegart.

8 küchenfertige Doraden à 100 g
Salz, Pfeffer aus der Mühle
1 Bund Petersilie
2 EL feines Olivenöl
3 EL gehackte Schalotten
3 EL Semmelbrösel
1 Knoblauchzehe
4 Sardellenfilets
1/2 EL Kapern
2 EL Tomatenmark
2 EL gehackte Kräuter (Petersilie, Thymian, Basilikum, Salbei und etwas Rosmarin
30 g Butter

Die kalt abgespülten, trockengetupften Doraden innen und außen leicht salzen, pfeffern und in jeden Fisch einen Petersilienstengel legen.
Das Olivenöl in einer flachen Auflaufform erhitzen. Die gehackten Schalotten darin hell anlaufen lassen. Die Hälfte herausnehmen, mit den Semmelbröseln mischen und beiseite stellen. Die zerdrückte Knoblauchzehe, gehackte Sardellenfilets und Kapern, Tomatenmark und Kräuter in die Form geben. Etwas salzen, unter Rühren etwa 2 Minuten erhitzen. Die Doraden in die Form legen. Mit der Semmelbrösel-Schalotten-Mischung bestreuen. Die Butter in Flöckchen daraufgeben. Im vorgeheizten Backofen bei 220°C in 12–15 Minuten garen.

FISCH REGIONAL

Sardinen-Pizza aus südlichen Küchen. Zwar ist Süditalien die Urheimat der Pizza, genauer gesagt die Provinz Kampanien mit ihrer Hauptstadt Neapel. Doch die berühmte Spezialität eroberte von dort aus sozusagen die ganze Welt. Die Sardinen-Pizza nimmt allerdings eine Sonderstellung ein. So werden die Fische auch in Spanien und Portugal auf Teig gebacken.

SARDINEN-PIZZA

Für den Teig:
300 g Mehl, 20 g Hefe
1/8 l lauwarme Milch
30 g zerlassene Butter
1 Ei
1/2 TL Salz
Mehl zum Ausrollen
Butter fürs Blech
Außerdem:
1,5 kg frische Sardinen
50 g Zwiebelwürfel
2 Knoblauchzehen
3–4 EL Olivenöl
250 g Paprikaschoten, rot, grün und gelb
250 g Tomaten
2 EL gehacktes Basilikum
1/2 TL Salz
2–3 frische Peperoni (Chilischoten), fein gewürfelt
Zucchinischeiben zum Garnieren
Olivenöl zum Beträufeln

Das Mehl in eine Schüssel sieben. In die Mitte eine Mulde drücken. Die Hefe hineinbröckeln. Die lauwarme Milch zugießen und die Hefe darin unter Rühren auflösen. Mit etwas Mehl bestauben und 15 Minuten zugedeckt gehen lassen. Die zerlassene Butter, Ei und Salz zugeben und einen glatten Hefeteig schlagen. Nochmals zugedeckt 15 Minuten gehen lassen. Auf wenig Mehl zwei Teigplatten von 35 cm Durchmesser ausrollen. Ein Backblech mit Butter einfetten. Die beiden Teigplatten darauflegen und jeweils einen Rand formen.
Die Sardinen ausnehmen. Köpfe und Flossen abschneiden und die Rückengräten herausziehen. Die Zwiebelwürfel mit den geschälten, zerdrückten Knoblauchzehen in dem heißen Olivenöl in der Pfanne kurz anlaufen lassen. Die geputzten Paprikaschoten feinwürfeln. Die Tomaten abziehen, entkernen und würfeln. Mit dem Basilikum, dem Salz und den Peperoniwürfeln zu den Zwiebeln geben. Noch 3–4 Minuten dünsten. Etwas abkühlen lassen und auf dem Hefeteig verteilen.
Die Sardinen kreisförmig mit den Schwanzenden nach innen auflegen, mit den Zucchinischeiben garnieren und mit etwas Olivenöl beträufeln. Bei 220°C im vorgeheizten Ofen in 15–20 Minuten hellbraun backen.

SARDE A BECCAFICO
GEFÜLLTE SARDINEN

Empfehlenswert ist diese herzhafte sizilianische Spezialität. Zwar macht es ein bißchen Mühe, die kleinen Sardinen vorzubereiten. Aber sie lohnt sich. Denn die würzig gefüllten Sardinen schmecken ganz vorzüglich.

1 kg frische Sardinen
Salz, 1 Knoblauchzehe
5 EL Olivenöl
1 EL Zwiebelwürfel
2 EL gehackte Petersilie

So werden die Sardinen gefüllt: Die Füllung am breiten Ende auf die entgräteten, auseinandergeklappten Fischchen geben und diese zum Schwanzende hin vorsichtig aufrollen. Darauf achten, daß die Füllung nicht an den Seiten herausquillt.

FISCH REGIONAL

150 g Semmelbrösel
Pfeffer aus der Mühle
50 g Pinienkerne
100 g geriebener Pecorinokäse
2 EL Olivenöl für die Form

Die Sardinen mit einer kleinen Schere am Bauch aufschneiden, ausnehmen, kurz abspülen und mit Küchenkrepp trockentupfen. Köpfe und Flossen, außer den Schwanzflossen, abschneiden. An den Schnittstellen die Rückengräten mit Daumen und Zeigefinger anfassen, mit der anderen Hand die Sardinen festhalten. Dann die Rückengräten langsam herausziehen. Die Sardinen auf der Arbeitsfläche mit der Haut nach unten ausbreiten. Ganz leicht salzen. Die Knoblauchzehe schälen und zerdrücken. 3 EL Olivenöl in einer Pfanne erhitzen. Zwiebelwürfel und zerdrückte Knoblauchzehe darin anlaufen lassen. Von 2 ausgenommenen Sardinen die Schwanzflosse abschneiden. Fischchen in die Pfanne geben und mit einer Gabel zerdrücken. Petersilie und Semmelbrösel zugeben, mit Salz und Pfeffer abschmecken. 3–4 Minuten unter Rühren anrösten. Vom Herd nehmen. Pinienkerne grob hacken und mit dem Käse unter die Semmelbrösel-Masse rühren. Die Füllung auf die ausgebreiteten Sardinen verteilen und die Sardinen aufrollen. Das restliche Oliveröl in einer Auflaufform erhitzen, die Sardinenrollen einlegen. Bei 200°C im vorgeheizten Backofen in 12–15 Minuten garen.

FISCH REGIONAL

So entsteht der Klippfisch-Auflauf: Jeweils von links nach rechts: Den gut gewässerten Klippfisch mit einem scharfen Messer der Länge nach teilen. Die beiden Hälften in kleinere Stücke schneiden. Diese in einen Topf mit ungesalzenem, kochendem Wasser geben und 10–15 Minuten köcheln lassen. Herausnehmen und abkühlen lassen • Von den Fischstücken Haut und Gräten entfernen und das Fischfleisch grob zerpflücken. In eine gefettete Auflaufform zuerst die Kartoffelscheiben, dann die Fischstücke und zum Schluß die mit dem Knoblauch in Öl angebratenen Zwiebelstücke einschichten. Bei 200°C hellbraun überbacken. Den fertigen Auflauf mit Eischeiben, entkernten Oliven und Petersilie garnieren.

BACALHAU À GOMES DE SÀ
KLIPPFISCH MIT KARTOFFELN

Sowohl in der portugiesischen als auch in der spanischen Küche ist der Bacalhau, der getrocknete Kabeljau, beliebt. Das ist erstaunlich, weil ja an den Küsten reichlich Frischfisch angelandet wird. Trotzdem hat auch in diesen Regionen der getrocknete Fisch seinen festen Platz auf den häuslichen Speisezetteln. Vor allem in Portugal, wo die „Bolinhos de Bacalhau" – in Olivenöl gebratene Klöße oder Frikadellen aus getrocknetem Fisch und viel Eiern – so beliebt sind, daß sie mindestens einmal pro Woche serviert werden. Allerdings sind sich die Experten nicht einig, ob es denn der ungesalzene getrocknete Stockfisch oder der gesalzene, getrocknete Klippfisch sein soll. Wir haben uns für Klippfisch entschieden und bereiten daraus den Auflauf zu.

500 g Klippfisch
300 g Zwiebeln
8 EL Olivenöl
1/2 Knoblauchzehe
750 g kalte, in der Schale gekochte Kartoffeln
Salz, Pfeffer aus der Mühle
3 hartgekochte Eier
10 schwarze Oliven
1 EL gehackte Petersilie

Den 24–30 Stunden lang gewässerten Klippfisch (das Wasser häufig wechseln) mit einem scharfen Messer längs durchteilen. Dann in kleinere Stücke schneiden. In einem Topf mit ungesalzenem Wasser (Klippfisch ist ja gesalzen) 10–15 Minuten bei geringer Hitze köcheln lassen. Die Fischstücke aus dem Topf nehmen, etwas abkühlen lassen. Haut und Gräten entfernen und dabei das Fischfleisch mit den Fingern grob zerpflücken. Die geschälten Zwiebeln in Stücke schneiden. In einer schweren Pfanne in 6 EL Olivenöl bei geringer Hitze garen, ohne sie zu bräunen. Die feingeschnittene halbe Knoblauchzehe zugeben. Eine Auflaufform mit dem restlichen Öl einfetten. Die abgezogenen, in Scheiben geschnittenen Kartoffeln (leicht gesalzen und gepfeffert), die Fischstücke und die Zwiebelstücke lagenweise einschichten. Letzte Schicht: Zwiebeln. Bei 180°C–200°C im vorgeheizten Backofen in 20 Minuten hellbraun überbacken.
Mit den geschälten, in Scheiben geschnittenen Eiern und mit den entkernten Oliven garnieren. Die gehackte Petersilie darüberstreuen, in der Form servieren. Zum Nachwürzen Essig- und Ölfläschchen und Pfeffermühle mit auftischen.

PESCE SPADA ALLA PALERMITANA
SCHWERTFISCH NACH SIZILIANISCHER ART

Auf Sizilien sollte man sich mit einem der köstlichen Schwertfischgerichte verwöhnen lassen, die in den Restaurants der Küstenstädte in vielen Variationen angeboten werden. Kein Wunder. Denn die Fischer bringen meist reichliche Beute aus dem Mittelmeer auf die morgendlichen Märkte. Schwertfischfleisch ist besonders fest und aromatisch. Der Raubfisch ernährt sich schließlich fast nur von solchen Leckerbissen wie Makrele, Hering und Hornhecht.

1/8 l feinstes Olivenöl
1/8 l Weißwein, wenn möglich Regaleali
4 Scheiben Schwertfisch à 200 g
2 Zwiebeln in Scheiben
2 Lorbeerblätter
1 TL Salz
1 TL zerdrückte Pfefferkörner
1–2 EL Oregano
Zitronenscheiben

Olivenöl und Wein verrühren. Die mit Küchenkrepp abgetupften Schwertfisch-Scheiben in eine Schüssel schichten. Mit der Öl-Wein-Mischung übergießen. Darauf die Zwiebelscheiben, die zerpflückten Lorbeerblätter, Salz und Pfeffer geben. Einmal wenden, damit sich die Gewürze verteilen. Mit Klarsichtfolie abgedeckt 2–3 Stunden durchziehen lassen. Dann Zwiebeln und Gewürze von den Schwertfisch-Scheiben abstreifen, rundherum mit Oregano bestreuen. Auf dem Grill oder in der Pfanne auf beiden Seiten in etwa 5 Minuten schön braun braten.

Schwertfisch, der feinste und teuerste aller Mittelmeerfische, schmeckt so schlicht gebraten, noch besser gegrillt, am feinsten. Die Garzeit aber so kurz wie möglich halten. Gerade noch ein Hauch von Rosa im zarten Fleisch ist in jedem Fall besser als zu trockener Schwertfisch.

PAGELLO AL CARTOCCIO
MEERBRASSEN MIT RÄUCHERSPECK

An Italiens Adriaküste, besonders in der Provinz Marken, hat die Fischküche einen exzellenten Ruf. Neben vorzüglichen Suppen brachte sie so leckere Gerichte wie dieses hervor.

2 mittelgroße Graubarsche oder Achselfleckbrassen à 400 g
2 EL feingeschnittene Kräuter wie Petersilie, Dill oder Basilikum oder eine Mischung daraus
grobes Meersalz
grob geschrotete schwarze Pfefferkörner
8–10 dünne Scheiben milder Frühstücksspeck
3 EL Olivenöl
2 Lorbeerblätter
1 Stengel getrockneter Thymian

Die Fische schuppen, ausnehmen und kurz, aber gründlich innen und außen abspülen. Mit Küchenkrepp trockentupfen, mit den Kräutern füllen. Mit Meersalz und geschrotetem Pfeffer würzen. Von den Speckscheiben die Schwarte abschneiden und die gewürzten Fische mit dem Speck umwickeln.
Ein großes Stück Pergamentpapier mit dem Olivenöl bestreichen, die Fische darauflegen. Lorbeerblätter und Thymian grob zerkleinern und drumherum legen. Einwickeln und auf ein Backblech setzen. Im vorgeheizten Backofen bei 200°C in etwa 20–25 Minuten garen.

Alle Meerbrassen, egal welche, können in Speck gewickelt zubereitet werden. Sie sollten allerdings nicht mehr als 500 g wiegen. Man füllt sie mit gemischten Kräutern oder nur mit Dill, Petersilie oder Basilikum und würzt zusätzlich mit grobem Salz und grob geschrotetem Pfeffer. Alles zusammen ergibt ein delikat-deftiges Essen.

PESCE LUPO AL FORNO
MEERWOLF MIT SALBEI

Sie können den Meerwolf auch Wolfsbarsch nennen. Gemeint ist derselbe Fisch. Wie in Südfrankreich, wird er auch in Italien mit Vorliebe im Ofen zubereitet. Unser Pesce lupo stammt natürlich aus Italien. Seine Würze bezieht er vom aromatischen Salbei.

1 schöner, großer Meerwolf (Loup de mer) von 1,5 kg oder 2 kleinere à 800 g
Salz, Pfeffer aus der Mühle
40 g geklärte Butter
4 Stengel Salbei
3 EL frische Weißbrotbrösel
20 g Butter

Den Meerwolf schuppen und ausnehmen, die Flossen aber dranlassen. Die Nierenreste entlang der Rückengräte herausschaben, die Kiemen aus dem Kopf entfernen. Den Fisch kurz, aber gründlich kalt abspülen und mit einem Küchentuch trockentupfen. Innen und außen salzen und pfeffern. Die Schwanzflosse in Salz drücken, so daß sie richtig „paniert" ist. Das sieht nicht nur hübsch aus, es schützt die Flosse auch davor, dunkel zu werden oder gar zu verbrennen.
Die geklärte Butter am besten in einer ovalen Bratpfanne aus Eisen erhitzen. Fisch hineingeben und einmal wenden, damit er schön mit Butter überzogen ist. Im vorgeheizten Backofen bei 220°C 10 Minuten braten, dann den Salbei dazulegen. Den Fisch mit den Weißbrotbröseln bestreuen und die Butter in Flöckchen darauf verteilen. In weiteren 10–15 Minuten im Backofen garen. Sofort servieren. Am besten in der Pfanne, wenn er noch brutzelt.
Der Meerwolf schmeckt auch vorzüglich, wenn er auf Rosmarin oder Thymianstengeln gegart wird. Auf Fenchelstroh gebraten, ist er ein Klassiker und besonders in Südfrankreich ein Hit auf den Speisekarten der Restaurants und in den häuslichen Küchen.

KALTE FISCHKÜCHE

Sie ist so delikat wie vielfältig, die kalte Fischküche mit ihren feinen, kleinen Köstlichkeiten. Man denke nur an den Kaviar, dieses Symbol für Luxus und Lebensart, und die vielen elitären Rezepte für diese feinen Körner. Vielmehr noch sind es aber die vielen Fische, die sich in der kalten Küche erst von ihrer besten Seite zeigen. Wie beispielsweise Räucherlachs und „Gravlaks", die skandinavische Lachs-Delikatesse, oder die feinen geräucherten Sprotten. Aber auch so preiswerte Fische wie der Hering, der fast ausschließlich als kalter Fisch Karriere machte, gehören dazu. Die beliebten Matjes haben heute in der feinen Küche ebenso ihren Platz wie auf Hollands Straßen, wo sie als beliebter Imbiß verkauft und an Ort und Stelle verspeist werden.
Selten liegen das Elitäre und das Volkstümliche so nahe beieinander wie bei der kalten Fischküche. Ihre Spannweite – vom marinierten Hering bis zur Terrine aus feinster Fischfarce – bietet dem kreativen Koch unzählige Möglichkeiten, mit den Basisrezepten Neues zu entwickeln.

1/2 TL Salz
1/2 TL grob geriebener schwarzer Pfeffer
3 EL frisch gehackte Kräuter (Petersilie, Melisse, Kerbel, Dill und Estragon)

Die Forelle innen und außen abspülen. Einen Fischkessel zur Hälfte mit Wasser füllen. Das Salz, den Zitronensaft, das zerkleinerte Suppengrün und die Zwiebel sowie Lorbeerblatt und Pfefferkörner hineingeben. Einmal aufkochen, anschließend 30 Minuten ziehen lassen. In den etwas abgekühlten Sud den Fisch legen und wieder bis zum Siedepunkt erhitzen. Dann die Hitze reduzieren und die Forelle in 12–14 Minuten garziehen lassen. Sie soll im Sud erkalten. Dann herausheben, enthäuten, filetieren und die Filets vollständig von den Gräten befreien. Auf eine entsprechend große Platte mit Rand legen, mit Folie abdecken und kühlen. Die Tomaten mit kochendem Wasser überbrühen, enthäuten, entkernen und in Würfel schneiden. Die Frühlingszwiebeln in Stücke schneiden, beides über die Forellenfilets streuen. Aus Öl, Wein, Zitronensaft, den Gewürzen und den Kräutern eine Marinade rühren und über die Filets verteilen. Zugedeckt im Kühlschrank durchziehen lassen.

EINGELEGTE STINTE

1 kg Stinte
50 g Zwiebel
150 g Fenchelknolle
1/2 l trockener, kräftiger Weißwein
1/2 l Wasser
15 g Salz
1/16 l milder Weinessig
50 ml feines Olivenöl

1/2 TL schwarze Pfefferkörner
200 g Tomaten
80 g Frühlingszwiebeln
Für die Marinade:
4 EL feinstes Olivenöl
1/8 l trockener Weißwein
1 EL Zitronensaft

Marinierte Fische

Gebratene oder auf andere Art gegarte Fische in einer Marinade einzulegen, ist eine altbewährte Methode. Man denke nur an die beliebten „Bratheringe". Für solche Rezepte eignen sich viele Meeres- und Süßwasserfische.

GEWÜRZTE FORELLE

1 Forelle (Lachsforelle) von etwa 1 kg (ausgenommen)
1 EL Salz
1 EL Zitronensaft
1 Bund Suppengrün
1/2 Zwiebel
1 Lorbeerblatt

Das Fleisch der Stinte erinnert in seinem Geschmack ein wenig an das Aroma frischer Gurken, und das harmoniert bestens mit der säuerlichen Marinade. Die kleinen Fische, die nur etwa 12–15 cm lang sind, werden vorher ausgenommen und entgrätet wie Heringe. Nach diesem Rezept kann man auch kleine Barsche oder Renken marinieren. Eine Delikatesse sind auch kleine Rotbarben, wenn sie so eingelegt werden. Bei ihnen kann man auch die Leber mitverwenden.

KALTE FISCHKÜCHE

1 Lorbeerblatt

1/2 TL Senfkörner

1 TL Pfefferkörner

5 Wacholderbeeren, angedrückt

einige Zweige Petersilie und Thymian

2 ganze, angedrückte Knoblauchzehen

Die Fische ausnehmen, entgräten, innen und außen abspülen und abtrocknen. In eine Form mit hohem Rand legen. Die vorbereitete Zwiebel und Fenchelknolle in kleine Würfel schneiden. Mit dem Wein, dem Wasser, Essig, Öl, Salz und Gewürzen einmal aufkochen und weitersimmern lassen, bis die Gemüse gar sind. Kräuter und Knoblauch zugeben und das Ganze heiß über die Stinte gießen. Langsam abkühlen lassen, dann im Kühlschrank mindestens 12 Stunden durchziehen lassen.

MARINIERTE SEEZUNGENFILETS

4 Seezungen (Portionsgröße)

Court-bouillon Nr. 1 (Rezept Seite 125)

1/4 l trockener Sauterne

1/8 l Wasser

2 cl Cognac

3 EL Zitronensaft

50 g Möhren

150 g Paprikaschoten (rot, grün, gelb)

1/2 TL Salz

etwas frisch gemahlener Pfeffer

1 Msp. Ingwerpulver

Dill zum Garnieren

Die Seezungen enthäuten und filetieren. Die Filets in Court-bouillon garziehen

MAYONNAISE

Sie ist immer noch die beliebteste kalte Sauce für kalten Fisch, und sie ist so variabel wie selten eine Grundsauce. Mayonnaise kann man fast mit allen Gewürzen, Kräutern und anderen würzenden Zutaten mischen. Mit einer Mayonnaise als Basis kann man die feinsten kalten Saucen zaubern – man denke nur an so bekannte wie die Sauce remoulade oder die Sauce tatare. Für warmen Fisch sei eine warme Mayonnaise empfohlen. Dafür wird sie ganz einfach im Wasserbad warm geschlagen.
Die Zutaten sollten nicht zu kühl sein und vor allem auch die gleiche Temperatur haben, damit sie gut binden und nicht gerinnen. So wird die Mayonnaise zubereitet (jeweils von links nach rechts): 3 Eigelbe in eine Schüssel geben und mit dem Schneebesen glattrühren. 1/2 TL Senf unterrühren. 400 ml kaltgepreßtes Sonnenblumenöl zunächst tropfenweise, dann in dünnem Strahl zugießen, dabei ständig rühren. Sobald die Mischung richtig dick wird, 1 EL Essig zugeben. Wenn alles Öl eingerührt ist, den Saft einer halben Zitrone zugeben und mit Worcestersauce abschmecken. Die Mayonnaise einige Stunden im Kühlschrank durchziehen lassen. Vor dem Servieren 1 EL Weißwein unterrühren und eventuell mit weißem Pfeffer abschmecken.
Und hier noch eine schnelle Variante, die aber nur im Mixer gelingt: 2 ganze Eier, 1 TL Salz, 1/2 TL weißer Pfeffer und 1 TL Weinessig oder Zitronensaft in den Mixer geben. Auf niedrigster Stufe einschalten, durch die Öffnung im Deckel 350 ml feines Pflanzenöl in kräftigem Strahl dazugeben. In wenigen Sekunden ist die Mayonnaise fertig. Bis zum Servieren zugedeckt in den Kühlschrank stellen.

lassen, herausnehmen und in eine Form mit hohem Rand legen. Den Wein mit dem Wasser, dem Cognac und dem Zitronensaft mischen. Die Möhren in Julienne schneiden, die Paprikaschoten in feinste Würfelchen. Zur Weinmischung geben und die Gewürze dazugeben. Die Mischung bis zum Siedepunkt erhitzen, 5 Minuten ziehen und etwas abkühlen lassen. Über die Seezungenfilets gießen. Mindestens 12 Stunden im Kühlschrank durchziehen lasen. Mit Dill garnieren, mit Mayonnaise servieren.

Statt der Seezungenfilets kann man für dieses Rezept natürlich auch andere Plattfische verwenden. Sie sollten aber immer filetiert werden, weil so die Marinade besonders schnell und leicht einziehen kann. Ein empfehlenswerter Fisch für diese Art der Zubereitung ist auch die Rotzunge, die zusätzlich mit frischen Kräutern (Thymian und Petersilie) kräftig gewürzt wird. Dazu passen frische, heiße Pellkartoffeln mit einem dicken Klacks Crème fraîche.

SALAT VON BISMARCK-HERINGEN UND PAPRIKA

300 g rote, grüne und gelbe Paprikaschoten
300 g kleine Bismarckheringe oder Kronsild
2 TL Zitronensaft
1/2 TL Zucker
1/2 TL Salz
20 ml trockener Sherry
Für die Sauce:
150 g Crème fraîche
50 g Mayonnaise (Rezept Seite 213)
1 TL scharfer Senf
etwas Salz und Pfeffer
1 TL Currypulver
1 EL gehackte Petersilie
Petersilie zum Garnieren

Die Paprikaschoten waschen, trocknen, aufschneiden, Stiel mit Ansatz und die inneren weißen Häutchen entfernen. Das Fruchtfleisch in ganz feine Würfelchen schneiden und mit dem in Stücke geschnittenen Hering in eine Schüssel geben. Den Zitronensaft mit Zucker, Salz und Sherry mischen, über den Salat geben. Zugedeckt 1 Stunde durchziehen lassen. Für die Sauce alle Zutaten kräftig verrühren und den Salat damit anmachen. Mit einem Petersiliensträußchen garnieren.

EINGELEGTE HERINGE MIT GELBER PAPRIKASAUCE

6 Bismarckheringe (etwa 400 g)
50 g Gewürzgurken
150 g Zwiebeln
150 g säuerliche Äpfel
50 g Möhren
1/4 l trockener Weißwein
Für die Sauce:
200 g gelbe Paprikaschoten
1/2 TL Salz
etwas frisch gemahlener Pfeffer
1/2 TL scharfer Senf
2 EL Crème fraîche
1 EL frisch gehackte Kräuter (Schnittlauch und Dill) zum Bestreuen

Die Heringe der Länge nach teilen, die Hälften mit der Haut nach unten auf die Arbeitsfläche legen. Je ein Stück Gewürzgurke darauflegen und aufrollen. Die Zwiebeln in dünne Scheiben, die Äpfel in Spalten und die Möhren in dünne Stifte schneiden. In eine entsprechend große Schüssel geben und die Heringsröllchen daraufsetzen. Mit dem Weißwein übergießen und mehrere Stunden, am besten über Nacht durchziehen lassen.
Für die Sauce die vorbereitete Paprikaschote in etwa 15 Minuten weichkochen. Abkühlen lassen und im Mixer pürieren. Mit Salz, Pfeffer und dem Senf würzen und die Crème fraîche unterrühren. Die eingelegten Heringsröllchen mit den übrigen Zutaten auf 4 Teller verteilen und mit der Sauce übergießen. Mit den gehackten Kräutern bestreuen.

BUNTER SALAT MIT BISMARCKHERINGEN

4 Bismarckheringe (350–400 g)
1 Zucchini (120 g)
1 Tomate (60 g)
100 g gekochte Kartoffel
1/2 Kopf Eichblattsalat
1 Bund Schnittlauch
Für die Sauce:
1 EL helle Sojasauce
2 EL feiner Weinessig
1/2 TL Salz
etwas frisch gemahlener Pfeffer
5 EL Sonnenblumenöl

Die Heringe der Länge nach teilen und die Hälften in 1–1,5 cm breite Streifen schneiden. Die Zucchini waschen (mit einem Zesteur kann man in die Schale Längsstreifen schneiden) und in sehr dünne Scheiben schneiden. Ebenso die Kartoffeln. Die Tomate überbrühen, abziehen, vierteln und in Würfel schneiden. Den Eichblattsalat trockenschleudern, in Stücke zupfen und mit den übrigen Zutaten mischen. Den Schnittlauch in 2–3 cm lange Nadeln schneiden.
Die Sojasauce zunächst mit dem Essig, Salz und Pfeffer vermischen, dann das Öl nach und nach mit dem Schneebesen darunterschlagen. Über den Salat geben und 1 Stunde durchziehen lassen.

MATJES-EIERSALAT MIT SENFSAUCE

350 g milde Matjesfilets
120 g rote Zwiebeln
120 g blanchierte grüne Bohnen
60 g blanchierte Möhren
100 g rote Paprikaschote
4 hartgekochte Eier
Für die Sauce:
2 EL milder Weinessig
1 EL süßer Senf
1 TL scharfer Senf
1/4 TL Salz
1/2 TL Zucker
etwas frisch gemahlener Pfeffer
3 EL feines Olivenöl
1 EL gehackter Schnittlauch zum Garnieren

Die Matjesfilets in 1 cm breite Streifen schneiden und in eine Schüssel geben. Die Zwiebeln schälen und in hauchdünne Scheiben schneiden. Die Bohnen in Stücke, die Möhren in Scheiben und die Paprikaschote in ganz kleine Würfelchen schneiden. Alles vermischen.
Den Essig mit dem Senf und den Gewürzen kräftig verrühren. Das Öl in dünnem Strahl zugeben und mit dem Schneebesen einrühren. Den Salat auf 4 Tellern anrichten und die Sauce darüber verteilen. Mit gehacktem Schnittlauch überstreuen.

TATAR VON MATJES-HERINGEN

400 g milde Matjesfilets (etwa 8 Stück)
120 g Zwiebeln (2 Stück)
70 g Gewürzgurken
1 EL Kapern
1 Ananasscheibe
20 ml Cognac
2 TL Zitronensaft
2 EL frisch gehackte Kräuter (Basilikum, Thymian und Petersilie)
1 EL edelsüßes Paprikapulver
etwas frisch gemahlener Pfeffer
1 Msp. Ingwerpulver
1 TL scharfer Senf
4 Eigelb

Die Matjesfilets zuerst in dünne Streifen schneiden, die Streifen würfeln und mit einem großen Messer feinhacken. Die geschälten Zwiebeln, die Gewürzgurken, die Ananasscheibe und die Kapern ganz fein schneiden oder hacken. Mit den gehackten Matjesfilets mischen, das Ganze mit Cognac und Zitronensaft übergießen und 30 Minuten durchziehen lassen. Die Kräuter mit den Gewürzen unter die Matjes-Mischung geben. Auf 4 Tellern verteilen, in die Mitte jeweils ein Eigelb gleiten lassen.

MATJESSALAT MIT FRISCHEN MANGOS

350 g milde Matjesfilets
1 Mango von 300–350 g
2 Tomaten
2 Scheiben Ananas
50 g Frühlingszwiebeln
Für die Sauce:
2 TL Aceto Balsamico
2 EL Weißwein
2 Chilischoten, in Ringe geschnitten
1 EL gehackter Schnittlauch
1 EL frisch gehackte Petersilie
etwas Salz und Pfeffer
1 TL Zucker
5 EL feines Pflanzenöl
Petersilie zum Garnieren

Die Matjesfilets in Stücke schneiden. Die Mango halbieren, schälen, den Kern herausschneiden und das Fruchtfleisch in dünne Spalten schneiden. Die Tomaten überbrühen, enthäuten und in Würfel schneiden. Die Ananas in Stücke teilen. Alles vermischen und auf 4 Tellern anrichten, mit den feingeschnittenen Frühlingszwiebeln bestreuen.
Für die Sauce zuerst den Aceto mit dem Wein verrühren, dann die Chiliringe zugeben und darin 1/2 Stunde ziehen lassen. Dann erst die übrigen Zutaten zugeben und die Sauce über dem Salat verteilen. Mit Petersiliensträußchen garnieren.

KALTE FISCHKÜCHE

SALAT VON GEDÄMPFTEN FILETS MIT GRÜNEM SPARGEL

250 g zarter grüner Spargel

Salzwasser

1/2 Cantaloupe-Melone

1 große Tomate

2 Stiele Staudensellerie

400 g feine Fischfilets (von Seehecht, Merlan und Hornhecht)

Für die Vinaigrette:

3 EL Sonnenblumenöl

2 EL feiner Weinessig

Salz und Pfeffer

2 Schalotten

Schnittlauch und Pimpinelle

Den geputzten Spargel in Salzwasser nicht zu weich kochen und im Sud abkühlen lassen. Aus dem Melonenfleisch Kugeln ausstechen. Die Tomate überbrühen, enthäuten und in Würfel schneiden. Den Sellerie in schmale Streifen schneiden. Die vorbereiteten Fischfilets dämpfen, abkühlen lassen und mit dem Gemüse auf 4 Tellern anrichten. Aus den angegebenen Zutaten eine Kräuter-Vinaigrette rühren und darüberträufeln.

HEILBUTTSALAT MIT FRISCHEM GRÜN

350 g Filet von schwarzem Heilbutt

Salzwasser

80 g frische Möhren

60 g Löwenzahn

60 g Sauerampfer

1/2 Kopf Radicchio

60 g Frühlingszwiebeln

Für die Sauce:

1 EL Aceto Balsamico

2 EL Weißwein

4 EL feines Olivenöl

2 EL gehackte Kräuter

1/2 TL abgeriebene Schale einer unbehandelten Zitrone

1/2 TL Salz

Die vorbereiteten Filets in Salzwasser garziehen und abkühlen lassen. Die Möhren putzen, in feine Streifen schneiden und kurz blanchieren. Das zerpflückte Fischfilet mit den Möhrenstreifen, den Löwenzahn-, Sauerampfer- und Radicchioblättern vermischen.
Aus den Saucen-Zutaten eine Salatsauce rühren und über den Salat geben. Den Salat vor dem Servieren gut durchkühlen lassen.

SALAT VON SEETEUFEL MIT PAPRIKA

1 Seeteufelfilet von etwa 500 g

2–3 EL feines Pflanzenöl

etwas frisch gemahlener Pfeffer

1 Msp. Ingwerpulver

1 TL Zitronensaft

je 1/2 rote, grüne und gelbe Paprikaschote

1/2 Kopf Eichblattsalat

Gedämpfter Fisch, oder auch gebratener, läßt sich hervorragend mit Gemüsen oder Blattsalaten kombinieren. Diese Fischsalate sind delikate Sommergerichte, wenngleich der Fisch, im Kontrast zu den grünen Zutaten, lauwarm angerichtet wird. In kleinen Portionen sind die Salate ideale, leichte Vorspeisen.

Für die Sauce:
2 EL feines Pflanzenöl
1/4 TL Salz
1/2 TL scharfer Senf
2 EL feiner Weinessig

Das Seeteufelfilet in etwa 1 cm dicke Scheiben schneiden und auf eine Platte legen. Mit dem Öl begießen, mit Pfeffer und Ingwerpulver bestreuen und mit dem Zitronensaft beträufeln. Mit Folie zudecken und etwa 1 Stunde durchziehen lassen. Die Paprikaschoten von den inneren Häuten befreien und in feine Streifen schneiden. Die Streifen in einem Sieb etwa 1 Minute in kochendes Wasser halten, in Eiswasser abkühlen und dann abtropfen lassen. In einer Schüssel mit dem zerpflückten Eichblattsalat vermischen (oder beides separat lassen). Die Zutaten für die Sauce gut verrühren und die Sauce über den Salat geben. Auf 4 Tellern anrichten.
Eine Pfanne erhitzen und die marinierten Seeteufel-Medaillons von beiden Seiten kurz (je Seite 1 Minute) bei starker Hitze braten. Dann erst salzen. Lauwarm auf dem Salat anrichten und servieren.

FISCHSALAT MIT CHAMPIGNONS

2 Seezungen
150 g Lachsforellenfilet
Salz, frisch gemahlener Pfeffer
50 g Möhrenstifte
120 g frische Champignons
80 g Feldsalat
Für die Sauce:
2 EL feiner Weinessig
1 TL Zitronensaft
1/2 TL scharfer Senf
1/2 TL Salz, etwas Pfeffer
5 EL feines Sonnenblumenöl

Die Forellen filetieren und das Filet in Scheiben schneiden. Leicht salzen und pfeffern und im Dampftopf garen. Abkühlen lassen. Die Möhrenstifte kurz blanchieren. Die Champignons putzen, in dünne Scheiben schneiden und zusammen mit dem vorbereiteten Feldsalat auf 4 Tellern anrichten. Die Fischstücke darauf verteilen. Für die Salatsauce den Essig, den Zitronensaft, Senf, Salz und Pfeffer verrühren. Dann das Öl darunterschlagen und die Sauce über dem Salat verteilen.

Roher Fisch in hauchdünnen Scheiben

Ganz dünn geschnitten, lassen sich viele Fische nach Art der japanischen Küche roh genießen. (Der bekannteste – weil gefährliche – Fisch, den die Japaner auf diese Weise genießen, ist der Fugu; wegen seiner zum Teil hochgiftigen Innereien ist bei der Zubereitung besondere Sorgfalt geboten.)

Frischer Fisch kann so, nur leicht gesalzen und gewürzt, höchst delikat schmecken. Man kann die hauchdünnen Fischscheiben auch marinieren – mit Öl, zusätzlich mit dem Saft von Zitronen oder Limetten, aber auch mit Wein oder Essig. Allerdings sind sie nach einer solchen Behandlung eigentlich nicht mehr roh zu nennen.

Am besten eignen sich Fische mit möglichst festem Fleisch, wie zum Beispiel fast alle Felsenbarsche. Um das relativ weiche Fischfleisch in so hauchdünne Scheiben schneiden zu können, sollte man die Filets soweit anfrieren, daß sie sich zwar noch schneiden lassen, auf Druck hin aber nicht nachgeben, also die Form behalten. Dann läßt sich das Fischfleisch mit einem langen, scharfen Messer, besser noch mit der Aufschnittmaschine, gut schneiden. Die feinen Scheiben sollten sofort, solange sie noch leicht gefroren sind, auf den Tellern angerichtet werden.

Dünne Scheiben lassen sich auch gut mit der Hand schneiden. Der Fisch sollte aber vorher zumindest angefroren werden. Das Messer muß möglichst dünn und lang, natürlich auch scharf sein, damit man die Scheibe in einem Zug abschneiden kann. Lachsmesser oder Messer mit leichtem Wellenschliff eignen sich gut, am besten aber ein japanisches Sashimi-Messer.

CARPACCIO VON LACHS MIT FENCHEL

400 g Filet von frischem Lachs (Mittelstück)

6 EL feinstes Olivenöl

Salz

Saft einer Limette

1 kleine Fenchelknolle mit Grün

etwas frisch gemahlener Pfeffer

Das Lachsfilet sauber parieren. In Alufolie gepackt anfrieren lassen. 4 gekühlte Teller mit 2 EL Olivenöl bestreichen, salzen und mit dem Limettensaft beträufeln. Die sauber geputzte Fenchelknolle mit etwas Grün in hauchdünne Scheiben schneiden und mit dem restlichen Öl und Limettensaft marinieren. Den vorgefrorenen Lachs mit dem Messer oder mit der Aufschnittmaschine in dünne Scheiben schneiden und sofort auf den vorbereiteten Tellern anrichten. Die marinierten Fenchelscheiben mit der Flüssigkeit und dem Grün darüber verteilen und mit Salz und Pfeffer würzen.

CARPACCIO VON LACHS MIT SESAM

400 g Filet von frischem Lachs (Mittelstück)

3 EL Sesamöl

4 EL Sonnenblumenöl

Salz

etwas frisch gemahlener Pfeffer

Saft einer halben Zitrone

1 kleine Zucchini

1 EL Sesamsamen

Das Sesam- und Sonnenblumenöl mischen. Die Hälfte davon auf 4 gekühlte Teller streichen. Salzen und mit dem Zitronensaft beträufeln.
Die Aufschnittmaschine auf 2 mm Stärke einstellen und das vorgefrorene Lachsfilet in dünne Scheiben schneiden.
Die Zucchini sorgfältig putzen, in feine Streifen (Julienne) schneiden und in der restlichen Ölmischung 1/2 Stunde marinieren. Über die Lachsscheiben geben und mit Salz und Pfeffer pikant würzen.
Die Sesamsamen in der trockenen Pfanne hell anrösten und abgekühlt darüberstreuen.

ROULADEN VON ST. PIERRE UND LACHSFORELLE

je 200 g Filet von St. Pierre und Forelle

2 EL feines Olivenöl, Salz, Pfeffer

Saft einer halben Zitrone

etwas Salat der Saison (Frisée, Feldsalat, Radicchio)

1 EL Weinessig, 3 EL Sonnenblumenöl

Meerbohnen (blanchiert) zum Garnieren

Lachs und Forelle gehören zu den idealen Fischen in der kalten Küche. Vor allem, wenn es darum geht, Fisch roh oder nur leicht mariniert zu verwenden. Auch Steinbutt oder St. Pierre sind dafür bestens geeignet.

LACHSTATAR MIT KAVIAR UND KLEINEM SALAT

320 g Filet von fangfrischem Lachs

Salz, Pfeffer

Saft einer halben Zitrone

2 kleine Frühlingszwiebeln

1 kleines Bund junger Schnittlauch

4 EL feinstes Pflanzenöl

Für den Salat:

1 Tomate

50 g Zuckererbsen, Salz

50 g Meerbohnen

einige Blätter Frisée und Radicchio

1 EL feiner Weinessig

3 EL feinstes Pflanzenöl

5 Tropfen Haselnußöl

Außerdem:

30 g frischer Kaviar

Dillstengel zum Garnieren

Das Lachsfilet sauber parieren, dunkle Stellen wegschneiden. Mit einem scharfen Messer das Filet feinhacken, aber auf keinen Fall quetschen. Mit Salz, Pfeffer und dem Zitronensaft würzen. Die Frühlingszwiebeln putzen, abspülen und feinwürfeln, den Schnittlauch in Röllchen schneiden. Beides mit dem Öl unter das Lachstatar mischen. Zugedeckt im Kühlschrank 10 Minuten durchziehen lassen. Inzwischen die Tomate enthäuten, vierteln, entkernen und feinwürfeln. Die Zuckererbsen in Salzwasser blanchieren, in Eiswasser abschrecken, mit den Fingerspitzen auseinanderziehen und in feine Streifen schneiden. Die Meerbohnen putzen, in ungesalzenem Wasser aufkochen, abschrecken und abtropfen lassen. Die geputzten Frisée- und Radicchioblätter waschen und trockenschleudern. Den Weinessig mit dem Salat- und Haselnußöl verschlagen, salzen und pfeffern. Die Salatzutaten darin wenden. Das Tatar nachschmecken. Auf 4 Teller verteilen, den Kaviar darauf anrichten. Mit Salat umlegen und mit Dillspitzen garnieren.

Kalter Räucherlachs, natürlich auch anderer geräucherter Fisch, läßt sich ganz hervorragend mit warmen Zutaten kombinieren, wie hier mit Blinis und Wachtel-Spiegelei. Auch Kaviar paßt sich diesem Kalt-Warm-Spiel gut an – man denke nur an die heißen Ofenkartoffeln mit eiskalter Crème fraîche und Kaviar. Russische Kaviar-Kenner lassen übrigens die Crème fraîche oder saure Sahne weg und genießen den Kaviar mit der Kartoffel pur.

KALTE FISCHKÜCHE

Das Filet von St. Pierre und Forelle sauber parieren, eventuell noch vorhandene Gräten mit der Pinzette entfernen. Die Filets mit einem schmalen, sehr scharfen Messer waagerecht in dünne Scheiben schneiden. Die Scheiben vom St. Pierre zwischen Klarsichtfolie etwas plattieren. Auf ein anderes Stück Klarsichtfolie legen. Die Forellenfilet-Scheiben nur ganz vorsichtig plattieren, weil das Fleisch wegen seiner zarten Struktur leicht reißt. Die Forellenfilet-Scheiben auf die Scheiben vom St. Pierre legen und – wie beim Strudel – durch Anheben der Folie aufrollen. Die Rouladen in Folie schlagen und im Gefriergerät mindestens 3 Stunden anfrieren. 4 gekühlte Teller mit dem Olivenöl bestreichen. Salzen, pfeffern und mit Zitronensaft beträufeln. Die angefrorenen Rouladen mit der Aufschnittmaschine oder einem scharfen Messer in feine Scheiben schneiden und diese vorsichtig – sie fallen leicht auseinander – auf den Tellern anrichten. Leicht würzen.
Den Salat putzen, waschen und trockenschleudern. Den Essig mit etwas Salz und Pfeffer vermischen, das Sonnenblumenöl unterschlagen. Den Salat darin wenden. Auf die Rouladenscheiben verteilen, mit den Meerbohnen garnieren.

RÄUCHERLACHS AUF BLINIS MIT WACHTEL-SPIEGELEI

Warm und kalt – dieser Kontrast macht oft erst die Raffinesse eines Gerichts aus. Geräucherter Fisch eignet sich für eine solche Kombination besonders gut. Er verträgt sich zum Beispiel gut mit warm zubereiteten Eiern oder Kartoffeln – man denke nur an eine der bekanntesten und zugleich einfachsten Kombinationen: Rührei mit geräuchertem Hering oder Räucheraal. Hier ein ganz besonders delikates Rezept dieser Gruppe:

Zutaten für 8 Portionen
50 g Mehl
50 g Buchweizenmehl, feingemahlen
15 g Hefe, 1 Msp. Zucker, 60 g Milch
1 Ei, 1/4 TL Salz
geklärte Butter zum Ausbacken
600 g Räucherlachs
8 Wachteleier
Butter zum Braten
frischer Schnittlauch und Dill

Das Mehl zusammen mit dem Buchweizenmehl in eine Schüssel geben, in der Mitte eine Vertiefung anbringen und die Hefe hineinbröckeln. Den Zucker darüberstreuen und die Hefe mit der lauwarmen Milch auflösen. Über diesen Vorteig etwas Mehl streuen und, mit einem Tuch zugedeckt, an einem warmen Ort 20–30 Minuten gehen lassen. Die Mehloberfläche muß deutliche Risse zeigen. Dann das Ei und das Salz in den Vorteig geben und einen glatten Hefeteig schlagen. Nochmals 15–20 Minuten gehen lassen. Jeweils etwas geklärte Butter in der Pfanne erhitzen und aus dem Teig 8 kleine Pfannkuchen von 6–8 cm Durchmesser backen. Vor dem Anrichten auf Küchenkrepp abtropfen lassen. Den Räucherlachs in dünne Scheiben schneiden und auf den Blinis anrichten.
In der Pfanne etwas Butter erhitzen. Die Wachteleier vorsichtig mit einem spitzen Messer anritzen, damit das Eigelb nicht beschädigt wird, in die Pfanne gleiten lassen und braten. Salzen. Für jede Portion ein Spiegelei auf dem Räucherlachs anrichten und das Ganze mit Schnittlauch und Dill garnieren.

221

KALTE FISCHKÜCHE

GEBEIZTE FORELLE

So wie auf skandinavische Art der Lachs („Gravlaks") können auch andere Fische gebeizt werden. Sie sollten nur möglichst groß, fett und selbstverständlich topfrisch sein. Geeignete Fische sind zum Beispiel Forellen ab 1 kg Gewicht und große Makrelen.
Das folgende Rezept kann natürlich auch für Lachs verwendet werden. Will man aber einen echten skandinavischen „Gravlaks" zubereiten, dann muß der Zuckeranteil verdoppelt und die Zutaten je nach Gewicht des Fisches vervielfacht werden.

1 Forelle (Lachsforelle) von 1,5 kg
40 g grobes Salz
30 g Zucker
1 TL grob zerstoßene Pfefferkörner
1 Bund frischer Dill
60 ml Cognac

Die Forelle filetieren, aber nicht enthäuten, und die Seitengräten sehr sorgfältig herausziehen. Die beiden Filets sauber parieren. Ein Filet mit der Hautseite nach unten in eine entsprechend große Form oder auf eine Platte mit Rand legen. Das Salz mit dem Zucker und dem Pfeffer mischen und damit das Filet bestreuen. Den Dill mit den Stengeln grob hacken und darüberstreuen. Mit dem Cognac beträufeln. Das zweite, auf die gleiche Weise gewürzte Filet mit der Hautseite nach oben so darüberlegen, daß das Schwanzende auf den Kopfteil des in der Form befindlichen Filets zu liegen kommt. Mit einem Brettchen abdecken und leicht beschweren. Das Ganze mit Alufolie zudecken und mindestens für 48 Stunden im Kühlschrank marinieren. Während dieser Zeit die Filets zweimal wenden.
Die Norweger schwören auf Senfsauce und Kartoffeln als Beilage zum Gravlaks, und das paßt natürlich auch zu der Forelle.

Die Seitengräten beim frischen Lachs entfernen. Beim Filetieren bleiben sie im Lachsfilet (wie auch im Filet bei der Lachsforelle) hängen. Sie müssen mit einer Pinzette einzeln herausgezogen werden. Zum Auffinden der Gräten vorsichtig mit dem Finger über das Filet streichen.

Will man eine Räucherlachsseite vorbereiten, dann zuerst mit einem spitzen Messer die an den Längsseiten nach oben gewölbte Haut lösen. Danach die etwas feste Räucherhaut mit den darunter liegenden Gräten abheben, anschließend die Räucherhaut entlang der Mittellinie entfernen. Die Seitengräten machen beim geräucherten Lachs schon etwas Mühe. Deshalb dazu eine feste Zange verwenden. Ob die vorbereitete Lachsseite dann von der Schwanz- oder von der Kopfseite her aufgeschnitten wird, darüber gibt es selbst bei Fachleuten kein Einvernehmen.

KALTE FISCHKÜCHE

Fischsülzen

Fischsülzen können echte kulinarische Sommer-Überraschungen sein, denn sie sind nicht nur recht erfrischend, sondern darüber hinaus auch schön leicht. Dabei müssen es nicht unbedingt Edelfische sein, wie im nachfolgenden Rezept. Ähnlich wie bei den bekannten Tellersülzen mit Fleisch, lassen sich auch mit Fisch pikante Zusammenstellungen erreichen. Zum Beispiel pochierter Steinbeißer in einer Weißweinsülze mit Paprika-Gurken-Gemüse, oder Heilbuttwürfel mit Artischockenböden in Sherrygelee.

SÜLZE VON EDELFISCHEN UND KREBSEN

6 Blatt weiße Gelatine
50 ml trockener Weißwein
20 ml Noilly Prat
1/2 l Fischconsommé (Rezept Seite 164)
30 g Möhren, 20 g Lauch und 20 g Schalotten, in feine Würfel geschnitten
150 g Wasser
20 ml Weinessig
1 Stengel Estragon
100 g Lachsfilet
100 g Steinbuttfilet
3 Seezungenfilets
Salz, Pfeffer
16 gekochte Krebse
Für den Salat:
1 kleiner Kopf Frisée
1 kleiner Kopf Eichblattsalat
2 EL Weißwein- oder Estragonessig
Salz, Pfeffer aus der Mühle
5 EL Sonnenblumenöl
1 kleine, feingewürfelte Schalotte
1 kleines Bund Schnittlauch

Die Gelatine in kaltem Wasser einweichen. Weißwein und Noilly Prat in einer Kasserolle aufkochen und 2–3 Minuten kochen lassen, damit der Alkohol verfliegt. Vom Herd nehmen. Die ausgedrückte Gelatine darin auflösen, die Fischconsommé zugießen, durchrühren und alles durch ein feines Sieb gießen. Die Gemüsewürfel mit dem Wasser, dem Essig und dem Estragon in einem kleinen Topf aufkochen. Bei mäßiger Hitze die Flüssigkeit völlig einkochen lassen; die Gemüsewürfel müssen ganz weich sein. Den Estragon entfernen.

Die Form chemisieren nennt man das Auskleiden mit einer dünnen Geleeschicht, damit der Inhalt, zum Beispiel die Fischstücke, nicht ungeschützt an die Formwand gedrückt wird. Die gut gekühlte Form wird dazu mit Gelee, das kurz vor dem Erstarren ist, ausgegossen. Die Form bis zur gewünschten Höhe in Eiswasser stellen und, sobald sich an der Formwand eine feste Geleeschicht von etwa 3 mm Dicke gebildet hat, den noch flüssigen Rest wieder ausschütten. Zurück bleibt ein gleichmäßig starker Geleemantel.

Die verschiedenen Fischfilets in Würfel von etwa 2 cm Kantenlänge schneiden und diese in siedendem Salzwasser oder Fischfond in etwa 2 Minuten garen. Auf einem Tuch abtropfen lassen, mit Salz und Pfeffer würzen.
Die gekochten Krebsschwänze ausbrechen, die Därme entfernen. Fisch- und Krebsschwänze zugedeckt kühl stellen. Eine Terrinenform von 3/4 l Inhalt chemisieren, wie in der Bildfolge beschrieben, und in den Kühlschrank stellen. Die Gemüsewürfel in den flüssigen Aspik mischen, mit Salz und Pfeffer abschmecken. Die Form aus dem Kühlschrank nehmen. Mit Fisch- und Krebsschwänzen auslegen, dazwischen immer wieder mit Gemüseaspik auffüllen und zwischendurch anziehen lassen. Die gefüllte Form in den Kühlschrank stellen und die Sülze in etwa 8 Stunden fest werden lassen. Zum Anrichten den Salat putzen, waschen und trockenschleudern. Den Essig mit Salz und Pfeffer mischen, das Sonnenblumenöl unterschlagen. Die Schalottenwürfel und den in Röllchen geschnittenen Schnittlauch zugeben. Nur die Herzblätter der beiden Salate nehmen, in mundgerechte Stücke zupfen und in der Vinaigrette wenden. Die Sülze portionsweise mit dem Salat anrichten.

Den in Stücke geschnittenen Räucherlachs mit der Weißweinsauce im Mixgerät zu einer glatten Masse verarbeiten. Um eventuell verbliebene Grätenstücke oder Klümpchen zu entfernen, wird die Masse durch ein Haarsieb gestrichen. Dann wird zunächst 1/3 der geschlagenen Sahne untergezogen, bevor sie im Kühlschrank weiter abkühlt. Kurz bevor die Masse beginnt zu erstarren, wird die restliche Schlagsahne vorsichtig untergezogen.

RÄUCHERLACHS-MOUSSE

Zutaten für 4–6 Portionen:

220 g bester Räucherlachs
120 ml Sauce vin blanc (Rezept Seite 118)
Salz, frisch gemahlener Pfeffer
2 Blatt Gelatine
2 EL süßer Sauterne
150 g geschlagene Sahne
60 g Crème fraîche
30 g frischer Kaviar

Den Räucherlachs von eventuell noch vorhandenen Gräten befreien, in Stücke schneiden und mit der Weißweinsauce (sie soll gerade noch flüssig sein) in den Mixer geben. Damit die Masse schön locker wird, kann dies in 2 oder 3 Portionen nacheinander geschehen. Die glatte, schaumige Masse mit Salz und Pfeffer pikant würzen. Die in kaltem Wasser eingeweichte Gelatine ausdrücken und in dem erhitzten Weißwein auflösen. Etwas abkühlen lassen und unter die Masse rühren, die anschließend durch ein Sieb gestrichen wird. Zuerst etwa 1/3 der geschlagenen Sahne unterziehen, kühlen und dann die restliche Schlagsahne unterheben. Mit einem Löffel oder dem Spritzbeutel in Gläser füllen, vollständig erstarren lassen. Mit Crème fraîche und Kaviar garniert servieren.

Welcher Wein zu welchem Fisch?

Am besten Champagner, sollte die Antwort lauten. Denn er wäre die wohl richtigste Empfehlung als begleitendes Getränk zu Fisch, wie immer dieser auch zubereitet wurde. Während man beim Wein wohl abwägen muß, welcher zu welchem Fisch paßt, hat man's beim Champagner leicht. Denn er harmoniert tatsächlich mit fast allen Fischarten – vom Hering einmal abgesehen, zu dem ein „kühles Helles" wirklich besser paßt. Das Frische, Prickelnde des Champagners ist aber auch die ideale Ergänzung zu Krustentieren, in jeder Art der Zubereitung. Nicht zu vergessen den Kaviar, zu dem er wie kein anderes Getränk paßt, und dies nicht nur, weil sich beide preislich so nahe kommen. Nur die Russen sind da anderer Meinung: sie trinken vorzugsweise Wodka zu den teuren Perlen.

Nun wäre es sicher vermessen, einen Katalog von passenden „Fisch-Weinen" aufstellen zu wollen. Aber man kann Empfehlungen geben. So subjektiv diese Empfehlungen auch sein mögen – sie sind die Summe aus Tradition und Erfahrungen vieler Wein- und Fischliebhaber und daher allemal wert, zumindest von Wein-

Geräucherter Fisch eignet sich ganz besonders gut für eine Mousse. Im Französischen bedeutet das einfach „Schaum", und damit ist die Leichtigkeit dieser Delikatesse treffend beschrieben. Man kann die Mousse auch in mit Fischgelee chemisierte Förmchen füllen und dann stürzen. Der Geleemantel schützt den zarten Inhalt und kann ihn auch geschmacklich noch unterstützen.

unkundigen, wenn auch nicht allzu ernst, so doch beachtet zu werden. Im übrigen – und da sind die „Fortgeschrittenen" gemeint – sollte man bei der Zusammenstellung eines Essens mehr seinem Gefühl folgen und der momentanen Situation Rechnung tragen, als unbedingt nach dem vorgeschriebenen Wein zu suchen. Regeln werden ohnehin außer Kraft gesetzt, wenn man seinen Fisch fern vom heimischen Herd und abseits von kulinarischen Zentren genießt. Da sind es, wenn überhaupt, ganz andere Weine, die zur Auswahl stehen, und so manch unbekannter Landwein, weiß oder rot, wurde schon als idealer Fisch-Wein entdeckt.

Zu pochiertem, gedämpftem und gedünstetem Fisch können generell leichte, trockene Weißweine gereicht werden. Regionale Empfehlungen sind schon fast „Geschmackssache", doch liegt man sicher nicht verkehrt, wenn man auf die bekannten weißen Burgunder verweist, oder die Rieslinge vom Rhein und aus dem Elsaß oder die Weißweine von der Loire. In Italien sind es die klaren Weißen aus Friaul und Venetien, von den Schweizer Weinen die guten Lagen am Genfer See: Aigle, Yvorne oder Dézaley. In den USA empfehlen sich die trockenen Weißen aus Idaho und Washington State.

Wenn delikate, mit Wein zubereitete Saucen den Fisch begleiten, dann sollte möglichst auch der Wein, der für die Sauce verwendet wurde, serviert werden. Das trifft sowohl bei Weißwein- wie bei Rotweinsaucen zu. Faustregel: je kräftiger und schärfer die Sauce, desto gehaltvoller darf der Wein sein.

Fische aus der Pfanne oder vom Grill verlangen in der Regel ebenfalls nach spritzigen, leichten Weißweinen. Wenn sie aber kräftig mit Kräutern gewürzt sind, können sich durchaus trockene Rosé- oder leichte Rotweine als ideale Begleiter erweisen.

Zu geschmorten Fischgerichten oder den in Italien üblichen „Pasta mit Fischen oder Meeresfrüchten" können, entsprechend der geschmacklichen Tendenz des Gerichts, ganz unterschiedliche Weine getrunken werden. So vertragen sich alle Fischgerichte mit Tomaten und Knoblauch gut mit leichten Rotweinen oder gehaltvollen Weißweinen, wie sie aus Mittelitalien und der Provence kommen. Und zu einem kräftigen Fischgulasch oder geschmortem Aal ist man am besten mit einem leichten Rotwein bedient, zum Beispiel einem Blaufränkischen aus dem Burgenland oder einem Beaujolais.

Was zum Fisch am besten paßt, entscheidet heutzutage weitgehend der eigene Geschmack. Die Wahl des begleitenden Weins wird liberaler gehandhabt. Selbst, wenn's ein Roter ist: Hauptsache, sie passen gut zusammen, der Fisch und der Wein!

FISCH-FACHLICHES

Das Zerlegen und Vorlegen von gegartem Fisch

Gleichgültig, ob man die Fische bereits in der Küche zerlegt oder das Ganze vor den Gästen „zelebriert", wichtig ist, die Filets so auszulösen, daß sie möglichst unbeschädigt und schnell auf den Teller kommen. Ein sorgfältig ausgelöstes ganzes Filet sieht sicher appetitlicher aus, als wenn es Stück für Stück von den Gräten abgehoben wird. Der Zeitaufwand sollte dafür allerdings in einer vernünftigen Relation stehen. Abgekühlter Fisch, und wurde er noch so korrekt vorgelegt, verspricht keinen Genuß. Bei Portionsfischen wird man zunächst die erste Hälfte vorlegen, dann die Gräten entfernen und den Rest warm halten. Man kann aber, und diese Methode hat durchaus Vorteile, auch den ganzen Fisch auf dem Teller servieren. Blaugekochte Portionsfische werden oft im Fischkessel zu Tisch und, frischer geht's nicht, ohne Umwege auf den Teller gebracht. Gegrillte Portionsfische legt man dem Gast meist ganz vor, weil die knusprige Haut gern mitgegessen wird. Wie auch bei korrekt geschuppten größeren Fischen, die dazu mit der Haut filetiert werden.
Beim Zerlegen von Räucherfisch geht man genauso vor wie bei einem warmen

Einen Rundfisch zerlgen – am Beispiel einer Forelle (800 g) für zwei Personen. Jeweils von links nach rechts: Der Fisch wird vom Kesseleinsatz vorsichtig auf die Platte oder das Tranchierbrett gehoben (1). Zuerst wird die Rückenflosse, einschließlich der Flossenträger, mit Fischmesser und Gabel herausgezogen (2). Die Haut zunächst entlang des Rückens, dann an Kopf und Schwanz durchtrennen (3). Durch Aufrollen mit dem Messer wird sie abgezogen (4). Das obere Filet hinter dem Kopf lösen (5) und vorsichtig von der Mittelgräte abheben (6). Auf eine Platte oder einen Teller legen (7). Mit dem Fischmesser das untere Filet vom Schwanz trennen (8), anschließend das ganze Skelett abheben und das Filet hinter dem Kopf abtrennen (9). Mit der Hautseite nach oben auf die Platte legen und die Haut abziehen (10). Um an die feinen Bäckchen zu kommen, die Kiemendeckel von hinten anheben und die Bäckchen herauslösen (11).

FISCH-FACHLICHES

Einen Plattfisch vorlegen – am Beispiel eines Babysteinbutts. Demonstriert von Maître Ernst Kraak vom Restaurant „Vier Jahreszeiten" im Vienna Inter-Continental. Jeweils von links nach rechts: Die Haut wird am Flossensaum und entlang der Mittelgräte gelöst (2). Die erste Hälfte der Haut wird mit dem Fischmesser abgehoben (3), dann die zweite Hälfte (4). Das erste Filet nun am Flossensaum lösen (5), dann das Fischmesser von der Mittelgräte aus zwischen Filet und Gräten führen (6), mit Hilfe der Gabel das Filet abheben (7) und auf den Teller legen (8). Auf die gleiche Weise das zweite Filet lösen und abheben. Den Flossensaum mit dem Fischmesser abtrennen (9), die Mittelgräte von Schwanz und Kopf trennen und im ganzen abheben (10). Die beiden unten liegenden Filets zuerst mit dem Messer von der Haut lösen, dann abheben. Beim Babysteinbutt kann man übrigens die untere, weiße Haut ohne weiteres mitessen. Natürlich sollte man die feinen Steinbutt-Bäckchen dem Gast nicht vorenthalten. Sie werden wie beim Rundfisch ausgelöst.

Fisch. Ist es ein Rundfisch, werden zuerst die Rückenflossen, dann die übrigen Flossen entfernt. Nach dem Abziehen der Haut werden dann die Filets gelöst. Nur geräucherter Aal mit seiner ledrigen Haut wird zuerst in entsprechende Stücke geschnitten und dann die Haut abgezogen. Die Stücke werden vom Rücken her geteilt und die Mittelgräte entfernt.

Fisch und Zitrone
Obwohl inzwischen bekannt ist, daß frischer Fisch nicht der Säure einer Zitrone bedarf (wenngleich sie oft ein feines Würzmittel ist), so ist sie immer noch eine zwar überflüssige, aber beliebte Dekoration bei Fischgerichten. Da die Dekoration in der Regel einen geschmacklichen Bezug zur Speise haben sollte, empfiehlt es sich, nur dort mit Zitronenscheiben, -achteln oder gar halben Zitronen zu garnieren, wo sie auch geschmacklich zu rechtfertigen sind.

Ein Fisch-Vorlegebesteck kann beim Zerlegen größerer Fische gute Dienste tun, denn mit der großen „Schaufel" des Messers und der ebenfalls großen Gabel lassen sich auch große Filets lösen und transportieren. Das Fisch-Eßbesteck ist für Portionsfische ausreichend. Für die neue Fischküche mit ihren feinen Saucen sollte neben dem Fischbesteck noch ein Saucenlöffel gedeckt werden. Mit ihm kann auch der letzte Saucenrest vom Teller genommen werden.

FISCH-FACHLICHES

Fischküchen-Inventar

Bis auf wenige Ausnahmen kommt die gute Fischküche ohne Spezialgeräte aus. In einer gut eingerichteten Küche sind die meisten Probleme bei der Fischzubereitung mit dem Vorhandenen zu lösen. Wer hohe Ansprüche an die Qualität der Speisen stellt, wird die wichtigsten Helfer bei der Fischzubereitung ohnehin parat haben. Dazu gehören zum Beispiel ein Fischkessel bzw. eine Fischkasserolle und ein stabiles, aber flexibles (teures) Messer zum Filetieren. Auch ein Fischschupper, der wenig kostet, aber eine unschätzbare Hilfe beim Vorbereiten von frischem Fisch ist, sollte dabei sein.

Für große Fische braucht man entsprechend robustes Handwerkszeug. Bei Exemplaren so ab 3 bis 4 kg Gewicht genügt die Allzweckschere nicht mehr. Da müssen die Gräten schon mit einer Spezialschere durchtrennt werden. Auch zum Spalten braucht man ein großes und schweres Messer, wenn man nicht gar das Küchenbeil verwendet. Die Anforderungen an das Spezial-Lachsmesser sind bekannt: scharf, lang, dünn und flexibel muß es sein, damit man von der geräucherten Lachsseite gleichmäßige, dünne Scheiben schneiden kann. Selbstverständlich ist wohl, daß auch die verschiedenen Messer, die man zum Vorbereiten von Fisch braucht, optimal scharf sein sollten.

Die Form der Fische diktiert die Form der Gefäße, in denen sie gegart werden sollen. Ein spezieller Fischkessel mit gelochtem Einsatz (zum problemlosen Herausheben des gegarten Fischs) sollte zur Küchen-Standardausrüstung gehören, denn nur in ihm lassen sich Rundfische problemlos garen. In einem Kessel von 50 cm Länge kann man beispielsweise einen Hecht mit einem Gewicht von 1 kg, einen Loup de mer von 1,4 kg oder eine Dorade von mindestens 2 kg garen. Wird der Siebeinsatz angehoben, können Fische darin auch gedämpft werden.

Für große Plattfische, vor allem für den Steinbutt, hat man Spezialgefäße in Rautenform entwickelt.

Kochen mit Dampf ist eine in China lang praktizierte Garmethode und inzwischen auch bei uns äußerst beliebt, ganz besonders bei Fisch. Dazu kann man die preiswerten chinesischen Dämpfkörbe verwenden, die man einfach auf einen passenden Topf (besser noch auf einen chinesischen Wok) mit Wasser setzt. Man kann sogar mehrere Körbe übereinandersetzen. Vor allem für den professionellen Bereich sind die Dämpftöpfe aus Edelstahl gedacht.

Doch fast ebenso gut eignen sich flache, rechteckige Bratpfannen (wie auf Seite 129). Für kleine Platt- und Rundfische können flache Kochtöpfe unterschiedlicher Größen verwendet werden.

Beim Braten in der Pfanne spricht die Fischform für die ovalen Pfannen, die in verschiedenen Größen auf dem Markt sind. Für kleine Fische, zumal wenn mehrere auf einmal gebraten werden, taugen natürlich auch die üblichen runden Pfannen. Zum Garen im Ofen greift man ohnehin auf die ovalen oder rechteckigen Backformen (aus Gußeisen oder Emaille) zurück.

Wie geschaffen für die Mikrowellen ist Fisch – darüber sind sich alle Köche mit Mikrowellen-Erfahrung einig. Dank der kurzen Garzeiten werden die wertvollen Nährstoffe und das Aroma weitgehendst geschont, und selbst die magersten Fische beiben, bei richtiger Handhabung des Gerätes, saftig. Optimale Ergebnisse erzielt man bei Fischtranchen oder -filets von gleichmäßiger Stärke; unterschiedlich dicke Fischstücke sollten so gelegt werden, daß die dünnen Teile überlappen und so dann dieselbe Stärke haben wie die hohen Teile. Genaue Informationen für das Garen im Mikrowellenherd muß man der Gebrauchsanleitung für das jeweilige Gerät entnehmen.

Filetiermesser müssen besonders flexibel sein, vor allem bei kleinen und mittelgroßen Fischen. Wer in seinem Messer-Kontingent nicht das richtige findet, dem sei ein „Finnmesser", wie im Bild oben, empfohlen. Es ist extrem scharf und flexibel, zudem ideal für angelnde Fischköche, weil man es in passender Lederscheide auch mitnehmen kann.

Für Saucen und Farcen sollte man sich bei der Zubereitung der modernen Technik bedienen. Die Küchenmaschinen („Cutter") mit dem extrem schnellaufenden, scharfen Messer helfen bei der Zubereitung von Farcen. Ein Mixstab gehört heutzutage ohnehin in jede Küche. Er ist fast unerläßlich beim Aufmixen von Saucen.

1 Fischschere
2 Allzweckschere
3 Ausstecher mit Fischmotiv
4 Wetzstahl und Gabel
5 Großes Messer und Küchenbeil
6 Lachsmesser
7 Messer von groß bis klein
8 Filetiermesser
9 Fischkessel (Kasserolle)
10 Rechteckige Bratpfanne
11 Spitzsieb
12 Rundsiebe
13 Großer Kochtopf
14 Ovale und runde Pfanne
15 Ovale Backformen
16 Metallspachtel
17 Plastik-Teigschaber
18 Fischschupper, groß und klein
19 Schaumlöffel
20 Bratenwender
21 Großer Bratenwender
22 Saucenlöffel

FISCH-FACHLICHES

Fachausdrücke

abschäumen – Fonds, Saucen oder Brühen mit Hilfe des Schaumlöffels von geronnenem Eiweiß und Unreinheiten befreien, die sich auf der Oberfläche abgesetzt haben.

abschrecken – einer heißen Speise kaltes Wasser zusetzen, um ihre Temperatur schnell zu senken.

anlaufen lassen – s. anschwitzen.

anschwitzen – in Fett leicht anrösten, ohne daß die Speise Farbe annimmt.

à part – gesondert servieren, z.B. eine Sauce.

à point – zur rechten Zeit, gerade richtig, „auf den Punkt" (garen, braten).

Aromaten – Sammelbegriff für würzende Zutaten (Gewürze, Kräuter, kleingeschnittenes Wurzel-gemüse).

ausbacken – in reichlich heißem Fett schwimmend goldbraun backen.

Aspik – Bezeichnung für ein Gericht aus Gelee mit Fisch, Meeresfrüchten oder Fleisch.

Bain-marie – (Wasserbad), ein zum Teil mit heißem Wasser gefüllter Behälter, in dem empfindliche Speisen, z.B. Saucen, warm gehalten oder vorsichtig erwärmt werden. Die Gefäße mit den Speisen stehen auf einem Einsatz, damit sie den Boden nicht berühren. Das Wasser darf nicht sieden.

bardieren – mit Speck umwickeln oder belegen.

binden – andicken mit Hilfe eines Bindemittels (wie Mehl, Speisestärke).

blanchieren – Gemüse oder Pilze in siedendem Salzwasser kurz kochen, um sie von unangenehmen Geschmacksstoffen oder Verunreinigungen zu befreien oder um Häute und Schalen besser entfernen zu können.

blind backen – Teigböden oder -hüllen ohne eigentliche Füllung backen, damit sie ihre Form behalten. Dazu werden sie mit Pergamentpapier oder Alufolie ausgelegt und mit getrockneten Hülsenfrüchten gefüllt. Nach dem Backen wird beides wieder entfernt.

blondieren – leicht in Butter bräunen, z.B. Zwiebelscheiben.

Bouquet garni – Würzsträußchen aus verschiedenen Kräutern, Gemüsen und Gewürzen zur Verfeinerung von Brühen und Saucen.

braisieren – s. schmoren.

Brunoise – feingewürfeltes Gemüse.

chemisieren – eine Form gleichmäßig dünn mit Gelee ausgießen oder mit einer feinen Masse ausstreichen, bevor die Füllung hineingegeben wird.

collé (e) – mit Gelatine versetzte Masse.

Consommé – besonders kräftige, klare Brühe (Fond) von Krustentieren, Fisch, Geflügel oder Fleisch.

Court-bouillon – gut gewürzte Brühe, meist aus Wasser, Essig, Weißwein, Gemüsen und Gewürzen, zum Kochen von Meeresfrüchten und Fischen.

Croûtons – geröstete Weißbrotscheiben, z.B. als Unterlage für kleine Fleischstücke oder, gewürfelt, als Suppeneinlage.

dämpfen – in Wasserdampf garen, ohne daß die Speise mit der Flüssigkeit in Berührung kommt.

Darne – dicke Scheibe aus dem Mittelstück von Fischen (hinter dem Kopf bis zum Ende der Bauchhöhle).

demoulieren – eine Speise aus der Form stürzen, in der sie stockte oder gegart wurde.

dessechieren – abtropfen lassen oder trockentupfen.

dressieren – einer Speise eine bestimmte Form geben (z.B. mit Hilfe eines Spritzbeutels), auch geschmackvoll anrichten.

dünsten – in wenig Flüssigkeit, Fett und im eigenen Saft garen.

Duxelles – braune Füllsauce mit gehackten Pilzen, Schalotten und Kräutern zum Überkrusten von Speisen und als Füllung für Pasteten.

Essenz – stark eingekochte Brühe, konzentrierter Fond.

Etamine – Leintuch zum Passieren von Suppen und Saucen.

Farce – Füllung für Pasteten, Terrinen, Fische, Krustentiere, Fleischteile oder Gemüse, bestehend aus sehr fein gehacktem oder gemahlenem Fleisch, Fisch, Gemüse usw., pikant gewürzt und gebunden.

farcieren – mit gut abgeschmeckter Masse (Farce) füllen.

faschieren – feinhacken, durch den Wolf drehen.

Filet – bei Fischen das von den Gräten gelöste Fleisch der Seiten.

Fines herbes – feine, gehackte Kräuter in verschiedener Zusammensetzung für Saucen und Suppen. Teilweise auch mit gehackten Schalotten.

flambieren – eine Speise mit Alkohol übergießen und abflämmen, um ihren Geschmack zu verfeinern.

Fond – Extrakt, der beim Garen von Schal- und Krustentieren, Fisch, Fleisch oder Gemüse gewonnen wird. Er dient als Grundlage für Saucen und Suppen.

frappieren – eine Speise oder ein Getränk zwischen Eisstücken oder im Kühlschrank stark abkühlen.

Fritüre – Fettbad zum Backen von Fisch-, Fleisch-oder Geflügelstücken und Gemüse, auch von Meeresfrüchten, z.B. Muscheln, Garnelen und Tintenfischen. In einem Drahtkorb wird das Fritiergut in das siedend heiße Fett getaucht. Fritüre wird auch das Backfett genannt.

Fumet – (frz. Duft), Auszug, s. Essenz.

garnieren – eine Speise verzieren.

Garnitur – Umlage oder Beilage eines Gerichts oder auch Einlage bei Saucen und Suppen. Die Garnitur bestimmt auch oft den Namen des Gerichts mit.

Gelatine – reiner, geschmackloser Knochenleim in Pulver- oder Blattform zum Festigen von Flüssigkeiten und leichten Speisen.

Gelee – verschiedene geklärte und erstarrte Flüssigkeiten.

Glace – stark eingekochte, ungesalzene Brühe von Fisch, Meeresfrüchten, Kalb-, Hühner- oder Wildfleisch, zur Verbesserung von Saucen oder zum Überglänzen von Speisen. Erkaltet ist die Glace so fest, daß sie aufgeschnitten werden kann.

glacieren – Speisen mit Glace überziehen.

gratinieren – ein Gericht bei Oberhitze überbacken, so daß es eine braune Kruste bekommt.

Julienne – feine Streifen von Gemüse oder Trüffeln, als Einlage oder Beilage.

Jus – reiner Fleisch- oder Bratensaft, brauner Fond.

Karkasse – das Gerippe von Fisch, Krustentieren und Geflügel.

klären – bei Kraftbrühen und Gelees alle trübenden Bestandteile entfernen. Mit Hilfe von Eiweiß und feingehacktem Fleisch oder Fisch werden diese Bestandteile gebunden und entfernt.

klarkochen – Saucen und Suppen langsam kochen und dabei ständig Schaum und Fett abschöpfen, bis sie vollkommen klar sind.

Kotelett – bei Fischen allgemein übliche Bezeichnung für Tranche.

legieren – eine Speise mit einem Bindemittel sämig machen.

Liaison – das zum Legieren verwendete Bindemittel (z.B. Eigelb, Sahne).

Marinade – mit Kräutern und Gewürzen versehene Flüssigkeit (Wein, Zitronensaft, Essig, Sauer- oder Buttermilch) zum Haltbarmachen, Würzen oder Mürbewerden von Fleisch und Fisch. Auch Salatsaucen bezeichnet man als Marinade.

marinieren – einlegen in Marinade.

maskieren – mit Sauce oder Gelee überziehen.

Medaillons – kleine, runde oder ovale Fischscheiben (z.B. von Lotte oder Waller).

Mirepoix – Röstgemüse zum Würzen von Saucen. Kleingeschnittenes Wurzelwerk, Zwiebeln, evtl. magerer durchwachsener Speck, mit Kräutern und Lorbeer leicht anrösten.

mitonnieren – in Flüssigkeit langsam verkochen lassen.

montieren – eine Sauce oder Suppe mit Butter aufschlagen.

Mousse – feine Schaumspeise aus farciertem Krebsfleisch, Fisch, Fleisch oder Geflügel, auch Fruchtmark und Sahne.

Mousseline – in kleinen Formen hergestellte Mousse.

nappieren – s. maskieren, eine Speise mit Sauce oder Gelee überziehen.

Panade – Binde- bzw. Lockerungsmittel für Farcen.

panieren – erst in Mehl, danach in Ei und Semmelbrösel wenden.

parieren – Meeresfrüchte, Fische und Fleisch von nicht eßbaren Teilen befreien und gleichmäßig zurechtschneiden.

Parüren – Abfälle, die beim Parieren entstehen.

passieren – eine Flüssigkeit durch ein feines Sieb (Haar- oder Spitzsieb) oder durch ein Tuch gießen, streichen oder drücken.

pochieren – langsam bei Siedehitze garziehen lassen, ohne Kochen.

Quenelles – kleine Klößchen aus Fisch- oder Fleischfarcen.

Ragout – Gericht aus Fisch-, Fleisch- oder Gemüsestückchen, aus Muscheln und anderen Meeresfrüchten, gebunden mit einer gut gewürzten Sauce. Wird auch als Fülle verwendet.

reduzieren – Flüssigkeiten wie Fonds, Suppen oder Saucen auf die gewünschte Konzentration einkochen, auch sämig kochen. Verringert die Flüssigkeit und verstärkt den Geschmack.

refraichieren – gekochtes Fleisch oder Gemüse mit kaltem Wasser abkühlen.

rissolieren – braun und knusprig braten.

Roux – Mehlschwitze, Einbrenne. Grundlage für gebundene Suppen und Saucen.

Royal – Eierstich.

sautieren – kleine Fleisch-, Fisch- oder Geflügelstücke rasch anbraten.

schmoren – Garvorgang zwischen Braten und Kochen.

soufflieren – mit Soufflémasse füllen und dann dünsten oder überbacken.

Suprême – ein Gericht aus den besten Stücken eines Tieres, auf besonders feine Art zubereitet.

tournieren – das Formen durch Zuschneiden, z.B. von Gemüsen, Knoblauchzehen und Oliven, aber auch das Einkerben von Champignonköpfen.

Tranche – dicke Scheibe oder Schnitte mit Gräten, vertikal zur Mittelgräte (Wirbelsäule) geschnitten (siehe auch Kotelett).

tranchieren – zum Anrichten in Scheiben schneiden, zerlegen.

Velouté – weiße Grundsauce.

ziselieren – kleinere Fische auf beiden Seiten fein einschneiden, damit sie beim Garen nicht platzen und innen gleichmäßig gar werden.

REGISTER

Fisch-Lexikon

Dieses Register enthält alle umgangssprachlichen Namen in Deutsch, Englisch und Französisch sowie *(in kursiv)* alle wissenschaftlichen Namen, die im warenkundlichen Teil dieses Buches erwähnt werden. Bei mehreren Erwähnungen eines Namens ist die Seitenziffer, die sich auf den Haupteintrag bezieht, fettgedruckt.

A

Aal 14, 19, 20, 21, 23, **32f.**, 97
Aalartige Fische 32f.
Aalmutter 42
Aalrutte 88
Aalzucht 23
Abalistes stellaris 73
Able 84
– de Heckel 83
Ablette 84
Abramis ballerus 85
– *brama* 85
– *sapa* 85
Achselfleckbrassen 20, **56**
Acipenser güldenstädti 75
– *naccari* 75
– *nudiventris* 75
– *ruthenus* 75
– *stellatus* 75
– *sturio* 75
Acipenseridae 75
Adlerfisch 20, **57**
Adlerrochen 31
Adria-Stör 75
Adriatischer Hasel 84
– Lachs 76
Advokatenzunge 73
Aiguillat commun 28
Aischgründer 87
Aitel 83
Aland 84
Alaska pollock 38
– -Pollack 10, 20, **38**, 93
Albula vulpes 32
Albulidae 32
Alburnus alburnus 84
Alectis indica 52
Alfoncino 44
Alfonsino 44
Algen-Amur 87
Allis shad 75
Allocyttus verrucosus 44
Alonge 84
Alopias vulpinus 27
Alopiidae 27
Alosa (ital.) 75
Alosa alosa 75
– *fallax* 75
– *sapidissima* 75
Alose finte 75
– vraie 75
Alse 75
Ambloplites rupestris 91
American catfish 89
– plaice 70
– shad **75**, 76
Amerikanischer Flußaal 32f.
– Seesaibling 81
– Seeteufel 38
Ammodytidae 64
Amur, Weißer 87
Anarhichadidae 63
Anarhichas denticulatus 63
– *lupus* 20, **63**
– *minor* 63
Anarrhichthys ocellatus 63
Anchois 36

Anchosen 93
Anchovis 93
Anchovy 36
Ange de mer commun 29
Angel shark 29
Angeldorsch 19
Angelschellfisch 39
Angler fish 37
Anguilla anguilla 20, **32f.**
– *australis* 32
– *dieffenbachii* 32
– *rostrata* 32f.
Anguille 32
Anguillidae 32f.
Anguilliformes 32f.
Anisotremus virginicus 57
Annular bream 56
Anoli de mer 37
Anoplopoma fimbria 20, **48**
Anoplopomatidae 48
Antimora rostrata 38
Apodes 32
Archosargus probatocephalus 56f.
Arctic char 81
Argentina sphyraena 36
Argentine 36
Argentinidae 36
Argyrosomus regius 20, **57**
Ariidae 37
Aristoteleswels 89
Arius felis 37
Armflosser 37f.
Arnoglossus laterna 69
Arripidae 53
Arripis georgianus 53
– *trutta* 53
Asp 84
Aspe 84
Aspitrigla cuculus 46
Aspius aspius 84
Atherina boyeri 43
– *hepsetus* 43
– *presbyter* 43
Atherinidae 43
Atheriniformes 42f.
Atka mackerel 47
Atlantic bluefin tuna 66
– bonito 65
– catfish 63
– croaker 58
– cutlass-fish 64
– halibut 70
– mackerel 64
– redfish 45
– saury 43
Atlantische Brachsenmakrele 53
– Makrele 20, **64f.**
Atlantischer Bonito 20, **65**
– Degenfisch 64
– Fadenhering 35
– Heilbutt 70
– Hering 34
– Kabeljau 10
– Lachs 20, **76**, 78
– Makrelenhecht 43
– Rundhering 35
– Schweinsfisch **61**, 62
– Seeteufel 37
– Seewolf 20

– Tiefseedorsch 38
– Wrackbarsch 49
Atlantisches Grünauge 37
Atractoscion nobilis 59
Atropus atropus 52
Atun 64
Atún (span.) 66
Atun, Silbriger 64
Augenfleck-Zitterrochen 29
Augenseezunge 73
Aulopyge hügeli 84
Australian herring 53
– salmon 53
Australischer Lachs 53
Auxis rochei 67
Ährenfischartige Fische 42f.
Ährenfisch, Großer 43
–, Kleiner 43
Äsche 22, **82**

B

Babylachs 76
Bacalao (span.) 38
Bachforelle 22, **80**
Bachneunauge 75
Bachsaibling 81
Balai de l'Atlantique 70
Balaou 43
Baliste commun 73
– vétule 73
Balistes carolinensis 73
– *vetula* 73
Baltic sturgeon 75
Banatie de mer 32
Bandfisch, Roter 60
Bandeng 37
Bandong 37
Bangos 37
Bar 19, **49**
Barbe 21, **85**
–, Iberische 85
Barbeau 85
Barbel 85
Barbengründling 84
Barbue 68f.
Barbus barbus 85
– – *plebejus* 85
– *comiza* 85
– *meridionalis* 85
Barracuda 21
Barrakuda, Kalifornischer 61
–, Mittelmeer- 61
Barrakuta 64
Barsch 14, 21
Barschartige Fische 48ff.
Bartmännchen 42
Bartumber 57f.
Bass 49
Bastardmakrele 51
–, Neuseeländische 51
Bastardzunge 73
Bathysolea profundicola 73
Baudroie 19, **37**
– rousse 38
Bänderbrassen 56
Becasse de mer 45
Belone belone 20, **43**
Belonidae 43
Beluga 75
– Kaviar 94
Berycidae 43f.
Beryciformes 43f.
Beryx commun 44
– *decadactylus* 19, **44**
– rouge 44
– *splendens* 44
Binnenstint 36, **82f.**
Bismarckhering 34, 93

Black bass 91
– bullhead 89
– cod 48
– crappie 91
– drum 58
– goby 64
– grouper 20, **50**
– mullet 61
– oreo dory 44
– pomfret 53
– sea bass 50
– sea bream 56
– will 50
– -striped goatfish 60
Blackfin tuna 67
Blackfish *(Centropristis striata)* 50
Blackfish *(Centrolophus niger)* 68
Blackspot tuskfish 61
Blacktip shark 28
Blade 55f.
Blainville-Dornhai 28
Blankaal 32
Blasenmakrele 65
Blaubarsch 51
–, Neuseeländischer 62
Blaue Makrele 65
Blauer Jack 20, **52**
– Marlin 67
– Seewolf 63
– Wittling 18, 19, **40**
– Ziegelfisch 51
Blaufelchen 82
Blaufisch 51
Blauflecken-Papageifisch 62
Blaugefleckter Felsenbarsch 50
Blauhai 28
Blauhecht 38
Blauleng 20, **41**
Blaumaul 45
Blaunase 68
Blaurücken-Meeräsche 61
Bläuel 51
Bleak 84
Blei 85
Blennioidei 63
Blicca bjoerkna 85
Blicke 85
Blue catfish 89
– cod *(Ophiodon elongatus)* 47
– cod *(Parapercis colias)* 62
– hake 38
– ling 41
– mackerel 65
– marlin 67
– nose 68
– runner 20, **52**
– shark 28
– skate 30
– spotted sea bass 50
– sucker 88
– warehou 68
– whiting 40
– -spot grey mullet 61
Bluefish 51
Bluegill 91
Blutnetze 27
Bocaccio 46
Bochianus rufus 62
Bodenrenke, Große 82
–, Kleine 82
Bodianus rufus 61
Bogue 54
Böhmischer Karpfen 87
Bonefish 32
Bonite á ventre rayé 67
Bonito, Atlantischer 20, **65**
–, Echter 20, **67**
–, Pazifischer 65
–, Unechter 67
Boops boops 20, **54**
Boreogades saida 38
Bothidae 69
Bothus podas 69

REGISTER

Botulismus 21
Boutargue 61
Brachsen 85
Brachsenmakrele 20
–, Atlantische 53
–, Pazifische 53
–, Schwarze 53
Brama brama 20, **53**
– *japonica* 53
Bramidae 53
Branchiostegidae 50
Brandbrassen 56
Brandungsbarsch, Weißer 60
Brassen 19, 21
Braunaugenrochen 30
Brauner Dornhai 28
– Drachenkopf 45
– Lippfisch 61
– Sägebarsch 48f.
– Zackenbarsch 49
Braunroter Zackenbarsch 50
Breitkopf 87
Brème bordelière 85
– commune 85
Brill 68f.
Brochet 83
– de mer 61
Bronze carp 86
Brook char 81
– trout 81
Brosme 39, **40**, 92
Brosme brosme 40
Brown coral cod 50
– meagre 57
– wrasse 61
Brucko 31
Buckellachs 77
Buffalo cod 47
Buffalofish 88
Buglossidium luteum 73
Bullhead 48
Buntbarsch 22, 23, 24, **90**
Burbot 88
Butterfisch 68
Butt, Weitäugiger 69
Bückling 96

C

Caballa (span.) 64
Cabezon 48
Cabillaud 38
Calamus bajonado 57
– *leucosteus* 57
California corbina 59
Callorhynchidae 31
Callorhynchus callorhynchus 31
– *capensis* 31
Canary rockfish 46
Candlefish 36
Carangidae 51f.
Caranx crysos 20, **52**
– *georgianus* 52
– *hippos* 52
Carassius auratus gibelio 86
– *carassius* 86
Carcharhinidae 28
Carcharhinus limbatus 28
Carchariidae 27
Carcharodon carcharias 27
Cardeau d'été 69
Cardine franche 69
Carp 86
Carpe 86
Carrelet 70
Caspialosa caspia 75
– *pontica* 75
Castagnole (*Brama japonica*) 53
Castagnole (*Stromateus cinereus*) 68
– de Ray 53

Castañeta (span.) 53
Catfish, American 89
–, blue 89
–, channel 89
–, flathead 89
–, white 89
Catostomidae 88
Catostomus catostomus 88
– *commersoni* 88
Caulolatilus princeps 50f.
Cebidichthys violaceus 63
Centracanthidae 54
Centrarchidae 91
Centrarchus macropterus 91
Centrolophidae 68
Centrolophus niger 68
Centropristis striata 50
Cephalopholis fulva 50
– *pachycentrum* 50
Cepola macrophthalma 60
Cépole 60
Cepolidae 60
Cernia (ital.) 49
Cerviola (ital.) 51
Cétan 73
Cetorhinidae 27
Cetorhinus maximus 27
Chabot 48
Chalcalburnus chalcoides 84
Chanidae 37
Chanidé 37
Channel bass 59
– catfish 89
– rockcod 46
Chanos chanos 37
Charbonnier 39
Cheilodactylidae 60
Chelidonichthys kumu 46f.
Chelon labrosus 61
Chevaine commune 83
Chicharo (span.) 51
Chimaeridae 31
Chimaeriformes 31
Chimäre 31
Chimera chimera 31
China rockfish 46
Chinchard commun 51
Chinesischer Karpfen 24
Chinook salmon 20, **76**
Chirocentrus dorab 36
Chirolophis ascanii 63
Chlorophthalmidae 37
Chlorophthalmus agassizi 37
Choerodon schoenleini 61
Chondrichthyes 26ff.
Chondrostei 31
Chondrostoma nasus 84
– *soetta* 84
Chrub 84
Chrysoblephus gibbiceps 56
Chub 83
Chub mackerel 65
Chum salmon 20, **77**, 97
Cichlidae 90
Ciquatera-Vergiftung 21
Cisco 82
Citharidae 68
Citharoides macrolepis 68
Citharus macrolepisotus 68
Clupea harengus 20
– – *harengus* 34
– – *pallasi* 34
Clupeidae 34ff., 75
Clupeiformes 34ff.
Coal cod 48
Coalfish (*Anoplopoma fimbria*) 48
Coalfish (*Pollachius virens*) 39
Cod 38
Coho salmon 20, **77**, 97
Coho-Lachs 77
Coley 39
Colin 39
Common bream 85

– eel 32f.
– pompano 52
– sole 72f.
– tilefish 51
Cone ouatalibi 50
Coney 50
Conger conger 20, **33**
Conger eel 33
Congre 33
Congridae 33
Coquette 62
Corb 57f.
Corégone 82
– blanc 82
Coregonidae 81f.
Coregonus albula 82
– *lavaretus* 82
– *nasus* 82
– *oxyrhynchus* 82
– *pidschian* 82
– *spp* 20
Corvina 57
Coryphaena hippurus 52f.
Coryphaenidae 52f.
Coryphaenoides rupestris 19, 20, **42**
Cottidae 48
Couch's sea bream 54
Courbine 57
Crappie, black 91
–, white 91
Cromileptes altivelis 50
Crossopterygii 31
Crucian carp 86
Ctenopharyngodon idella 87
Cubera snapper 53
Cuckoo gurnard 46
– wrasse 62
Cusk eel 42
Cutthroat-Forelle 80
Cycleptus elongatus 88
Cycloptère 48
Cyclopteridae 48
Cyclopterus lumpus 48
Cyclostomata 74
Cynoglossidae 73
Cynoscion nebulosus 59
– *regalis* 59
Cyprin 86
Cyprinidae 83
Cyprinus carpio 20, **86**

D

Dabogisu 32
Dace 84
Danilewski-Hasel 84
Danube ruffe 91
– salmon 81
Dasyatidae 31
Dasyatis centroura 31
– *pastinaca* 31
– *violacea* 31
Daurade royale 54f.
Deckfisch 68
Deep sea perch 43
Degenfisch 19
–, Atlantischer 64
–, Pazifischer 64
Demoiselle 60
Denté à gros yeux 55
– bossu 55
– commun 55
– de Maroc 55
Dentex dentex 55
– *gibbosus* 55
– *macrophthalmus* 55
– *maroccanus* 55
Derbio 51
Diamantschuppige Meeräsche 61
Diamond-scaled grey mullet 61

Dianafisch 67
Dicentrarchus labrax 19, 20, **49**
– *punctatus* 49
Dick 75
Dicklippige Meeräsche 61
Dicologoglossa cuneata 73
Diplodus annularis 56
– *cervinus* 56
– *sargus* 55
– *vulgaris* 55
Dipnoi 31
Dog salmon 77
– -fish 27
Dog's teeth 55
Doggerscharbe 70
Dolly Varden 81
Dolphin 52f.
Dolphinfish 52f.
Donaulachs 81
Donauwaller 89
Donzelle 42
Doodskop 31
Dorade grise 56
– rose 56
– royale 54
Dornen-Meerengel 29
Dornenkopf, Kurzstachel- 46
Dornhai 20, **28**
–, Brauner 28
–, Gefleckter 28
–, Gemeiner 28
–, Ungefleckter 28
Dornrochen 31
Dorsch 19, 20, **38**
Dorschartige Fische 38 ff.
Dover hake 39
Dover sole 70, **72f.**
Döbel 83
Drachenkopf, Großer Roter 20, **45**
Dreibärtelige Seequappe 40
Drescherhai 27
Drum 57
Drückerfisch 73
Dunkler Felsenfisch 46
Dusky rockfish 46
– sea perch 49
Dünnlippige Meeräsche 61

E

Eberfische 44
Echte Knochenfische 31
Echte Rotzunge 71
Echter Bonito 20, **67**
Edelmaräne 82
Eelpout 42
Eglefin 39
Eidechsenfisch, Grauer 37
Elben 75
Elefantenchimäre 31
Elefantenfisch 31
Elopidae 32
Elopiformes 32
Elops saurus 32
Elsässer Saibling 81
Embiotocidae 60
Émissole lisse 28
Emperor 54
Engelhai 29
English sole 71
Engraulidae 35f.
Engraulis encrasicolus 20, **36**
Englischer Kipper 96
Eopsetta jordani 72
Éperlan 36, 82
Epinephelus analogus 50
– *drummondhayi* 50
– *flavolimbatus* 50
– *guaza* 49
– *guttatus* 50

232

REGISTER

– *itajara* 49
– *morio* 50
– *nigritus* 50
– *niveatus* 50
– *striatus* 49
Erilepis zonifer 48
Esox lucius 20, **83**
Espadon 67
Esturgeon 75
Eulachon 36
Europäische Forelle 80
Europäischer Flußaal 32f.
– Hornhecht 43
– Karpfen 24
Euthynnus pelamis 20, **67**
– *quadripunctatus* 67
Eutrigla gurnardus 46
Eutrumeus teres 35
Exocet 42f.
Exocoetidae 42f.
Exocoetus volitans 42f.

F

Fadenhering, Atlantischer 35
Fadenmakrele 52
Farmlachs 78, 97
Fausse limande 69
Felchen 14, 21, 22, **82**, 97
Felsenbarsch, Blaugefleckter 50
Felsenfische des Pazifik 46
Felsenfisch, Dunkler 46
–, Gelbschwanz- 46
–, Grüngestreifter 46
–, Kanariengelber 46
–, Zinnoberroter 46
Felsengrünling 47
Felsenkliesche 71
Fetthering 93
Fiélas 33
Finte 75
Fisch, tiefgefroren 101
Fische, gesäuerte 93
Fischvergiftungen 21
Fischgeruch 101
Fischvollkonserven 97
Fischzucht 21f.
Flathead catfish 89
– sole 70
Fleckenrochen 30
Fleckhai 27
Fleckheringe 97
Fleckmakrele 97
Flet 72
Flétan 70
Fliegender Fisch 42f.
Flier 91
Florida pompano 52
Flounder 72
Flössler 31
Flunder 10, 20, **72**
Flußaal 33
–, Amerikanischer 32f.
–, Europäischer 32f.
Flußbarsch 20, **90**
Flußgrundel 64
Flußneunauge 74f.
Flügelbutt 69
–, Gefleckter 69
Forelle 19, 21, 23, 25, **80**
Forellenbarbe 85
Forellenbarsch 91
Forellen-Kaviar 95
Forelle, Europäische 80
–, geräucherte 97
Forked hake 41
Formio niger 53
Formionidae 53
Fogosch (ungar.) 91
Franzosendorsch 40

Frauenfisch *(Rutilus frisii)* 83
Frauenfisch *(Elops saurus)* 32
Frauennerfling 83
Fregattenmakrele 67
Frischekriterien 100
Frostfish 64
Frozen salmon 77
Fuchshai 27
Fugu 21, 73
Fußlose 32

G

Gabeldorsch 41
–, Roter 41
Gabelmakrele 51
–, Große 51
Gadidae **38**, 41, 88
Gadiformes 38ff.
Gadoidei 38
Gadus macrocephalus 38
– *morhua* 20, **38**
Gag 50
Gaidropsarus vulgaris 40
Galeorhinus galeus 28
Galeus melastomus 27
Galizischer Karpfen 87
Gardon blanc 83
– rouge 84
Garfish 43
Gasterosteiformes 45
Gefleckter Rochen 31
– Dornhai 28
– Flügelbutt 69
– Lippfisch 62
– Meerengel 29
– Schnauzenbrassen 54
– Seebarsch 49
– Seewolf 63
– Silberkarpfen 87
– Thun 67
– Umberfisch 59
– Zackenbarsch 50
– Ziegenfisch 60
Geflecktes Petermännchen 62f.
Geigenrochen, Gemeiner 29
Geißbrassen, Großer 55
Gelbaal 32
Gelbbandfelsenfisch 46
Gelber Hans 52
Gelbflossen-Thunfisch 66f.
Gelbgesäumter Zackenbarsch 50
Gelbmaulfelsenfisch 46
Gelbschwanzmakrele 51
Gelbstriemen 20, **54**
Gemeiner Dornhai 28
– Geigenrochen 29
– Meerengel 29
– Pompano 52
Gemfish 64
Gemmenfisch 64
Gempylidae 64
Genyonemus lineatus 59
Genypterus blacodes 42
– *chilensis* 42
– *maculatus* 42
Geräucherte Forelle 97
Germon 20, **66**
Gesalzene Heringe 93
Gesäuerte Fische 93
Gescheckter Kohlenfisch 48
Gestreifter Seewolf 63
– Speerfisch 67
– Thun 67
Gestreiftes Petermännchen 63
Gewöhnlicher Stechrochen 31
Giant sea bass 50
Gilt head bream 54
Gisu 32
Glacieren 101

Glanzfische 44f.
Glasaale 32f.
Glasauge 36
Glattbutt 68f.
Glattdick 75
Glatter Hammerhai 28
– Petersfisch 44
Glatthai 27
–, Grauer 28
–, Nördlicher 28
–, Südlicher 28
–, Weißgefleckter 28
Glattrochen 30
Glattscholle, Pazifische 71
Glyptocephalus cynoglossus 70
– *zachirus* 70
Gnathanodon speciosus 52
Gobie à grosse tête 64
– noir 64
Gobiidae 64
Gobio gobio 84
Gobius cobitis 64
– *niger* 64
Goby 64
Goldband-Ziegenfisch 60
Goldbarsch 45
Goldbrassen 20, 25, **54f.**
Goldbutt 70
Golden tilefish 51
– trout 81
Goldener Schlangenfisch 42
Goldforelle 80
Goldlachs 36
Goldline 55
Goldmeeräsche 25, **61**
Goldstriemen 54, **55**
Golfflunder 69
Gonorhynchiformes 37f.
Goosefish 38
Gotteslachs 44
Goujon 89
Grand lançon 64
– sébaste 45
Grande coryphène 52f.
– lingue 40f.
– vive 62
Grasgrundel 64
Grashecht 83
Graskarpfen 24, **87**
Graubarsch 56
Grauer Eidechsenfisch 37
– Glatthai 28
– Knurrhahn **46**, 47
Grauhai 26
Gray snapper 54
– triggerfish 73
– trout 59
Grayling 82
Grätenfisch 32
Greater amberjack 51
– forkbeard 41
– sand eel 64
– weever 62
Greenback grey mullet 61
– jewfish 58
Greenbone 42
Greenling, kelp 47
–, rock 47
Greenstriped rockfish 46
Grémille 90
– du Danube 91
Grenadier 42
– de roche 42
– gris 42
Grenadierfisch 19, 20, **42**
–, Rauhköpfiger 42
–, Rundnasiger 42
Grey gurnard 46
– mullet 61
Griechische Rotfeder 84
Grondeurs 57
Grondin gris 46
– perlon 46

– rouge 46
Groppen 48
Großaugen-Zahnbrassen 55
Große Bodenrenke 82
– Gabelmakrele 51
– Goldmakrele 52f.
– Maräne 82
– Schwebrenke 82
Großer Ährenfisch 43
– Geißbrassen 55
– Hammerhai 28
– Rotbarsch 20, **45**
– Roter Drachenkopf 20, **45**
– Sandaal 64
– Thunfisch 66
– Weißbrassen 55
– Wolfshering 36
Großes Petermännchen 20, **62**
Großgefleckter Katzenhai 27
Großkopf 24
Großköpfige Meeräsche 20,**61**
Großköpfiger Karpfen 87
Großschuppige Lammzunge 68
Groupers 49f.
Grouper, Black 20, **50**
–, Nassau- 49
–, Red 50
–, Snowy 50
–, Strawberry 50
–, Warsav 50
–, Yellowedge 50
Grundel, Schlangenkopf- 64
–, Schwarzmund- 64
Grunts 57
Grunzer, Weißer 57
Grünauge, Atlantisches 37
Gründling 84
Grüner Lippfisch 61
Grüngestreifter Felsenfisch 46
Grünlinge 47
Grünrücken-Meeräsche 61
– -Umberfisch 58
Gulf Kingfish 59
Güster 85
Gwyniad 82
Gymnammodytes cicerelus 64
– *semisquamatus* 64
Gymnocephalus cernua 90
– *schraetzer* 91

H

Haarbutt 69
Haarschwänze 64
Haarseezunge 73
Haddock 39
Haemulon plumieri 57
Hahnenfische 67
Haie 26ff.
Hairybacks 35
Hake 41
Hakenlachs 76
Halbmakrelen 68
Hammerhai 28
–, Glatter 28
–, Großer 28
Hareng 34
Hartkopf-Kreuzwels 37
Hasel 84
–, Adriatischer 84
Hausen 75
Hecht 14, 19, 20, 21, 22, 24, **83**
Hechtdorsch 41f.
Heilbutt 19, 20, **68**
Heilbuttscholle 70
Heilbutt, Atlantischer 70
–, Pazifischer 71
–, Schwarzer 20
–, Weißer 70
Helicolenus dactylopterus 45

233

REGISTER

Heller Seelachs 39
Heptranchias perlo 27
Hering 8, 14, 18, 19, **34**, 92
–, Atlantischer 20, **34**
–, Pazifischer 34
Heringe, gesalzene 93
–, marinierte 93
Heringsartige Fische 34ff.
Heringshai 20, **27**
Heringskönig 44
Herring 34
Hexagrammidae 47
Hexagrammos decagrammus 47
– *lagocephalus* 47
Hexanchidae 26f.
Hexanchus griseus 26
Himmelsgucker 63
–, Neuseeländischer 63
Hippoglossoides elassodon 70
– *platessoides* 70
Hippoglossus hippoglossus 20, **70**
– – *stenolepis* 71
Hirondelle de mer 53
Holostei 31
Hoplostète rouge 43
Hoplostethus atlanticus 43
Hornhecht, Europäischer 20, **43**
Horse mackerel 51
Hotu 84
Houting 82
Huchen 81
Hucho hucho 81
– *taimen* 81
Hump-backed sea bass 50
Humpback salmon 77
– whitefish 82
Hundsbarbe 85
Hundshai 28
Hundszunge (Zungenbutt) 70
Hundszunge
    (*Symphurus nigrescens*) 73
Huso huso 75
Hyperoglyphe antarctica 68
Hyperoplus lanceolatus 64
Hypomesus pretiosus 36
Hypophthalmichthys molitrix 87
– *nobilis* 87

I

Iberische Barbe 85
Ictaluridae 89
Ictalurus catus 89
– *furcatus* 89
– *melas* 89
– *natalis* 89
– *nebulosus* 89
– *punctatus* 89
Ictiobus spp. 88
Ide 84
– *mélanote* 84
Idiot 46
Indopazifische Lammzunge 68
Indopazifischer Knurrhahn 46
Istiophoridae 67
Isurus oxyrinchus 27
– *paucus* 27
Italienischer Nästling 84

J

Jack crevalle 52
– mackerel 51
Jack, Blauer 20, **52**
Jagebarsch 90
Japanische Sardine 35
Jarretière 60

Jerusalem haddock 44
Jewfish 49
Joel 43
John dory 44
Johnius soldado 58
Jolthead porgy 57
Judenfisch, Kalifornischer 50

K

Kabeljau 9, 16, 17, 18, 19, 20,
    38, 42, 92
–, Atlantischer 10
Kahawai 53
Kaiserbarsch 19, **43**
Kaiserschnapper 54
Kakunir 60
Kalbfisch 27, 97
Kalifornischer Barrakuda 61
– Judenfisch 50
– Pompano 68
Kanalwels 89
Kanariengelber Felsenfisch 46
Karasumi 61
Karausche 86
Karbonadenfisch 63
Karpfen 19, 20, 21,22, 23, 24,
    25, **86**
Karpfenzucht 23
Karpfen, Böhmischer 87
–, Chinesischer 24
–, Europäischer 24
–, Galizischer 87
–, Großköpfiger 87
–, Lausitzer 87
Kaspi-Maifisch 75
Katfisch 63
Kathetostoma giganteum 63
Katzenhai 20, **27**
–, Großgefleckter 27
–, Kleingefleckter 27
Kaulbarsch 90
Kaviar 95
– vom Seehasen 95
Kelp greenling 47
Keta-Kaviar 95
Keta-Lachs 20, **77**
Keulenfische 73
Keulenrochen 30
Kieler Sprotten 35
King salmon **76**, 97
Kipper 96
– auf norwegische Art 97
–, Englischer 96
Kitanohokke 47
Kleine Bodenrenke 82
– Maräne 82
– Meersau 45
– Schwebrenke 82
Kleiner Ährenfisch 43
– Rotbarsch 45
Kleines Petermännchen 63
Kleinfüßiger Seeteufel 38
Kleingefleckter Katzenhai 27
Kleinmäuliger Seestint 36
Kleist 68f.
Kliesche 71
–, Pazifische 71
Klippfisch 39, 92
Knochenfische 31ff.
Knochenganoiden 31
Knorpelfische 26ff.
Knorpelganoiden 31
Knurrhahn, Grauer 46
–, Indopazifischer 46f.
–, Pfeifen- 46
–, Roter 46
Kohlenfisch 48
–, Gescheckter 48
Kohlfisch 39

Kondo 32
Köhler 20, **39**
Königin-Drückerfisch 73
Königsaal 28
Königslachs 76
Königsmakrele 52
Krautbarsch 90
Kräuterhering 93
Kreuzwelse 37
Kronsardinen 93
Kronsild 93
Krötengrundel 64
Kuckuckslippfisch 62
Kuckucksrochen 30
Kugelfisch 73
Kurzflossen-Mako 27
Kurzflossenaal 32
Kurzstachel-Dornenkopf 46

L

Labre mêlé 62
– merle 61
Labridae 61f.
Labrus bergylta 62
– *bimaculatus* 62
– *merula* 61
– *viridis* 61
Lachs(e) 10, 14, 19, 21, 22, 25,
    76f., 93, 97
Lachsartige Fische 36
Lachsähnliche 36
Lachsbückling 96
Lachsforelle 25, 80
Lachshering 96
Lachsmakrele 53
Lachs, Adriatischer 76
–, Atlantischer 20, **76**, 78
–, Australischer 53
–, Pazifischer 22, 76f., 97
Ladyfish 32
Lagocephalidae 73
Lagocephalus lunaris 73
Lake whitefish 82
Lammzunge 68, **69**
–, Großschuppige 68
–, Indopazifische 68
Lamna ditropis 27
– *nasus* 20, **27**
Lamnidae 27
Lampern 75
Lampetra fluviatilis 75
– *planeri* 75
Lampridae 44
Lampridiformes 44f.
Lamprir 44
Lampris guttatus 44
Lamproie de mer 75
Lane Snapper 53, **54**
Lange Zunge 73
Langflossenaal 32
Langflossen-Mako 27
Langschnäuziger Speerfisch 67
Langschwanz-Seehecht 42
Langue d'avocat 73
Large-eyed dentex 55
Largemouth bass 91
Large-scaled scorpionfish 45
Lascar 73
Laternenfische 37
Latume 66
Laube 84
Lausitzer Karpfen 87
Lavaret 82
Leaping grey mullet 61
Leatherjacket 73
Lederkarpfen 86
Leer fish 51
Leiostomus xanthurus 58
Lemon dab 71

– sole 71, **72**
Leng 39, **40f.**, 92
Lengdorsch 20, **47**
Leopard coral-trout 50
Leopard-Felsenbarsch 50
Lepidopsetta bilineata 71
Lepidopus caudatus 19, **64**
Lepidorhombus boscii 69
– *wiffiagonis* 69
Lepomis auritus 91
– *macrochirus* 93
– *megalotis* 91
– *microlophus* 91
Lesser spotted dog-fish 27
Leucaspius delineatus 83
Leuciscus cephalus 83
– *danilewski* 84
– *idus* 84
– *leuciscus* 84
– *svallize* 84
Lichia amia 51
Lieu jaune 39
– noir 39
Limanda aspera 71
– *limanda* 71
Limande 71
– sole 71
Ling 40f.
Lingcod 20, **47**
Lingue bleue 41
Lippfisch, Brauner 61
–, Geflecker 62
–, Grüner 61
–, Schwarzpunkt- 61
Lithognathus mormyrus 20, **55**
Little sandsmelt 43
Little tunny 67
Liza aurata 61
– *dussumieri* 61
– *ramada* 61
– *saliens* 61
– *vaigiensis* 61
Lizard-fish 37
Lodde 36
Lompe 48
Long rough dab 70
Longear sunfish 91
Longnose sucker 88
Lophiidae 37
Lophiiformes 37f.
Lophius americanus 38
– *budegassa* 38
– *piscatorius* 20, **37**
Lopholatilus chamaeleonticeps 51
Loquette 42
Lota lota 88
Lotsenfisch 52
Lotte **37**, 88
– de riviere 88
Loup Atlantique 63
– de mer 19, **49**, 63
– tacheté 63
Louvaréou 67
Lubina (span.) 49
Luccio (ital.) 83
– di mare (ital.) 61
Luceau 83
Lucio (span.) 83
Lucioperca lucioperca 20
Lumb 39, **40**, 92
Lumpfisch 48
Lumpsucker 48
Lupo di mare (ital.) 63
Lutjanus analis 54
– *apodus* 54
– *campechanus* 20, **53**
– *cyanopterus* 53
– *griseus* 54
– *sebae* 54
– *synagris* 54
Luvar 67
Luvaridae 67
Luvarus imperialis 67

REGISTER

Lycodes vahli 42
Lythe 39

M

Macabi 32
Mackerel shark 27
Macroramphosus scolopax 45
Macrouridae 42
Macrourus berglax 42
Macruronus novaezelandiae 42
Maifisch **75**, 76
Mairenke 84
Maigre 57
Makaira nigricans 67
Makaire 67
– bleu 67
Makrele(n) 10, 19, **64f.**, 93, 97
Makrelenhai 27
Makrelenhecht 43
–, Atlantischer 43
Makrelenvergiftung 21
Makrele, Atlantische 20, **64**, 65
–, Blaue 65
–, Mittelmeer- 65
–, Pazifische 65
–, Schleimige 65
–, Spanische 65
Mallotus villosus 36
Malossol 95
Maquereau commun 64
– espagnol 65
Maräne 14, 20, 21, **82**, 97
–, Große 82
–, Kleine 82
Marderhai 27
Marinaden 93
Marinierte Heringe 93
Marlin 67
–, Blauer 67
Marmorbrassen 20, 54, **55**
Marmorkarpfen 87
Marmorrochen 30f.
Marmor-Zitterrochen 29
Matjeshering 34, 93
Meagre 57
Meeraal 20, **33**
Meeräsche(n) 19, 22 25, **61**
Meeräsche, Blaurücken- 61
–, Diamantschuppige 61
–, Dicklippige 61
–, Dünnlippige 61
–, Großköpfige 20, **61**
–, Grünrücken- 61
–, Weiße 61
Meerbarbe, Rote 20, **60**
Meerbrassen 22, **54ff.**
Meerengel, Gefleckter 29
Meerforelle 22, 25, **80**
Meerpfaff 63
Meerrabe 57
Meersau, Kleine 45
Meerwolf 45
Megalaspis cordyla 52
Megalopidae 32
Megalops atlanticus 32
Megrim 69
Melanogrammus aeglefinus 20, **39**
Mélette 35
Menominee whitefish 82
Menschenhai 27
Menticirrhus americanus 59
– *littoralis* 59
– *saxatilis* 59
– *undulatus* 59
Menuise 35
Merlan 40
– bleu 40
Merlangius merlangus 20, **40**
Merlu commun 41
Merlucciidae 41f.

Merluccius australis 41
– *bilinearis* 41
– *merluccius* 20, **41**
– *productus* 41
Merluza (span.) 41
Mero (span.) 49
Merou 49
– des Basques 49
Meunier 83
Microchirus ocellatus 73
– *variegatus* 73
Microgadus proximus 38
Micromesistius australis 40
– *poutassou* 19, **40**
Micropogonias undulatus 58
Micropterus dolomieui 91
– *salmoides* 91
Microstomus kitt 71
– *pacificus* 71
Milchfisch 25, **37**
Milchfischzucht 25
Milkfish 37
Mittelmeer-Barrakuda 61
– -Gabeldorsch 41
– leng 41
– -Makrele 65
– -Muräne 33
– -Nacktsandaal 64
– -Speerfisch 67
– -Sternrochen 30
Mocambique-Buntbarsch 23
Moderlieschen 83
Mola mola 73
Mole commun 73
Moliidae 73
Molva dipterygia dipterygia 20, **41**
– – *macrophthalma* 41
– *molva* 40f.
Mondfisch 73
Monkeyface-Prickleback 63
Monkeyfish 31
Monkfish 38, **63**
Monochirus hispidus 73
Moonfish 40
Mora moro 38
Moray eel 33
Moridae 38
Moro 38
Morone saxatilis 49
Morue 38
– charbonnière 48
– du Pacifique occidental 38
– noir 39
Morwongs 60
Mostelle de roche 41
– commune 40
Mountain whitefish 82
Moxostoma sp. 88
Mugil cephalus 20, **61**
– *curema* 61
Mugilidae 60f.
Mugiloides chilensis 62
Mugiloididae 62
Mulet à grosse tête 61
– porc 61
– sauteur 61
Mullidae 60
Mullus barbatus 20, **60**
– *surmuletus* 60
Muraena helena 33
Muraenidae 33
Muräne 21, **33**
Murène 33
Mustelus asterias 28
– *mustelus* 28
– *punctulatus* 28
Mutton snapper 54
Mycteroperca bonaci 20, **50**
– *microlepis* 50
– *phenax* 50
Myctophiformes 37
Myliobatidae 31
Myoxocephalus scorpius 48

N

Nacktkarpfen 86
Nacktsandaal 64
–, Mittelmeer- 64
Nagelrochen 20, **30**
Namaycush 81
Nasello (ital.) 41
Nase 84
Nassau-Grouper 49
– -Zackenbarsch 49
Naucrates ductor 52
Näsling, Italienischer 84
Needlefish 43
Needlenose 43
Nemadactylus macropterus 60
Neocyttus rhomboidalis 44
Neogobius batrachocephalus 64
– *fluviatilis* 64
– *melanostomus* 64
Nerfling 84
Neunaugen 74f.
Neuseeländische Bastardmakrele 51
– -Rundzunge 72
– Scharbe 72
Neuseeländischer Blaubarsch 62
– Himmelsgucker 63
– Seehecht 41
– Tiefseedorsch 38
– Wrackbarsch 49
New Zealand cod 62
– – sole 72
Nez 27
Nomeidae 68
Nordpazifischer Seehecht 41
Nordseeschnäpel 82
Nordwestatlantischer Seehecht 41
Northern kingfish 59
Norway haddock 45
Norwegischer Zwergbutt 69
Nördlicher Glatthai 28

O

Oarfish 45
Oblade 55f.
– *melanura* 55f.
Oblade 55f.
Ocean perch 45
– sunfish 73
– whitefish 50f.
Ohrensardine 35
Oio 32
Old wife 56
Omble chevalier 81
– de fontaine 81
Ombre 82
Ombrina (ital.) 57
Ombrine commune 57f.
Oncorhynchus gorbuscha 77
– *keta* 20, **77**
– *kisutch* 20, **77**
– *nerka* 20, **77**
– *tschawytscha* 20, **76**, 79
Opah 44
Ophidiidae 42
Ophidion barbatum 42
Ophiodon elongatus 20, **47**
Ophius piscatorius 19
Opisthonema oglinum 35
Orange roughy 43
Orcynopsis unicolor 65
Oreosomatidae 44
Orfe 84
Orphie 43
Osietra 75
– -Kaviar 94
Osmeridae 36, 82
Osmerus eperlanus 36
– – *spirinchus* 82

Osteichthyes 31
Ostseeflunder 72
Ostseehering 20, 97
Ostseeschnäpel 82
Ostseesprotten 97

P

Pacific bonito 65
– butterfish 68
– cod 38
– cutlass-fish 64
– hake 41
– halibut 71
– mackerel 65
– Ocean perch 46
– pomfret 53
– salmon 53
Pagellus acarne 20, **56**
– *bogaraveo* 56
– *erythrinus* 55
Pageot acarne 56
– commun 55
Pagre commun 54
Painted ray 30f.
Paloma pompano 52
Palombo 27
Palometa (span.) 51
Pampano 52
Pampelfisch 68
Pampel, Silberner 68
Pandora 55
Pantherfisch 50
Panzerwangen 45ff.
Papageifische 21, **62**
Papageifisch, Blauflecken- 62
–, Rotschwanz- 62
–, Stoplicht- 62
Paralichthys albiguttta 69
– *dentatus* 69
Parapercis colias 62
Parophrys vetulus 71
Parrotfish 62
Pazifik-Dorsch 38
– -Tomcod 38
Pazifische Brachsenmakrele 53
– Glattscholle 71
– Kliesche 71
– Lachse 22, **76f.**
– Rotzunge 71
– Sandscholle 72
– Sardine 35
– Scharbe 72
– Makrele 65
Pazifischer Bonito 65
– Degenfisch 64
– Heilbutt 71
– Hering 34
– Seewolf 63
– Ziegelfisch 50f.
– Zungenbutt 70
Peau-bleue 28
Pejegallo 31
Pelamide 65
Pelamide, Ungestreifter 65
Pelecus cultratus 86
Pelotretis flavilatus 72
Peltorhamphus novaezelandiae 72
Peprilus similimus 68
Perca favescens 90
– *fluviatilis* 20, **90**
Perch 90
Perche canadienne 90
– d'Amerique à grande bouche 91
– fluviatile 90
Percidae 90
Perciformes 48ff.
Perlfisch 83
Perlonhai 26f.
Perro del norte (span.) 63

235

REGISTER

Pesce papagallo (ital.) 62
– spada (ital.) 67
Petermännchen, Geflecktes 62f.
–, Gestreiftes 63
–, Großes 20, **62**
–, Kleines 63
Petersfisch 19, 20, **44**
–, Glatter 44
–, Schwarzer 44
Petit argentine 36
Petite roussette 27
Petrale sole 72
Petromyzonidae 74f.
Pez espada (span.) 67
Pfeifen-Knurrhahn 46
Pfeilhecht 61
Pflugnasenchimäre 31
–, Südamerikanische 31
Phanerodon furcatus 60
Phrynorhombus norvegicus 69
Phycis blennioides 41
– de fond 41
– *phycis* 41
Picked dogfish 28
Pigo 83
Pike 83
Pikeperch 90
Pilchard 35
Pilot fish 52
Pilotfisch 52
Pink salmon 77
Pintarroja 27
Plagusie 73
Plaice 70
Platichthys flesus 20, **72**
Platophrys 69
Plattfische 68ff.
Plectropomus leopardus 50
Pleurogrammus monopterygius 47
Pleuronectes platessa 20, 70
Pleuronectidae 70ff.
Pleuronectiformes 68ff.
Plie 70
– de Californie 72
– grise 70
Plötze 83
–, Südeuropäische 83
Pocheteau gris 30
Pogonias cromis 58
Poisson chat 89
– lune 73
Polardorsch 38
Polka-dot grouper 50
Pollachius pollachius 39
– *virens* 20, **39**
Pollack 39
Pollock 39
Polyprion americanus 49
– *oxygeneios* 49
Polypteri 31
Pomadasyidae 57
Pomatomidae 51
Pomatomus saltator 51
Pomfret 53
Pomoxis annularis 91
– *nigromaculatus* 91
Pompano 20, **51**
–, Gemeiner 52
–, Kalifornischer 68
–, Paloma 52
Pope 90
Porbeagle 27
Porkfish 57
Poronotus triacanthus 68
Pout 40
Poutassou 40
Pouting 40
Powan 82
Prionace glauca 28
Prosopium cylindraceum 82
– *williamsoni* 82
Psetta maxima 20, **69**
Psettichthys melanostictus 72

Pseudocyttus maculatus 44
Pseudophycis bachus 38
Pseudosciaena diacanthus 58
Pseudupeneus maculatus 60
Pterothrissus gissu 32
Pterycombus brama 53
Puntazzo puntazzo 56
Pylodictis olivaris 89

Q

Qualitätsmerkmale 100
Quallenfische 68
Quappe 88
Quastenflosser 31
Queen triggerfish 73
Quinnat salmon 76

R

Rabbit fish 31
Raie bouclée 30
– brunette 30f.
Rainbow tilefish 51
– trout 80
Raja asterias 30
– *batis* 30
– *clavata* 20
– *miraletus* 30
– *montagui* 30
– *naevus* 30
– *oxyrinchus* 30
– *polystigma* 31
– *radiata* 30
– *radula* 31
– *undulata* 30f.
Rajidae 29ff.
Rajiformes 29ff.
Rapfen 84
Rascasse 19, 45
– blanche 63
– du nord 45
– rouge 45
Rauhe Scharbe 70
Rauher Rochen 31
Rauhköpfiger Grenadierfisch 42
Ray's bream 53
Räucherlachs 96, 97
Räucherrollmops 97
Red band fish 60
– bream 19, **44**
– cod 38
– drum 20, 58
– grouper 50
– gurnard 46
– hind 50
– sea bream 56
– snapper 20, **53**, 54
Redbreast sunfish 91
Redear sunfish 91
Redfish 59
Redhorse sucker 88
Regalecidae 44
Regalecus glesne 45
Regenbogenforelle 20, 22, 23, **80**
Reinhardtius hippoglossus 20
Renke(n) 14, 20, 21, 81f. 97
Requintaupe commun 27
Rex sole 70
Rexea solandri 64
Rhabdosargus globiceps 56
Rhinobatidae 29
Rhinobatus rhinobatus 29
Rhomboplites aurorubens 54
Riemenfisch 45
Riesengrundel 64
Riesenhai 27

Riesenzackenbarsch 49
Ringelbrassen 56
River char 81
– lamprey 75
Roach 83
Rochen 29ff.
–, Gefleckter 31
–, Rauher 31
Rock bass 91
– -eel 27
– -salmon 27
– -sole 71
Rockfishes 46
Rocky Mountain whitefish 82
Rodaballo (span.) 69
Roi des harengs 45
Rollizo 62
Rollmops 93
Rombo chiodato (ital.) 69
Rotangle 84
Rotauge 83
Rotbarsch 16, 19, 45
–, Großer 20, **45**
–, Kleiner 45
Rotbrassen 55
Rote Meerbarbe 20, 60
– Stumpfnase 56
Roter Bandfisch 60
– Gabeldorsch 41
– Knurrhahn 46
– Schlangenfisch 42
– Schnapper 53
– Thunfisch 20, **66**
– Umberfisch 58
– Zackenbarsch 50
–, Großer Drachenkopf 20
Rotschwanz-Papageifisch 62
Rotzunge, Echte 71
–, Pazifische 71
Rouget de roche 60
– de vase 60
Round whitefish 82
Rousseau 56
Roussette, petite 27
Royan 35
Rudd 84
Ruff 53
Ruffe 90
Rundhering, Atlantischer 35
Rundnasiger Grenadierfisch 42
Rundzunge, Neuseeländische 72
Rußnase 86
Rutilus frisii 83
– –*meidingeri* 83
– *pigus* 83
– *pigus virgo* 83
– *rubilio* 83
– *rutilus* 83
Rutte 88

S

Sablefish 20, **48**
Saboga (ital.) 75
Sabre argente 64
Sackbrassen 54
Saddles sea bream 55f.
Saiblinge 22, **81**
Saibling, Elsässer 81
Saint-Pierre 44
Saithe 39
Salm 76
Salmo aguabonita 81
– *gairdneri* 20, **80**
– *salar* 20, **76**, 77, 78
– *trutta* 80
– – *fario* 80
– – *lacustris* 80
– – *trutta* 80
Salmon 76

– shark 27
Salmonete barbado (span.) 60
Salmonidae 76
Salmoniformes 36
Salmonoidei 36
Salmothymus obtusirostris 76
Salvelinus alpinus 81
– – *salvelinus* 81
– *fontinalis* 81
– *malma* 81
– *namaycush* 81
Sand sole 72
Sandaale 64
Sandaal, Großer 64
Sandbarsche 62
Sandfelchen 32
Sandfische 37
Sandhaie 27
Sandre 90
Sandscholle, Pazifische 72
Sandzunge 73
Sar commun 55
Sarda chilensis 65
– *sarda* 20, **65**
Sardelle(n) 9, 11, 19, 20, 35, **36**
Sardina pilchardus 20, 35
Sardine(n) 10, 12, 19, 20, **35**
Sardinella aurita 35
Sardine, Japanische 35
–, Pazifische 35
–, Südafrikanische 35
–, Südamerikanische 35
Sardinops caerulea 35
– *melanosticta* 35
– *ocellata* 35
– *sagax* 35
Sarotherodon 23, **90**
Sarpa salpa 54, **55**
Saumon 76
– argenté 77
– australien 52
– chien 77
– du Danube 81
– rose 77
– royal 77
Saupe 55
Sägebarsch, Brauner 48f.
Sägebauch 43
Sägeschwanz 27
Scabbardfish 64
Scaldfish 69
Scamp 50
Scardinius erythrophthalmus 84
– *graecus* 84
Scare 62
Scaridae 62
Scarus ghobban 62
Schafskopf 56
Scharbe 71
–, Neuseeländische 72
–, Pazifische 72
Schattenfisch 57f.
Scheckenrochen 30f.
Schefsnut 69
Schellfisch 10, 16, 19, 20, 34, 38, **39**, 92
Schied 84
Schiedling 84
Schill 90
Schillerlocken 28, 29, 97
Schlammkarpfen 24
Schlangenfisch, Goldener 42
–, Roter 42
–, Schwarzer 42
Schlangenkopf-Grundel 64
Schlangenmakrelen 64
Schleie(n) 19, 20, 21, 22, 24, **85**
Schleimfischartige 63
Schleimfisch, Stachelrücken- 63
Schleimige Makrele 65
Schleimkopfartige Fische 43f.
Schnabelbarsch 45
Schnabelfelsenfisch 46

REGISTER

Schnapper (Snapper) 21, **53f.**
Schnauzenbrassen 54
–, Gefleckter 54
Schneckenkarpfen 24
Schnepfenfisch 45
Scholle 10, 19, 20, 68, **70**
Schoolmaster Snapper 54
Schraetzer 91
Schrätzer 91
Schriftbarsch 49
Schuppenkarpfen 23, **86**
Schwarzbarsch 91
Schwarze Brachsenmakrele 53
Schwarzer Heilbutt 20
– Pampel 53
– Petersfisch 44
– Sägebarsch 50
– Schlangenfisch 42
– Umberfisch 58
– Zackenbarsch 50
– Zitterrochen 29
– Zwergwels 89
Schwarzfisch 68
Schwarzflossen-Jack 52
– -Thunfisch 67
Schwarzgrundel 64
Schwarzkarpfen 24
Schwarzmeer-Maifisch 75
Schwarzmeerplötze 83
Schwarzmund-Grundel 64
Schwarzpunkt-Glatthai 28
– -Lippfisch 61
Schwarzspitzenhai 28
Schwarzstreifen-Ziegenfisch 60
Schwebrenke, Große 82
–, Kleine 82
Schweinsfisch 57
–, Atlantischer **61**, 62
Schwertfisch(e) 9, 19, 20, **67**
Sciaena umbra 57
Sciaenidae 57ff.
Sciaenops ocellatus 20, **58**
Sciene 57
Scomber australasicus 65
– *japonicus* 65
– *scombrus* 20, **64**
Scomberesocidae 43
Scomberesox saurus 43
Scomberomoridae 65
Scomberomorus maculatus 65
Scombridae 64ff.
Scombro (ital.) 64
Scombroid Poisoning 21
Scophthalmidae 68f.
Scophthalmus rhombus 68f.
Scorpaena porcus 45
– *scrofa* 19, 20, **45**
Scorpaenichthys marmoratus 48
Scorpaenidae 45f.
Scorpaeniformes 45ff.
Sculpin 48
Scup 57
Scyliorhinidae 27
Scyliorhinus canicula 20, **27**
– *stellaris* 27
Sea hen 48
Sea perch 49
Sea pike 61
Sebastes alutus 46
– *ciliatus* 46
– *elongatus* 46
– *entomelas* 46
– *flavidus* 46
– *marinus* 20, **45**
– *mentella* 45
– *miniatus* 46
– *nebulosus* 46
– *paucispinis* 46
– *pinniger* 46
– *reedi* 46
– *viviparus* 45
Sebastolobus alascanus 46
Sechskiemer 26

Seeaal 28, 97
Seebarsch 25, 49
–, Gefleckter 49
–, Weißer 59
Seedrachen 31
Seeforelle(n) 14, 22, 80
Seehase 48
Seehasen-Rogen 95
Seehecht 16, 18. 19, 20, 41, 42
–, Neuseeländischer 41
–, Nordpazifischer 41
–, Nordwestatlantischer 41
Seekarausche 56
Seekarpfen 56
Seekatze 31
Seekuckuck **46**, 47
Seelachs 10, 16, 19, 20, **39**, 92, 93
–, Heller 39
Seelaube 84
Seepapagei 62
Seequappe, Dreibärtelige 40
Seerabe 57
Seesaibling(e) 14, 22, **81**
Seesaibling, Amerikanischer 81
Seeskorpion 48
Seestint 36
–, Kleinmäuliger 36
Seestör 27
Seeteufel 9, 19, 20, **37**, 88
–, Amerikanischer 38
–, Atlantischer 37
Seewolf, Atlantscher 20
–, Blauer 63
–, Gefleckter 63
–, Gestreifter 63
–, Pazifischer 63
Seezander 90
Seezunge 10, 19, 20, 68
Selachiformes 26ff.
Séran noir 50
Seriola dumerili 51
Sériole 51
Seriolella brama 68
– *punctata* 68
Serranidae 48ff.
Serranus cabrilla 48
– *hepatus* 48f.
– *scriba* 49
Sevruga 75
Sevruga-Kaviar 94
Sheepshead 56f.
Shellcracker 91
Shelly 82
Shortspine thornyhead 46
Sichel-Brachsenmakrele 53
Sichling 86
Sickle pomfret 53
Silberbrachsen 53
Silberkarausche 86
Silberkarpfen 24, **87**
–, Gefleckter 87
Silberlachs 20, **77**
Silberner Pampel 68
Silbriger Atun 64
– Warehou 68
Sild 34
Silk snapper 53
Silkfish 48
Silure glane 89
Siluridae 88
Siluriformes 37
Silurus aristotelis 89
– *glanis* 20, **89**
Silver hake 41
– kingfish 64
– pomfret 68
– salmon **77**, 97
Silverside 43
Siouclet 43
Skipjack 67
Slime sole 71
Slipper 71
Smelt 36, 82

Smoked haddock 39
Smolt 22
Smooth hound 28
– oreo dory 44
Snapper, Cubera 53
–, Gray 54
–, Lane 53, **54**
–, Mutton 54
–, Red 20, **53**, 54
–, Schoolmaster 54
–, Silk 53
–, Vermilion 54
Snipefish 45
Snoek 64
Snowy grouper 50
Sockeye Salmon 20, 22, **77**
Sole americaine 70
– commune 72f.
– -pole 73
Solea lascaris 73
– *vulgaris* 20, **72f.**
Soleidae 72f.
Sommerflunder 69
Southern kingfish 59
Spanische Makrele 65
Spanish mackerel 65
Sparaillon 54
Sparidae 54ff.
Sparisoma chrysopterum 62
– *cretense* 62
– *viride* 62
Sparling 36
Sparus auratus 20, **54**
– *pagrus* 54
Speckfisch 97
Speckled hind 50
Speerfisch, Gestreifter 67
–, Langschnäuziger 67
–, Mittelmeer- 67
Sphyraena argentea 61
– *sphyraena* 61
Sphyraenidae 61
Sphyrna tudes 28
– *zygaena* 28
Sphyrnidae 28
Spicara maena 54
– *smaris* 54
Spiegelkarpfen 86
Spigola (ital.) 49
Spiky oreo dory 44
Spillånga 41
Spiny dogfish 28
Spitzbrassen 56
Spitzkopf-Siebenkiemer 26f.
Spitzrochen 30
Spondyliosoma cantharus 56
Spot 58
Spotted cabrilla 50
– croaker 58
– goatfish 60
– sea cat 63
– seatrout 59
Spöke 31
Sprat 35
Sprattus sprattus 20, **35**
Springmeeräsche 61
Sprot 20
Sprotte(n) 19, 20, **35**
Squalidae 28
Squalus acanthias 28
– *blainvillei* 20, **28**
Squatinidae 29
Squatina aculeata 29
– *oculata* 29
– *squatina* 29
Stacheliger Petersfisch 44
Stachelrochen 31
Stachelrücken-Schleimfisch 63
Stargazer 63
Stechrochen, Gewöhnlicher 31
Steigaale 32
Steinbeißer 63
Steinbutt 20, 23, 68, **69**

Steinköhler 39
Stenotomus chrysops 57
Stereolepis gigas 50
Sterlet 75
Sternhausen 75
Sternrochen 30
Sternseher 63
Stichaeidae 63
Stichlingsartige Fische 45
Stint 36, 82
Stizostedion lucioperca 90
– *marina* 90
Stockfisch 39, 92
Stone eel 75
Stoplicht-Papageifisch 62
Stoplight-Parrotfish 62
Stöcker 20
Stöckermakrele 51
Stör 75
Strawberry grouper 50
Streaked weever 63
Streifenbarbe 60
Streifenbrassen 56
Streifenfisch 43
Striped bass **49**, 76
– marlin 67
– mullet *(Mugil cephalus)* 61
– mullet *(Mullus barbatus)* 60
Stromateidae 68
Stromateus cinereus 68
– *fiatola* 68
Strumpfbandfisch 64
Stumpfnase, Rote 56
Sucker 88
Summer flounder 69
Sun perch 91
Sunfish, longear 91
–, redbreast 91
–, redear 91
–, yellow belly 91
Surf smelt 36
Surimi 93
Surmullet 60
Suro (ital.) 51
Südafrikanische Sardine 35
Südamerikanische Sardine 35
– Pflugnasenchimäre 31
Südbarbe 85
Südeuropäische Plötze 83
Südlicher Blauer Wittling 40
Südlicher Glatthai 28
Swordfish 67
Symphurus nigrescens 73
Synodontidae 37
Synodus saurus 37

T

Tacaud commun 40
Taimen 81
Tamback 58
Tanche 85
Tanggrünling 47
Taractichthys steindachneri 53
Tarakihi 60
Tarpun 32
Tarpunähnliche Fische 32
Tassergal 51
Teleostei 31
Tench 85
Tenpounder 32
Terpug 47
Tetraodontiformes 73
Tetrapterus audax 67
– *belone* 67
Tetrodotoxin 21
Thaleichthys pacificus 36
Thazard 65
Theragra chalcogramma 20, **38**
Thin lipped grey mullet 61

237

REGISTER

Thon blanc 66
– rouge 66
Thonine 67
Thornback ray 30
Threebearded rockling 40
Thunfische 9, 19, **66f.**
Thun, Gefleckter 67
–, Gestreifter 67
–, Weißer 20, 66
Thunfisch, Gelbflossen- 66f.
–, Großer 66
–, Roter 20, **66**
–, Schwarzflossen- 67
Thymallidae 82
Thymallus thymallus 82
Thyrsites atun 64
Tiefbarsch (Flußbarsch) 90
– (*Sebastes mentella*) 45
Tiefenseezunge 73
Tiefsee-Petersfisch 44
Tiefseedorsch, Atlantischer 38
–, Neuseeländischer 38
Tigerfisch 81
Tilapia 23, **90**
Tinca tinca 20, **85**
Toille 27
Tolstolob 87
Tommy rough 53
Tonno (ital.) 66
Torpedinidae 29
Torpedo torpedo 29
Torpedo-trevally 52
Torsk 40
Trachichthyidae 43
Trachinidae 62f.
Trachinus araneus 62f.
– *draco* 20, **62**
– *radiatus* 63
– *vipera* 63
Trachurus novaezelandiae 51
– *trachurus* 20, **51**
Trachynotus carolinus 52
– *ovatus* 51
– *paitensis* 52
Trachynotus spp. 20
Trade ling 41
Trevally 52
Triakidae 27
Trichiuridae 64
Trichiurus lepturus 64
– *nitens* 64
Triggerfish 73
Trigla lucerna 46
– *lyra* 46
Triglia (ital.) 60
Triglidae 46f.
Trisopterus luscus 40
– *minutus* 40
Tropical two-wing flying fish 42f.
Trotta (ital.) 80
Trout 80
Trucha común (span.) 80
Truite 80
Truite-arc-en-ciel 80
Trumpet fish 45
Trüsche 88
Turbot 69
Tusk 40
Twaite shad 75

U

Ukelei 84
Ulvenfresser 55
Umberfisch, Gefleckter 59
–, Grünrücken- 58
–, Roter 58
–, Schwarzer 58
–, Westatlantischer 58
–, Zebra- 58

Umbrina cirrosa 57f.
– *roncador* 59
Unechter Bonito 67
Ungefleckter Dornhai 28
Ungestreifter Pelamide 65
Upeneus moluccensis 60
– *tragula* 60
– *vittatus* 60
Uranoscope 63
Uranoscopidae 63
Uranoscopus scaber 63
Urophycis chuss 41

V

Valamugil seheli 61
Vandoise 84
Vangeron 83
Vendace 82
Vermilion rockfish 46
– snapper 54
Veron 84
Vieraugenrochen 30
Vimba vimba 86
Violetter Stechrochen 31
Vivaneau rouge 53
Vive à tête rayonnée 63
Vollhering 93

W

Waller 21, **89**
Walleye pollock 38
Wandersaibling 81
Warehou, Silbriger 68
Warsaw grouper 50
Warschau-Zackenbarsch 50
Wasserkatze 63
Waxdick 75
Weakfish 59
Weichflosser 38
Weißbrassen, Großer 55
Weiße Meeräsche 61
– Stumpfnase 56
Weißer Amur 87
– Brandungsbarsch 60
– Grunzer 57
– Heilbutt 70
– Seebarsch 59
– Thun 20, **66**
Weißfische 14, **83**
Weißflecken-Drückerfisch 73
Weißgefleckter Glatthai 28
Weißhai 27
Weitäugiger Butt 69
Wels(e) 20, 21, 22, **89**
Wels catfish 89
Welsartige Fische 37
Westatlantischer Umberfisch 58
White bream (*Blicca bjoerkna*) 85
White bream (*Diplodus sargus*) 55
White catfish 89
– crappie 91
– croaker 59
– pomfret 68
– seabass 59
– seaperch 60
– stumpnose 56
– sucker 88
– surfperch 60
Whitebone porgy 57
Whitefish 82
Whiting (*Merlangius merlangus*) 40
Whiting (*Menticirrhus littoralis*) 59
Whiting (*Merluccius bilinearis*) 41
Wide-eyed flounder 69
Widow Rockfish 46

Wildlachs 77, 78, 97
Witch 70
Wittling 20, **40**
–, Blauer 18, **40**
–, Südlicher Blauer 40
Witwenfisch 46
Wolf-Eel 63
Wolfsbarsch 20, **49**
Wolfsfisch 42
Wolfshering, Großer 36
Wrackbarsch, Atlantischer 49
–, Neuseeländischer 49
Wreck fish 49
Wundernetze 27

X

Xiphias gladius 20, 67
Xiphiidae 67

Y

Yellow belly sunfish 91
– bullhead 89
– cat 89
– gurnard 46
– perch 90
Yellowedge grouper 50
Yellowfin croaker 59
– sole 71
– tuna 66f.
Yellowmouth rockfish 46
Yellowtail (*Sebastes flavidus*) 46
Yellowtail (*Seriola dumerili*) 25, **51**
Yhlenhering 93

Z

Zackenbarsche 21, 49f.
Zackenbarsch, Brauner
   (*Cephalopholis pachycentrum*) 50
– (*Epinephelus guaza*) 49
–, Braunroter 50
–, Gefleckter 50
–, Gelbgesäumter 50
–, Nassau- 49
–, Schwarzer 50
Zahnbrassen 55
Zahnbrassen, Großaugen- 55
Zander 14, 20, 21, 22, 24, **90**, 91
Zährte 86
Zebra-Umberfisch 58
Zehnfinger-Schleimkopf 44
Zehnpfünder 32
Zeidae 44
Zeiformes 44
Zeilkarpfen 86
Zeugopterus punctatus 69
Zeus faber 19, 20, **44**
Ziege 86
Ziegelbarsch 50
Ziegenfisch, Gefleckter 60
–, Goldband- 60
–, Schwarzstreifen- 60
Zinnoberroter Felsenfisch 46
Zitterrochen, Augenfleck- 29
–, Marmor- 29
–, Schwarzer 29
Zoarces viviparus 42
Zoarcidae 42
Zobel 85
Zope 85
Zosterisessor ophiocephalus 64
Zuchtlachs (Farmlachs) 78, 97

Zungenbutt 70
–, Pazifischer 70
Zweibindenbrassen 55
Zwergbutt, Norwegischer 69
Zwergdorsch 40
Zwergmaräne 82
Zwerg-Seezunge 73
Zwergwels 89
Zwergwels, Schwarzer 89

REGISTER

Fisch-Küchenpraxis
Rezepte und Küchentechnik

A

Aal, geschmorter mit Kräutern 144
– in Weinblättern 191
– vorbereiten 112
Aioli 169
Aitelfilets mit Tomaten 197
Anguille braisée aux herbes 144
Ausnehmen, durch die Kiemen 109
–, Rundfisch 102

B

Babylachs in der Salzkruste 161
Bacalhau à gomes de sà 208
Barbue au beurre rouge 177
Blaukochen 130
Bouillabaisse 168
Bretonische Doraden 205
Bunter Salat mit Bismarckheringen 214
Burgunderkarpfen 205
Buttersauce, Rote 121
–, Weiße 120

C

Carpaccio von Lachs mit Fenchel 219
Carpaccio von Lachs mit Sesam 219
Court-bouillon mit Gemüse 125
Crème d'oursin 123

D

Darnes de brochet aux oignons et aux herbes 145
Dämpfen nach chinesischer Art 136
Dorade, gefüllte 151
– auf Fenchelgemüse 136
– aus dem Ofen 150
Durch die Kiemen ausnehmen 109
Dünsten 140

E

Eingelegte Heringe mit gelber Paprikasauce 214
– Stinte 212

F

Filet de saumon au gratin 154
– vom Glattbutt auf feinem Gemüse gedämpft 137
Filetieren, Plattfisch 110
–, Rochenflügel 108
–, Rundfisch 102f.
Filets de sole au champagne 141

Fisch im Bierteig 182
– im Teig gebacken 158
– in Butter „gekocht" 181
– tiefgefroren 101
Fischbeuschelsuppe 172
Fischfarce mit Panade 134
Fischfond 116
– auf Vorrat 117
– klären 164
Fischgeruch 101
Fischsalat mit Champignons 217
Fischsuppe, provenzalische 168
–, rustikale 166
Fischvelouté 166
Fiskeboller 202
Flußbarben mit Kräutern gefüllt 197
Fond zum Blaukochen 125
Forelle, gebeizte 222
–, gewürzte 212
Forellen-Velouté mit Sauerampfer 166
Frischekriterien 100
Fritieren 183
Fumet de poisson 116

G

Gebeizte Forelle 222
Gedämpfte Pomfrets mit Austernpilzen 136
Gefüllte Dorade 151
– Sardinen 206
Gegrillte Sardinen 189
– Thunfischkoteletts 190
Gegrillter King Salmon mit Himbeer-Vinaigrette 196
Geräucherte Renken 199
Geschmorter Aal mit Kräutern 144
Gewürzte Forelle 212
Glace de poisson 117
Glacieren 101
Glattbutt mit Lauchstroh und Beurre rouge 177
Gratinierte Lachsscheiben 154
Grillen auf Stein 194
– auf dem Rost 188
– im Freien 192
Große Plattfische portionieren 111

H

Hecht badische Art 202
Hecht im Speckmantel 156
Hechtklößchen in Dillsauce 132
Hechttranchen mit Zwiebeln und Kräutern 145
Heilbuttsalat mit frischem Grün 216
Heringsfilets vom Brett 193
Hollandaise 124
Hornhecht, geräucherter 199
Hummersauce 119

I

Im Ofen geschmort 146

K

Kabeljau, geschmort 147
Karpfen spalten 104
Karpfenpörkölt 203
Klößchen mit geräuchertem Waller 164
Knusprige Rotaugenfilets 185

L

Lachs in Sahne 146
– -Ravioli 165
Lachsforelle vom Grill 192
Lachsroulade mit Austerncreme 135
Lachsscheiben, gratinierte 154
Lachstatar mit Kaviar und kleinem Salat 220
Lachstranchen mit Trüffeln 177
Loup de mer im Pastetenteig 159

M

Marinierte Fische 212
– Seezungenfilets 213
Matelote mit Burgunder 171
Matjes-Eiersalat mit Senfsauce 215
Matjessalat mit frischen Mangos 215
Meeräsche mit Fenchel 205
Meerbrassen mit Räucherspeck 209
Meerwolf mit Salbei 209
Merlan à la meunière 176
– nach Müllerin-Art 176

P

Pagello al cartoccio 209
Paupiette de saumon 135
Pesce lupo al forno 209
Pesce spada alla palermitana 208
Petersfisch im eigenen Sud 131
– mit Thymiankruste 153
Plattfisch filetieren 110
Pochieren 128
Pochierfond für Portionen 125
Portionieren, große Plattfische 111
–, Rundfisch 108
Provenzalische Fischsuppe 168

Q

Qualitätsmerkmale 100
Quenelles de brochet à l'aneth 132

R

Räucherlachs auf Blinis mit Wachtel-Spiegelei 221
– -Mousse 224
Red Snapper „en papillote" 157
Renken, geräucherte 199
– in Hefeteig 159
Rochenflügel filetieren 108
– mit Beurre blanc 180
Rotaugenfilets, knusprige 185
Rotbrassen auf Stein gegrillt 195
Rote Buttersauce 121
Rotwein-Tintenfisch-Sauce 122
Rotweinschalotten 180
Rouget mit Thymian und Leber 196
Rougets korsische Art 204
– mit Mandelkruste 153
Rouille 168
Rouladen von St. Pierre und Lachsforelle 220
Rundfisch durch den Rücken entgräten 106
– portionieren 108
– vorbereiten 102
– zum Füllen vorbereiten 107
Rustikale Fischsuppe 166

S

Salat von Bismarckheringen und Paprika 214
– von gedämpften Filets mit grünem Spargel 216
– von Seeteufel mit Paprika 216
Sarde à beccafico 206
Sardinen, gegrillte 189
– -Pizza 206
Sauce au vin blanc 118
– beurre blanc 120
– beurre rouge 121
– hollandaise 124
– homard 119
– seiche 122
Scharfe Suppe mit edlen Fischen 170
Schellfisch aus der Folie 155
Schleienfilets in Alufolie 188
Schwertfisch nach sizilianischer Art 208
Seehecht-Strudel 165
Seeigel-Creme 123
Seelachsfilet im Reisblatt 147
Seeteufel mit Sardellen 178
– -Medaillons mit Muscheln 179
– -Scheiben mit Ratatouille 179
Seezunge, gefüllt 142
Seezungenfilets, marinierte 213
– in Champagnersauce 141
– unter Blätterteighaube 160
Silure à la sauce aux poivrons rouges 145
Sole farcie 142
Soufflierter Steinbutt mit Hummersauce 135
Stint paniert 184
Stinte, eingelegte 212
St. Pierre à la nage 131
Suppeneinlagen 164
Sülze von Edelfischen und Krebsen 223

T

Tatar von Matjesheringen 215
Thunfisch in Rotwein mariniert 147
Thunfischkoteletts, gegrillte 190
Tomaten-Steinbutt-Suppe 170
Tranches de saumon aux truffés 177
Trüschen mit Thymian gebraten 152

V

Viennoise de sandre au beurre de truffe 154
Vorbereiten, Aal 112
–, Plattfisch 110
–, Rundfisch 102
–, Rundfisch zum Füllen 107

W

Waller in Rotwein 146
– mit Paprikasauce 145
Waterzooi aus Gent 173
Wein zu Fisch 225
Weiße Buttersauce 120
Weißweinsauce 118

Z

Zander in Trüffelbutter 154
– mit Polentakruste 152

239

Literaturverzeichnis

Armitage, O. u.a.: Guide Book to New Zealand Commercial Fish Species. Wellington 1981
Antonacopoulos, N.: Fischerzeugnisse, in: Handbuch der Lebensmittelchemie, Bd. III. Berlin 1968
Bahr, K.: Fisch, Auswertungs- und Ernährungsdienst für Ernährung, Landwirtschaft und Forsten (AID) e.V. Bonn 1985
Bardach, J.E., Ryther, J.H. und McLarney, W.O.: Aquaculture–The Farming and Husbandry of Freshwater and Marine Organisms. New York 1972
Bauchot, M.L.: Guide des poissons marins d'Europe. Lausanne/Paris 1980
Brandt, A. von: Das große Buch vom Fischfang – international. Innsbruck 1975
Brown, E.E.: World Fish Farming: Cultivation and Economics. Westport/Connecticut 1983
Bundesministerium für Ernährung, Landwirtschaft und Forsten: Jahresbericht über die deutsche Fischwirtschaft, Bde. 1980/81 bis 1985/86. Bonn
Bundesminister für Jugend, Familie und Gesundheit: Deutsches Lebensmittelbuch – Leitsätze. Köln 1982
Davison, A.: Seafood of South-East Asia. Singapore 1976
Eschmeyer, W.N., Herald, E.S. und Hammann, H.: A Field Guide to Pacific Coast Fishes of North America. Boston/Mass. 1983
Feldheim, W.: Neue Fischarten, in: Nahrung aus dem Meer. Berlin 1981
Fischwirtschaftliches Marketing-Institut: Fischwirtschaft – Daten und Fakten 1986. FIMA Schriftenreihe, Bd. 10 Das Handbuch für den Fischverkauf. Neuwied 1985
Food and Agriculture Organization of the United Nations: Yearbook of Fishery Statistics 1983, FAO Fisheries Series 2358. Rom 1984
Gesner, C.: Vollkommenes Fisch-Buch. Nachdruck der Ausgabe von 1670. Hannover 1981
Gödecken, H.: Der königliche Kaviar. Hamburg 1969
Grzimek, B.: Grzimeks Tierleben. Enzyklopädie des Tierreiches, Bde. IV und V. München 1970
Kietzmann, U.: Amtliche Lebensmittelüberwachung der Fischereihäfen und der fischereiverarbeitenden Betriebe, in: Schriften der Bundesforschungsanstalt für Fischerei, Bd. 9. Hamburg 1969
Kühnhold, W.W.: Informationen über die Fischwirtschaft des Auslandes, Bde. 1985 und 1986. Bundesforschungsanstalt für Fischerei, Hamburg
Krahne, W.: Fish Dictionary. Hamburg 1986
Lillelund, K.: Die Fischwirtschaft und ihre fischereibiologischen Grundlagen, in: Handbuch der Lebensmittelchemie, Bd. III. Berlin 1968
Lythgoe, J. und G.: Meeresfische. Nordatlantik und Mittelmeer. Übersetzung und Bearbeitung von Fritz Terofal. München 1974
Manooch, C.S. und Raver, D.: Fishes of the Southeastern United States. Raleigh/North Carolina 1984
Muus, B. und Dahlström, P., Übersetzung und Bearbeitung F. Terofal: Meeresfische der Ostsee, der Nordsee, des Atlantiks. München 1978
Süßwasserfische Europas. München 1981
Noelle, H.: Makrelen-Coronar-Diät, in: Verh. d. Ernährungswissenschaftl. Beirates der deutschen Fischwirtschaft. Bremerhaven 1986
Organisation for Economic Co-operation and Development, O.E.C.D.: Multilingual Dictionary of Fish and Fish Products. Farnham/Surrey 1968
Palombi, A. und Santarelli, M.: Gli animali commestibili dei mari d'Italia. Milano 1969
Quéro, J.-C.: Les poissons de mer des pêches françaises. Paris 1984
Ruiter, A.: Fischreiche Ernährung in Beziehung zu cardiovasculären Erkrankungen und Serumcholesterolgehalt, in: Nahrung aus dem Meer. Berlin 1981
Scholz, H.: Über die Wirkung des Kugelfischgiftes Tetrodotoxin, in: Verh. d. Ernährungswissenschaftl. Beirates der deutschen Fischwirtschaft. Bremerhaven 1986
Sinell, H.-J.: Fischvergiftungen, in: 27. Jahrestagung des Ernährungswissenschaftl. Beirates der deutschen Fischwirtschaft. Bremerhaven 1984

Terofal, F.: Fische. BLV Naturführer. München 1981
Süßwasserfische in europäischen Gewässern. Steinbachs Naturführer. München 1984
Meeresfische in europäischen Gewässern. Steinbachs Naturführer. München 1986
Thompson, B.G.: Fisheries of the United States 1985. Current Fishery Statistics No. 8368, U.S. Dept. of Commerce. Washington D.C. 1986
Fishery Statistics of the United States 1977. Statistical Digest 71, U.S. Dept. of Commerce. Washington D.C. 1984
Wirths, W.: Über den Verzehr von Natrium in Lebensmitteln und die Aufnahme von Kochsalz als Würzmittel, in: Ernährungsphysiologische Aspekte des Fisches, Ernährungswissenschaftl. Beirat der deutschen Fischwirtschaft. Bremerhaven 1981
Zentrum für Angepaßte Technologie und Sozialökologie: Fischzucht in bepflanzten Solartonnen. Aarau 1983

Bildnachweis

Foto Seite 9, links, und Seite 16, rechts oben: Fischwirtschaftliches Marketing-Institut; Foto Seite 9, rechts oben, und 6 Fotos Seite 78/79: Fiskeoppdretternes Salgslag A/L; Karte Seite 11: Gert Oberländer; Zeichnung Seite 12: Aus Reinhard Hauschild, „Das Buch vom Kochen und Essen"; Fotos Seite 12, links, Seite 14/15, Mitte, kleines Foto Seite 15, Foto Seite 18, links unten, 2 Fotos Seite 22, links unten, und Foto Seite 33, Mitte: Prof. Dr. Kurt Lillelund; Zeichnung Seite 13: Historia Photo; Zeichnung Seite 14: Aus „Das große Buch vom Fischfang", Pinguin Verlag; 2 Fotos Seite 15, links oben und Mitte: Ulrike Schneiders; Foto Seite 16, links unten: Serge Lucas; Grafiken Seite 17: Werbeagentur Uwe Lehmann; Fotos Seite 21: Jo Kumazoe; Fotos Seite 74, unten, Seite 86, oben: Bayerische Landesanstalt für Fischerei; Foto Seite 87, links oben: Dr. G.I. Pritchard.

Wir danken

allen, die durch ihre Beratung, ihre Hilfe und tatkräftige Unterstützung am Gelingen dieses Werkes beteiligt sind:
Abba AB, Uddevalla/Schweden; Prof. Dr. N. Antonacopoulos, Dr. W.W. Kühnhold, Dr. H. Mann und Prof. Dr. R. Steinberg, alle Bundesforschungsanstalt für Fischerei, Hamburg; Dr. Harold J. Barnett, Northwest & Alaska Fisheries Center, Seattle, Washington/USA; Karl-Heinz Becker, Bundesforschungsanstalt für Fischerei, Laboratorium Cuxhaven; Steven Berntsen, Hatfield Marine Science Center, Newport, Oregon/USA; Gerhard Biehl, Bundesamt für Ernährung, Landwirtschaft und Forsten, Hamburg; Dr. Erik Bohl, Bayerisches Landesamt für Wasserforschung, Versuchsanlage Wielenbach; René Dörig, Dörig & Brandl AG, Schlieren-Zürich/Schweiz; Fischwirtschaftliches Marketing-Institut, Bremerhaven; Gottfried Friedrichs KG, Hamburg; Jan van der Gugten, Produktcommissie Vis en Visprodukten, Den Haag/Niederlande; Ing. Ewald Haas, Bezirkskammer für Land- und Forstwirtschaft, Deutschlandsberg/Österreich; Dr. Heinrich Hoffmeister, Fischereiamt Kiel; Hotel Inter-Continental, Wien/Österreich; Dr. John F. Karinen, National Marine Fisheries Service, Auke Bay Laboratory, Alaska/USA; Jacques Le Brun, Le Guilvinec/Frankreich; Danielle H. Legouais, Noirmoutier/Frankreich; Dr. Herbert Löffler, Institut für Seenforschung und Fischereiwesen, Langenargen am Bodensee; Dr. Mathias Lukowicz und Dr. Hermann Bayrle, Bayerische Landesanstalt für Fischerei, Starnberg; Alexander von Menzel, Teichwirtschaft Waldschach, Wettmannstätten/Österreich; New Zealand Fishing Industry Board, Wellington/Neuseeland; Bennie A. Rohr und Edward Moret Smith, National Marine Fisheries Service, Pascagoula Laboratory, Mississippi/USA; Paul Seifert Seefischgroßhandlung, Bremerhaven; The Mark Hopkins Inter-Continental Hotel, San Francisco/USA; Odd Ustad, Fiskeoppdretternes Salgslag A/L, Trondheim/Norwegen; Friedhelm Werning, Gräflich-Castell'sche Forellenzucht, Griestal i. Allgäu; F. Woldemar GmbH, Emden; Dr. J. Wollenschläger, Veterinäramt im Fischmarkt Hamburg-Altona.

Copyright	© 1987 by Teubner Edition Postfach 14 40 · D-8958 Füssen
Fotos	Christian Teubner, Kerstin Mosny (außer den im Bildnachweis erwähnten)
Zeichnungen	Sandra Noel
Food-Styling	Ralph Bürgin, Constanze Teubner
Redaktion	Hildrun Lachmann
Beiträge	Brunhilde Thauer
Herstellung	Gisela Schroeder
Layout und Reinzeichnung	Werbeagentur Uwe Lehmann, Görisried
Fotosatz	Holzmann Druck-Service, Bad Wörishofen (Warenkunde), und Werbeagentur Uwe Lehmann, Görisried (Küchenpraxis)
Reproduktion der Farbbilder	Gefertigt im PCR-Verfahren von Boes & Thären, Colotron GmbH, 7700 Singen
Druck	J. Fink Druckerei, Ostfildern
Alleinauslieferung für den gesamten Buch- und Fachhandel	Gräfe und Unzer GmbH Isabellastraße 32 · D-8000 München 40

Nachdruck, auch auszugsweise, ohne ausdrückliche Genehmigung des Verlages nicht gestattet.

ISBN 3-7742-2053-0